Life & Architecture

Kiyotoshi Mori+Natsuko Kawamura/MDS

暮らしの空間デザイン手帖

改訂版

森清敏＋川村奈津子／MDS

X-Knowledge

住まいの空間デザイン手帖　目次

はじめに

２０２０年の春、新型コロナウイルスによる緊急事態宣言発令に伴い、世界中でテレワークが一気に加速しました。ペストによってルネッサンスが花開いたとも言われていますが、今回のパンデミックでも人類史における大きな変革が起きることでしょう。図らずもその時期に改訂版を出すにあたり、「イマ」の「ニッポン」に建てるということと改めて考えるきっかけとなりました。

コロナ禍で私たちの生活に「職住近接」や「在宅勤務」といった言葉が瞬く間に浸透しました。ポストコロナにおいても、会社で働くサラリーマンも多かれ少なかれ家で仕事することになるでしょう。ただ、歴史を遡れば、表通りは仕事場で奥に居住空間といったいわゆる町屋では「在宅勤務」はごく一般的なことでした。１９３３年ＣＩＡＭという近代建築の国際会議で、都市を住む、働く、レクリエーション、交通の四つの機能に分類し、都市の居住環境を健康的にすることを目指す「アテネ憲章」が提唱されました。その後の世界各地で計画された新都市に大きな影響を与えたとされ、東京においてもサラリーマンが働く都心のビルと郊外の住居に切り離されました。この機能分離の考え方はスペイン風邪などの疫病の経験などを背景とした側面もあったと言われてますが、皮肉にもその考え方に警鐘を鳴らしたのもパンデミックだったということです。ただ、21世紀になって産業構造も大きく変化し、ＩＴ革命を経て、新たな働き方、そして住居が求められるはずで、今回のパンデミックを機に時勢が一気に加速したということです。今後、新しい生活様式が居住空間にも大きな影響を与え、家の佇まい、そして街並みをも変えていくことでしょう。

21世紀になって少子高齢化やライフスタイルの多様化が進み、さらには地震や気候変動に伴う台風、洪水、土砂崩壊といった大きな自然災害に頻繁に見舞われようになり、これまで以上に住宅を設計する上で考えることは多岐にわたります。「イマ」の「ニッポン」に建てるということと改めて考え、より一層既成概念にとらわれない柔軟な考え方が大切だと思っています。

Staff

カバーデザイン	齊藤明子
図版作成協力	古賀陽子、小松一平
組版	竹下隆雄
印刷・製本	シナノ書籍印刷

Prologue
序章

「イマ」の「ニッポン」に建てるということ
Now in Japan

慣れ親しんだ日本から海外へ旅に出ると、誰もが無意識に日本との比較をしながらその国の特徴を感じ取っていくと思います。それは目に飛び込んでくる風景であったり、匂いであったり、音であったりと、五感で感じるすべてのものが比較対象になります。そして、その特徴は、歴史や文化、気候風土によりさまざまにかたちづくられていますが、街のつくられ方や建物の建ち方も例外ではなく、特に気候風土により特徴が表れています。それは実際に足を運んで自分の五感で感じ取るのがいちばんですが、『建築家なしの建築』（バーナード・ルドフスキー著）や『集落の教え』（原広司著）といった書籍を読むだけでも、ある程度は想像できると思います。砂漠のオアシスに建つ住宅、ヨーロッパの石でつくられた住宅、アジアの集落など、それぞれの歴史や文化によって佇まいは異なりますが、気候風土による共通点もあります。たとえば、気温が高くても湿度の低いところは日陰に入れば涼しいため、日陰のつくり方を工夫した建ち方になりますし、気温が高い上に湿度も高いところは、風通しをよくする建ち方になります。

　日本の多くの地域は温暖湿潤気候という気候区分に属します。夏は高温多湿で雨が多く、冬は気温が低く乾燥し、季節風の影響で四季のはっきりした気候と言われます。そのため、日本古来の建物には軒の深いものが多く、夏は強い陽射しをさえぎり、雨の日でも吹き込みを気にせず窓を開け放して風通しをつくり、同時に外壁を雨から守るしくみがつくられています。そして、その深い軒先は「縁側」という外でもあり内でもある日本独特の空間を生み出し、春や秋には窓を開けて屋外である庭を身近に感じて楽しみ、冬は窓を閉じて寒さを防ぎ、窓越しに陽だまりをつくります。しかし最近は、真夏日を越えて猛暑日が連日記録される夏が通常となり、春と秋の気持ちよい季節が短くなった気もします。このように変化してきている日本の気候環境において、住まいも少しずつ変わっていく必要があるかもしれません。

　21世紀は「環境の世紀」とも言われていますが、特に東日本大震災以降、エネルギー問題は国家レベルの話ではなく、一般市民の暮らしにおいても意識されるようなってきています。そもそも「もったいない」という言葉が表すように、多くの日本人は無駄づかいを好みません。このような時代において、気候風土がつくり出す豊富な森林資源、古来継承されてきた木造の技術、現代日本が誇る工業化の進んだ生産システムなど、普段あまり意識していないなかに活用できることが日本にはまだたくさんあります。従来の日本の住まいのあり方からヒントを得つつも、「イマ」の「ニッポン」に建てるということを意識することが大切だと思います。

0.1 Coexist with rain

雨とともに住まう

夏の強い日差しをさえぎる庇、雨の日でも縁側に座り、畑を眺めることができる

吉田兼好の『徒然草』。よく引用される「家の作りやうは、夏をむねとすべし」という一節について、冬はどうにでもなると捉えられるところに問題があるといわれたり、40度近い真夏の暑さは空調なしでは無理など、いろいろな議論をよく耳にしますが、エアコンに慣れた現代人にとって『徒然草』は昔話なのでしょうか？　建物でどれだけ工夫しても、真夏の40度近いときに風通しのみに頼るのはやや無理があり、エアコンをつけた部屋のほうが断然涼しいですが、風通しや日除けなどの工夫によって、設備に頼らず快適に過ごせる時期を長くすることはできるはずです。

日本の夏は高温多湿で雨が多い。そこで重要なのが窓を開けて風通しをよくすることですが、雨の日に窓を開けると室内に雨が吹き込むので、軒を伸ばしてそれを防ぎます。その深い軒先によって窓廻りは守られ、その結果として生まれた縁側や土間といった外と内との中間領域は、私たち日本人のこれまでの暮らしを豊かにしてきました。軒の出の少ない住宅に住む現代人は、いつの間にか窓を開けて雨音を楽しむことを忘れてしまっているのではないでしょうか。

「八ヶ岳の山荘」は雨から窓廻りを守る現代的なデザイン。窓廻りを門型にせり出すことでつくられる深い庇が、夏の強い陽射しをさえぎるとともに雨の吹き込みを防ぎ、冬は暖かい陽だまりをつくりだします。そしてせり出すことで生まれた袖壁は西陽対策に有効に働き、照り付ける陽射しをシャットアウトします。

左・中/桂離宮（京都）
右/南アルプス、畑、雑木林、八ヶ岳など360°自然に囲まれており、周囲のいろいろな風景を最大限取り入れた住宅となっている

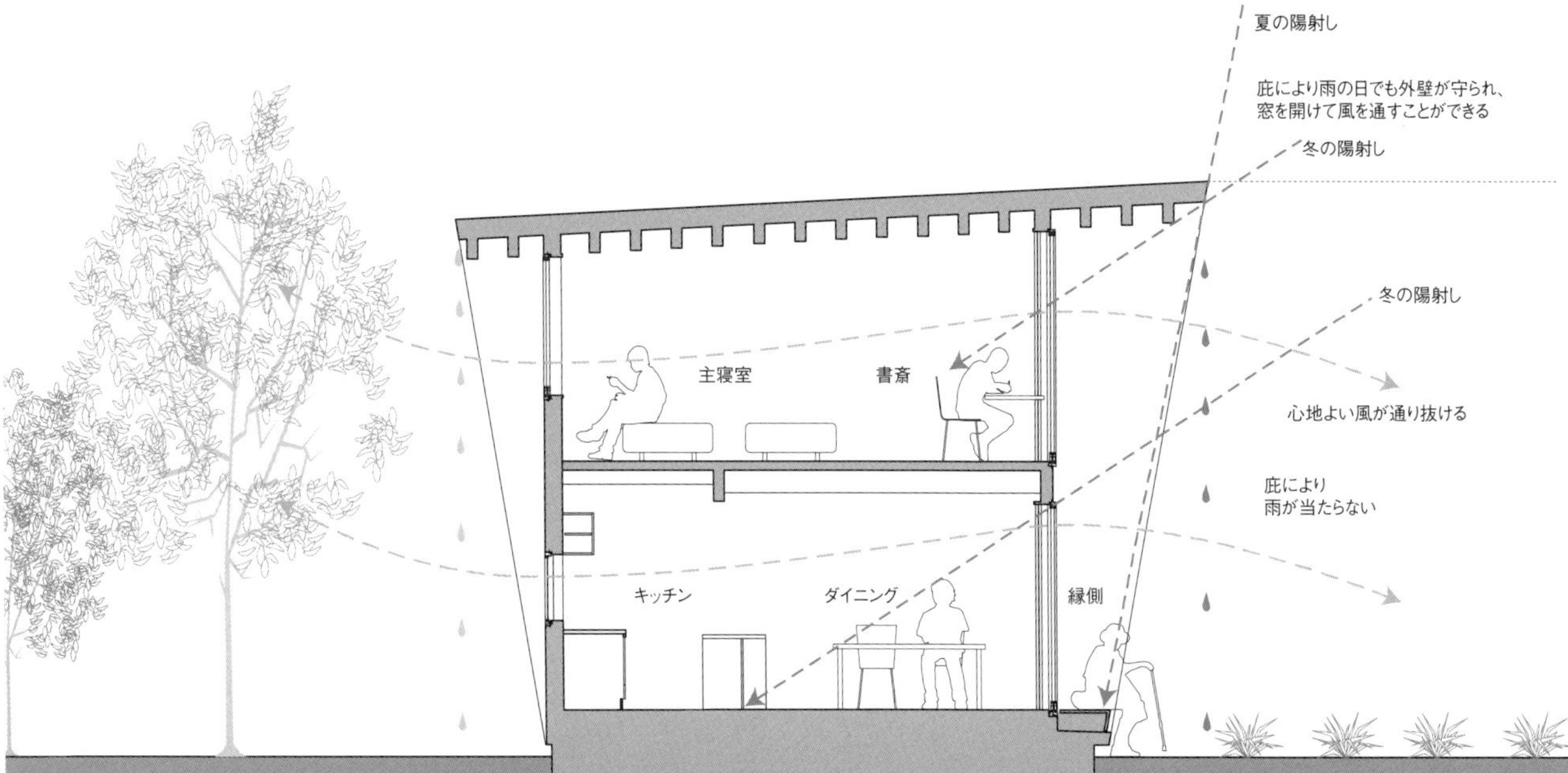
夏の陽射し
庇により雨の日でも外壁が守られ、
窓を開けて風を通すことができる
冬の陽射し
冬の陽射し
主寝室
書斎
心地よい風が通り抜ける
庇により
雨が当たらない
キッチン
ダイニング
縁側

「八ヶ岳の山荘」
断面図（S＝1：100）

雨から窓廻りを守る現代的なデザイン。窓廻りを門型にせり出すことでつくられる深い庇が、夏の強い陽射しをさえぎるとともに雨の吹き込みを防ぎ、冬は暖かい陽だまりをつくりだします。そしてせり出すことで生まれた袖壁は西陽対策に有効に働き、照り付ける陽射しをシャットアウトします。

0.2 Mind the sun
太陽とかしこく付き合う

夏の暑さは、太陽光がガラス面に当たり、そこからの放熱も室内の温度を著しく上昇させます。そのため、太陽光の角度をチェックし、ガラス面になるべく直射日光を当てない計画をすることが大切です。一方で寒い冬は、直射日光をなるべく室内に取り込み、陽だまりをつくるとともに蓄熱させることが重要になります。ここで悩ましいのが中間期の春分と秋分。太陽高度が同じであっても、3月はやや寒く、9月は残暑が厳しい。庇のように固定されたものでは、その時期の太陽光の制御は難しく、簾、よしずなどを利用して、快適な温熱環境をつくることが有効です。

開閉できるテントは、夏の暑い陽射しをさえぎる

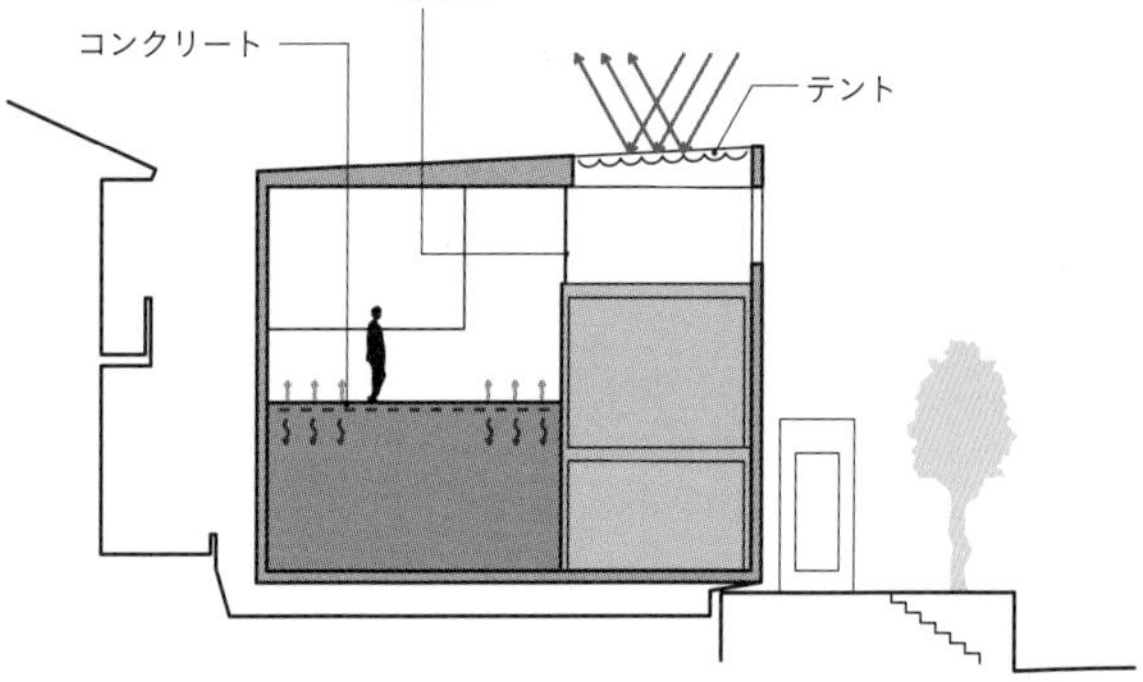
ガラス
コンクリート
テント

SUMMER
夏季はテントを張ることで直射日光をさえぎり、ガラスとコンクリートへの日射を制御する。直射日光の当たらない熱容量の大きいコンクリートは冷房により冷やされ、建物全体の熱効率に寄与する。

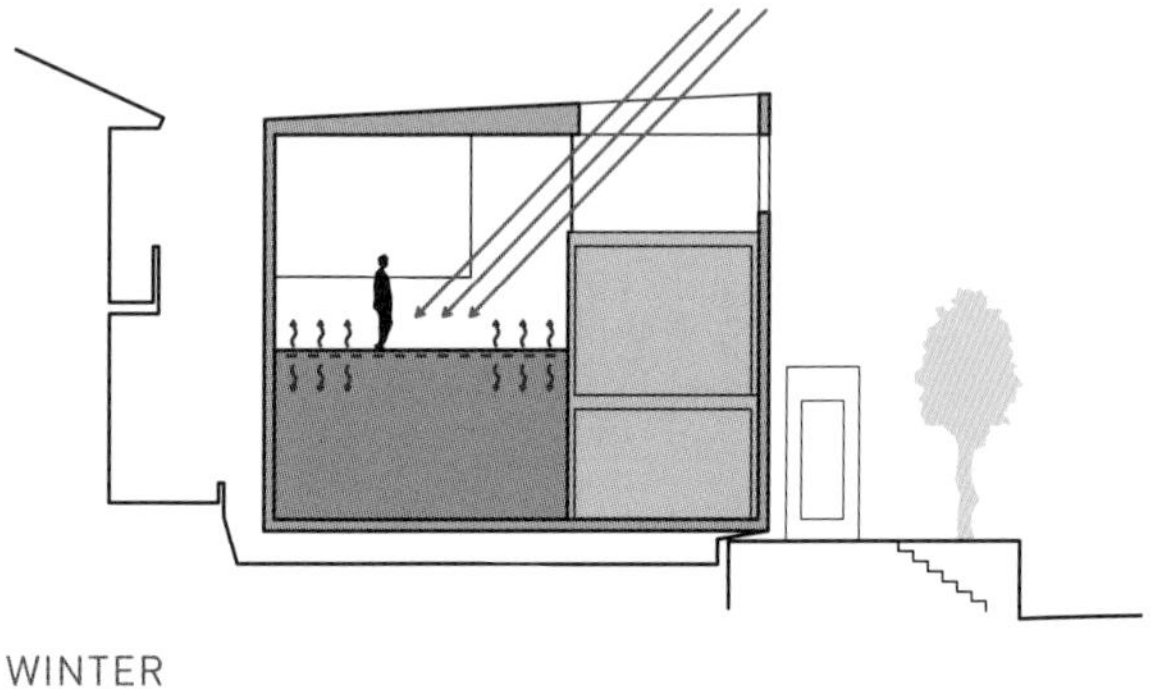

WINTER
冬季の日中はテントを開くことにより、熱容量の大きいコンクリートに直射日光を当てて熱を蓄熱させ、夜間にその放熱を活用する。コンクリートに埋設された床暖房がそれを補い、コンクリートは建物全体の熱効率に寄与する。

「鷺沼の家」断面図（S＝1：400）

リビングに明るい光をもたらすルーフテラス

0.3 Balancing architecture and nature

「自然」と「建築」のほどよい関係

自然に建築が溶け込んでいる例は、古今東西を問わず見られます。フランク・ロイド・ライトの落水荘がまず思い浮かぶ人が多いかもしれません。ポルトガルの建築家・アルヴァロ・シザの初期の作品、レサのプールもその1つだと思います。それは大西洋に面した砂浜にあるプールで、砂浜の砂と同じ色のコンクリートが、風化して砂に同化していくような印象です。ある方向から歩いていくと人工物に見えるのですが、別の方向からはその存在が消えて砂浜となり、周辺にある岩と建築が見事に融合しています。

日本の古建築の多くも自然とは密接な関係があります。前述のとおり、日本特有の気候により生まれた深い軒の下には、縁側に代表されるような自然と連続した曖昧な空間が生まれました。そして、遠くの風景まで借景として室内に取りまれることも多く見られます。たとえば京都の圓通寺は、中景として真っ直ぐ垂直に伸びる木立のシルエットが建物の柱と同化し、遠景として比叡山を望むことができる、まさに自然と建築の融合です。日本の現代住宅においてもこのような傾向は強く、それは視覚的な広さを得たいという思いとは別に、家のなかにいても自然を感じたいという思いがあるからでしょう。

プライバシーを重視する現代の住宅においても、窓を開け放して広がる軒下空間や、壁で囲われたアウトドアリビングが自然とのほどよい関係を築きます。

レサのプール（ポルトガル/アルヴァロ・シザ設計）

圓通寺（京都）

「吉祥寺の家」 小さくても外を感じる空間をリビング・ダイニングに取り込む

0.4 Bring in the breeze, control the flow
風をつかむ、風を起こす

湿度の高い日本で快適に過ごすために通風はとても大切です。住宅が密集する都市部においても工夫によって風の流れをつくることは可能で、世界中の色々な事例がヒントを与えてくれます。風の取り入れ方が直接的に建築デザインに現れたものとして、イラン高原の風の塔が有名です。これはバーナード・ルドフスキーの『建築家なしの建築』でも紹介されています。日本においても、京の町家は無風時にも陽のあたるところと日陰の庭との温度差により微風をおこし、涼をとることが知られています。前者は風をとらえる工夫で、後者は風をつくる工夫になります。

風通しをつくるためには風の入口だけでなく出口も必要で、「荻窪の家」のように分棟に近い平面構成で外壁面をふやすことで、二方向通風がとりやすくなります。平面上に風の入口と出口がとれない場合は、「弦巻の家」のように階段や吹き抜け空間で上下階の温度差により風の流れをつくる、断面方向に着目するのもとても有効です。また、日本には打ち水という夏の夕方などに涼を得るために通りや庭に水をまくという風習がありま す。「赤塚の家」では水を張ることのできる水庭をつくることで、気化熱により風が起こり、視覚的にも涼をとれる工夫をしています。

様々な場所に開けられた窓

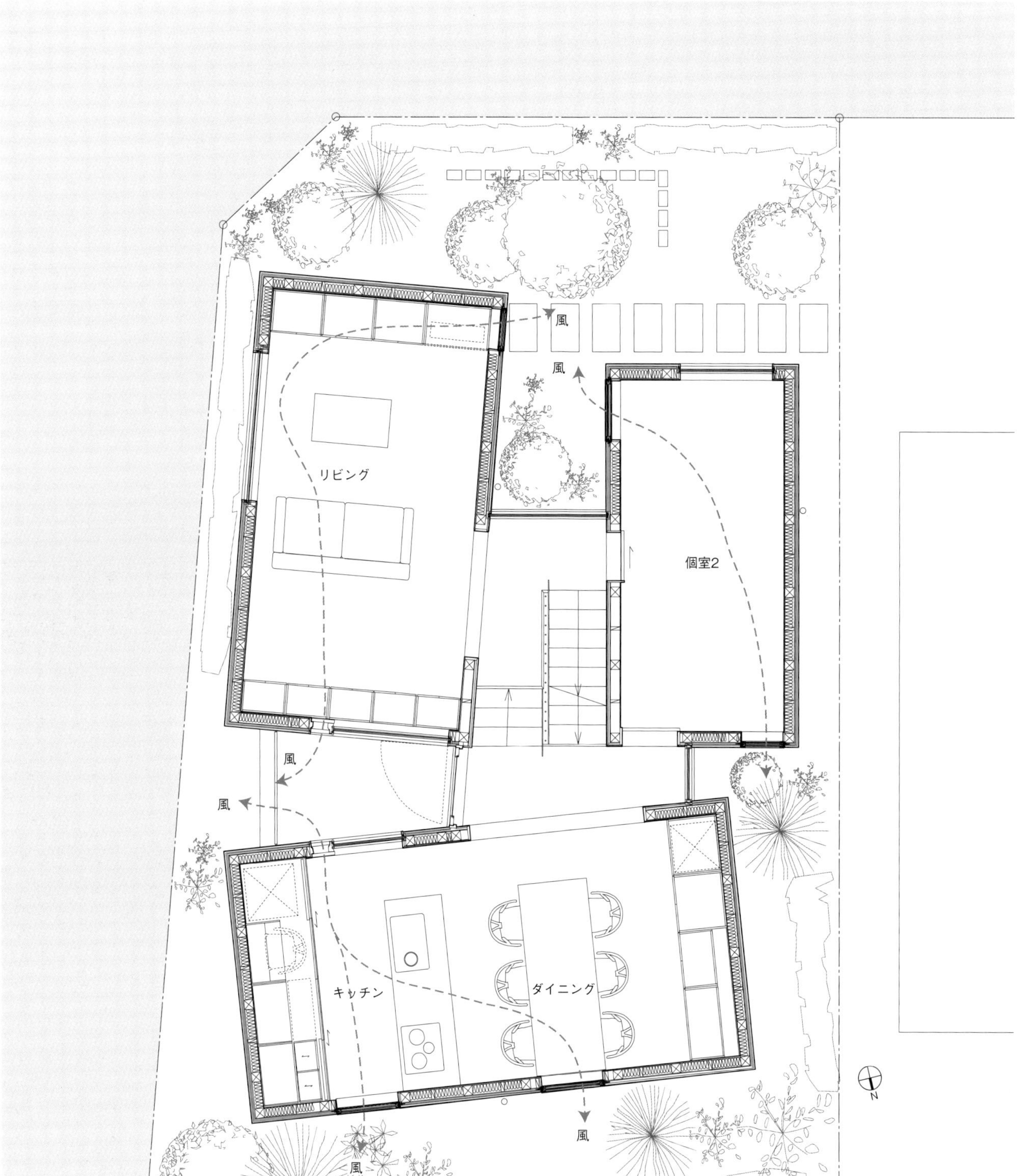

風
風
リビング
個室2
風
風
キッチン
ダイニング
風
風
N

「荻窪の家」平面図
（S＝1：75）

「荻窪の家」① 風をあちらこちらからキャッチして、家の隅々へ

細かく間仕切られた間取りの場合、分棟に近いプランとして外壁部分を増やすことが風通しを考える上で有効。それにより、各部屋に2ヶ所の窓を設けることが可能となる。夏の風は南から吹くことが多いといわれるが、建物が密集する都市部においてはあちらこちらから気まぐれに風が吹くので、そういう視点でも部屋の各面に窓が設けられるプランは効果的といえる

内と外が緩やかにつながる、伸びやかな空間

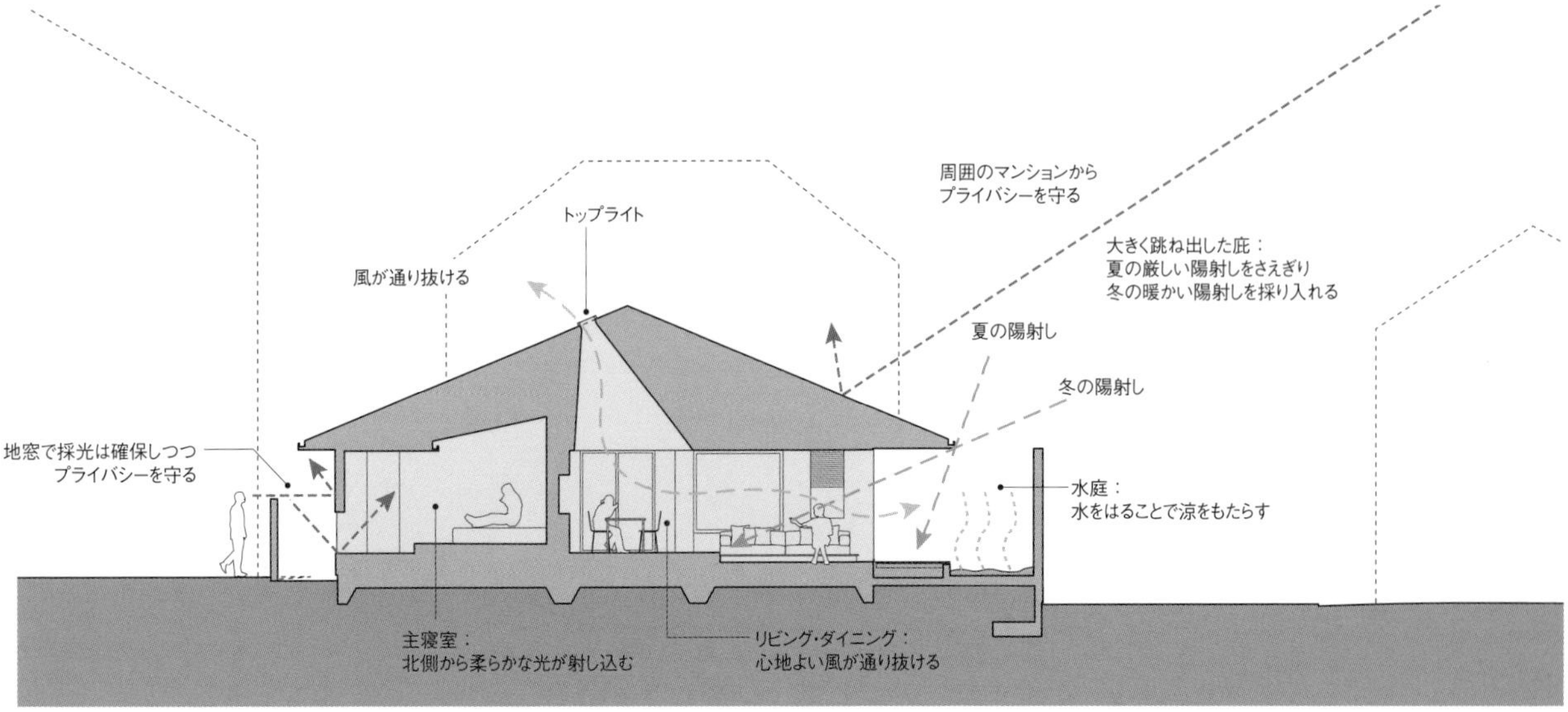
周囲のマンションから
プライバシーを守る
トップライト
風が通り抜ける
大きく跳ね出した庇：
夏の厳しい陽射しをさえぎり
冬の暖かい陽射しを採り入れる
夏の陽射し
冬の陽射し
地窓で採光は確保しつつ
プライバシーを守る
水庭：
水をはることで涼をもたらす
主寝室：
北側から柔らかな光が射し込む
リビング・ダイニング：
心地よい風が通り抜ける

「赤塚の家」② 水庭とトップライトが風を起こす

水庭に水を張ることで気化熱により涼をもたらす。建物内の天井付近は熱が溜まるため、トップライトを設けると居住スペースとの温度差により空気が引き上げられ風が流れる。トップライトは居住スペースよりしっかり高さをとることが大切

「赤塚の家」断面図
（S＝1：200）

冬は2階から1階まで太陽光が入り、夏は南北方向に風の通り道となる大階段。
家の中心となる階段を読書スペースとして利用

風の出口に配慮した京都の町家

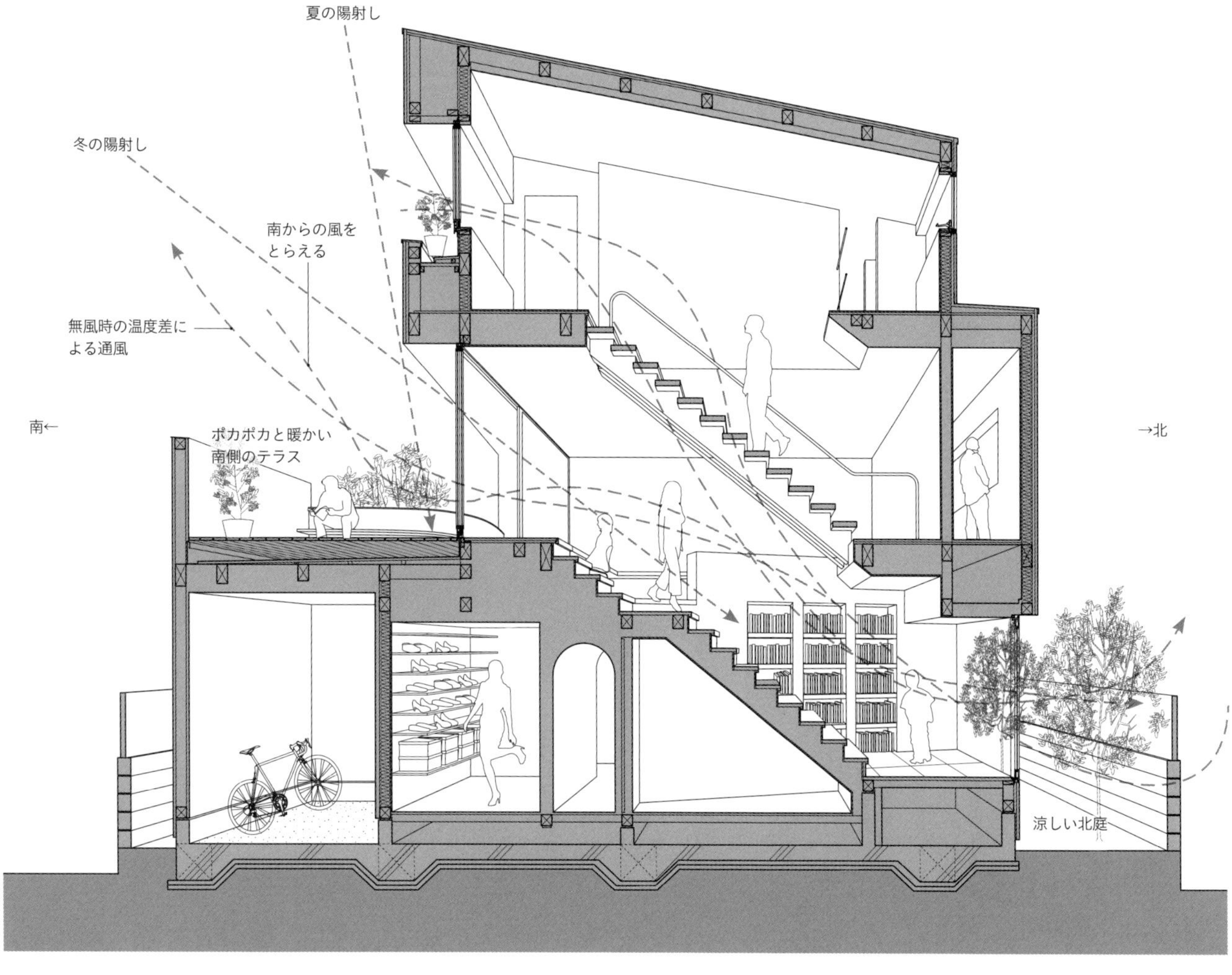
夏の陽射し
冬の陽射し
南からの風を
とらえる
無風時の温度差に
よる通風
南←
→北
ポカポカと暖かい
南側のテラス
涼しい北庭

「弦巻の家」③　大きな開口で家の中に風を取り込む

2階南側のテラスから室内に風を取り込み、大階段を介して上下階に風を通す。無風のときは1階の涼しい北庭から南側の気温の高い上階へ、温度差によって風が流れる

「弦巻の家」断面パース
（S＝1：80）

0.5 New definition of customs
習慣の新解釈

数寄屋造りの高級な壁材として知られる「土壁」。木材が枯渇してしまった戦国時代に、それまで当たり前に使われてきた木の壁に替わるものとして、身近にあった竹と草と土を使って戦後復興住宅をつくることで普及したそうです。千利休が考案したとされる「土壁」を多用した草庵茶室は、戦争で荒廃した国土の復興を願い、新しい建築の可能性を追求して芸術の域にまで高めたものです(『民家造』安藤邦廣著、学芸出版社刊、２００９年参照)。

これまで当たり前と思っていることや、習慣・風土によりずっと続いてきたもの、既成概念、固定観念を疑ってみることで、あるいは発想を転換して違う解釈を入れることで、ときに新たなことがらが生みだされます。日本の外から見てもいろいろなものが見えてくるのかもしれません。たとえば、欧米から見ると特徴的な日本の習慣として、家の内部で靴を脱ぐという行為があります。日本では当たり前のことですが、この習慣があるため、泥が室内に入らず、床は清潔な状態に保たれています。床の上でごろんと寝転ぶことができるのは、家のなかで靴を脱ぐ習慣からもたらされているのです。そして同じ靴を脱ぐという習慣から、ある場所では机として床を使う新たな発想も生まれるのです。

玄関で靴を脱ぐからこそ、床を机として捉える新しい発想が生まれる

床を机として利用した書斎スペース

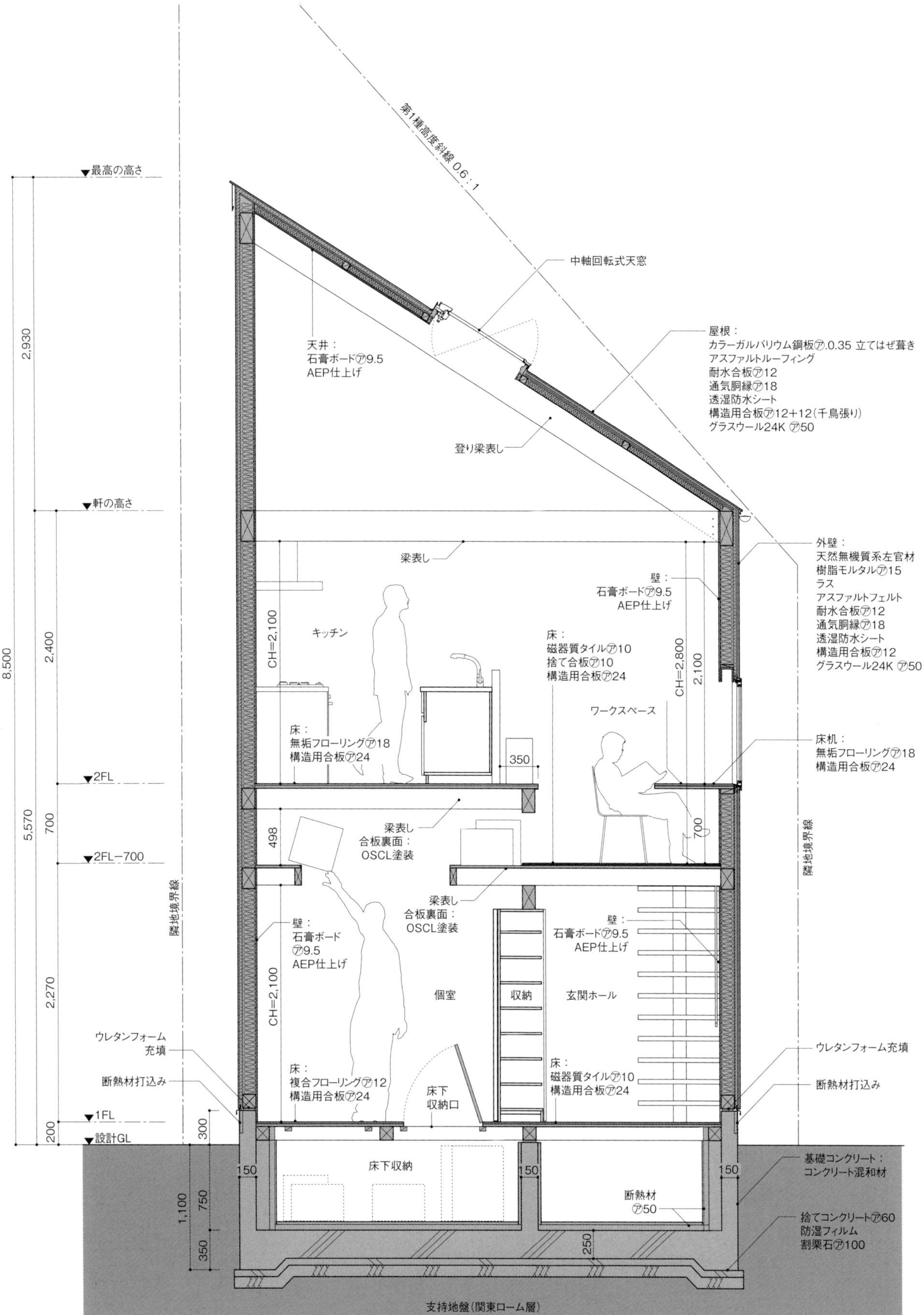
第1種高度斜線0.6：1
最高の高さ
軒の高さ
2FL
2FL−700
1FL
設計GL
2,930
2,400
700
2,270
200
8,500
5,570
隣地境界線
中軸回転式天窓
天井：
石膏ボード⑦9.5
AEP仕上げ
屋根：
カラーガルバリウム鋼板⑦.0.35 立てはぜ葺き
アスファルトルーフィング
耐水合板⑦12
通気胴縁⑦18
透湿防水シート
構造用合板⑦12+12（千鳥張り）
グラスウール24K ⑦50
登り梁表し
梁表し
壁：
石膏ボード⑦9.5
AEP仕上げ
外壁：
天然無機質系左官材
樹脂モルタル⑦15
ラス
アスファルトフェルト
耐水合板⑦12
通気胴縁⑦18
透湿防水シート
構造用合板⑦12
グラスウール24K ⑦50
キッチン
CH=2,100
床：
磁器質タイル⑦10
捨て合板⑦10
構造用合板⑦24
CH=2,800
2,100
ワークスペース
床：
無垢フローリング⑦18
構造用合板⑦24
350
床机：
無垢フローリング⑦18
構造用合板⑦24
梁表し
合板裏面：
OSCL塗装
498
700
梁表し
合板裏面：
OSCL塗装
壁：
石膏ボード
⑦9.5
AEP仕上げ
壁：
石膏ボード⑦9.5
AEP仕上げ
個室
収納
玄関ホール
CH=2,100
ウレタンフォーム
充填
断熱材打込み
床：
複合フローリング⑦12
構造用合板⑦24
床下
収納口
床：
磁器質タイル⑦10
構造用合板⑦24
ウレタンフォーム充填
断熱材打込み
300
床下収納
150
150
150
1,100
750
350
断熱材
⑦50
250
基礎コンクリート：
コンクリート混和材
捨てコンクリート⑦60
防湿フィルム
割栗石⑦100
支持地盤（関東ローム層）
2,530
1,820
4,350

「たまらん坂の家」断面図
（S＝1：50）

0.6 "Doma"
現代の土間

古来、農村における民家や都市部の町家であっても、土足で使う部分がかなりの面積を占めていていましたが、現在の日本、特に都市部の住宅では玄関先の1、2畳かそれにも満たないものが多く、ただ靴を脱ぐためだけの場所というのが一般的です。一方でライフスタイルの変化に伴い、玄関廻りのあり方も少しずつ変わってきています。古来の「土間」が見直され、土足で使う内部空間として外で乗る自転車を乗り入れたり、ちょっとした応接空間を設えたり、あるいは土足では使わない風情としての土間空間であったり。古くから縁側と同様に外部とも内部ともとれる曖昧な空間に慣れ親しんできた日本人にとって、その使い方には未知の可能性が秘められています。

伊豆韮山「江戸川家住宅」の土間空間

「等々力の家」 エントランスホールの延長に、同じ床タイルで仕上げたラウンジ要素の空間を設えている

「弦巻の家」 玄関から延びる土間沿いに板の間を設え、静謐な佇まいをつくっている

「弦巻の家」 土間空間を障子で仕切り、趣きを変える

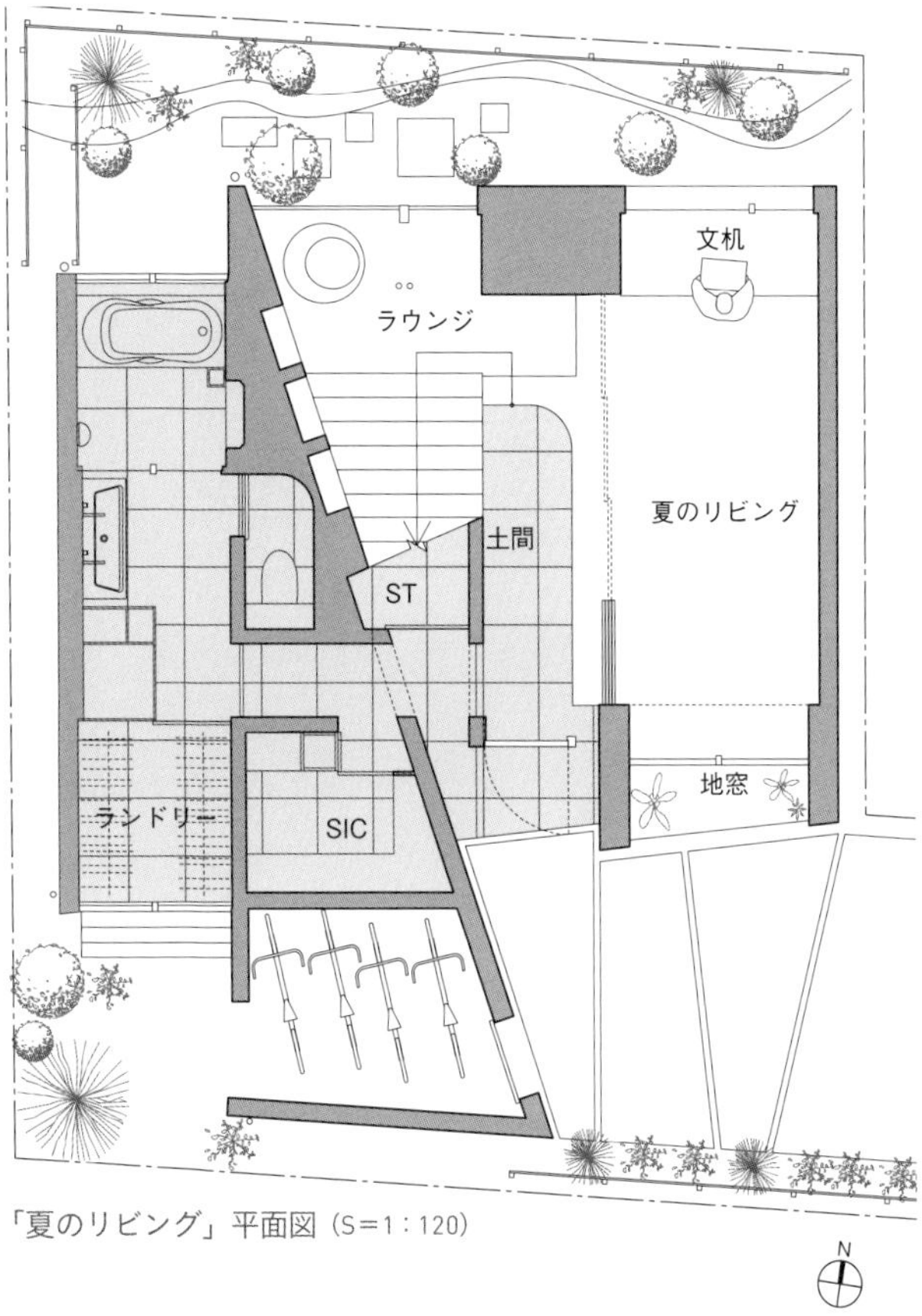
文机
ラウンジ
夏のリビング
土間
ST
地窓
ランドリー
SIC
N

「夏のリビング」平面図（S=1：120）

0.7 “Machiya” 現代の町家

共働きが一般的な現在、世帯当たりの在宅ワークの人数は一人とは限りません。とはいえ、ひとりひとりに書斎をとることは難しいでしょう。しかし、せめて家の中でのON／OFFをしっかり区別するために、寝室とは別に小さくても仕事スペースをとる、オンラインミーティングなど外部とコミュニケーションをとる場合に特化したスペースをとる、来客のある仕事の場合は入口を分けるなど、在宅ワークの中にもプライバシーの確保や家族の過ごしやすい環境を整えていくことを考えなければなりません。

自宅の一部が仕事場となり、それぞれの空間の過ごしやすさを追求していくに従い、仕事場はより街に面して配置されるようになるでしょう。そうして街に開かれた佇まい、すなわち現代の町家が今後増えていくのではないでしょうか。

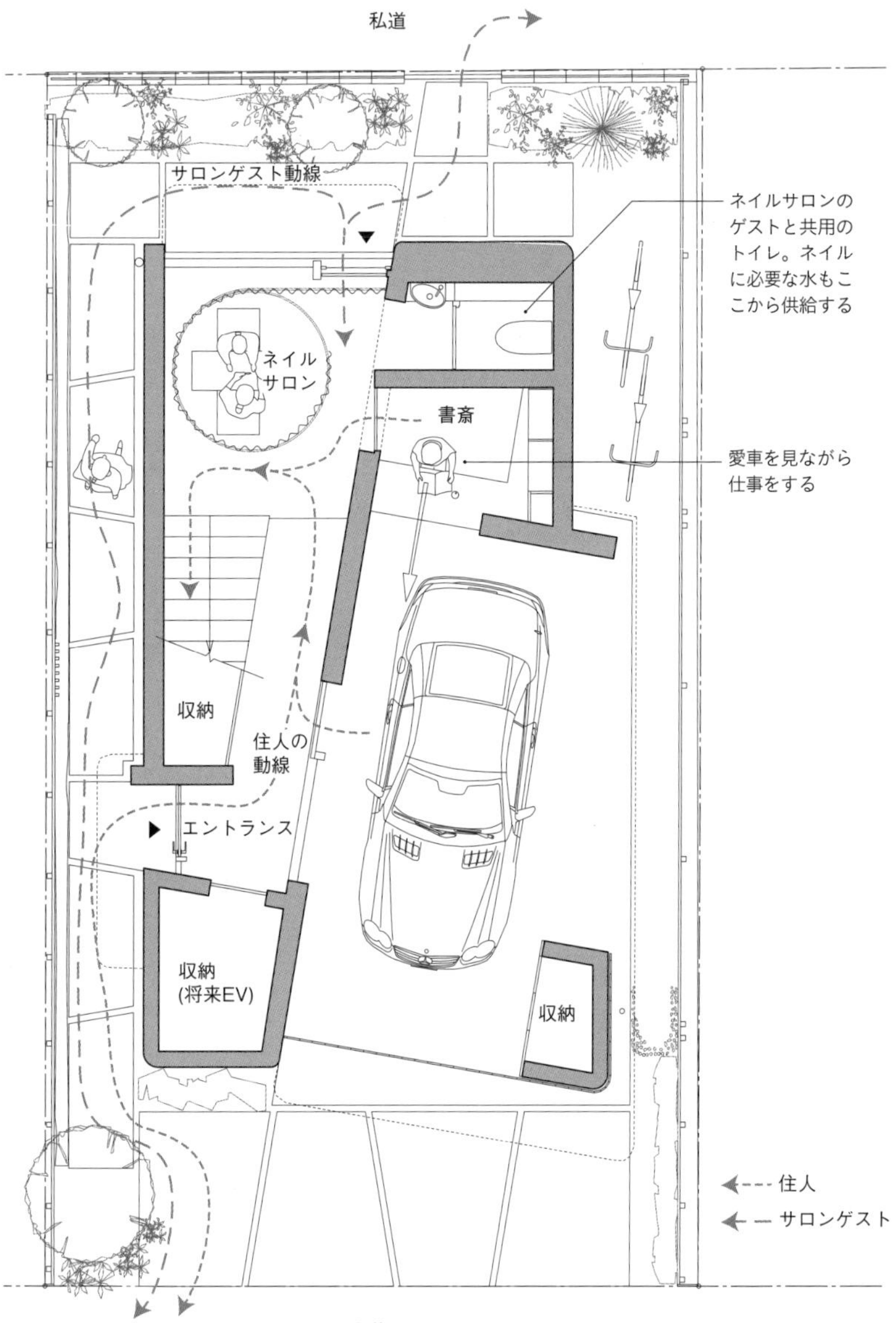
私道
サロンゲスト動線
ネイルサロンのゲストと共用のトイレ。ネイルに必要な水もここから供給する
ネイルサロン
書斎
愛車を見ながら仕事をする
収納
住人の動線
エントランス
収納(将来EV)
収納
住人
サロンゲスト
公道

「成城の家」平面図（S＝1：100）

ネイルサロンはカーテンで緩く仕切り集中できる環境をつくりつつ、住空間に溶け込む雰囲気としている。仕切りによりゲストと住人が互いに気を遣わず過ごすことができる。入口はゲスト動線と住人動線が交錯しない計画となっている

書斎

書斎からガレージの愛車を見る

ネイルサロンを閉じて使う

エントランスからネイルサロンを見る

0.8 For both pets and their parents ペットと人の暮らし

少子化が進む日本では猫の数が子供の数より多くなったとも言われます。以前は飼い猫であっても街中を歩き回る姿は見慣れた風景で、犬も番犬として家の玄関先や庭で飼われていることが多かったですが、今は犬も猫も家の中で家族同様に暮らしています。そして最近ではアニマルセラピーという言葉があるように、ペットが人の心の健康に及ぼす効果は大きいと考えられています。

このようにペットは人にとって大切な存在ですが、大切に思うあまり、過剰にペットに寄り添った居住空間では本末転倒です。人が快適に過ごすことを妥協せず、ペットもストレスなく共存できる住まいを考えていきたいものです。**(4.12**参照)

窓台は猫にとってはデイベッド

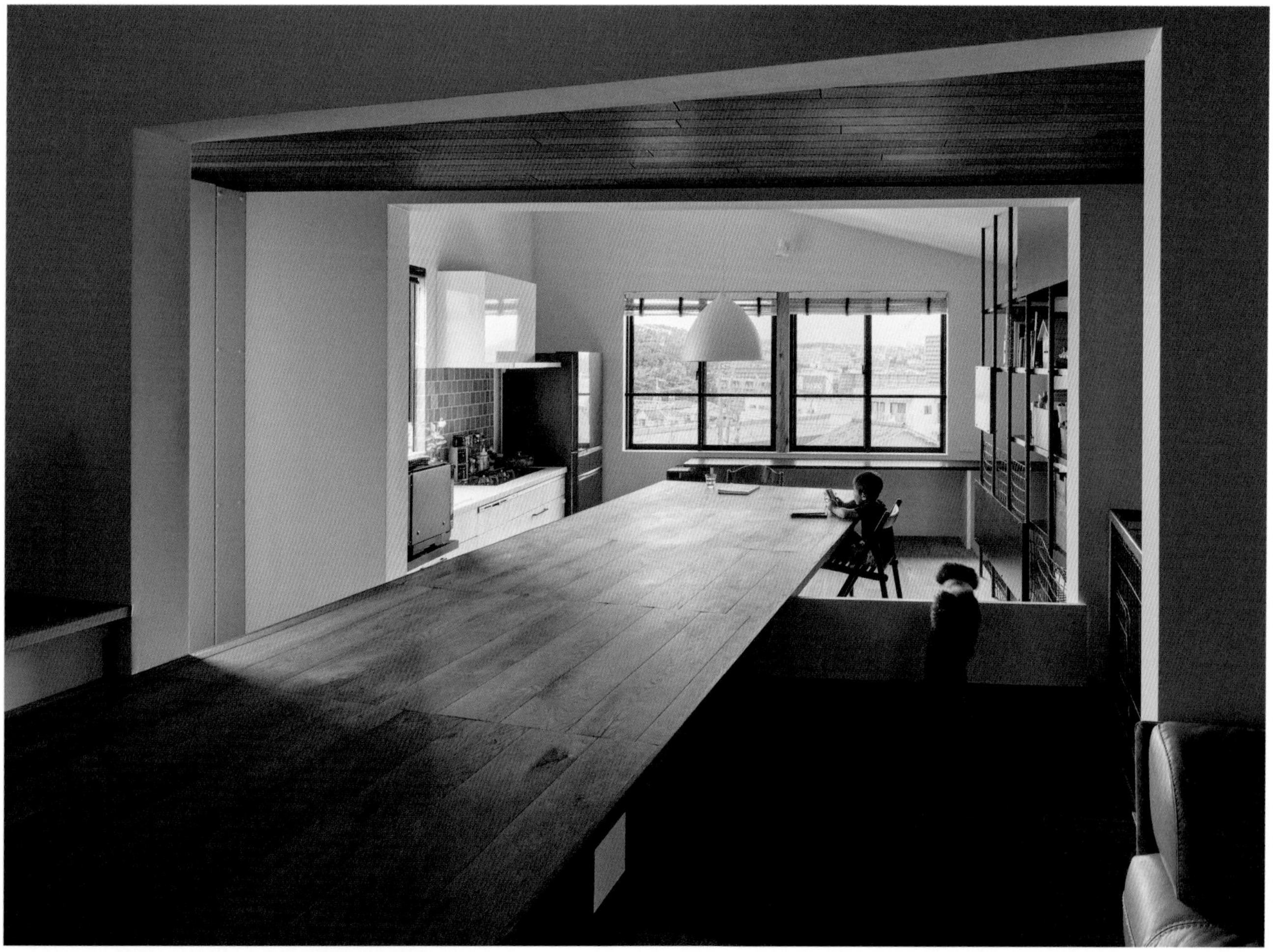

テーブル下から可動ゲートを引き出して、犬の行動範囲を限定する

犬も自由に走り回れるテラスに連続したリビング

0.9 世帯構成の多様化 Designing for diverse households

戦後の高度経済成長期の夫婦と子供２人の４人家族がマイホームを建てるといったステレオタイプの時代は終わり、共働きや単身世帯の増加に伴い、例えば食ひとつとってもそのあり方は多様化しました。外食で済ます頻度は格段に増え、そこにデリバリーやコンビニエンスストアなどで購入して家に持ち帰る中食、社会情勢による節約意識の高まりや働き方改革による早い帰宅がもたらす家呑みなど、実に様々です。住まう人の構成もごく一般的な家族構成に加え、夫婦、単身あるいは兄弟や友人同士であったり、多人数によるシェアであったり。ライフスタイルや世帯構成が織りなす住空間は無数となり、個性的かつ豊かな空間が生まれる可能性を秘めています。

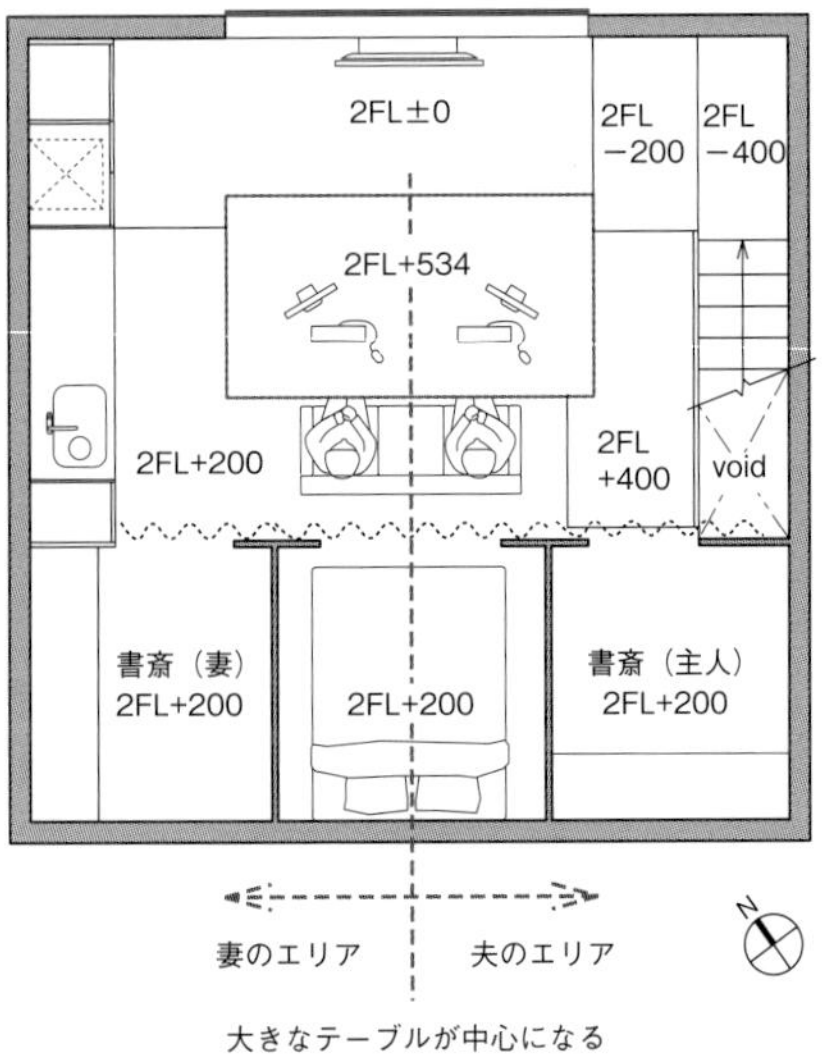

2FL±0
2FL −200
2FL −400
2FL+534
2FL+200
2FL +400
void
書斎（妻） 2FL+200
2FL+200
書斎（主人） 2FL+200
妻のエリア
夫のエリア
大きなテーブルが中心になる
N

「掬光庵」2階平面図（S＝1：120）

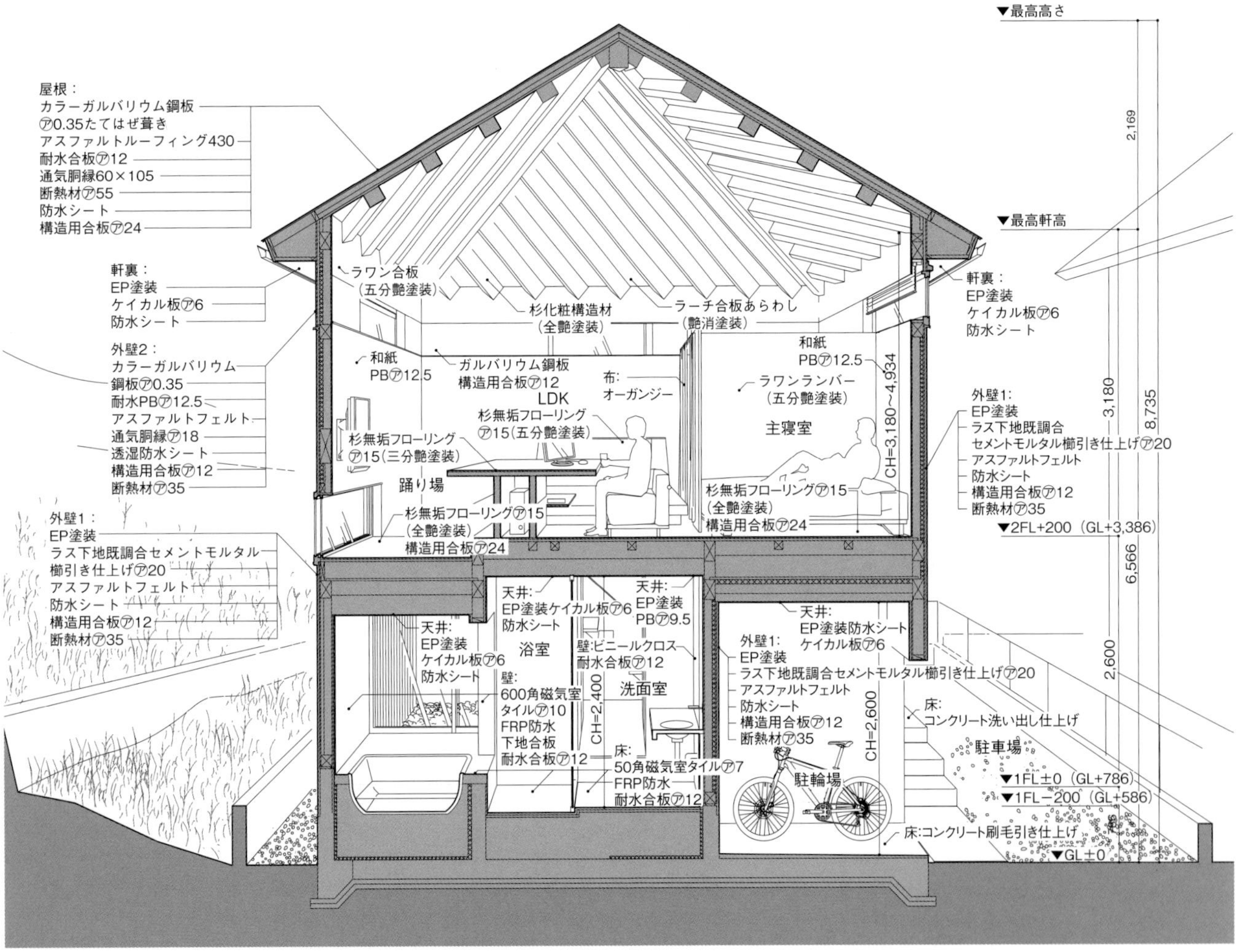

▼最高高さ
屋根：
カラーガルバリウム鋼板
㋐0.35たてはぜ葺き
アスファルトルーフィング430
耐水合板㋐12
通気胴縁60×105
断熱材㋐55
防水シート
構造用合板㋐24
▼最高軒高
軒裏：
EP塗装
ケイカル板㋐6
防水シート
外壁2：
カラーガルバリウム
鋼板㋐0.35
耐水PB㋐12.5
アスファルトフェルト
通気胴縁㋐18
透湿防水シート
構造用合板㋐12
断熱材㋐35
ラワン合板
（五分艶塗装）
杉化粧構造材
（全艶塗装）
ラーチ合板あらわし
（艶消塗装）
和紙
PB㋐12.5
ガルバリウム鋼板
構造用合板㋐12
布：
オーガンジー
LDK
杉無垢フローリング
㋐15（五分艶塗装）
杉無垢フローリング
㋐15（三分艶塗装）
踊り場
杉無垢フローリング㋐15
（全艶塗装）
構造用合板㋐24
和紙
PB㋐12.5
ラワンランバー
（五分艶塗装）
主寝室
CH=3,180〜4,934
杉無垢フローリング㋐15
（全艶塗装）
構造用合板㋐24
外壁1：
EP塗装
ラス下地既調合
セメントモルタル櫛引き仕上げ㋐20
アスファルトフェルト
防水シート
構造用合板㋐12
断熱材㋐35
▼2FL+200（GL+3,386）
2,169
3,180
8,735
6,566
2,600
外壁1：
EP塗装
ラス下地既調合セメントモルタル
櫛引き仕上げ㋐20
アスファルトフェルト
防水シート
構造用合板㋐12
断熱材㋐35
天井：
EP塗装
ケイカル板㋐6
防水シート
天井：
EP塗装ケイカル板㋐6
防水シート
浴室
壁：
600角磁気室
タイル㋐10
FRP防水
下地合板
耐水合板㋐12
天井：
EP塗装
PB㋐9.5
壁：ビニールクロス
耐水合板㋐12
洗面室
CH=2,400
床：
50角磁気室タイル㋐7
FRP防水
耐水合板㋐12
天井：
EP塗装防水シート
ケイカル板㋐6
外壁1：
EP塗装
ラス下地既調合セメントモルタル櫛引き仕上げ㋐20
アスファルトフェルト
防水シート
構造用合板㋐12
断熱材㋐35
CH=2,600
駐輪場
床：
コンクリート洗い出し仕上げ
駐車場
▼1FL±0（GL+786）
▼1FL−200（GL+586）
床：コンクリート刷毛引き仕上げ
▼GL±0

「志木の家」断面図
（S＝1：75）

家の中心に大きなテーブルを設え、映画を観たり食事をしたりネットサーフィンをしたり、夫婦ふたりの時間はここで過ごす。食事は外で購入したものでとることが多いため、キッチンはシンクのみ。冷蔵庫や卓上一口IHコンロなどの家電置場のみ備える。大テーブルの背後にはベッドスペース、その両側に夫婦それぞれの書斎を設け、パブリックエリアとはオーガンジーの布で仕切るのみのシンプルなワンルーム空間となっている

「掬光庵」
夫婦ふたりの時間を過ごす、家の中心に設えた大テーブル。各々の素材の質感を黒だけで表した、住み手の個性がみなぎる空間

0.10 To the place we belong
実家に帰ろう

都市近郊の住宅地では、一軒の敷地を例えば三分割して同じ形をした建売住宅が建ち並ぶ光景をよく見かけます。それは狭くても都市部の一軒家に住むという強い意志の表れで、利便性という点で捨てがたい選択肢です。一方で、小さな敷地の取得に大きく費用をかけると、建物にかけられる費用は残り僅かというコストバランスを大きく欠いたものになります。そこで同じ敷地分割であれば、実家の敷地内に隣接して建てるという選択肢に目を向けてみるのもよいかもしれません。つかず離れず、互いのプライバシーを確保しながら支え合う関係を築ける距離感で、必要以上に閉じない風通しの良い佇まいとなり、家族の賑わいを感じられる健全な街並の形成にもつながります。都市部の利便性は必ずしも手に入れられないかもしれませんが、かけがえのない豊かさに気付けるかもしれません。

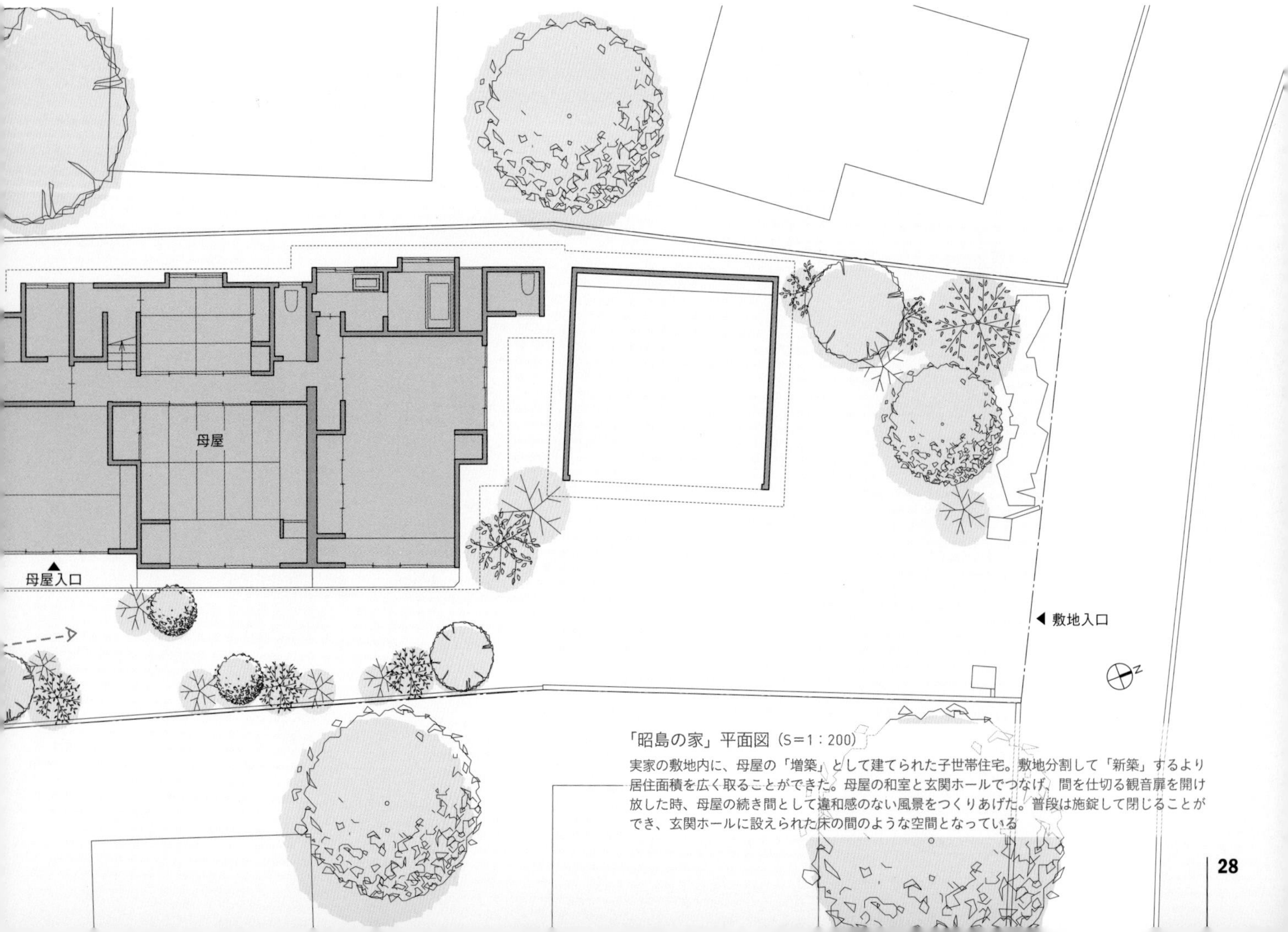
母屋
母屋入口
敷地入口
N

「昭島の家」平面図（S＝1：200）

実家の敷地内に、母屋の「増築」として建てられた子世帯住宅。敷地分割して「新築」するより居住面積を広く取ることができた。母屋の和室と玄関ホールでつなげ、間を仕切る観音扉を開け放した時、母屋の続き間として違和感のない風景をつくりあげた。普段は施錠して閉じることができ、玄関ホールに設えられた床の間のような空間となっている

母屋から子世帯住宅越しに既存の祠を見る

子世帯住宅の玄関ホールから母屋の和室を見る

母屋前から子世帯住宅を見る

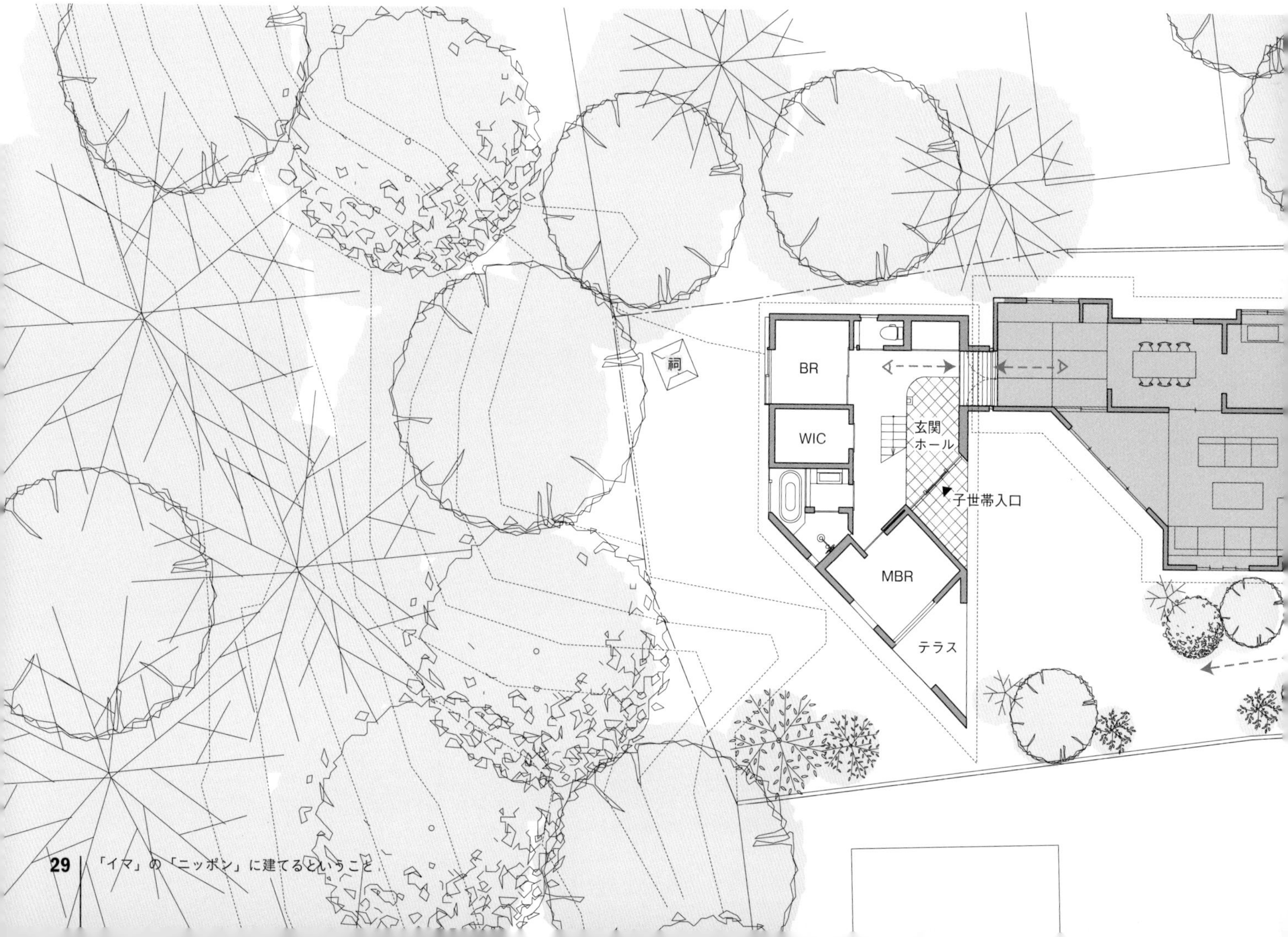
祠
BR
WIC
玄関
ホール
子世帯入口
MBR
テラス

0.11 Mother Nature's fury and the home

気まぐれな自然と共に

温暖な気候の日本において、住まいは外界と隔絶せず自然と共存するように建てられ、住まわれてきました。ただ、穏やかな自然は時として豹変し、私たちは毎年のように台風や集中豪雨、竜巻などによる水害や土砂災害、風害、加えて地震や津波といった多くの自然災害に見舞われます。建築基準法では地震や風に対しては守るべき基準が示されていますが、規程しているのはあくまで人命を守るための最低限であるため、デザインを考えながらもその基準に加えて品質をどこまで担保するのか？　設計者としての判断、見極めがとても重要になります。そのために想定しうる様々なことをシミュレーションします。隣地の崩れてくるかもしれない崖にどう対処するのか？　集中豪雨の際に水が敷地内にどのように流れ込み、それをどう排水するのか？　など、起こりうるあらゆる可能性を考慮しつつも、コストバランスも視野に入れたよい塩梅を見極めるのがとても難しいのです。

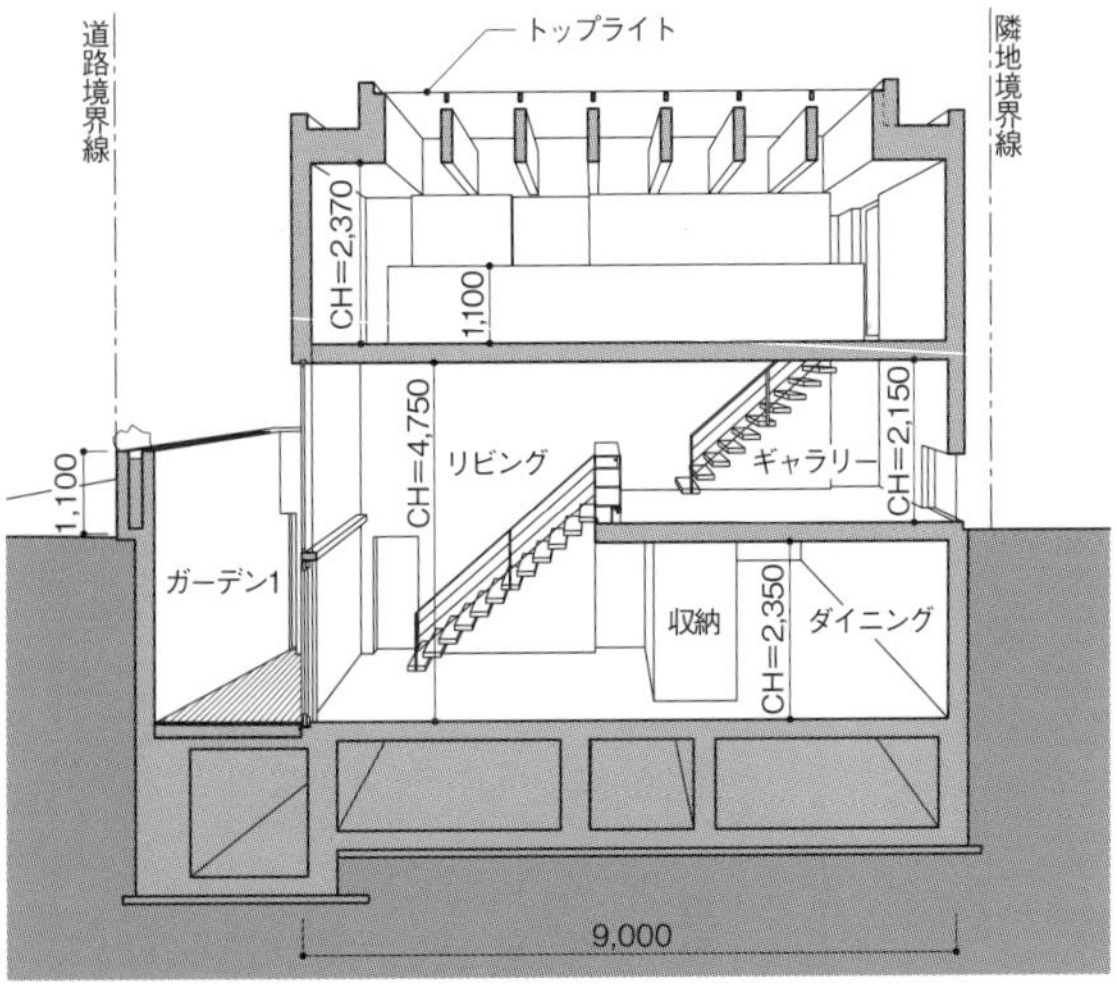

道路境界線
トップライト
隣地境界線
CH=2,370
1,100
1,100
リビング
CH=4,750
ギャラリー
CH=2,150
ガーデン1
収納
CH=2,350
ダイニング
9,000

「目白の家」断面パース（S＝1：200）

東京ではしばしば、大雨時の地下室の浸水が問題になる。この住宅は生活の中心が地下階にあるだけに、雨水対策は不可欠。敷地を含め、周辺は古くからの住宅街であるため、排水管が機能しなくなる可能性も想定した上で地下階の下に約60㎡のピットをつくり、万が一の場合に雨水を一時的に溜めておけるよう計画した

「目白の家」

地下階のリビングとそれに続く外部のドライエリア。地下にメインルームを配置する提案に至ったが、雨水対策を考慮した上で二ヶ所にドライエリアを設け、採光・通風・プライバシーを確保したダイナミックな空間をつくっている

「大岡山の家」　ダイニング・キッチンから「奥の庭」を見る。隣地の既存大谷石でできた擁壁の万が一の崩壊リスクを考慮し、建物は擁壁から離隔距離を取った。さらに工事の際に敷地内から掘り出された土で築山をつくり、擁壁を押さえている

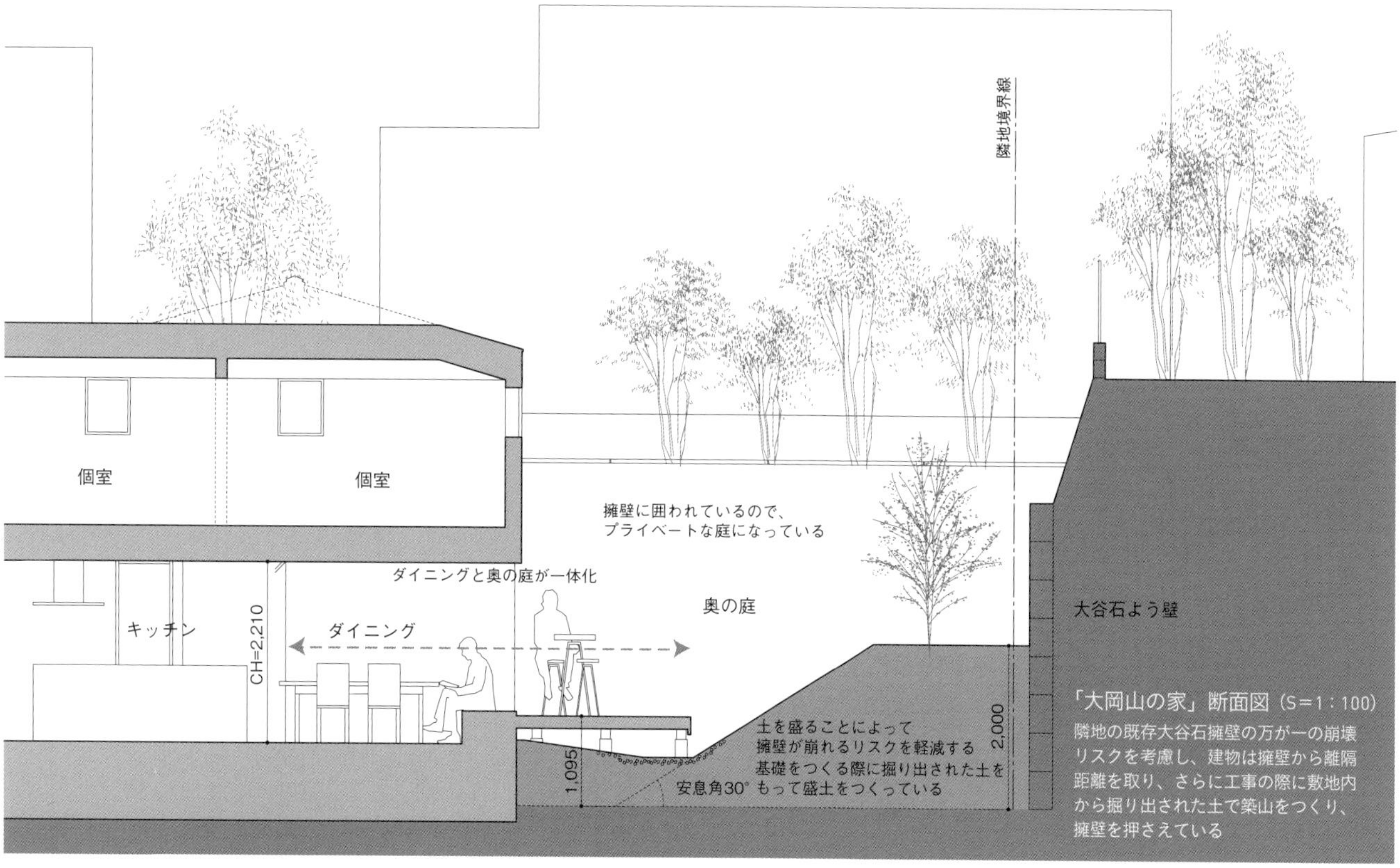
隣地境界線
個室
個室
擁壁に囲われているので、
プライベートな庭になっている
ダイニングと奥の庭が一体化
キッチン
CH=2,210
ダイニング
奥の庭
大谷石よう壁
土を盛ることによって
擁壁が崩れるリスクを軽減する
基礎をつくる際に掘り出された土を
安息角30° もって盛土をつくっている
1,095
2,000

「大岡山の家」断面図（S＝1：100）
隣地の既存大谷石擁壁の万が一の崩壊リスクを考慮し、建物は擁壁から離隔距離を取り、さらに工事の際に敷地内から掘り出された土で築山をつくり、擁壁を押さえている

chapter
1
敷地の「ソト」に価値がある
Treasure beyond border

「家に帰ってほっとしたい」、「週末は家でゆっくり過ごしたい」という言葉が表すように、「家」という言葉にはプライベートな印象があります。そのためか、どうしても視点や発想が内向きで、家の設計を依頼する建て主の多くは要望が家のなかに集中しがちで、街に対する建ち方にはあまり関心がないように思います。要望をそのままかたちにしてしまうような設計者がいるとしますと、その設計者にも責任がありますが、その結果として、今の日本の街並みができ上がっているように思います。個人の所有物である家は自由に建てることができますが、街をかたちづくる一部であることも忘れずに、その佇まいを大切に考えるべきだと思います。

私たちが建て主から設計を依頼されたときは、まず、敷地境界の外側をよく観察するようにしています。敷地の周辺にどのような建物がどんな大きさでどのぐらいの密度で建っているのか、隣接して緑はあるのか、遠くに山は見えるか、並木が見えるか、畑が広がっているかなど、敷地の形や大きさ以上に周辺環境は建物を計画する際に大きな影響を与えます。また、敷地が都心の密集地か、郊外の住宅地か、あるいは別荘地かによっても建ち方は違ってきます。その結果、周辺環境に馴染ませるもよし、反対に主張するのもよいでしょう。いずれにしても、その敷地だからこその魅力的な佇まいをつくるべきです。周辺環境のプラス要素は最大限生かすべきですし、マイナス要素があるならば、よく観察して解決していくべきです。建て主の個別の要望ではなく、敷地の特性を把握して、その場所から導き出されるそこにあるべくしてある建築は、たとえ住み手や用途が変わっても、そこにあり続けるものとなるでしょう。

1.1 Framing your own exclusive view
自分だけの風景を切り取る

敷地の外側を眺めるといろいろなものがあるはずです。海や山、公園や並木、畑、川……。それそのようなプラスと感じるものがあれば、それをプランに積極的に取り入れることを考えます。周辺のプラス環境を取り入れることで、そこならではの、そこにしかない建物が建ちあがります。

「たまプラーザの家」ではイチョウ並木と栗の木々の景色を室内に取り込んでいます。

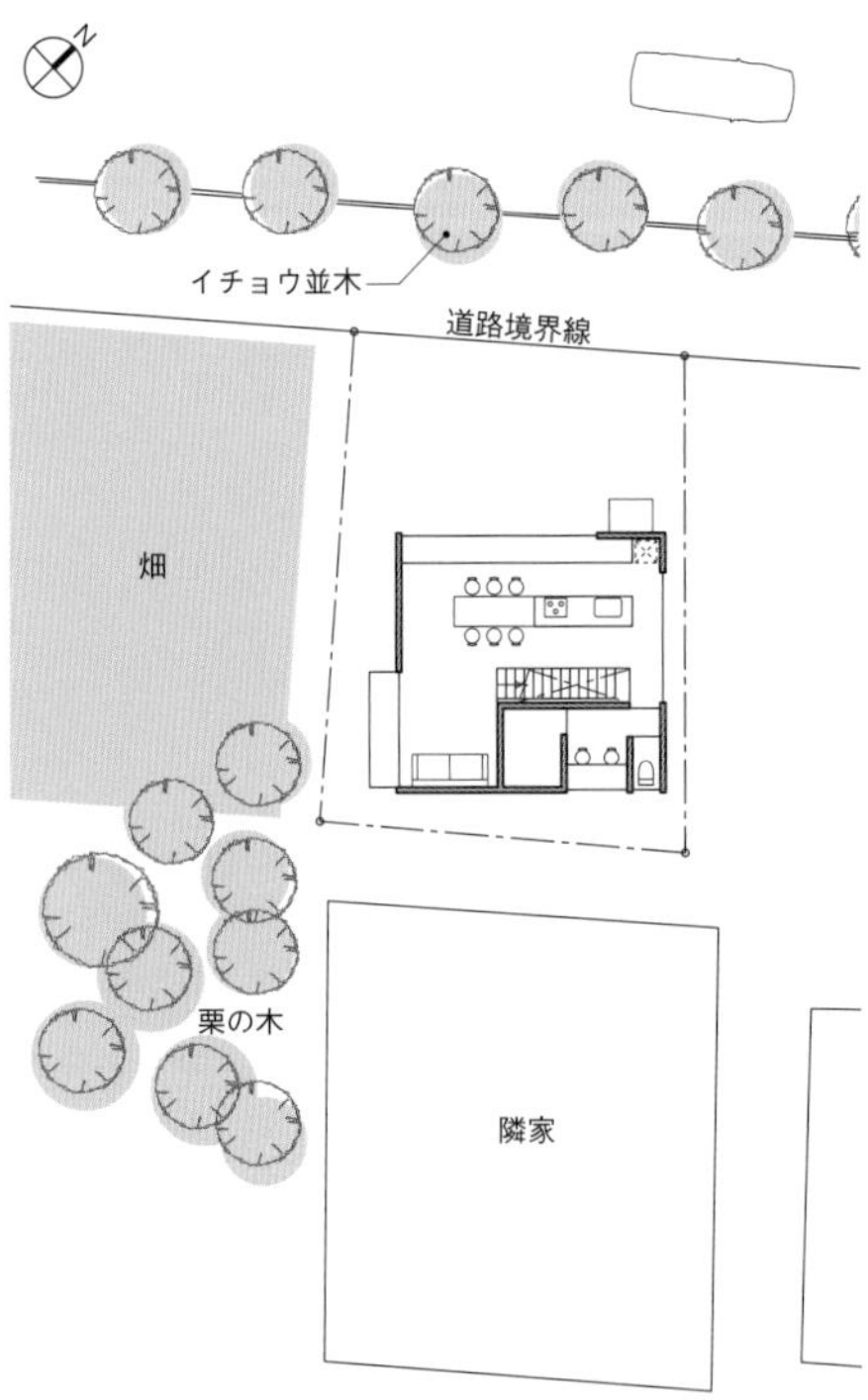

N
イチョウ並木
道路境界線
畑
栗の木
隣家

「たまプラーザの家」配置兼2階平面図（S＝1：400）
横連窓を設けてイチョウ並木を切り取っている

手が届きそうなイチョウ並木

1.2 擁壁の借景 One man's "retaining wall" is another man's treasure

小さな住宅においては、内部空間に広がりを与えるために、隣家との隙間を生かして「抜け」をつくることがとても有効です。「抜け」は敷地をきちんと読み込むと、きっとつくれるはず。一般的にはマイナスに捉えられがちな雛段状に造成された宅地の擁壁も、エントランスホールに伸びやかさを与える、プライバシーの守られた「抜け」をつくることができるので、プラス要素に様変わりします。

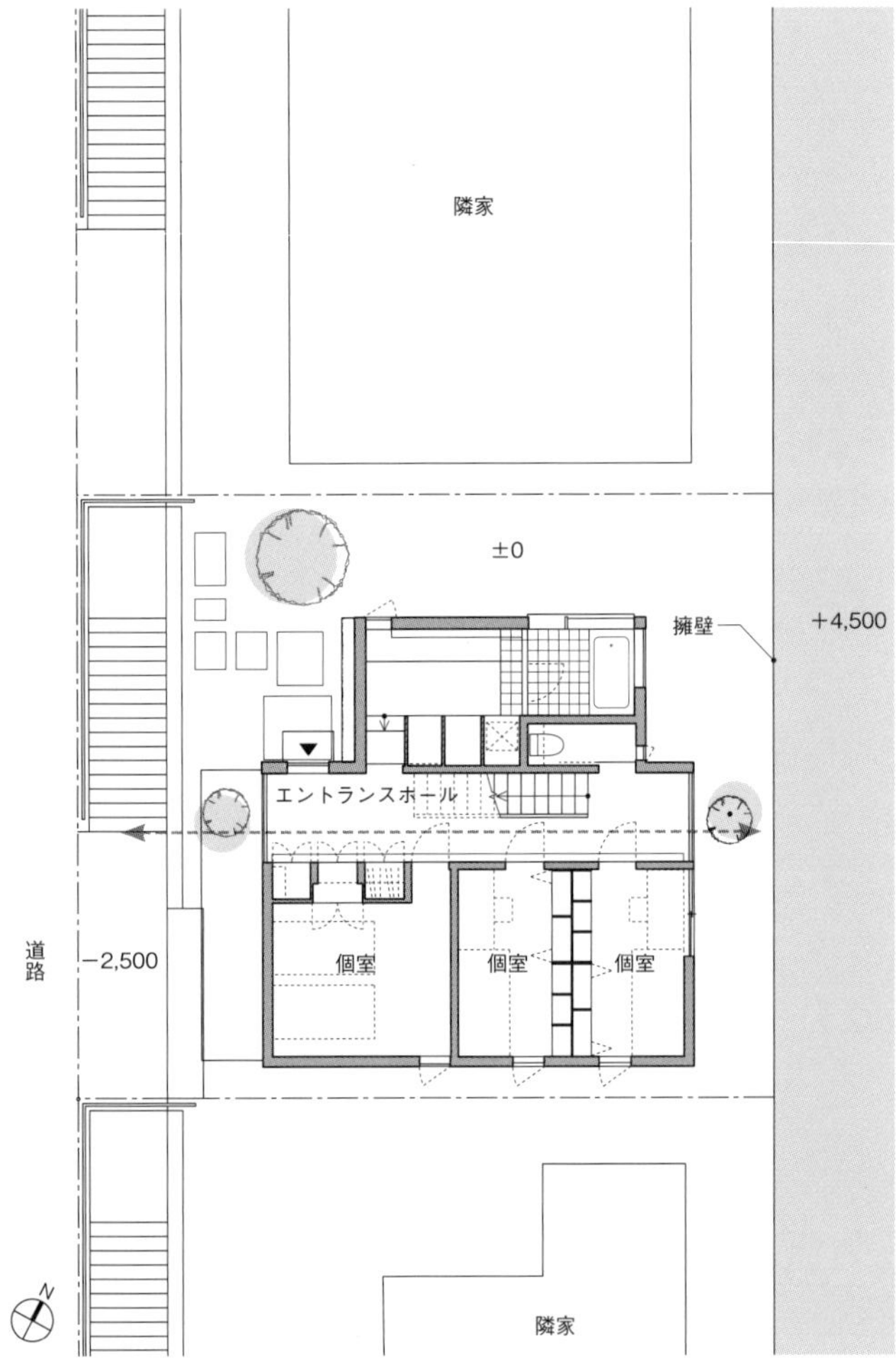
隣家
±0
擁壁
+4,500
エントランスホール
道路
−2,500
個室
個室
個室
隣家
N

「あざみ野の家」
平面図
（S＝1：200）
エントランスホールの両端を窓にすることで、空間に伸びやかさをつくっている

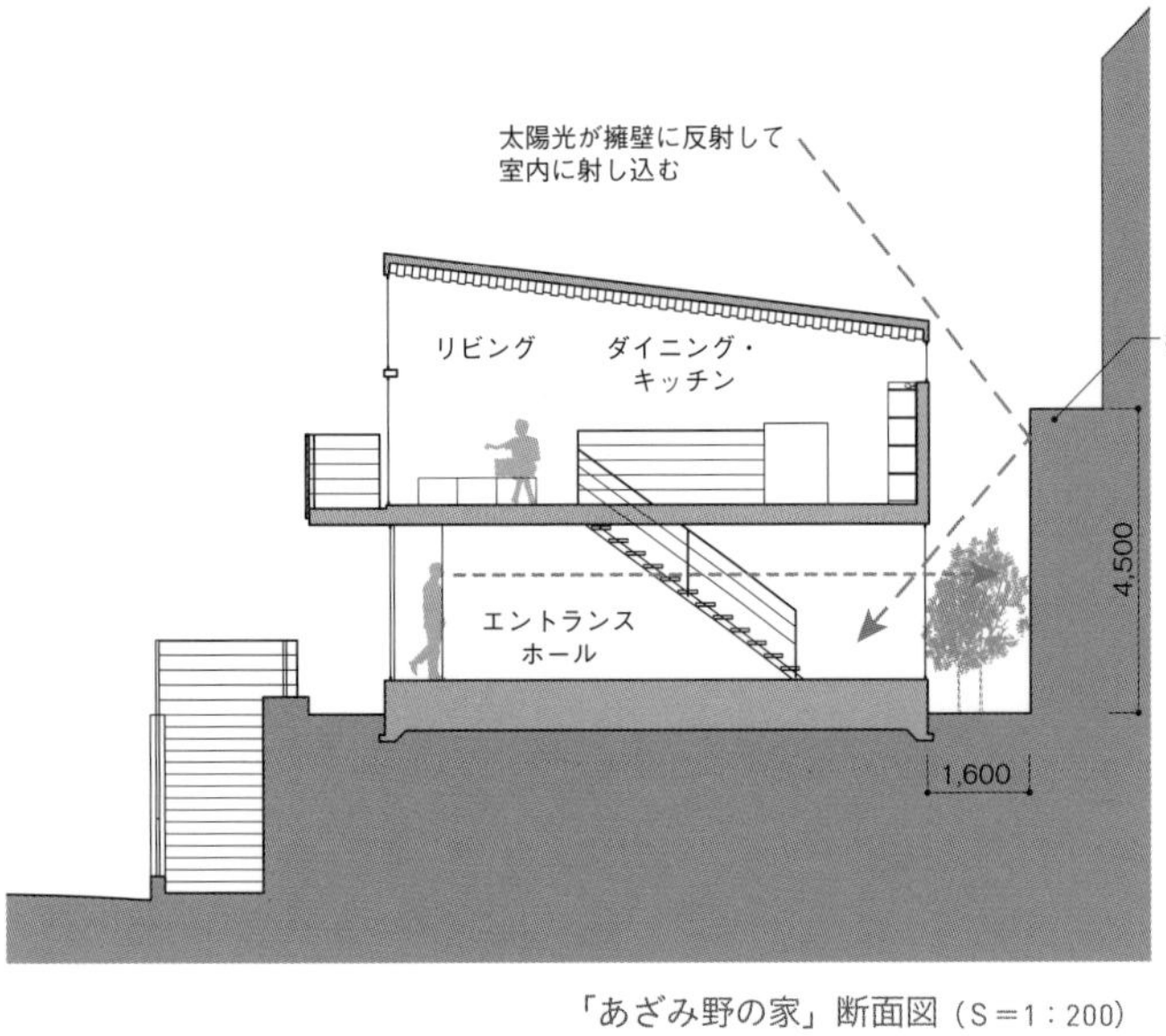
太陽光が擁壁に反射して
室内に射し込む
リビング
ダイニング・
キッチン
擁壁
4,500
エントランス
ホール
1,600

「あざみ野の家」断面図（S＝1：200）
擁壁の反射光を利用して、エントランスホールに光を採り込んでいる

玄関方向を見る。夜はライン照明をつけることで、抜け感がさらに強調される（**6.8**参照）

擁壁方向を見る。擁壁に向かって窓を
設けることで、突き当たりが明るい抜
けのある空間となっている

1.3 北側のやさしい光 Gentle northern lights

北側の部屋は暗くジメジメとしたマイナスイメージをもたれがちですが、光の採り入れ方によってさまざまな趣の空間をつくることができます。北側に面した窓からは、陽射しの弱い淡い光が入るので、アトリエや書斎といった用途の部屋の場合は、直射日光の入る南側よりむしろ好まれます。夏は涼しくしっとりとした北側の部屋は、冬のポカポカと暖かい南側の部屋とは異なった良さがあります。それでも北側の部屋に直射日光を入れたいという場合は、断面構成の工夫で可能となり、これまでのイメージとは違う北側空間が生まれます。

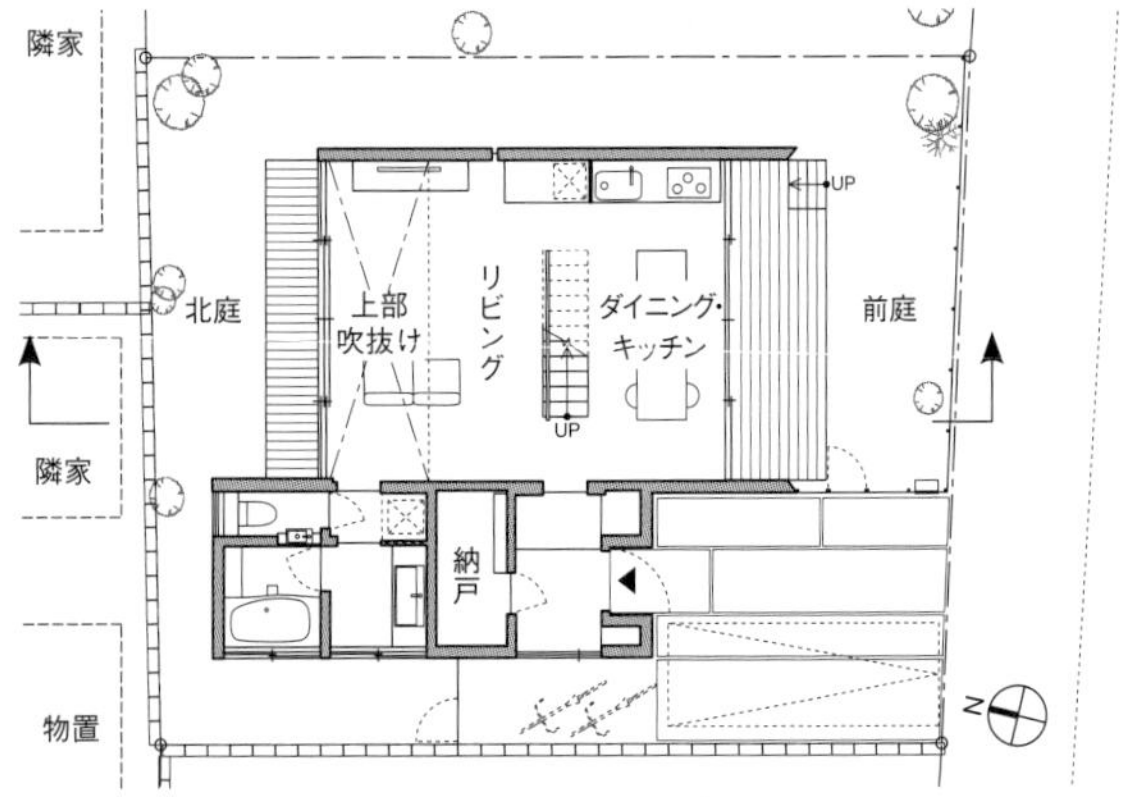
隣家
北庭
上部
吹抜け
リビング
ダイニング・
キッチン
前庭
隣家
納戸
物置
UP
N
「仙川の家」配置・1階平面図（S＝1：250）

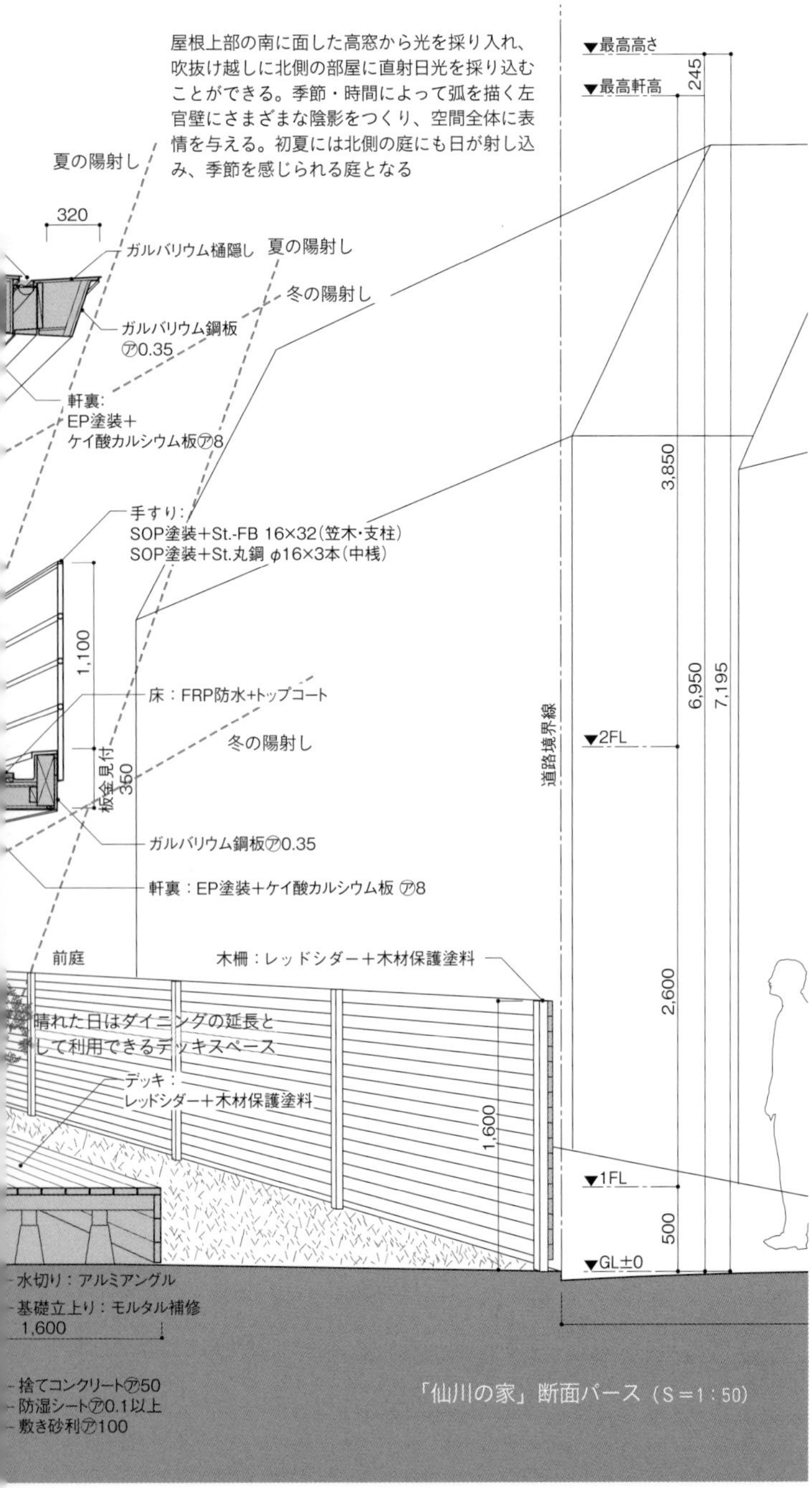
屋根上部の南に面した高窓から光を採り入れ、吹抜け越しに北側の部屋に直射日光を採り込むことができる。季節・時間によって弧を描く左官壁にさまざまな陰影をつくり、空間全体に表情を与える。初夏には北側の庭にも日が射し込み、季節を感じられる庭となる
夏の陽射し
320
ガルバリウム樋隠し
夏の陽射し
冬の陽射し
ガルバリウム鋼板
㋐0.35
軒裏：
EP塗装＋
ケイ酸カルシウム板㋐8
手すり：
SOP塗装＋St.-FB 16×32（笠木・支柱）
SOP塗装＋St.丸鋼 φ16×3本（中桟）
1,100
床：FRP防水+トップコート
冬の陽射し
板金見付
350
ガルバリウム鋼板㋐0.35
軒裏：EP塗装＋ケイ酸カルシウム板 ㋐8
前庭
木柵：レッドシダー＋木材保護塗料
晴れた日はダイニングの延長として利用できるデッキスペース
デッキ：
レッドシダー＋木材保護塗料
1,600
水切り：アルミアングル
基礎立上り：モルタル補修
1,600
捨てコンクリート㋐50
防湿シート㋐0.1以上
敷き砂利㋐100
最高高さ
最高軒高
245
3,850
6,950
7,195
2FL
2,600
1FL
500
GL±0
道路境界線
「仙川の家」断面パース（S＝1：50）

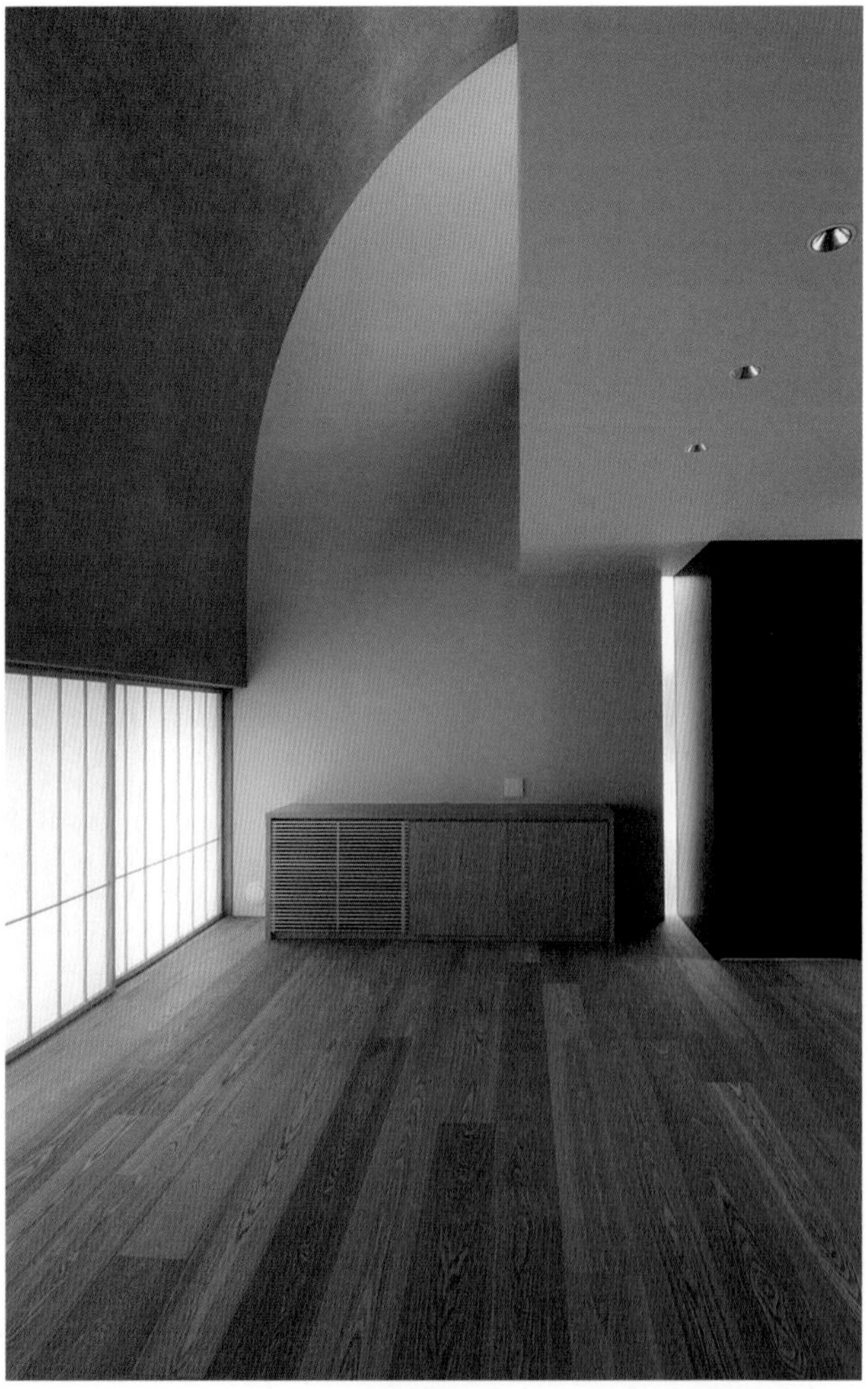
間接光を採り込んだ落ち着いた雰囲気のリビング

太陽の高い夏は、屋根の上から北庭に直射光が届き、障子の生み出す陰影が季節の変化を伝える

トップライトから柔らかい光が降り注ぐ2階のワークスペース

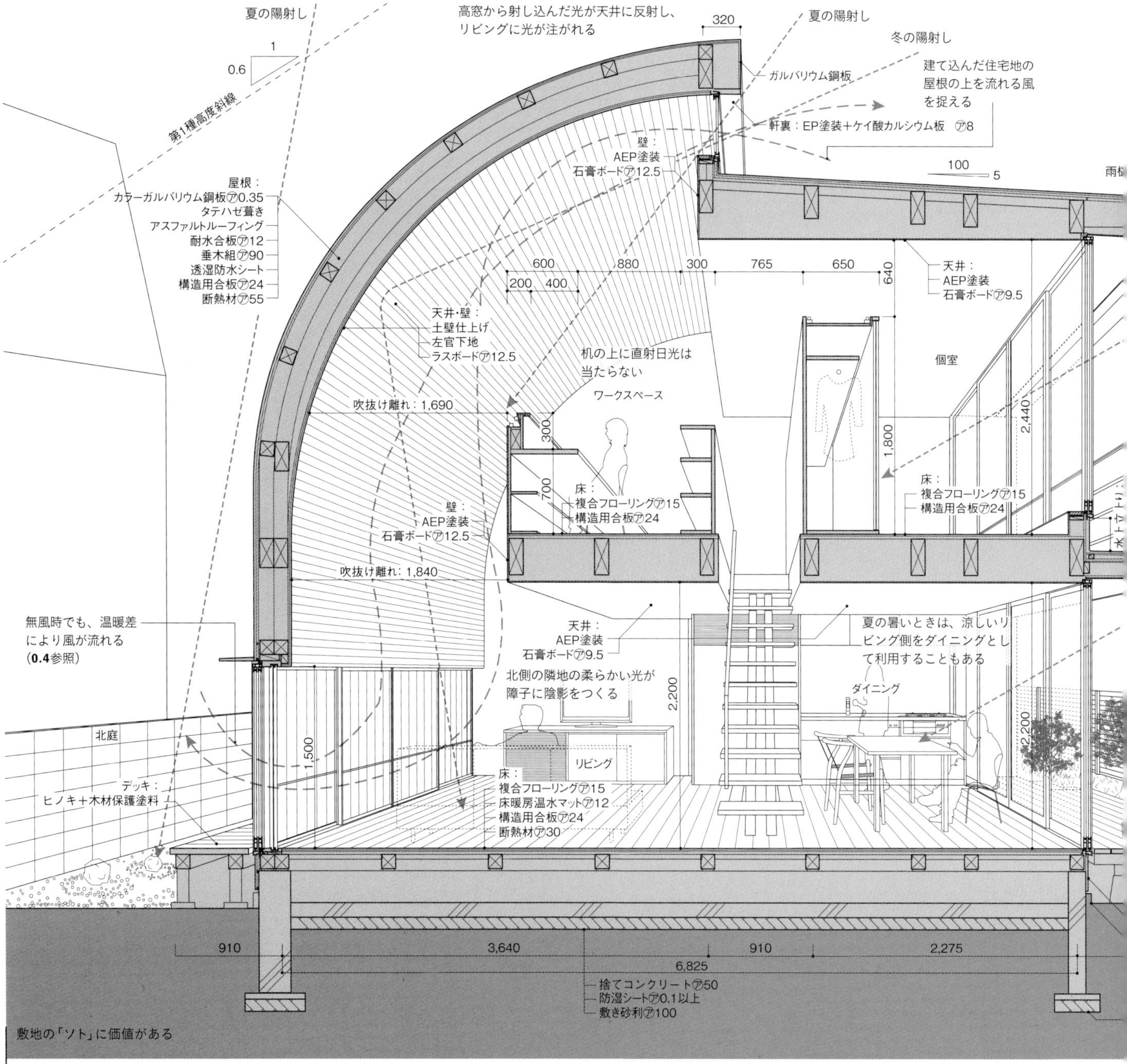

夏の陽射し
高窓から射し込んだ光が天井に反射し、リビングに光が注がれる
320
夏の陽射し
冬の陽射し
1
0.6
ガルバリウム鋼板
建て込んだ住宅地の屋根の上を流れる風を捉える
第1種高度斜線
軒裏：EP塗装＋ケイ酸カルシウム板 ㋐8
壁：
AEP塗装
石膏ボード㋐12.5
100
5
屋根：
カラーガルバリウム鋼板㋐0.35
タテハゼ葺き
アスファルトルーフィング
耐水合板㋐12
垂木組㋐90
透湿防水シート
構造用合板㋐24
断熱材㋐55
600
880
300
765
650
640
200
400
天井：
AEP塗装
石膏ボード㋐9.5
天井・壁：
土壁仕上げ
左官下地
ラスボード㋐12.5
机の上に直射日光は当たらない
個室
ワークスペース
吹抜け離れ：1,690
300
2,440
1,800
700
床：
複合フローリング㋐15
構造用合板㋐24
床：
複合フローリング㋐15
構造用合板㋐24
壁：
AEP塗装
石膏ボード㋐12.5
吹抜け離れ：1,840
無風時でも、温暖差により風が流れる
(0.4参照)
天井：
AEP塗装
石膏ボード㋐9.5
夏の暑いときは、涼しいリビング側をダイニングとして利用することもある
北側の隣地の柔らかい光が障子に陰影をつくる
2,200
ダイニング
2,200
北庭
1,500
リビング
デッキ：
ヒノキ＋木材保護塗料
床：
複合フローリング㋐15
床暖房温水マット㋐12
構造用合板㋐24
断熱材㋐30
910
3,640
910
2,275
6,825
捨てコンクリート㋐50
防湿シート㋐0.1以上
敷き砂利㋐100

1.4 Claiming a slice of nature

密集地の間接的な自然

密集した住宅地では、光は採り入れたいが隣家がすぐそこに迫り、窓を開けても見える景色は隣家の窓や室外機で、カーテンはいつも閉めたままという状態が多く見られます。京の町家では、坪庭の土蔵の白い漆喰壁に太陽光を反射させ、室内に明るさを採り込む事例がありますが、その知恵を現代の住宅にも応用させて、密集地でありながらも光と風を感じられる建ち方が可能となります。

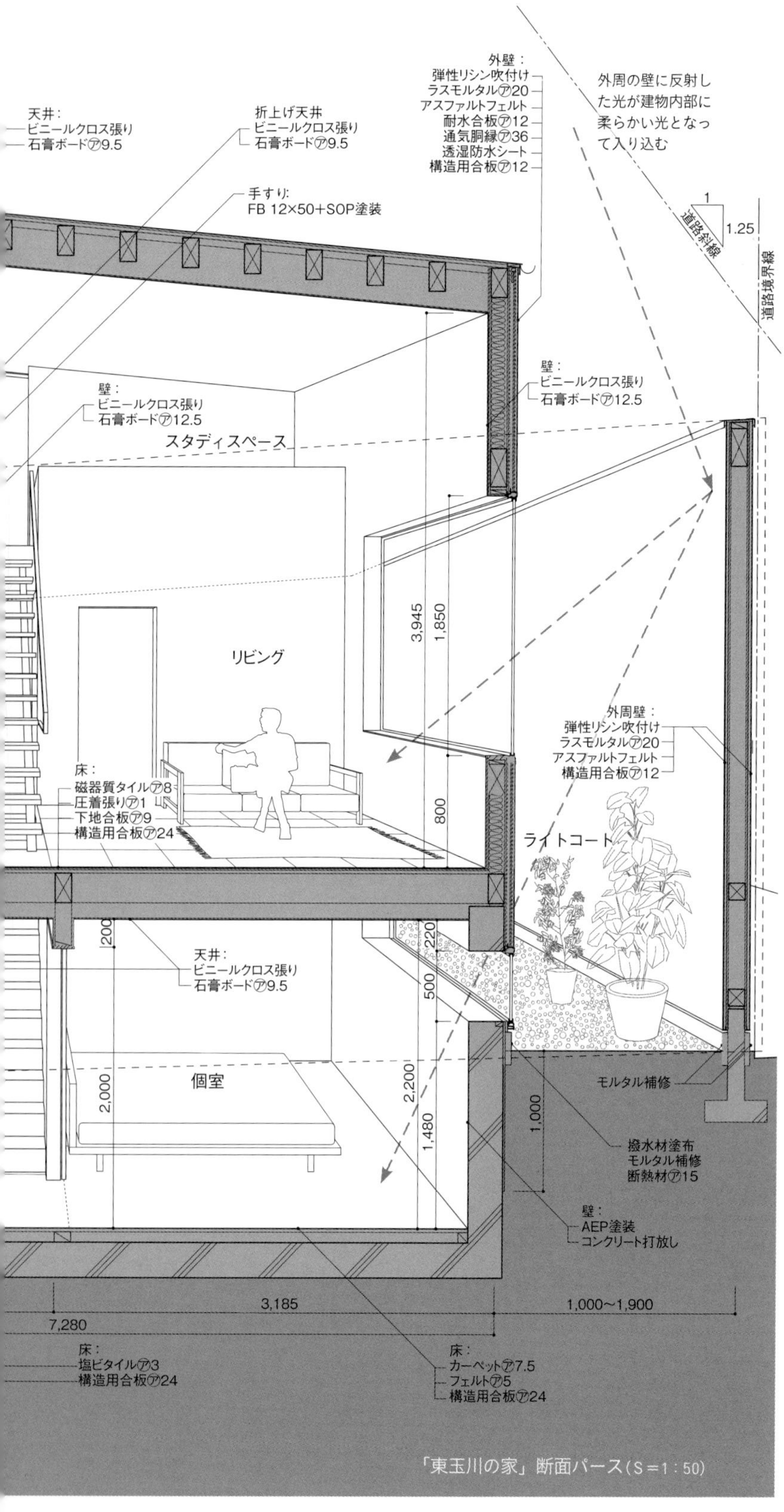

天井：
ビニールクロス張り
石膏ボードㄗ9.5
折上げ天井
ビニールクロス張り
石膏ボードㄗ9.5
外壁：
弾性リシン吹付け
ラスモルタルㄗ20
アスファルトフェルト
耐水合板ㄗ12
通気胴縁ㄗ36
透湿防水シート
構造用合板ㄗ12
外周の壁に反射した光が建物内部に柔らかい光となって入り込む
手すり：
FB 12×50＋SOP塗装
1
1.25
道路斜線
道路境界線
壁：
ビニールクロス張り
石膏ボードㄗ12.5
壁：
ビニールクロス張り
石膏ボードㄗ12.5
スタディスペース
リビング
3,945
1,850
外周壁：
弾性リシン吹付け
ラスモルタルㄗ20
アスファルトフェルト
構造用合板ㄗ12
床：
磁器質タイルㄗ8
圧着張りㄗ1
下地合板ㄗ9
構造用合板ㄗ24
800
ライトコート
200
220
500
天井：
ビニールクロス張り
石膏ボードㄗ9.5
個室
2,000
2,200
1,480
1,000
モルタル補修
撥水材塗布
モルタル補修
断熱材ㄗ15
壁：
AEP塗装
コンクリート打放し
3,185
1,000〜1,900
7,280
床：
塩ビタイルㄗ3
構造用合板ㄗ24
床：
カーペットㄗ7.5
フェルトㄗ5
構造用合板ㄗ24

「東玉川の家」断面パース（S＝1：50）

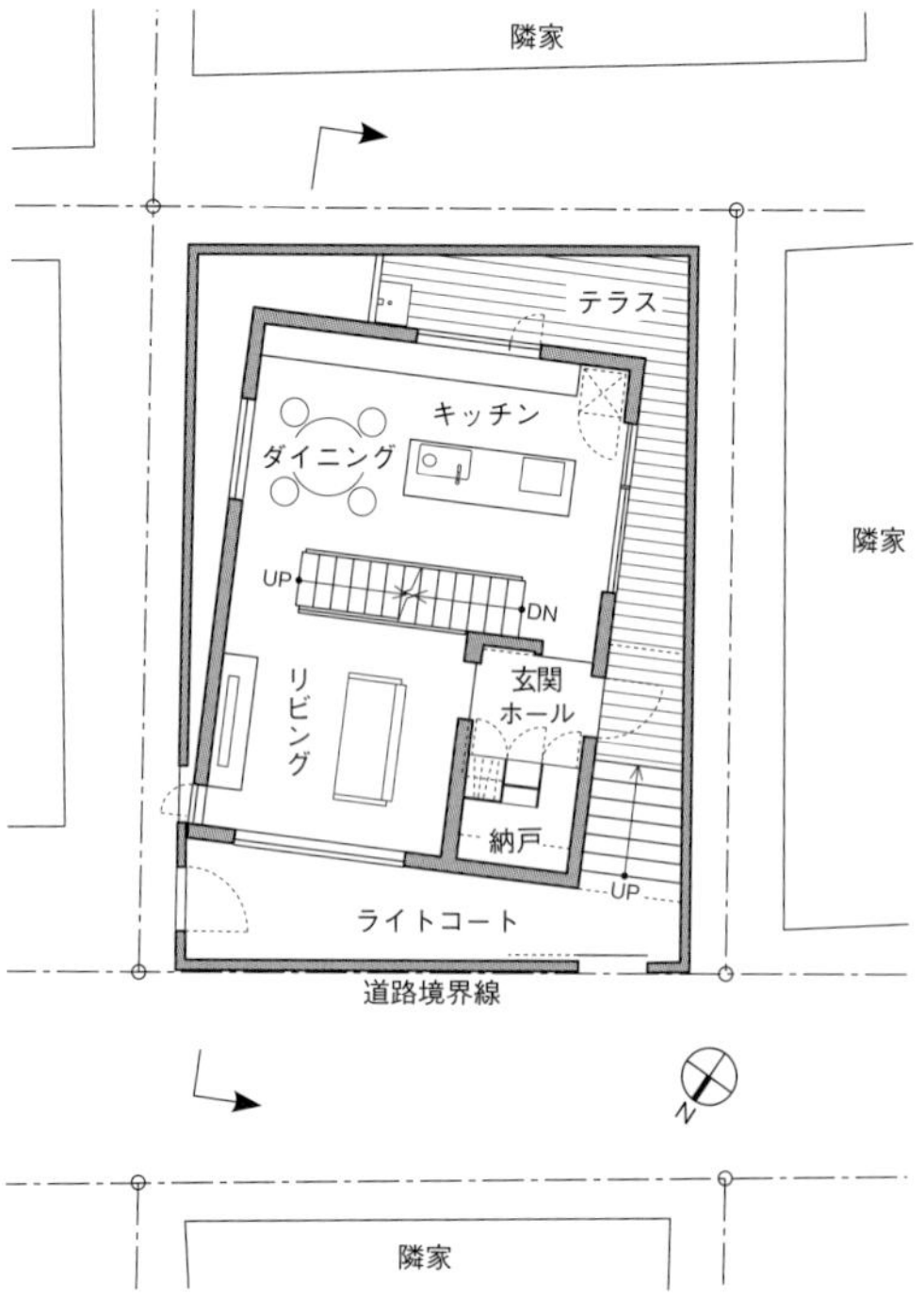

隣家
隣家
隣家
隣家
隣家
テラス
キッチン
ダイニング
UP
DN
リビング
玄関ホール
納戸
UP
ライトコート
道路境界線
N

「東玉川の家」配置・1階平面図（S＝1：200）

敷地境界に沿って建てられた建物外周の白い壁に向かって窓を開けることで、東西南北のあちこちから光が入る。窓から見える風景は隣家の窓ではなく、風や光といった自然を感じる、街から切り離された半外部空間

斜線制限をかわし、かつ周囲の視線をカットするように、プランに合わせて外周の壁の高さを決定している

白い壁に光を反射させることで、内部を明るくする

自然を取り込むための屋根のない半外部空間

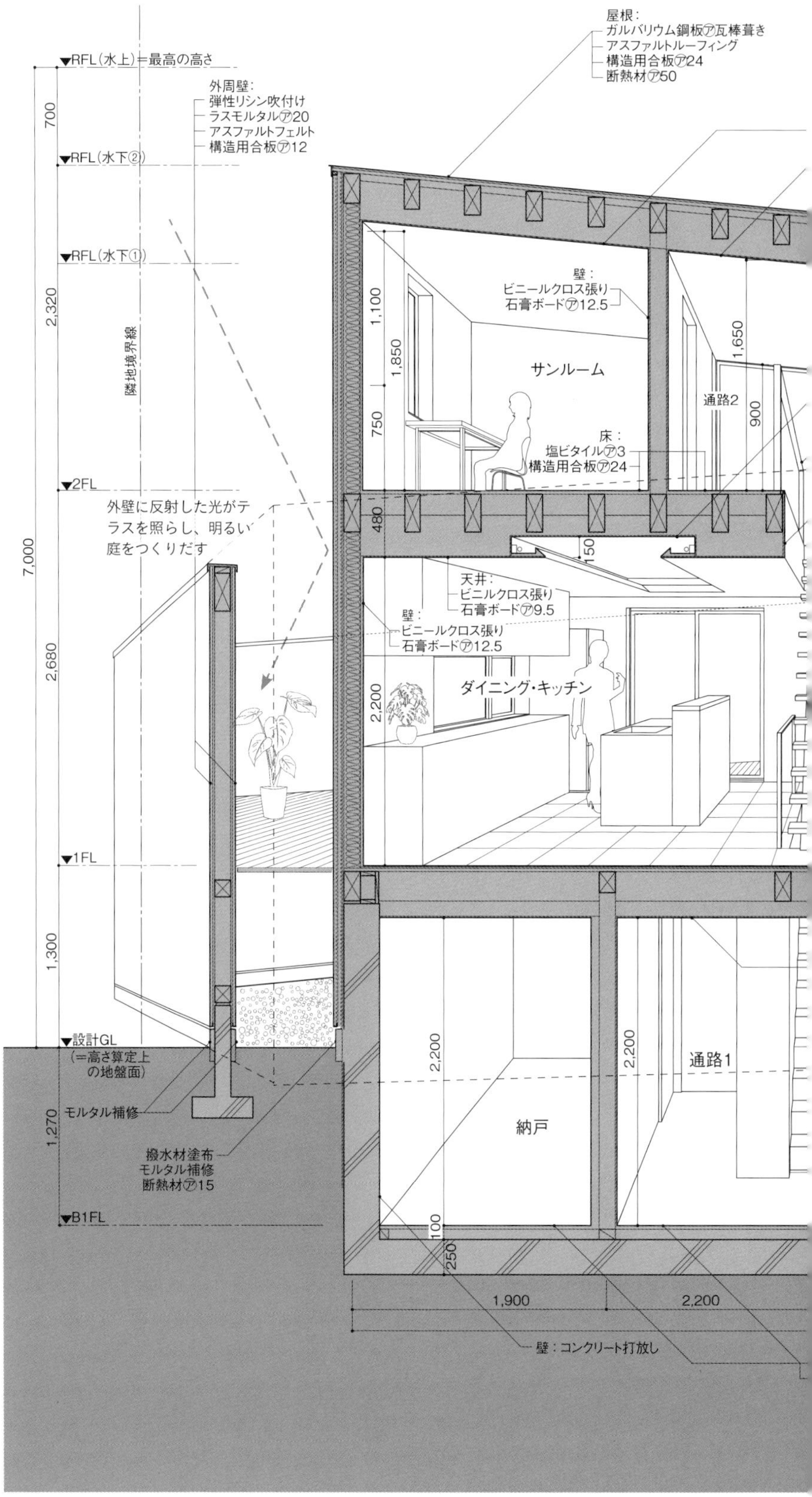

屋根：
ガルバリウム鋼板㋐瓦棒葺き
アスファルトルーフィング
構造用合板㋐24
断熱材㋐50
RFL（水上）＝最高の高さ
外周壁：
弾性リシン吹付け
ラスモルタル㋐20
アスファルトフェルト
構造用合板㋐12
RFL（水下②）
RFL（水下①）
隣地境界線
700
2,320
7,000
2,680
1,300
1,270
壁：
ビニールクロス張り
石膏ボード㋐12.5
1,100
1,850
750
1,650
900
サンルーム
通路2
床：
塩ビタイル㋐3
構造用合板㋐24
2FL
外壁に反射した光がテラスを照らし、明るい庭をつくりだす
480
150
天井：
ビニルクロス張り
石膏ボード㋐9.5
壁：
ビニールクロス張り
石膏ボード㋐12.5
ダイニング・キッチン
2,200
1FL
設計GL
（＝高さ算定上の地盤面）
モルタル補修
撥水材塗布
モルタル補修
断熱材㋐15
B1FL
2,200
2,200
通路1
納戸
100
250
1,900
2,200
壁：コンクリート打放し

1.5 Road decides the "face" of dwelling
建物の顔は道路で決まる

２つの道路に面している敷地は、敷地への入口が2方向から取れるというだけで特別な敷地となります。コミュニティは道路ごとに形成されることが多く、それぞれのコミュニティを結ぶような建ち方とすることで、必然的に建物の顔が決まります。街と街をつなげるその存在は、街の風景を形成する上で重要な役割を果たすこととなるでしょう。

通常、住宅の1階レベルはプライバシーを確保するために塀があるか、窓の少ない閉鎖的なものが多くみられますが、２つの私道に接する「目白の家」ではリビングを地下に配置し、その上部、１階部分は各道路の歩行者の視線が行き交う、街に開放された吹抜けとなっています。

路地に面した南東側のファサード。エントランスは2つあるが、家相でこちらをメインとした

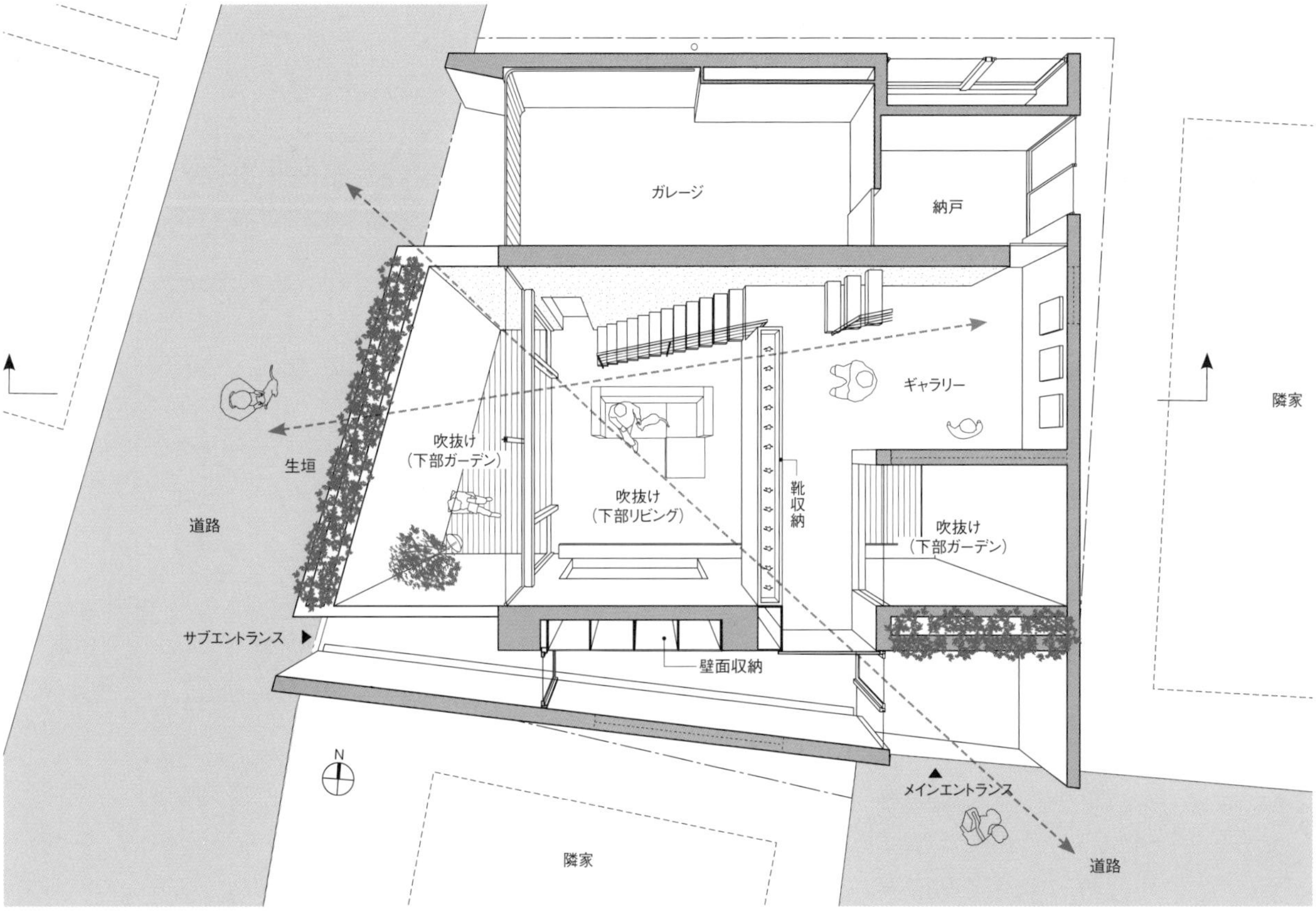

ガレージ
納戸
ギャラリー
隣家
吹抜け
（下部ガーデン）
生垣
吹抜け
（下部リビング）
靴収納
吹抜け
（下部ガーデン）
道路
サブエントランス
壁面収納
N
メインエントランス
隣家
道路

「目白の家」平面パース（S＝1：125）

2つの道路に面した「目白の家」。1階は、エントランス、ガレージ、納戸。メインとサブエントランスをつなぐ通路沿いには壁面収納。落下防止を兼ねた靴収納は飾り棚にもなっていて（**9.10**参照）、街に開かれたエントランスギャラリーとなっている

スギ板型枠コンクリート打放しの西側道路からの外観。1階は街にオープンなエントランスギャラリーとし、塀で囲わず、カーテン・ブラインドといったもので閉じていない。地下のLDKのプライバシーは守りつつ、光・風・視線は抜ける（**3.1**参照）

メインエントランスからサブエントランス方向を見る。どちらからも入ることができ、通り抜けできる

ギャラリーから吹抜け越しに道路側を見る

南アルプス、畑、雑木林、八ヶ岳など360°自然に囲まれており、周囲のいろいろな風景を最大限取り入れた住宅となっている

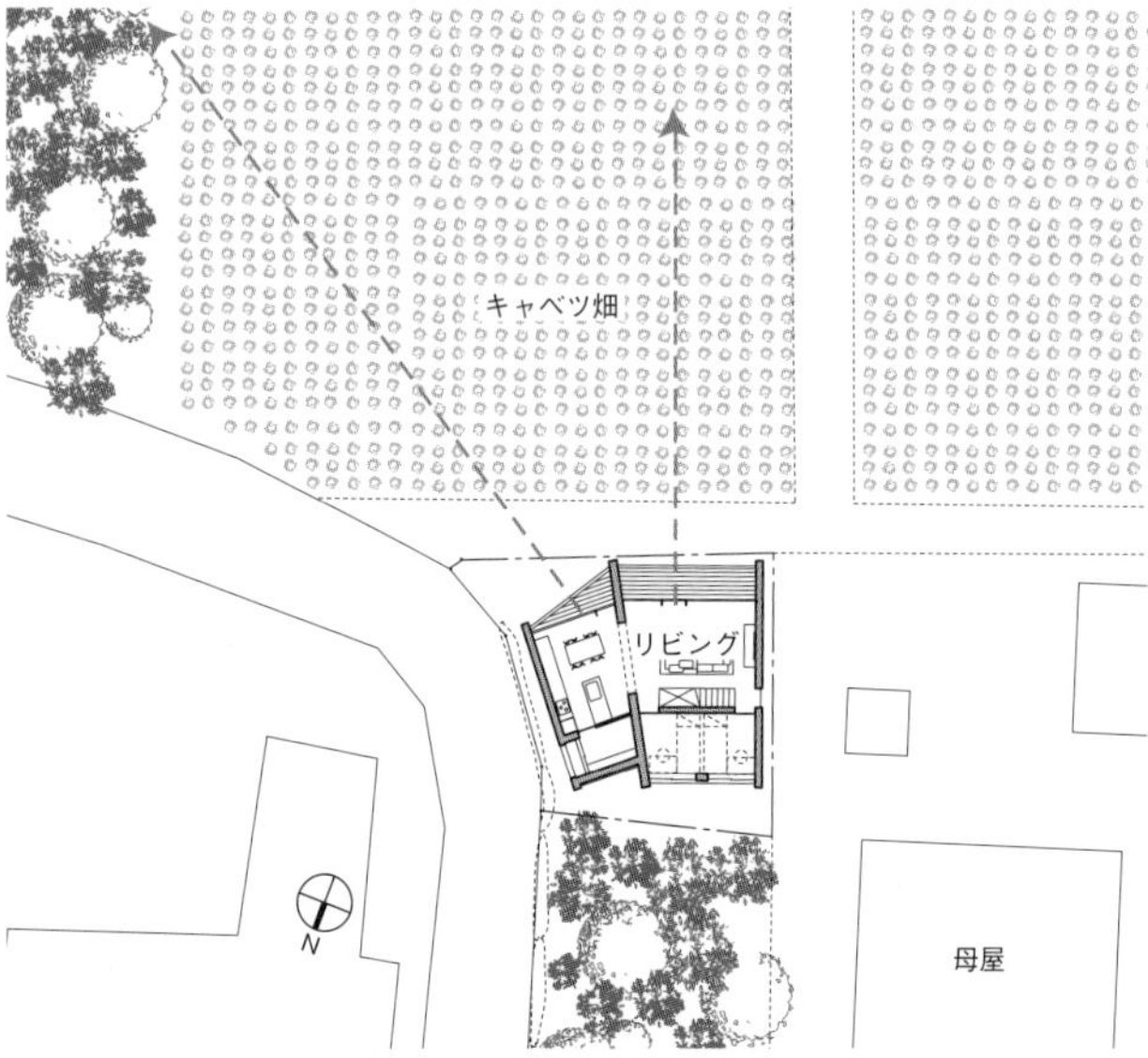
キャベツ畑
リビング
N
母屋

「キャベツ畑と家」平面図（S＝1：600）

1.6 Mine, mine, mine
敷地の外も自分のもの

プライバシーを守りながら光や風を取り入れる工夫を必要とする都市住宅と比較して、自然のなかでは建ち方が異なってきます。そのようなところでは、どのようにして自然を最大限に取り入れるかを考えます。

「キャベツ畑と家」では、前面の広大なキャベツ畑とその一角に残る雑木林の風景を間口いっぱいに取り込み、三枚の大壁で仕切るだけの単純な空間構成に。その大壁を少しだけ開いてガラスの向きに角度与えることで、空間に動きを与えています。

1.7 母屋思いの佇まい

Cherishing the relationship with "mother house"

２世帯住宅や親世帯の敷地内に子世帯の住宅を建てるような場合、プライバシー、日当たり、窓から見える風景など、たとえ身内同士であってもそれなりの配慮が必要です。

親世帯の敷地内に建つ子世帯住宅「岡崎の家」では、外観を片流れ屋根の平屋として母屋側の屋根高さを抑えて圧迫感を軽減し、母屋に対して朝日をさえぎらないため母屋からは視界の開けた空の広い景色が維持されています。

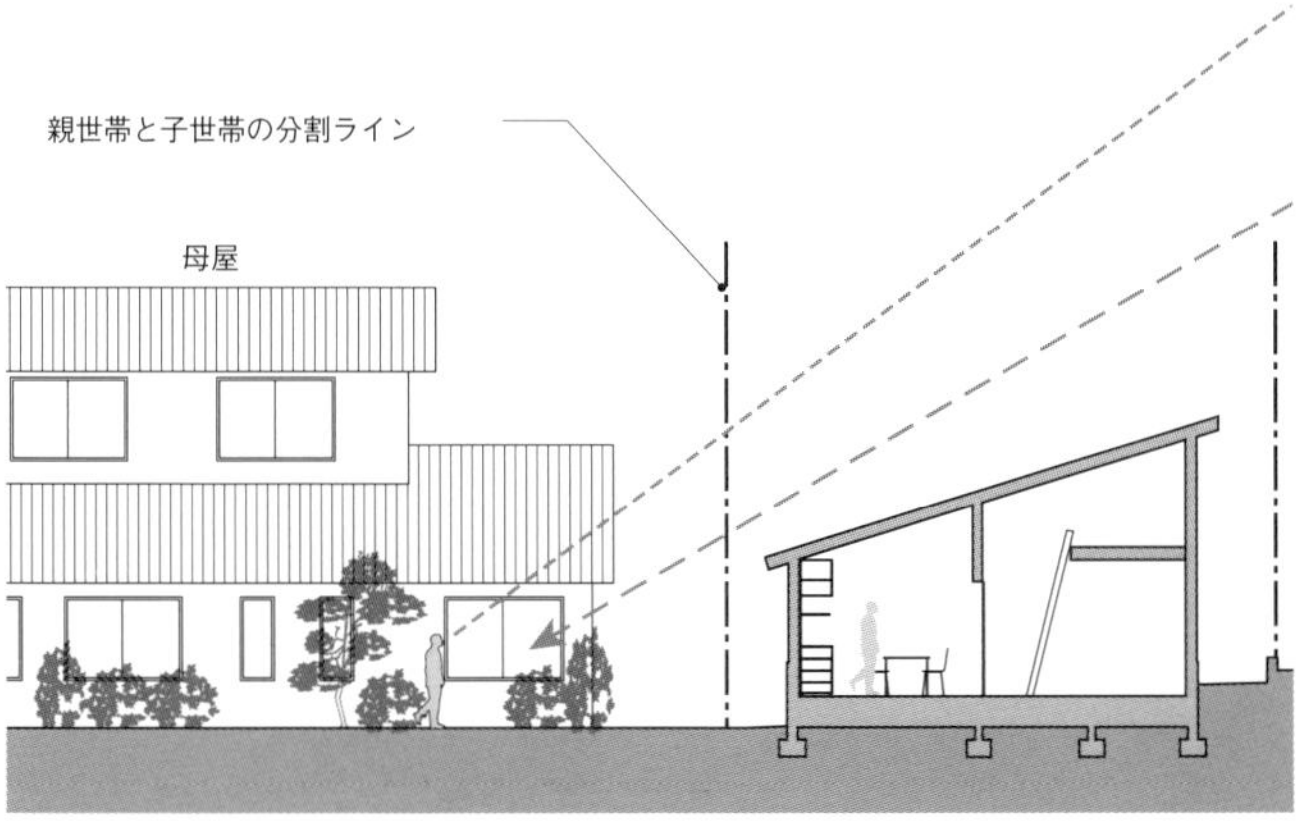
親世帯と子世帯の分割ライン
母屋

「岡崎の家」断面図（S＝1：250）

母屋側に下がった片流れの平屋とすることで、高さが抑えられ、圧迫感を軽減している。子世帯側の窓も西日対策で抑えているので、母屋からの視線も気にならない

母屋の日本庭園から子世帯の新居を見る

1.8 Utilize environment from afar

遠く離れたものも大切に

遠くであっても富士山や東京タワーが見えるような敷地は、方位や敷地形状の良さ以上にその眺望が最大の特徴となり、ポテンシャルの高い敷地といえます。敷地の特徴を生かすのはいうまでもありませんが、それが敷地から離れた遠くのものであっても、特徴となり得ることを見逃してはなりません。

「各務原の家」は、遠くの花火を並んで見るルーフテラスや山並みに沿って部屋を並べるといった、遠くの与条件からつくられた住宅です。

右上／突き当たりには光庭が設けられている　右下/横連窓から遠方の山々を眺められる
左／リビングから和室を見る。上部光庭から反射光が射し込む

「各務原の家」
断面パース
（S＝1：60）

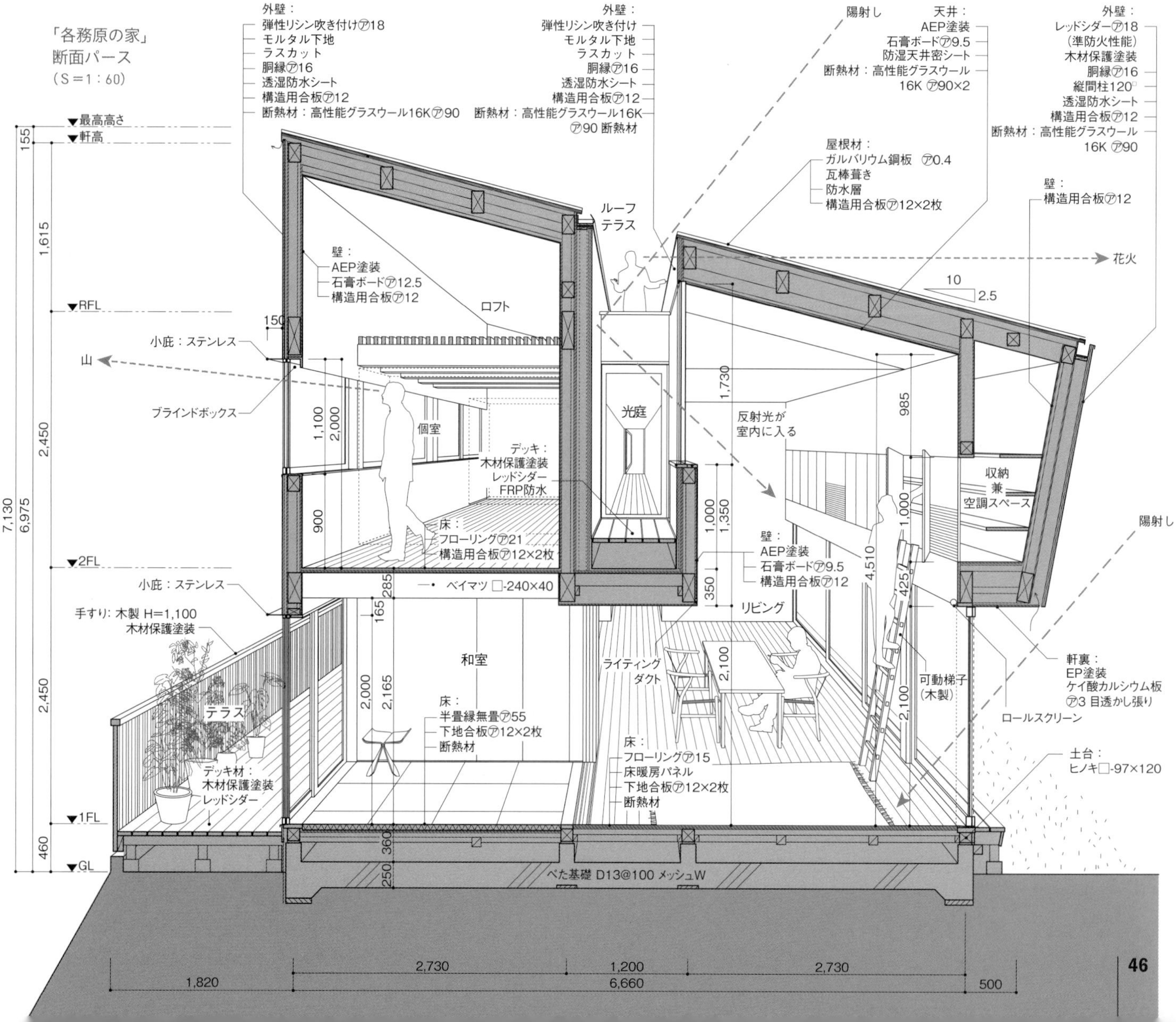

外壁：
弾性リシン吹き付け㋐18
モルタル下地
ラスカット
胴縁㋐16
透湿防水シート
構造用合板㋐12
断熱材：高性能グラスウール16K㋐90
外壁：
弾性リシン吹き付け
モルタル下地
ラスカット
胴縁㋐16
透湿防水シート
構造用合板㋐12
断熱材：高性能グラスウール16K
㋐90 断熱材
陽射し
天井：
AEP塗装
石膏ボード㋐9.5
防湿天井密シート
断熱材：高性能グラスウール
16K ㋐90×2
外壁：
レッドシダー㋐18
（準防火性能）
木材保護塗装
胴縁㋐16
縦間柱120
透湿防水シート
構造用合板㋐12
断熱材：高性能グラスウール
16K ㋐90
屋根材：
ガルバリウム鋼板　㋐0.4
瓦棒葺き
防水層
構造用合板㋐12×2枚
壁：
構造用合板㋐12
最高高さ
軒高
RFL
2FL
1FL
GL
155
1,615
2,450
2,450
460
7,130
6,975
ルーフ
テラス
花火
10
2.5
壁：
AEP塗装
石膏ボード㋐12.5
構造用合板㋐12
ロフト
150
小庇：ステンレス
山
ブラインドボックス
1,100
2,000
個室
1,730
光庭
985
反射光が
室内に入る
収納
兼
空調スペース
デッキ：
木材保護塗装
レッドシダー
FRP防水
900
床：
フローリング㋐21
構造用合板㋐12×2枚
1,000
1,350
壁：
AEP塗装
石膏ボード㋐9.5
構造用合板㋐12
1,000
4,510
425
陽射し
285
ベイマツ □-240×40
350
リビング
165
小庇：ステンレス
手すり：木製 H=1,100
木材保護塗装
和室
ライティング
ダクト
2,100
軒裏：
EP塗装
ケイ酸カルシウム板
㋐3 目透かし張り
2,000
2,165
可動梯子
（木製）
2,100
ロールスクリーン
テラス
床：
半畳縁無畳㋐55
下地合板㋐12×2枚
断熱材
床：
フローリング㋐15
床暖房パネル
下地合板㋐12×2枚
断熱材
土台：
ヒノキ□-97×120
デッキ材：
木材保護塗装
レッドシダー
360
250
べた基礎 D13@100 メッシュW
2,730
1,200
2,730
1,820
6,660
500

花火や山々が望める屋根中央のルーフテラスが、
内部空間・外観を豊かにする

chapter

2

「土地」に耳を澄ませば

Inquire your site

建物を建てる前に誰もがやらなければならない大仕事が、敷地を探すことです。多くの人はこんな場所にこんな家をという理想をもって、ある程度条件を設定して候補地を絞っていくと思いますが、なかなかイメージどおりにいかないのが現実です。理想に忠実な敷地はほぼないと思った方がいいでしょう。そして、そのイメージどおりの敷地に巡り会えなかった分を、設計の力で理想の住まいに近づけていくのが建築家の腕の見せどころです。

敷地は実にさまざまなものがあります。たとえば、傾斜地に建物を建てるということは、平坦な敷地に建てるということとまったく異なる建ち方になります。また、敷地の形状も整形な場合、不整形な場合、細長い場合などさまざまで、それぞれの形状だからこその建ち方があります。さらには道路付きが南か北か、あるいは角地か否か、そして目には見えないその土地の法規制にはどのようなものがあるかなど、たとえ敷地形状が同じであっても、そのバリエーションは無数にあります。

設計をスタートさせる際は、まず敷地に立ち、まわりをよく観察します。次に道路側、可能な場合は隣地に立って外側から敷地を観察します。そして敷地のもつプラス要素とマイナス要素を整理します。敷地が狭い場合は、特に敷地境界を意識し、建物と敷地境界線の間のデザイン、すなわち外部空間の設計を慎重に行います。敷地内における建物の内部と外部は、単に屋根があるかないかの違いでしかなく、どちらも並行して設計すべきものです。建物の内部を設計して、それ以外は敷地の余白部分という計画は、敷地を最大限生かしたものにはなりません。

設計の初期段階は、敷地境界線を常に意識してスタディし、その土地のもつポテンシャルを最大限生かすことがとても大切です。

2.1 Polyhedron exterior due to setback regulation

空と街への配慮

斜線制限による多面体

都市部の住宅を設計する場合、限られた敷地面積のなかで斜線制限（道路斜線や北側斜線など）をかわしながら必要面積を取っていくのは至難の業。斜線制限のなすがまま、ただかたちをつくるのではなく、斜線制限をかわしながらいかに美しい多面体をつくるかが腕の見せ所です。

2階のリビングからダイニング・キッチンを見る。リビング上部の吹抜け越しに3階のオープンスペースが見える

外観の形状は斜線制限内で最大ボリュームを取りつつ、形を整えている

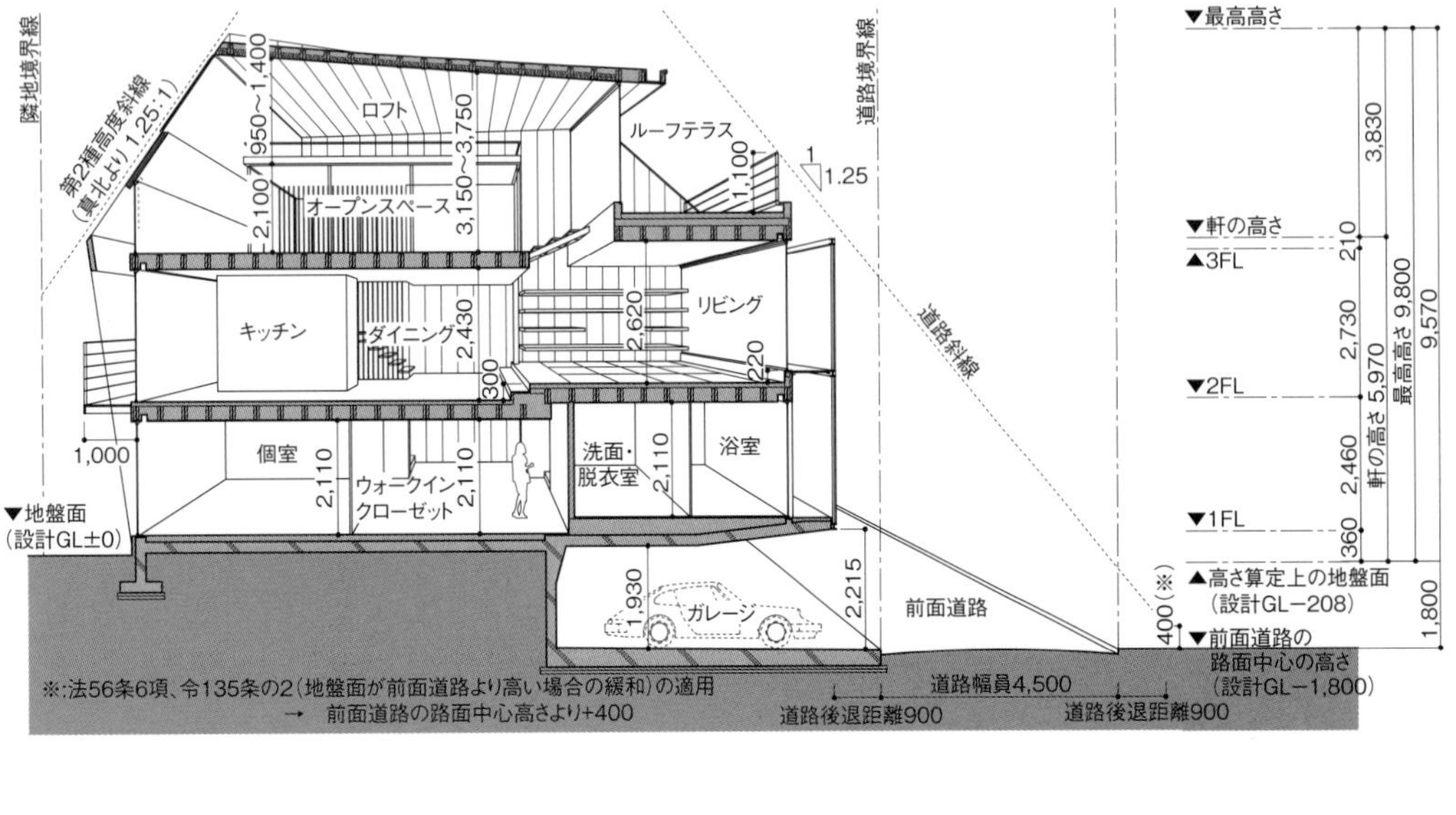

隣地境界線
第2種高度斜線
（真北より）1.25：1）
ロフト
950～1,400
3,150～3,750
2,100
オープンスペース
ルーフテラス
1,100
1
1.25
道路境界線
キッチン
ダイニング
2,430
2,620
リビング
220
300
道路斜線
1,000
個室
2,110
ウォークイン
クローゼット
2,110
洗面・
脱衣室
2,110
浴室
▼地盤面
（設計GL±0）
1,930
ガレージ
2,215
前面道路
400（※）
※:法56条6項、令135条の2（地盤面が前面道路より高い場合の緩和）の適用
→ 前面道路の路面中心高さより+400
道路幅員4,500
道路後退距離900
道路後退距離900
▼最高高さ
▼軒の高さ
▲3FL
▼2FL
▼1FL
▲高さ算定上の地盤面
（設計GL−208）
▼前面道路の
路面中心の高さ
（設計GL−1,800）
3,830
210
2,730
2,460
360
軒の高さ 5,970
最高高さ 9,800
9,570
1,800

「鉄の家」断面パース

（S＝1：200）

斜線制限：建築基準法によって定められている、建物の高さ規制。道路斜線、北側斜線などがある

2.2 Additive box form exterior due to total sky amount regulation

空と街への配慮

天空率による箱集積

斜線制限では建てられない高さまで建てることができる、「天空率」という斜線制限の緩和規定があります。天空率は文字通り天空に占める建物の割合によって高さを規制するもので、斜線制限による斜線なりの街並みから解放されるというメリットがあり、高層ビルなどの設計で多用されています。斜線制限以上の高さまで建てることが可能な天空率を使った場合は、街並みに対する一層の配慮が不可欠です。

左/角をR壁とすることで、天空率を使って道路斜線をクリアした外観
右/ラワン合板を短冊状に並べた型枠を用いて、Rの壁をつくり出している

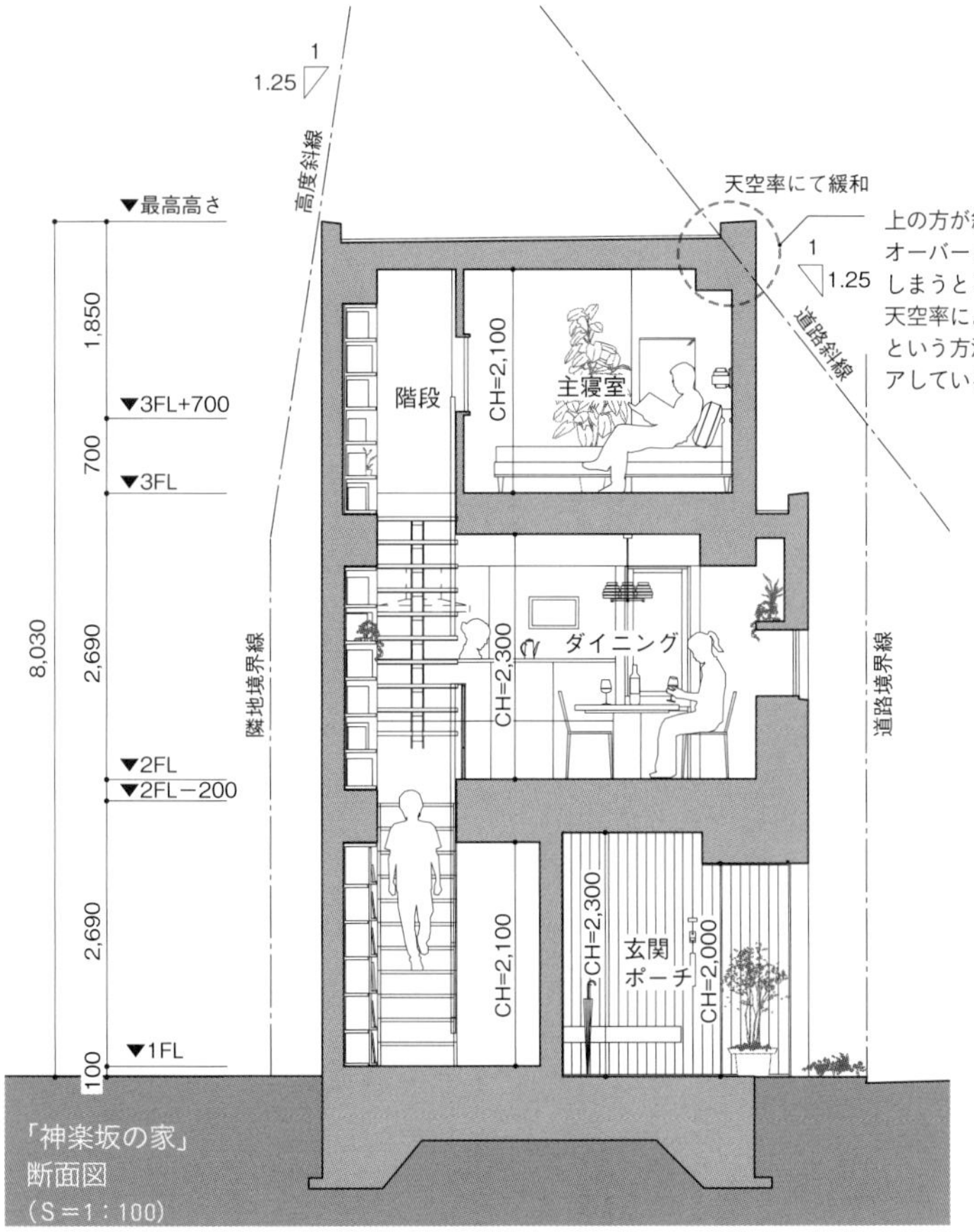

1
1.25
高度斜線
天空率にて緩和
上の方が斜線制限オーバーとなってしまうところを、天空率による緩和という方法でクリアしている
1
1.25
道路斜線
▼最高高さ
1,850
▼3FL+700
700
▼3FL
8,030
2,690
▼2FL
▼2FL－200
2,690
100
▼1FL
隣地境界線
道路境界線
階段
CH=2,100
主寝室
CH=2,300
ダイニング
CH=2,100
CH=2,300
CH=2,000
玄関
ポーチ

「神楽坂の家」
断面図
(S＝1：100)

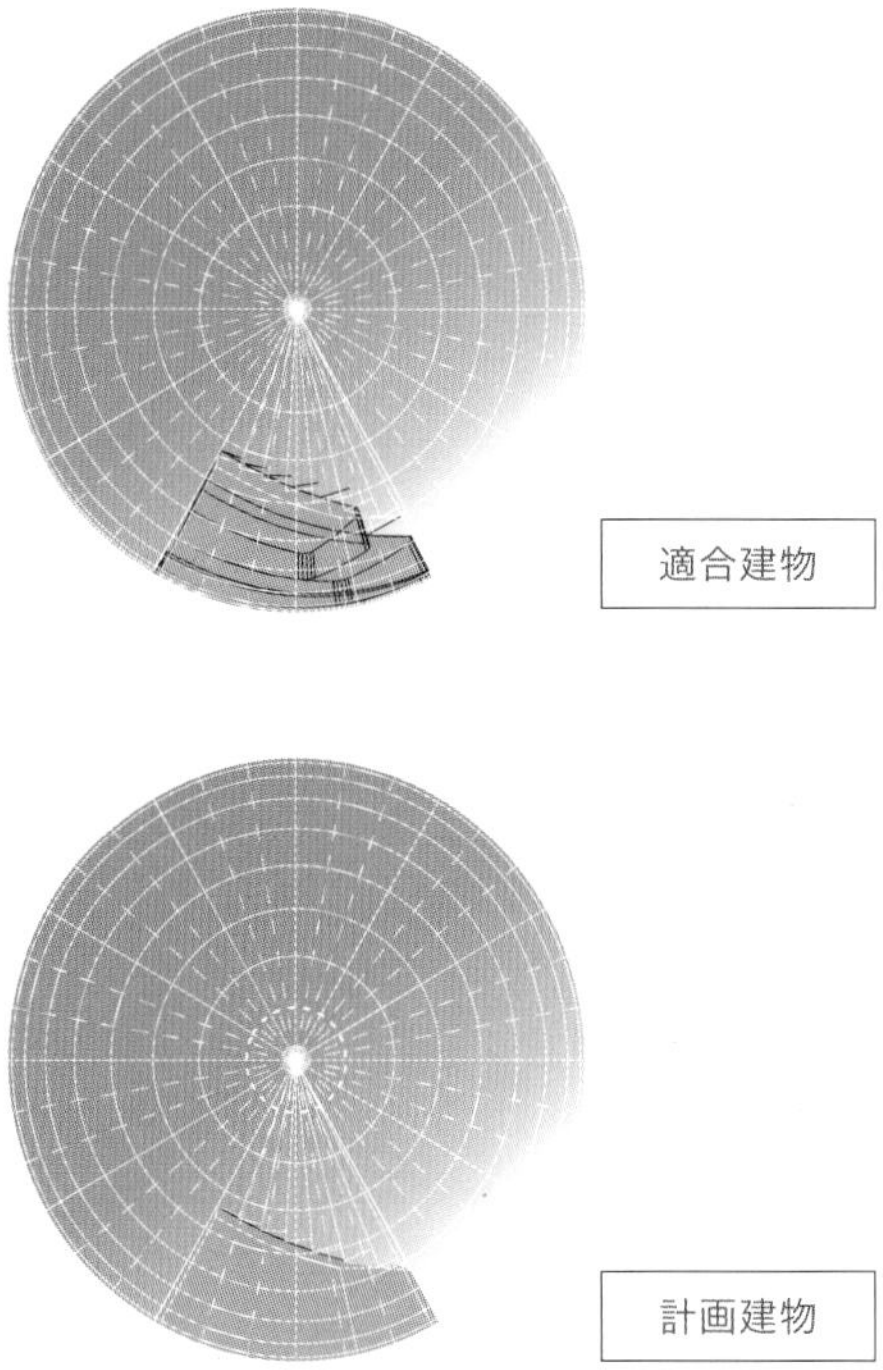

適合建物
計画建物

測定点から空を見上げたときの空の割合が、
適合建築物の天空率≦計画建物の天空率で
あれば、斜線制限を緩和することができる

2.3 Utilize small site to its MAX!

都市住宅は立体パズル

地価の高い東京都心部では、要望する床面積から逆算してはじき出された大きさの土地を購入するケースが多く、地下を掘ることを前提としたギリギリの面積の土地であることも少なくありません。そのように敷地面積がシビアな場合は、敷地いっぱいに建物を建てることは必然で、地下の取り方、ガレージを建物内に組み込むか否か、駐車の仕方と建物形状など、立体パズルを解くような側面があります。仮に要望面積や土地の面積、土地に関わる法規制が同じであっても、土地の形状、方位、道路付き、周辺環境など与条件がわずかに変わるだけで案も大きく変わります。ひとつとして同じプランにはなりません。

建物外観。外観は周辺が建て込む可能性を考慮してあえて閉じ、上部ルーフテラスより採光している

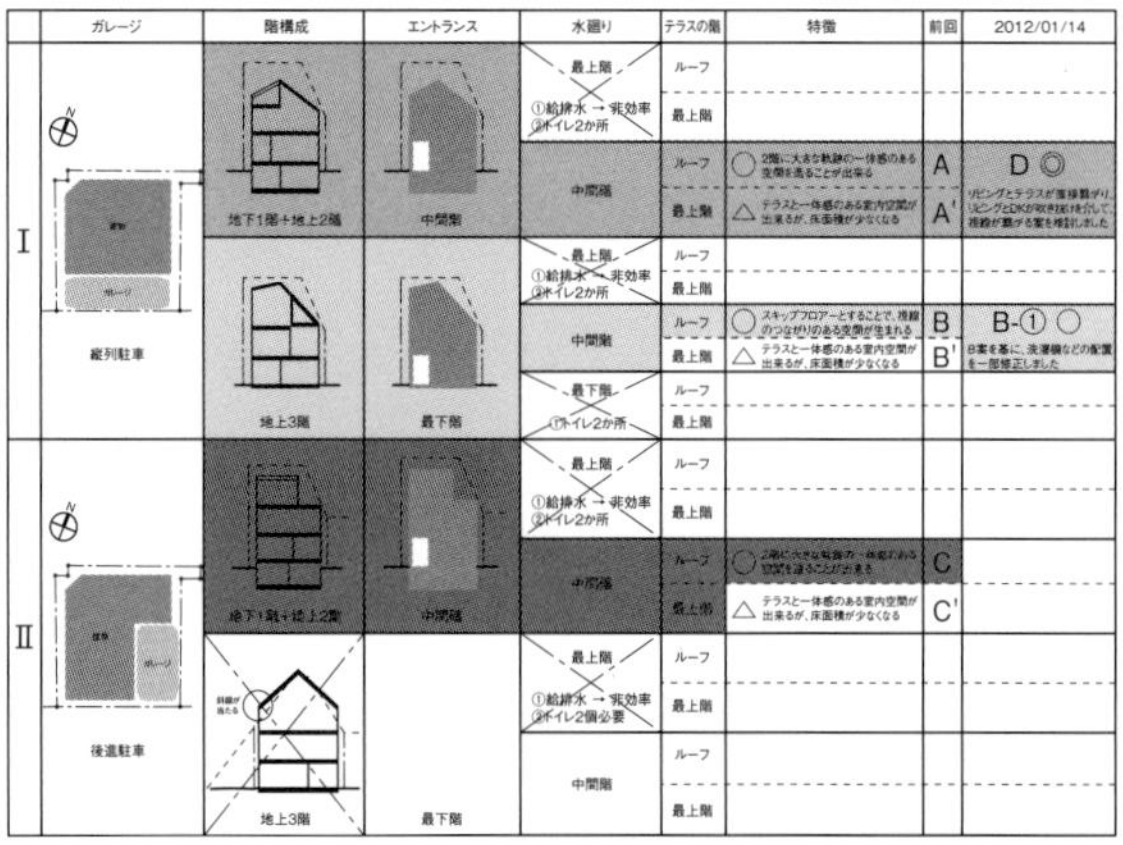
ガレージ
階構成
エントランス
水廻り
テラスの階
特徴
前回
2012/01/14
I
II
縦列駐車
後退駐車
地下1階+地上2階
地上3階
中間階
最下階
最上階
①給排水 → 非効率
②トイレ2か所
①トイレ2か所
②トイレ2個必要
ルーフ
A
A'
B
B'
C
C'
D ◎
B-① ○
スキップフロアーとすることで、視線のつながりのある空間が生まれる
テラスと一体感のある室内空間が出来るが、床面積が少なくなる
B案を基に、洗濯機などの配置を一部修正しました

検討チャート表の一部。最適な案を検討するため、可能性を絞り込んでいく

最適な案を模型で検討する

斜線制限をクリアした美しい天井。敷地形状に合わせて窓を設け、隣家の緑を借景としている

「白金の家」ではインナーガレージとしながら要望面積をとることが難しく、外部に駐車スペースをとった上で、2階の床面積を少しでも大きくとるためにファサード面を駐車スペース側に張り出させています。木造の場合、上下階の構造のズレは長期的な変形が気になりますが、鉄筋コンクリート造であればその心配はありません。「白金の家」ではその鉄筋コンクリート造の利点を生かすことで、結果として外観・室内ともに個性的な表情がつくられています。そしてルーフテラスや隣地の緑を借景して、敷地を最大限使い切ったここならではの住宅となっています

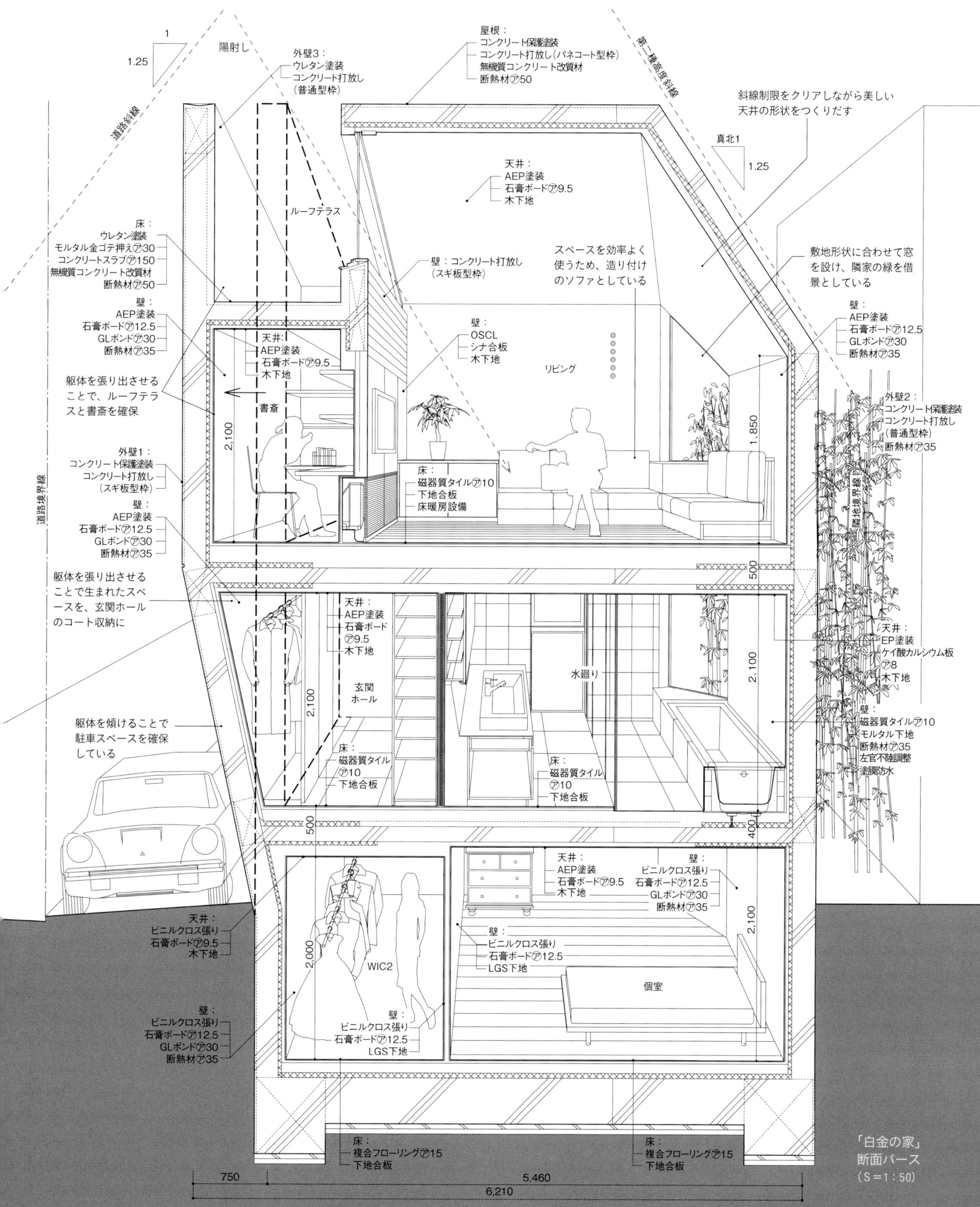

1
1.25
陽射し
道路斜線
外壁3：
ウレタン塗装
コンクリート打放し
（普通型枠）
屋根：
コンクリート保護塗装
コンクリート打放し（パネコート型枠）
無機質コンクリート改質材
断熱材㋐50
第一種高度斜線
斜線制限をクリアしながら美しい
天井の形状をつくりだす
真北1
1.25
天井：
AEP塗装
石膏ボード㋐9.5
木下地
ルーフテラス
床：
ウレタン塗装
モルタル金ゴテ押え㋐30
コンクリートスラブ㋐150
無機質コンクリート改質材
断熱材㋐50
壁：コンクリート打放し
（スギ板型枠）
スペースを効率よく
使うため、造り付け
のソファとしている
敷地形状に合わせて窓
を設け、隣家の緑を借
景としている
壁：
AEP塗装
石膏ボード㋐12.5
GLボンド㋐30
断熱材㋐35
天井：
AEP塗装
石膏ボード㋐9.5
木下地
壁：
OSCL
シナ合板
木下地
リビング
壁：
AEP塗装
石膏ボード㋐12.5
GLボンド㋐30
断熱材㋐35
躯体を張り出させる
ことで、ルーフテラ
スと書斎を確保
書斎
2,100
1,850
外壁2：
コンクリート保護塗装
コンクリート打放し
（普通型枠）
断熱材㋐35
外壁1：
コンクリート保護塗装
コンクリート打放し
（スギ板型枠）
床：
磁器質タイル㋐10
下地合板
床暖房設備
道路境界線
隣地境界線
壁：
AEP塗装
石膏ボード㋐12.5
GLボンド㋐30
断熱材㋐35
500
躯体を張り出させる
ことで生まれたスペ
ースを、玄関ホール
のコート収納に
天井：
AEP塗装
石膏ボード
㋐9.5
木下地
水廻り
天井：
EP塗装
ケイ酸カルシウム板
㋐8
木下地
2,100
玄関
ホール
2,100
壁：
磁器質タイル㋐10
モルタル下地
断熱材㋐35
左官不陸調整
塗膜防水
躯体を傾けることで
駐車スペースを確保
している
床：
磁器質タイル
㋐10
下地合板
床：
磁器質タイル
㋐10
下地合板
500
400
天井：
AEP塗装
石膏ボード㋐9.5
木下地
壁：
ビニルクロス張り
石膏ボード㋐12.5
GLボンド㋐30
断熱材㋐35
天井：
ビニルクロス張り
石膏ボード㋐9.5
木下地
2,100
壁：
ビニルクロス張り
石膏ボード㋐12.5
LGS下地
2,000
WIC2
個室
壁：
ビニルクロス張り
石膏ボード㋐12.5
GLボンド㋐30
断熱材㋐35
壁：
ビニルクロス張り
石膏ボード㋐12.5
LGS下地
床：
複合フローリング㋐15
下地合板
床：
複合フローリング㋐15
下地合板
750
5,460
6,210

「白金の家」
断面パース
（S＝1：50）

2.4 細長いから細長く Slender site stays slender

細長い敷地の場合、細長いからこそのプランを考えます。間口の狭さをマイナス面と捉えるのではなく、奥に距離があるという最大の個性を生かして、より伸びやかに感じられる工夫を考えるのもよいでしょう。

「等々力の家」は、南面採光を取りたい敷地辺が2mにも満たない、南北に細長く歪な敷地に建っています。北側道路から奥にいくにつれ緩やかにカーブして狭まる敷地境界に沿って4つの小さなブロックを連ね、ブロック毎に雨仕舞や使い勝手により東西方向に片流れ屋根を上下に振幅させています。ブロックのずれにより生じた南北面の僅かな妻面は窓となっており、光や風が通り抜けます。奥にいくにつれカーブしながら絞り込まれる空間は、奥へと誘う期待感と視覚的な伸びやかさを助長します。

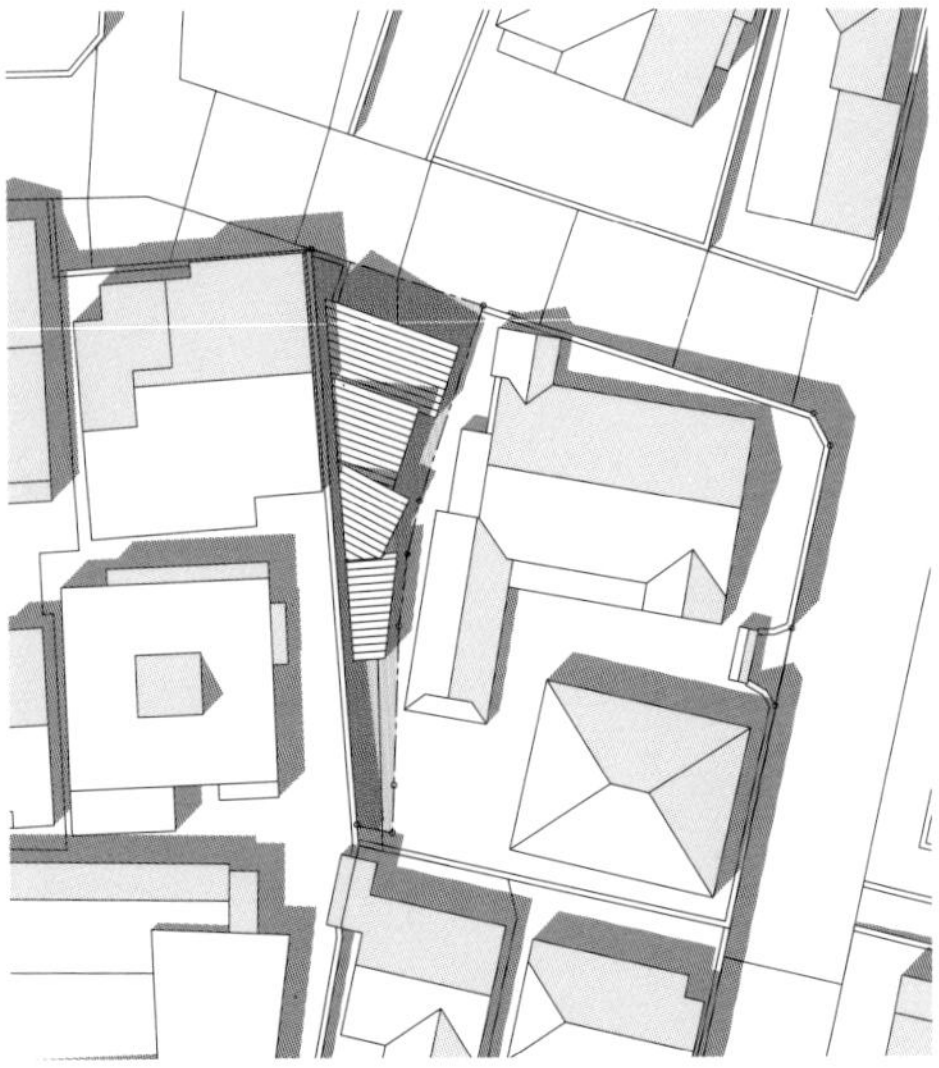

「等々力の家」配置図（S＝1：750）

間口の狭い南側からの夕景

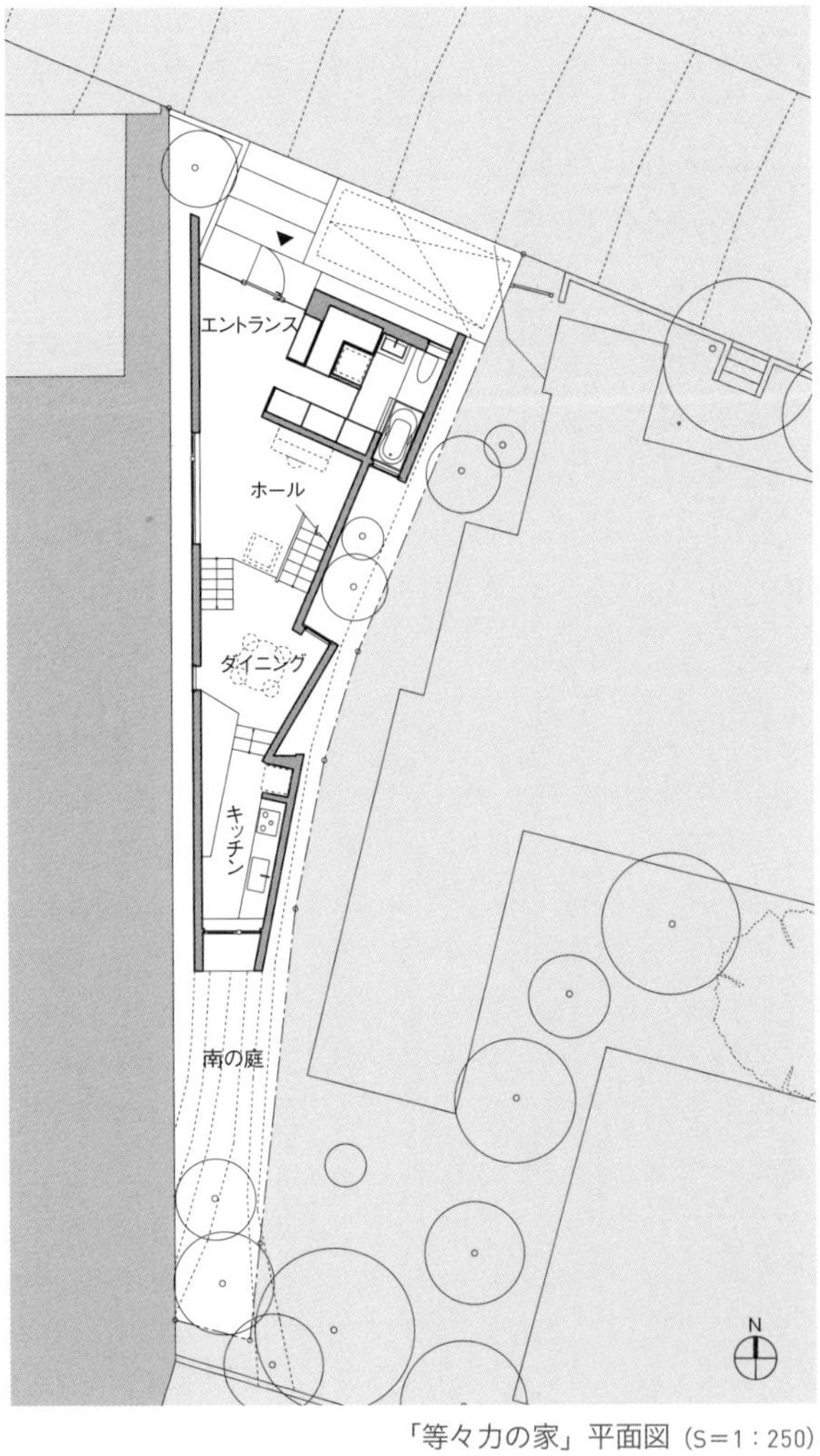
エントランス
ホール
ダイニング
キッチン
南の庭
N

「等々力の家」平面図（S＝1：250）
南側の敷地辺が2mにも満たない、南北に細長い歪な敷地形状となっている

間口の広い2階から奥を見下ろす。奥にいくほど絞り込まれる空間が伸びやかさを強調する

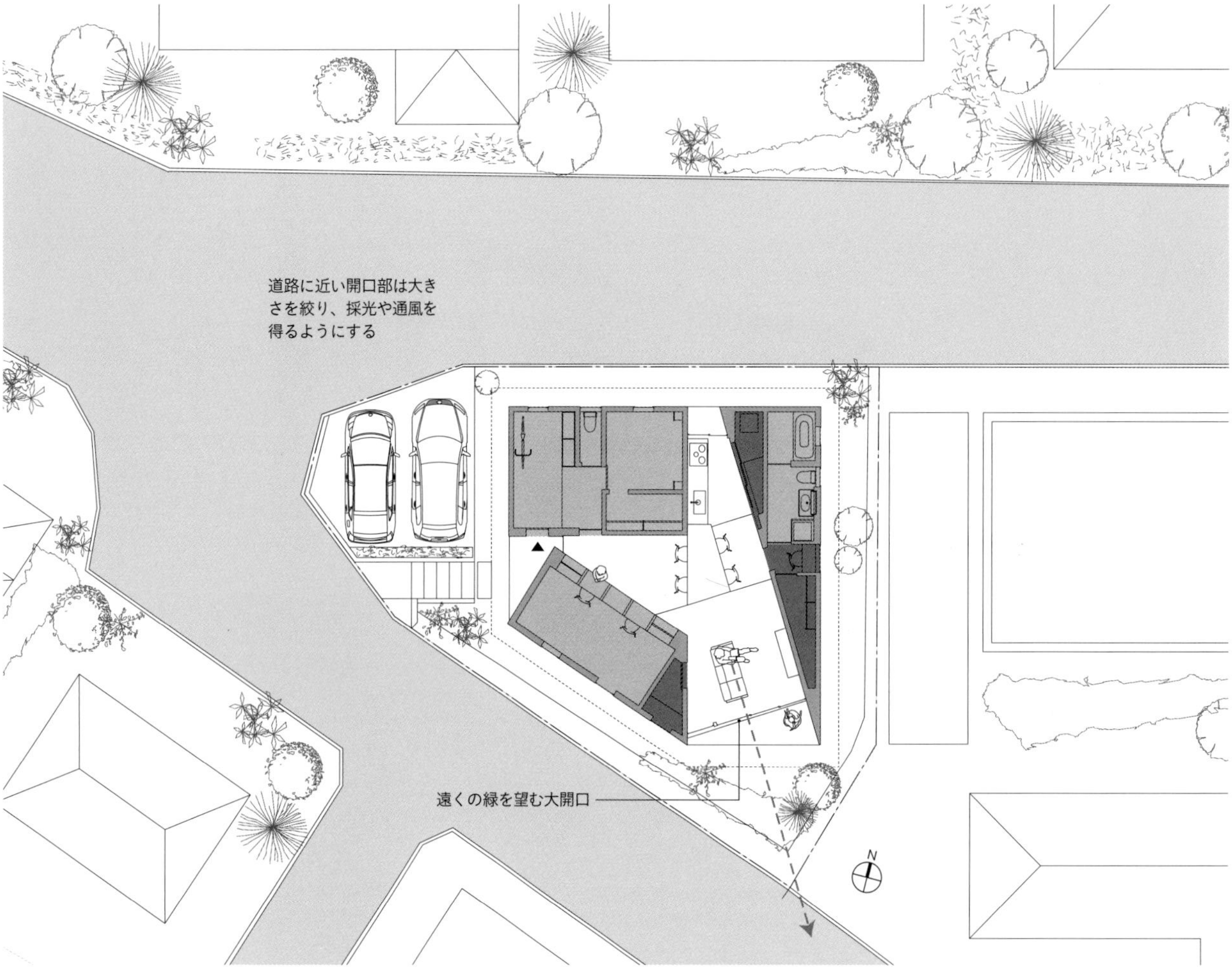
道路に近い開口部は大きさを絞り、採光や通風を得るようにする
遠くの緑を望む大開口
N
「成瀬の家」配置図（S＝1：250）　敷地外の緑に向かって角度を振った壁と、敷地境界に沿って平行に配置された個室。これらにより中央に不整形であるが、他では得られないスケールの伸びやかな空間が生まれている

2.5 Asymmetric charisma
不整形という豊かな個性

不整形な敷地は整形な敷地よりむしろ魅力的です。道路付きや駐車場、建物や庭の配置、採光などを素直に読み解いていくだけで、必然的に個性的な空間、その敷地ならではの豊かな佇まいをつくり出す可能性を秘めています。

「成瀬の家」は三叉路に面するいびつな形状の敷地に建つ住宅です。ベッドや机といった家具が置きやすいように整形な子供部屋や主寝室を敷地境界に平行に配置し、そこに景色や採光を考慮して角度を振った壁を差し込んでいます。この角度を振った壁により一見使い勝手の悪そうな三角形のスペースが生じていますが、例えばサイズの違う食器やモノを仕舞うといった用途で使えば、奥行きの違うことがむしろ機能的かつ高効率になります。整形の個室と角度を振った壁の上に架けられた切妻の大屋根の下のいびつな残余空間（**4.9参照**）がここでの最大の個性に。不整形な敷地形状や起伏が内部空間および家具のスケールにまで影響した、二つとない独創的な空間となっています。

上/不整形な敷地形状や起伏から導き出された独創的な内部空間
左下・右下/
屋外環境に合わせて角度を振った壁により生じた不整形な書斎。スペースを必要とするデスクを幅の広い窓辺に設え、小さくても落ち着いた空間となっている

2.6 Leveraging the L-shaped site 旗と竿を使い切る

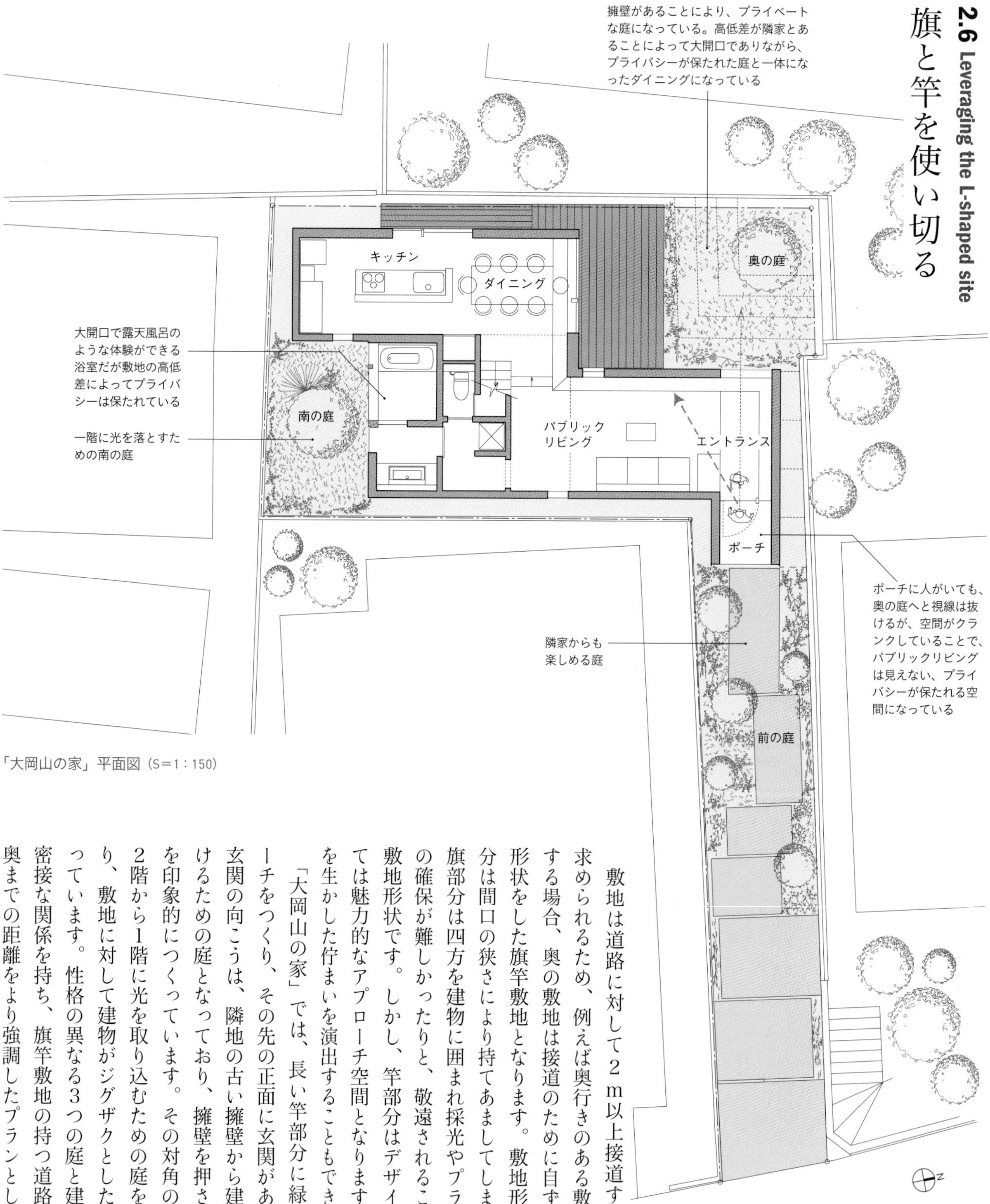
擁壁があることにより、プライベートな庭になっている。高低差が隣家とあることによって大開口でありながら、プライバシーが保たれた庭と一体になったダイニングになっている
キッチン
ダイニング
奥の庭
大開口で露天風呂のような体験ができる浴室だが敷地の高低差によってプライバシーは保たれている
南の庭
一階に光を落とすための南の庭
パブリック
リビング
エントランス
ポーチ
ポーチに人がいても、奥の庭へと視線は抜けるが、空間がクランクしていることで、パブリックリビングは見えない、プライバシーが保たれる空間になっている
隣家からも楽しめる庭
前の庭
「大岡山の家」平面図（S＝1：150）

敷地は道路に対して2m以上接道することを求められるため、例えば奥行きのある敷地を分割する場合、奥の敷地は接道のために自ずと旗竿の形状をした旗竿敷地となります。敷地形状の竿部分は間口の狭さにより持てあましてしまったり、旗部分は四方を建物に囲まれ採光やプライバシーの確保が難しかったりと、敬遠されることの多い敷地形状です。しかし、竿部分はデザインによっては魅力的なアプローチ空間となりますし、植栽を生かした佇まいを演出することもできます。

「大岡山の家」では、長い竿部分に緑のアプローチをつくり、その先の正面に玄関があります。玄関の向こうは、隣地の古い擁壁から建物を遠ざけるための庭となっており、擁壁を押さえる築山を印象的につくっています。その対角の南側には2階から1階に光を取り込むための庭を設けており、敷地に対して建物がジグザクとした形状になっています。性格の異なる3つの庭と建物内部は密接な関係を持ち、旗竿敷地の持つ道路から敷地奥までの距離をより強調したプランとしています。

右/「前の庭」からエントランス、「奥の庭」へと視線が抜ける
左上/エントランスから「前の庭」を振り返る
左中/浴室から「南の庭」を見る
左下/パブリックリビングから「奥の庭」と続くダイニングを見る。吹抜けを介し、階段を上がるとファミリーリビングに

2.7 平坦を疑え Doubt the obvious

一見平坦に見える敷地も、測量してみると思っている以上に高低差がある場合があり、その高低差をあまり考慮せず計画してしまうと、期せずして思い描く内部と外部の関係がつくれなくなってしまいます。窓や床と地盤面の関係は、内部と外部の連続感、窓から見える風景、プライバシーの確保などと密接な関係にあります。そのため、むしろわずかな高低差も積極的に生かした計画とすることで、平坦な敷地でつくるそれとは違う内部空間が生まれます。

「等々力の家」は道路側からは平坦地ともとれる敷地ですが、間口が狭く奥行の深い敷地いっぱいに建物を計画すると、建物周囲に実は約1mのレベル差があります。エントランスは道路からスムーズに入る床レベルに、東側の敷地境界に沿ってやや高くなっている地面の高さに合わせて1階中央にダイニングの床を、奥の南側に向かって緩やかに下っていく敷地に沿ってキッチンの床レベルを計画。敷地の微細なレベル変化に伴った断面構成となっています。1階中央のダイニングは、南の庭を少し高い角度で奥まで見通すことで視覚的な広さ感が得られ、2階との距離は最も近い家の中心です。と同時にエントランスからキッチンをあからさまにしない役割も担っています。

N

エントランスより南の庭方向を見る。右手窓外の土の高さに合わせてダイニングが高くなっており、奥のキッチンがあからさまに見えない

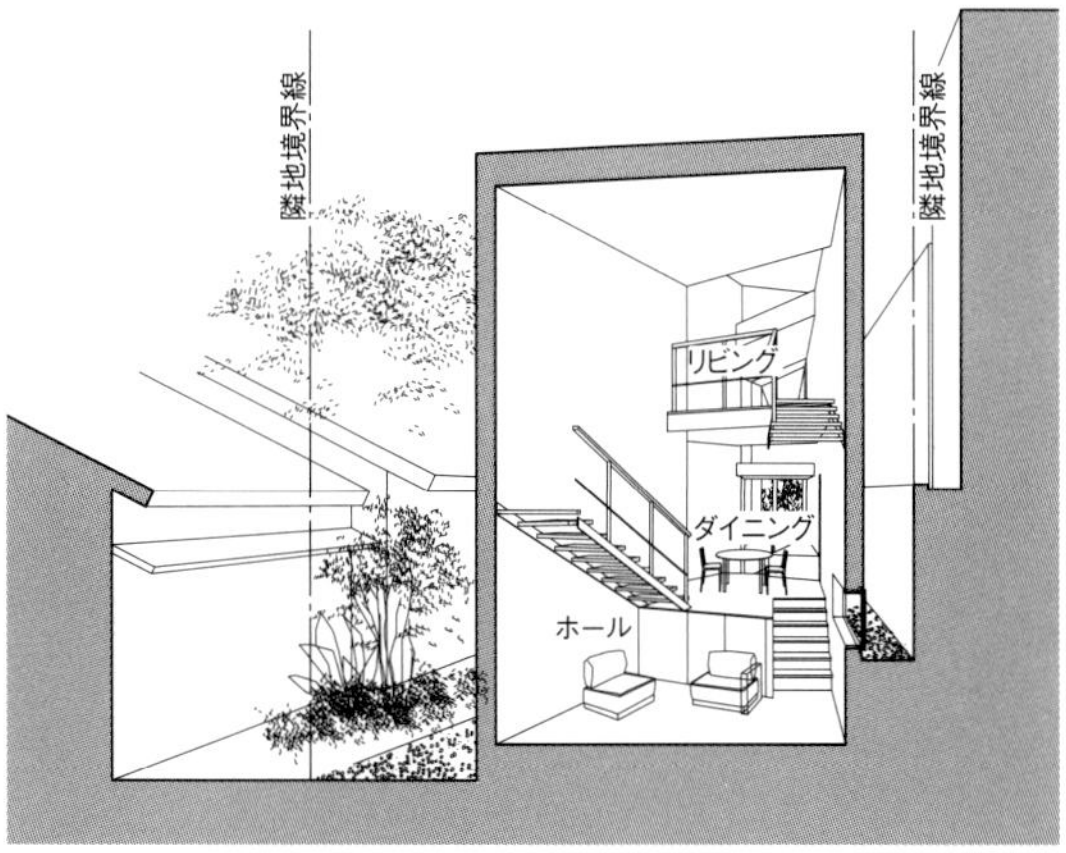

隣地境界線
隣地境界線
リビング
ダイニング
ホール

「等々力の家」短手断面（S＝1：150）
東側敷地境界に沿ってやや高くなっている土の
高さにダイニング床を合わせている

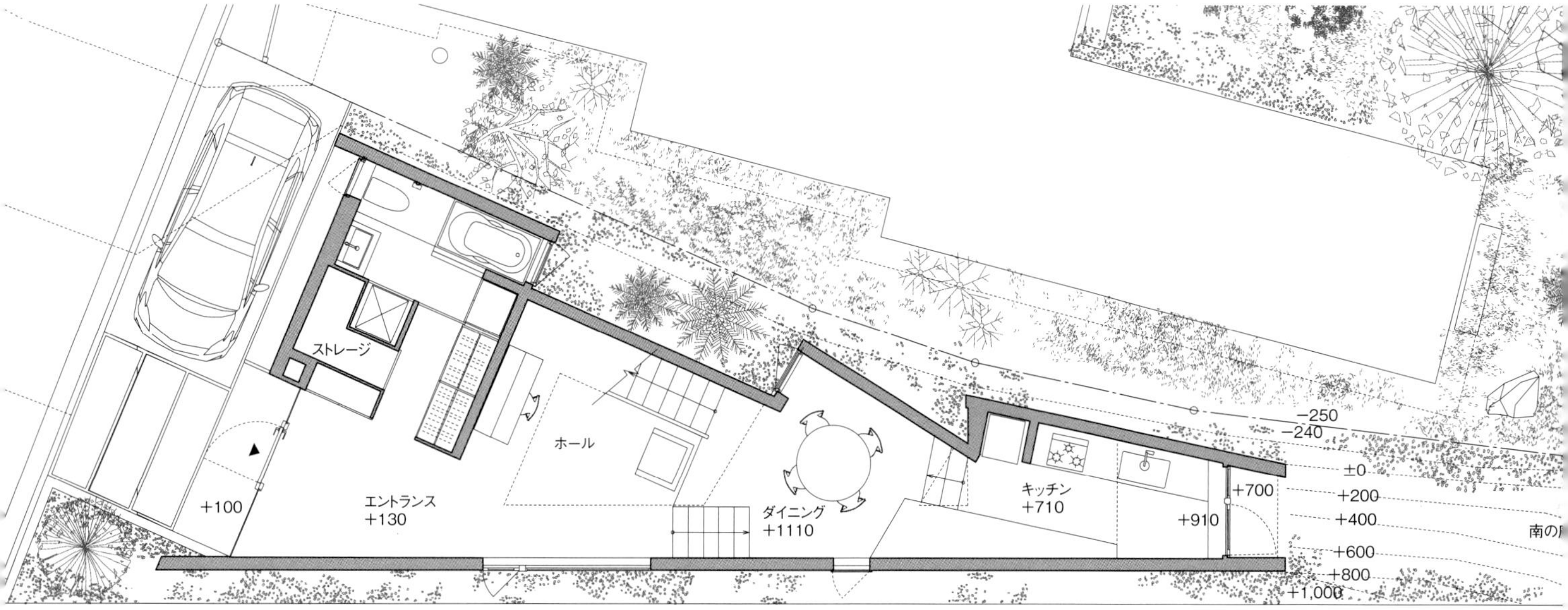

ストレージ
ホール
+100
エントランス
+130
ダイニング
+1110
キッチン
+710
+910
+700
−250
−240
±0
+200
+400
+600
+800
+1,000

「等々力の家」1階平面図（S＝1：150）敷地の微細なレベル変化に伴った断面構成となっている

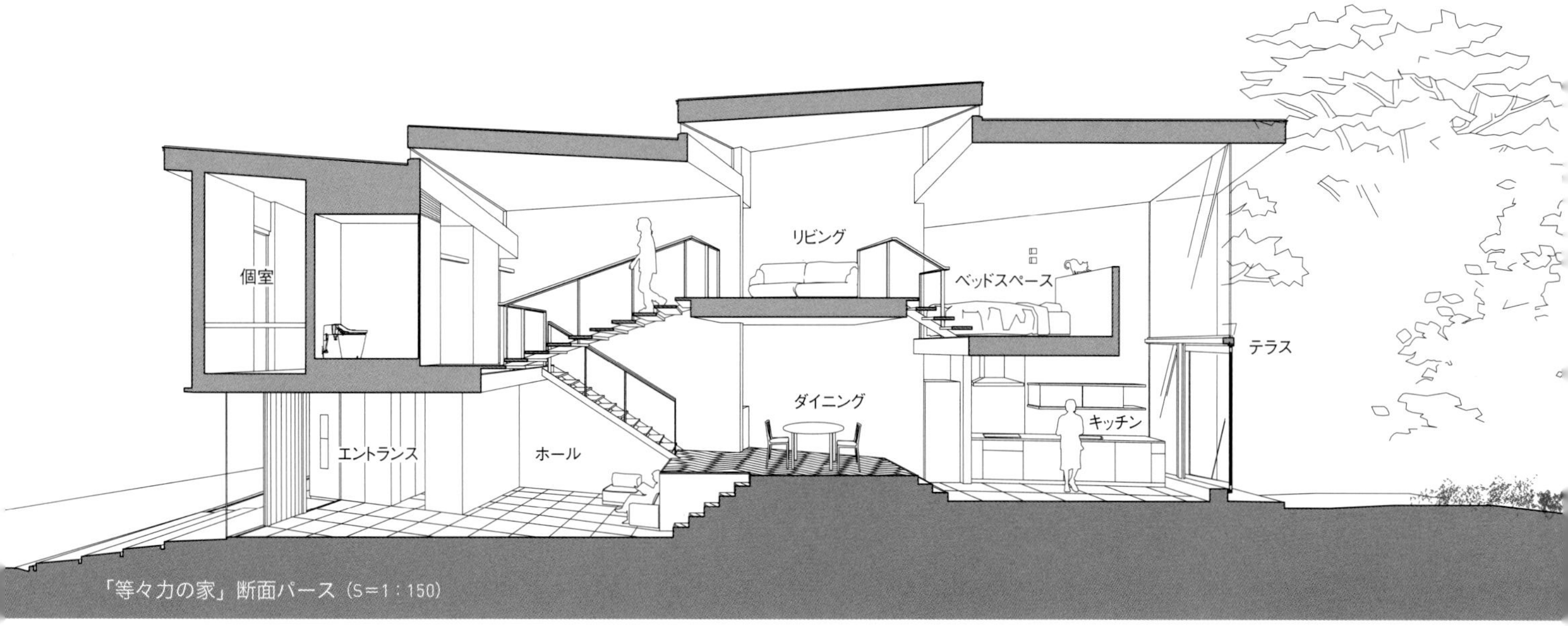

個室
リビング
ベッドスペース
テラス
ダイニング
キッチン
エントランス
ホール

「等々力の家」断面パース（S＝1：150）

2.8 Bridging the gap
段差をまたぐ

敷地は必ずしも平坦ではなく、傾斜地であったり崖地であったり、さまざまです。その敷地の個性を如何にして発揮させるかが設計の醍醐味のひとつと言えるでしょう。

「上大岡の家」では、古屋を解体すると敷地を二分する擁壁が現れました。擁壁というと通常は「人工的な異物」と捉えられがちですが、それを「現代的な地形」と捉えると、唯一無二の魅力的な大地に見えてきます。この擁壁を挟んで高低差のある二つの小さな地盤それぞれにボリュームを置きます。次に共通階である1階においてテーブルに見立てた大きな床が「渡し」のように擁壁を跨いで二棟をつなぎます。こうすることで擁壁は二棟の異なる揺れを吸収する役割を担いつつ、単純につなぐだけに留まらない空間の要となります。地階レベルは擁壁側に積極的に開き、擁壁と「渡し」に囲われた半外部空間を取り込みつつ、一方の崖地側には眺望が開けることに。洞窟内のような最上階のような、昼夜で表情が変化する空間となっています。

テラスからの外観

大きなテーブルが「渡し」となって二棟をつなぐ

擁壁と「渡し」に囲われた半外部空間

二つの相反する景色を持つ地階個室

擁壁を境に高低差のある敷地それぞれに建つ二棟

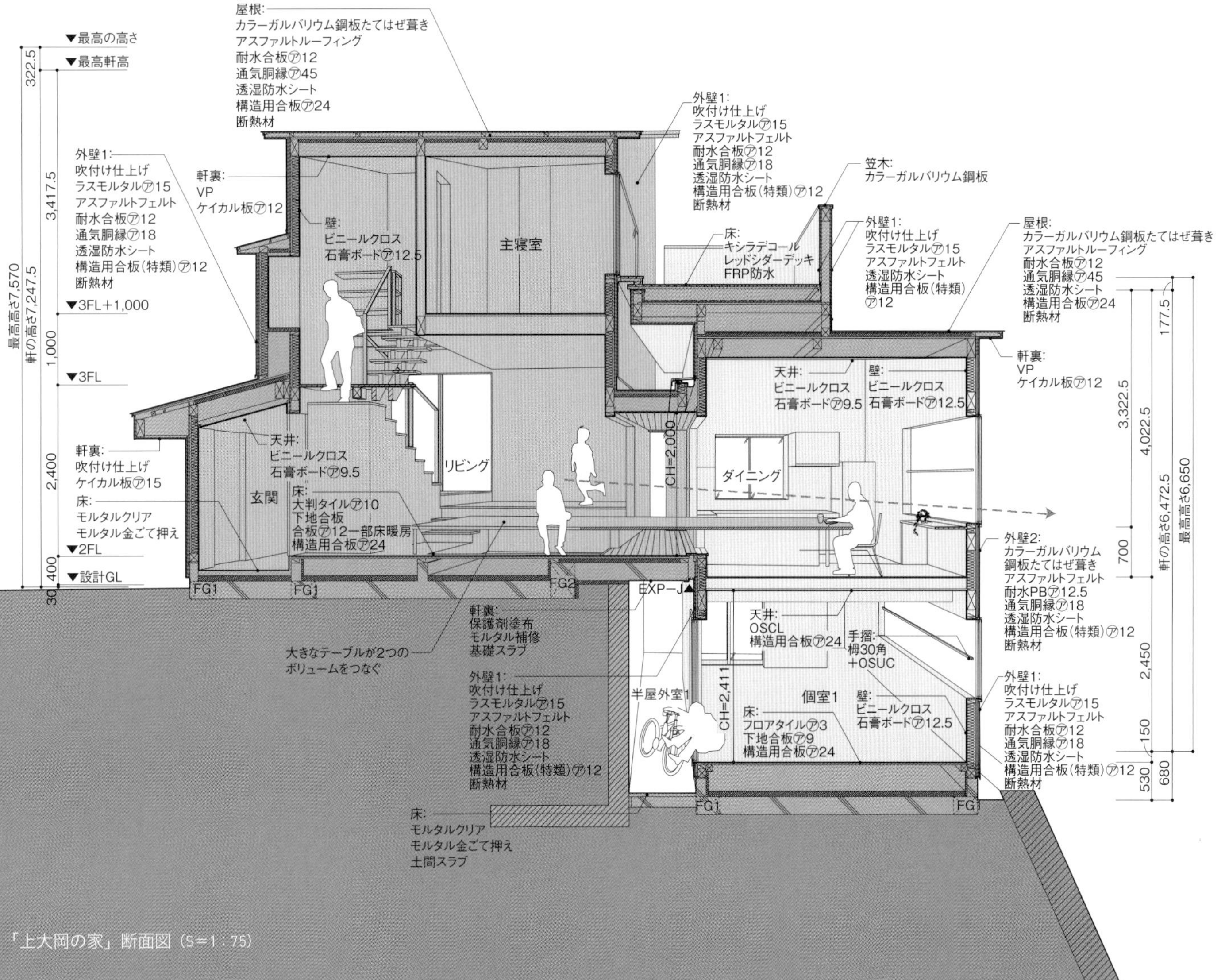
▼最高の高さ
▼最高軒高
▼3FL＋1,000
▼3FL
▼2FL
▼設計GL
322.5
3,417.5
1,000
2,400
400
30
最高高さ7,570
軒の高さ7,247.5
屋根:
カラーガルバリウム鋼板たてはぜ葺き
アスファルトルーフィング
耐水合板㋐12
通気胴縁㋐45
透湿防水シート
構造用合板㋐24
断熱材
外壁1:
吹付け仕上げ
ラスモルタル㋐15
アスファルトフェルト
耐水合板㋐12
通気胴縁㋐18
透湿防水シート
構造用合板（特類）㋐12
断熱材
軒裏:
VP
ケイカル板㋐12
壁:
ビニールクロス
石膏ボード㋐12.5
主寝室
外壁1:
吹付け仕上げ
ラスモルタル㋐15
アスファルトフェルト
耐水合板㋐12
通気胴縁㋐18
透湿防水シート
構造用合板（特類）㋐12
断熱材
笠木:
カラーガルバリウム鋼板
床:
キシラデコール
レッドシダーデッキ
FRP防水
外壁1:
吹付け仕上げ
ラスモルタル㋐15
アスファルトフェルト
透湿防水シート
構造用合板（特類）
㋐12
屋根:
カラーガルバリウム鋼板たてはぜ葺き
アスファルトルーフィング
耐水合板㋐12
通気胴縁㋐45
透湿防水シート
構造用合板㋐24
断熱材
軒裏:
VP
ケイカル板㋐12
天井:
ビニールクロス
石膏ボード㋐9.5
壁:
ビニールクロス
石膏ボード㋐12.5
軒裏:
吹付け仕上げ
ケイカル板㋐15
天井:
ビニールクロス
石膏ボード㋐9.5
リビング
CH=2,000
ダイニング
玄関
床:
モルタルクリア
モルタル金ごて押え
床:
大判タイル㋐10
下地合板
合板㋐12一部床暖房
構造用合板㋐24
FG1
FG1
FG2
EXP−J
軒裏:
保護剤塗布
モルタル補修
基礎スラブ
大きなテーブルが2つの
ボリュームをつなぐ
外壁1:
吹付け仕上げ
ラスモルタル㋐15
アスファルトフェルト
耐水合板㋐12
通気胴縁㋐18
透湿防水シート
構造用合板（特類）㋐12
断熱材
天井:
OSCL
構造用合板㋐24
手摺:
栂30角
＋OSUC
半屋外室1
CH=2,411
個室1
床:
フロアタイル㋐3
下地合板㋐9
構造用合板㋐24
壁:
ビニールクロス
石膏ボード㋐12.5
外壁2:
カラーガルバリウム
鋼板たてはぜ葺き
アスファルトフェルト
耐水PB㋐12.5
通気胴縁㋐18
構造用合板（特類）㋐12
断熱材
外壁1:
吹付け仕上げ
ラスモルタル㋐15
アスファルトフェルト
耐水合板㋐12
通気胴縁㋐18
透湿防水シート
構造用合板（特類）㋐12
断熱材
床:
モルタルクリア
モルタル金ごて押え
土間スラブ
FG1
FG1
177.5
3,322.5
4,022.5
700
2,450
150
530
680
軒の高さ6,472.5
最高高さ6,650

「上大岡の家」断面図（S＝1：75）

2.9 Above-grade basement

地上の地下室

山を切り開いてつくられた造成地では、道路面より1〜2mぐらい上に宅盤があって家を建てる場合が少なくなく、そのような敷地における建ち方（玄関の位置、階構成など）のバリエーションはたくさんあります。敷地に対する要望面積が大きい場合は、地下を使って容積率の緩和を受け、斜線制限をクリアすることが多いのですが、ドライエリアにより地下空間をあたかも1階のようにつくることが可能です（※）。

「ポジャギの家」では、地下室でありながら自然光が射し込み、風が通り抜け、公園の緑まで楽しめる地下空間となっています。

※ドライエリア、平均地盤の考え方は、行政によって見解が分かれるので注意が必要です。

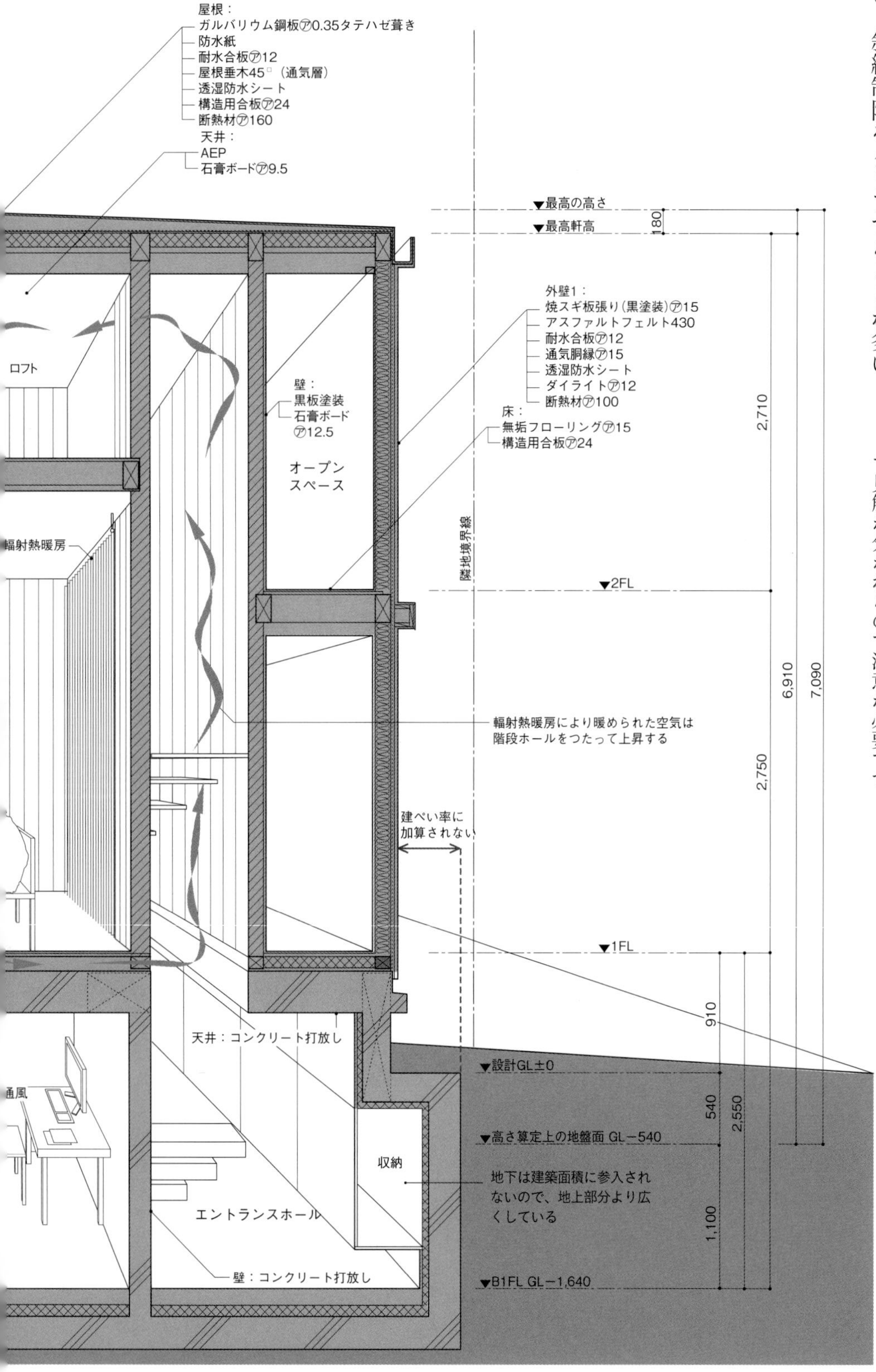

屋根：
ガルバリウム鋼板㋐0.35タテハゼ葺き
防水紙
耐水合板㋐12
屋根垂木45□（通気層）
透湿防水シート
構造用合板㋐24
断熱材㋐160
天井：
AEP
石膏ボード㋐9.5
▼最高の高さ
▼最高軒高
180
外壁1：
焼スギ板張り（黒塗装）㋐15
アスファルトフェルト430
耐水合板㋐12
通気胴縁㋐15
透湿防水シート
ダイライト㋐12
断熱材㋐100
床：
無垢フローリング㋐15
構造用合板㋐24
ロフト
壁：
黒板塗装
石膏ボード
㋐12.5
オープンスペース
2,710
輻射熱暖房
隣地境界線
▼2FL
6,910
7,090
輻射熱暖房により暖められた空気は
階段ホールをつたって上昇する
2,750
建ぺい率に
加算されない
▼1FL
910
天井：コンクリート打放し
▼設計GL±0
通風
540
2,550
▼高さ算定上の地盤面 GL−540
収納
地下は建築面積に参入されないので、地上部分より広くしている
エントランスホール
1,100
壁：コンクリート打放し
▼B1FL GL−1,640

「ポジャギの家」
断面パース
（S＝1：50）

左/公園側から見る。ガレージスペースをつくっている
右/洗面室から浴室越しにドライエリアを見る。プライバシーを確保しながら、自然を感じられる

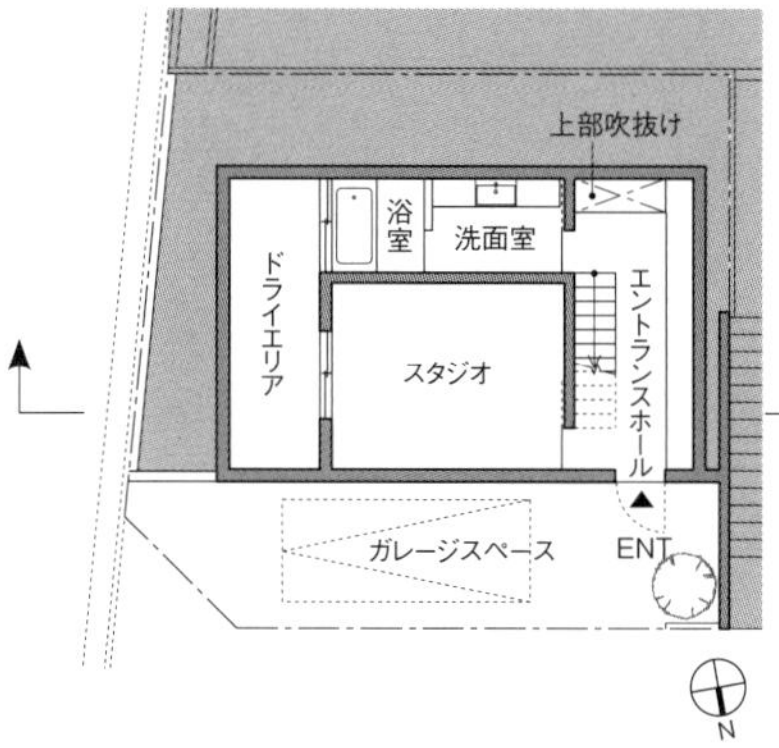

上部吹抜け
浴室
洗面室
ドライエリア
スタジオ
エントランスホール
ガレージスペース
ENT
N

「ポジャギの家」1階平面図（S＝1：300）

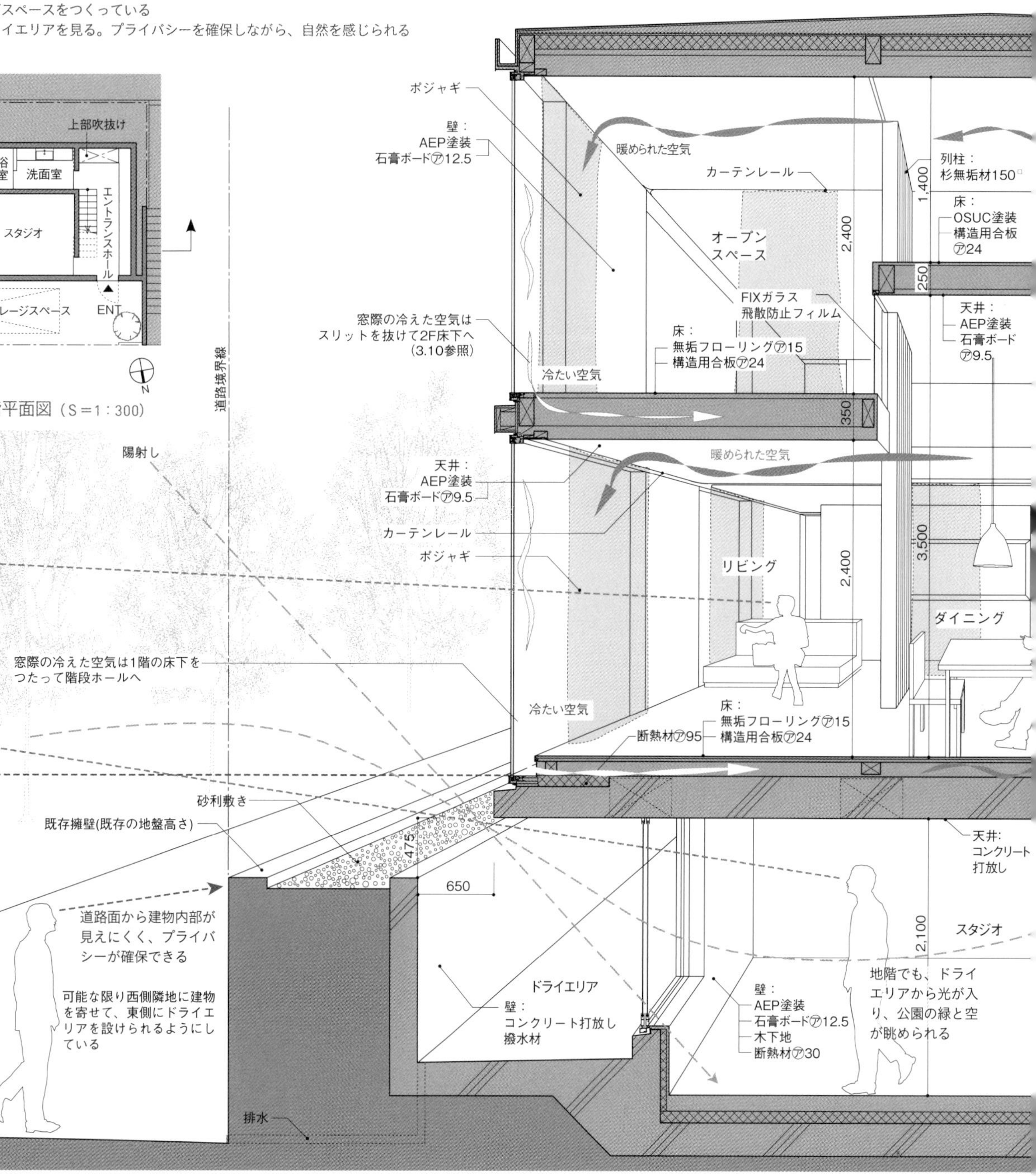

ポジャギ
壁：
AEP塗装
石膏ボード㋐12.5
暖められた空気
カーテンレール
列柱：
杉無垢材150□
1,400
床：
OSUC塗装
構造用合板
㋐24
2,400
オープン
スペース
250
FIXガラス
飛散防止フィルム
天井：
AEP塗装
石膏ボード
㋐9.5
窓際の冷えた空気は
スリットを抜けて2F床下へ
（3.10参照）
床：
無垢フローリング㋐15
構造用合板㋐24
冷たい空気
350
道路境界線
陽射し
暖められた空気
天井：
AEP塗装
石膏ボード㋐9.5
カーテンレール
ポジャギ
公園の緑を眺める
リビング
2,400
3,500
ダイニング
窓際の冷えた空気は1階の床下を
つたって階段ホールへ
冷たい空気
公園の緑を眺める
床：
無垢フローリング㋐15
断熱材㋐95
構造用合板㋐24
木造
RC造
砂利敷き
既存擁壁(既存の地盤高さ)
475
650
天井:
コンクリート
打放し
道路面から建物内部が
見えにくく、プライバ
シーが確保できる
2,100
スタジオ
地階でも、ドライ
エリアから光が入
り、公園の緑と空
が眺められる
ドライエリア
壁：
コンクリート打放し
撥水材
可能な限り西側隣地に建物
を寄せて、東側にドライエ
リアを設けられるようにし
ている
壁：
AEP塗装
石膏ボード㋐12.5
木下地
断熱材㋐30
排水

chapter

3

家は「街との間」が大事

“MA” between house and vicinity

大自然のなかや、道路や隣家が遠く離れた広大な敷地でない限り、家のなかのプライバシー確保は多かれ少なかれ必要になってきます。日常の生活をする上でプライバシーと採光の確保はいずれもとても重要な要素ですが、隣家が迫る都市住宅においてこの相反する両者を両立させることはとても難しく、塀で囲ったり、絶えずカーテンやブラインドを閉めることでプライバシーを確保し、日中も照明を点けることが多いのではないでしょうか。しかし、そのような状況は居住空間としてあまり良い環境とは言えません。日本では住宅の建て替えスピードがとても早く、将来を見越して周辺環境を読み込むことは非常に困難ですが、道路は50年先も恐らく道路であるといったように、ある程度は予測可能です。都市部の住宅において、明るく開放的、かつ外からの視線を気

工夫を加えることが必要です。

そして、プライバシーの確保と切っても切れないのが開口部（窓）で、その取り方により内部空間はまったく異なったものになります。たとえば、外の風景を印象的に切り取るピクチャーウィンドウ、壁の上部から光を採り込むハイサイドライト、床をなめるように照らす地窓など、さまざまです。一方で大きなガラス窓が好まれる場合もありますが、谷崎潤一郎の『陰翳礼賛』にもあるように、古来、日本では陰翳が好まれてきました。落ち着く空間にはある程度の暗さが必要で、技術的に全面ガラス張りの温室のような建物をつくることが容易になった現代においては、陰翳をどのようにつくるか、つまり「影のデザイン」が重要になってきています。明るさを追い求めるばかりで忘れていた陰影の空間を、新たなかたちで取り戻す時期に来

3.1 Below road level

視線をあやつる

道路よりも低いところは見えにくい

いろいろな人が往来する道路。その道路からのプライバシーの確保は断面図や模型を使って水平方向のみならず、垂直方向からも検討します。プライバシーを守るためにただ閉鎖的になってしまうのではなく、室内からは開放的でありながらプライバシーを守る方法の1つとして、道路面より部屋を下にすることが有効です。

通常、住宅の道路レベルの階は、プライバシーを確保するために塀を巡らせるか、あるいはカーテンやブラインドを閉めたままにするなどが多いと思いますが、「目白の家」では道路レベルの1階を地階の吹抜けやギャラリーとして視覚的に街に開放しつつ、住人のプライバシーを守る断面構成となっています。

採光・通風とプライバシーも確保した地下のリビング

エントランスから地下のリビングはまったく見えない。家の向こう側に見えるのは、もう1つの西側の道路

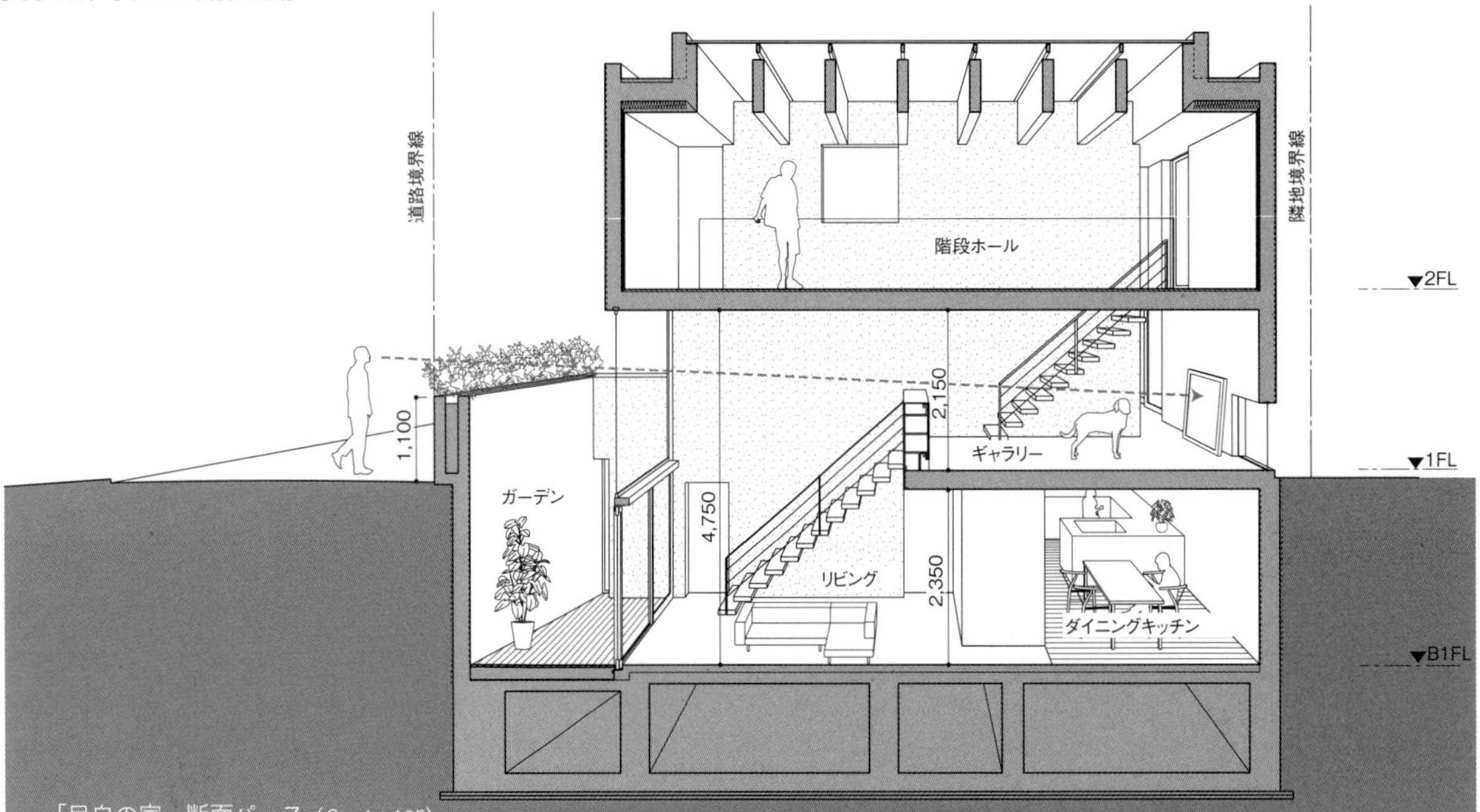
道路境界線
隣地境界線
階段ホール
2FL
2,150
ギャラリー
1FL
1,100
ガーデン
4,750
リビング
2,350
ダイニングキッチン
B1FL

「目白の家」断面パース（S＝1：125）

道路から建物を見上げる。ガラス越しに美しい天井の架構だけが見える（**7.6**参照）

3.2 Above road level

視線をあやつる

道路よりも高いところは見えにくい

宅盤が道路面より高いひな壇状の住宅地では、2階部分は道路から見上げてもあまりなかが見えません。バルコニーをはね出すことでさらに下からの視線をカットして、なお一層2階のプライバシーを確保することができます。

「あざみ野の家」では、道路と敷地の高低差を生かしてプライバシーを確保しつつ開放的なＬＤＫ空間をつくり、道路側からはガラス越しに美しい木の天井が見えるファサードをつくり出しています。

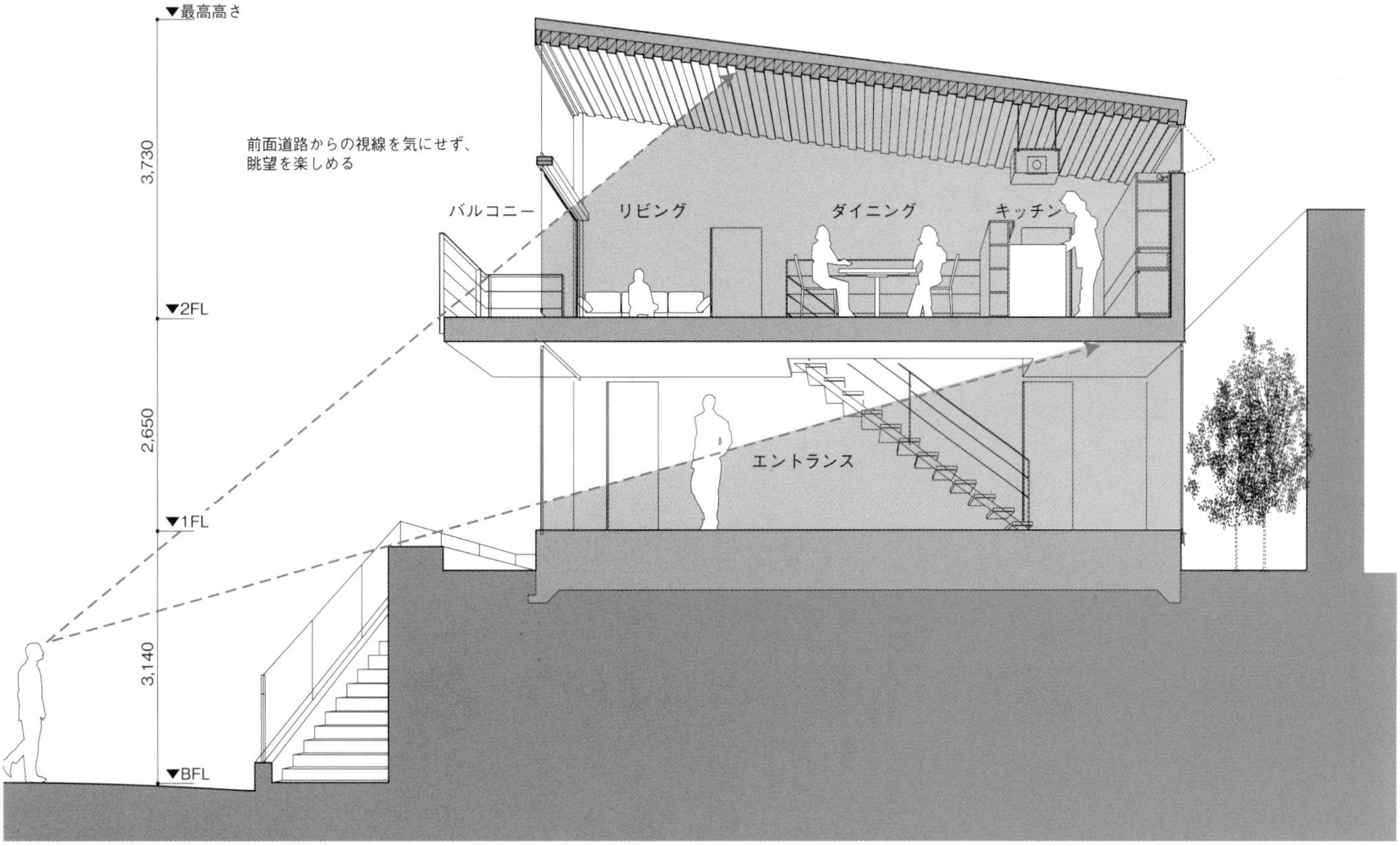
▼最高高さ
3,730
前面道路からの視線を気にせず、
眺望を楽しめる
バルコニー
リビング
ダイニング
キッチン
▼2FL
2,650
エントランス
▼1FL
3,140
▼BFL

「あざみ野の家」断面図（S＝1：100）

夜は道路面からは、バルコニーにさえぎられて内部は見えず、天井面の木の架構が見える。奥に行くほど、上に行くほど、プライバシーが保たれる。日中は外部が明るく内部が暗いので、ガラス面に反射して内部が見えにくい

3.3 Cross sectional composition

視線をあやつる
断面構成を工夫する

道路の歩行者からの視線、隣家からの視線を遮りながら、日当たりのよい快適的な空間をつくる。そんなプライバシーと採光の確保という相反する問題には、断面構成の工夫で解決することができます。

「三鷹の家」では、2階中央部にルーフテラスを設け、その北側1階のＬＤＫに吹抜けを介して陽が射し込みます。ＬＤＫは明るく暖かい太陽光の恩恵にあずかりながら、プライバシーも確保されます。

ダイニング・キッチンよりリビングを見る

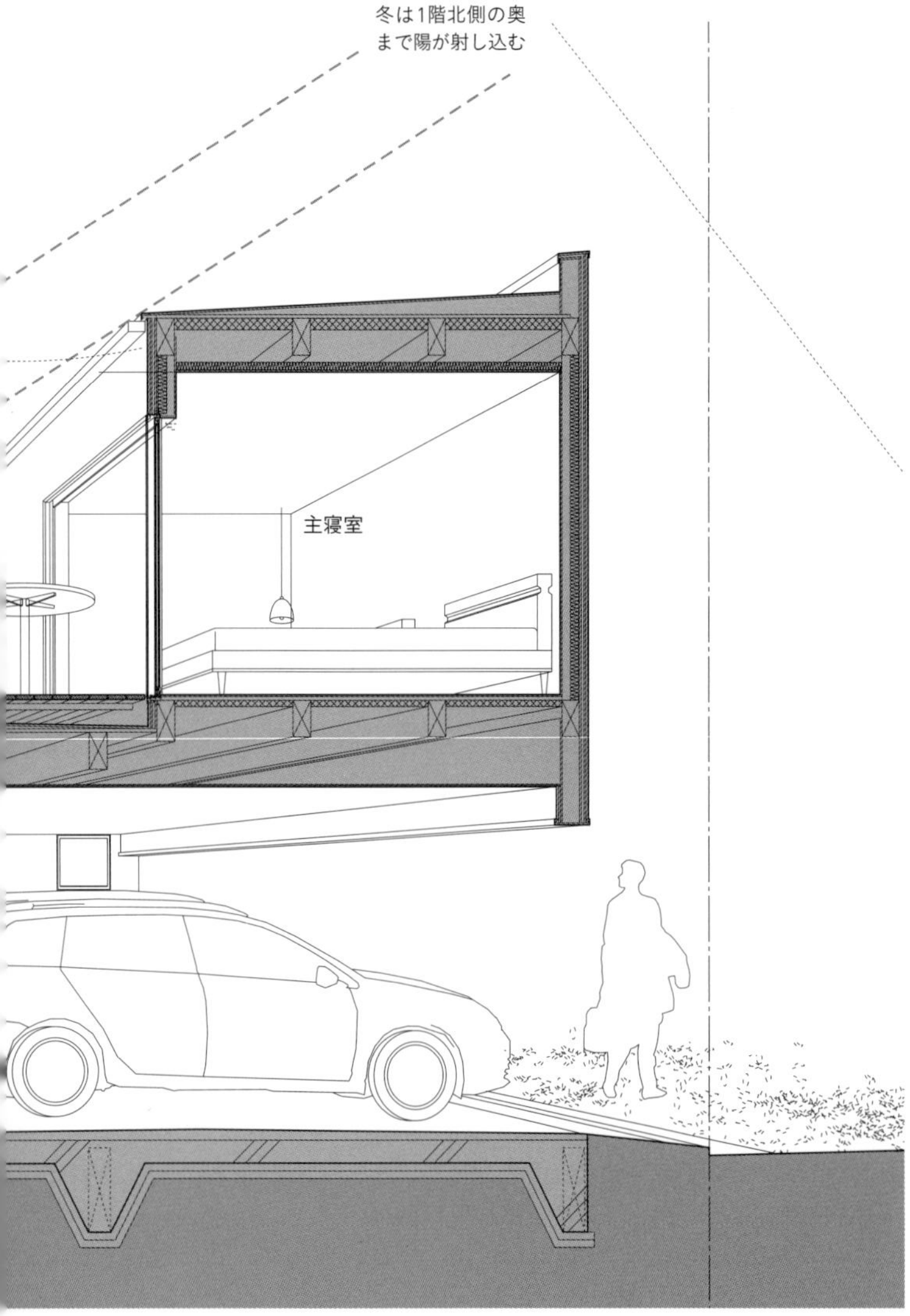

冬は1階北側の奥
まで陽が射し込む
主寝室

階段上から振り返り、畳間を見る

テラスを見上げる。夏はタープが掛かる

2階畳間より吹抜け越しにテラスを見る

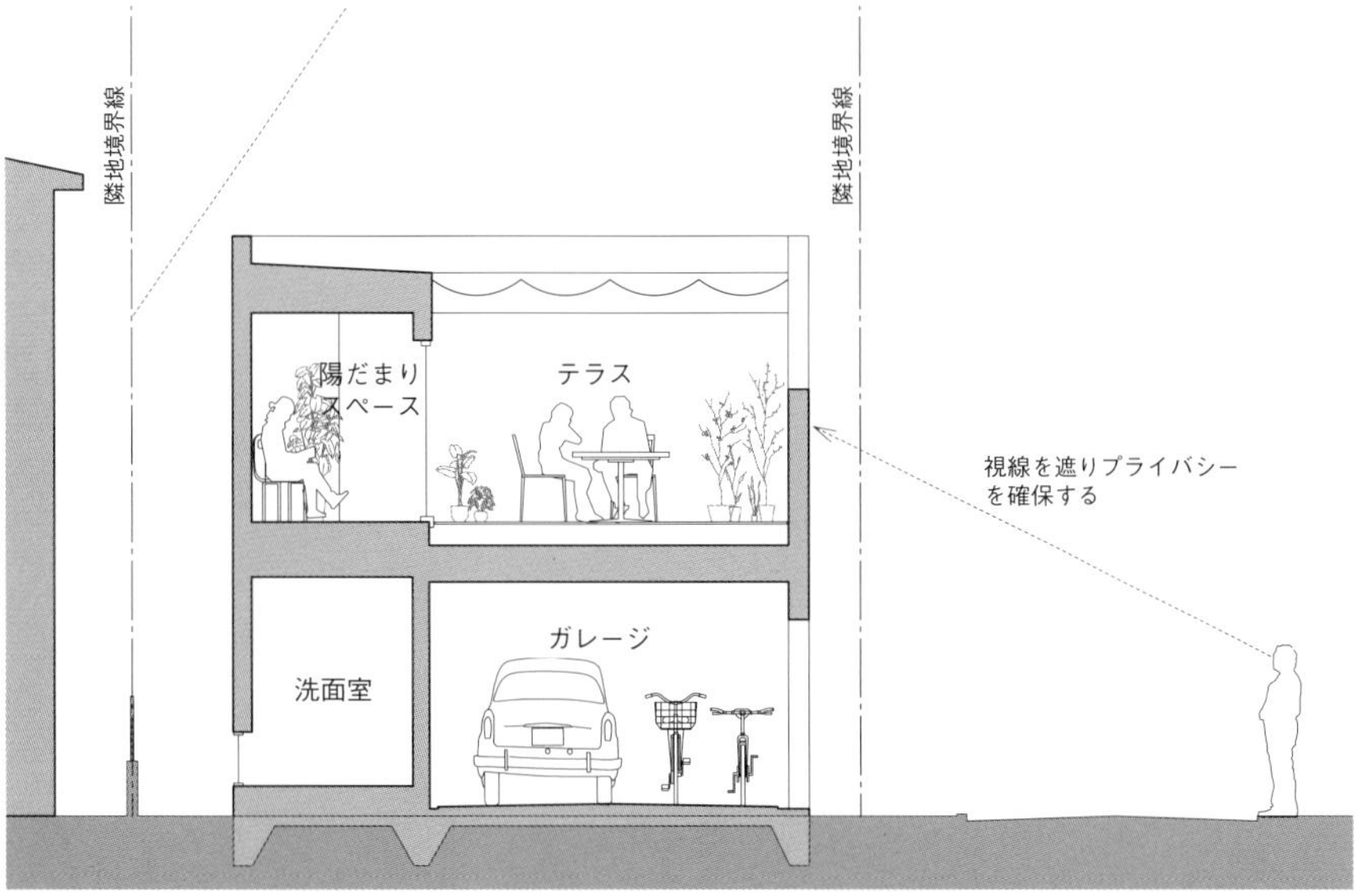
隣地境界線
隣地境界線
陽だまりスペース
テラス
視線を遮りプライバシーを確保する
ガレージ
洗面室
「三鷹の家」断面図（S＝1：120）

南側外観

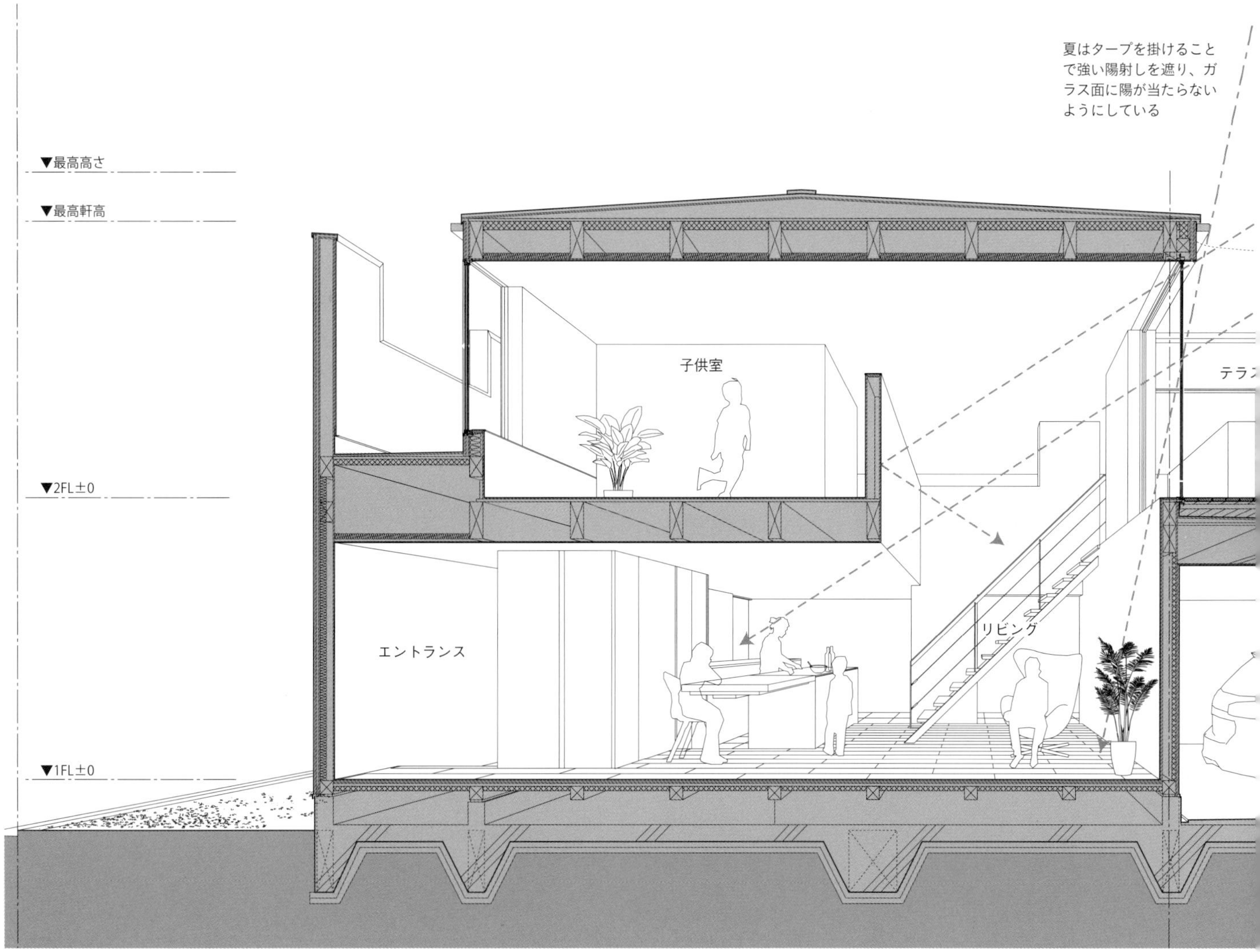
夏はタープを掛けることで強い陽射しを遮り、ガラス面に陽が当たらないようにしている
▼最高高さ
▼最高軒高
子供室
テラス
▼2FL±0
リビング
エントランス
▼1FL±0
「三鷹の家」断面パース（S＝1：60）

3.4 Cover for protecting privacy

視線をあやつる
上からのプライバシーも守る

戸建て住宅とマンションが混在する地域では、道路を歩く人の視線だけでなく、マンションから見下ろされることも考えなければなりません。

「赤塚の家」では深く低い軒が上からの視線をさえぎり、プライバシーを確保しています。軒先から奥にかけて少しずつプライバシーが高くなる一方、軒先廻りは昔ながらの縁側を彷彿させる、外のような内のような空間となり、自然を身近に感じる気持ちのよい軒下空間となっています。

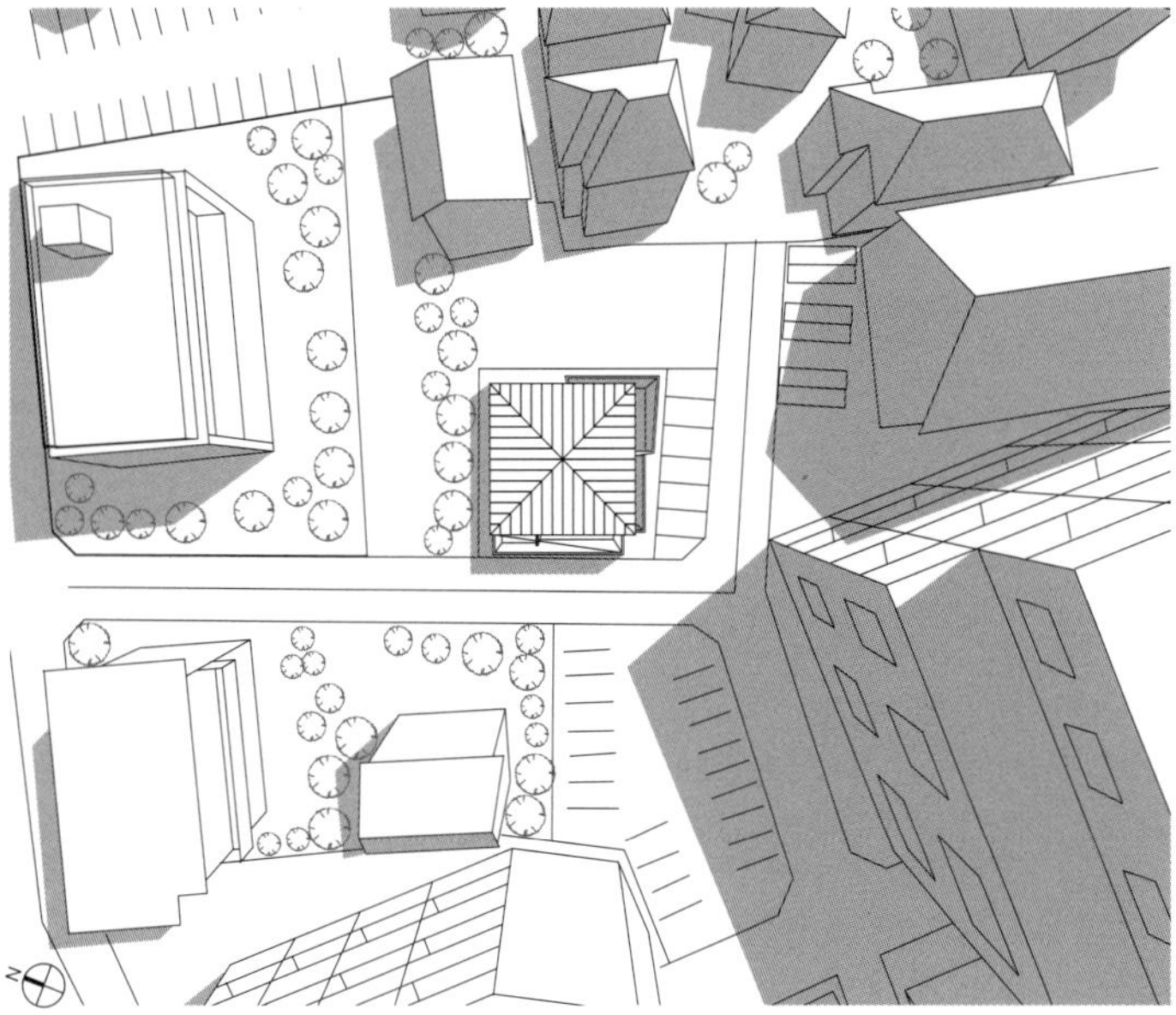

「赤塚の家」配置図（S＝1：1,200）

左/塀の上に大屋根を被せている
中/リビングと繋がるプライベートウォーターガーデン。大屋根と塀で、上と横からの視線をカットする
右/内部。軒の出、壁の位置・向きによって内外の関係は様々

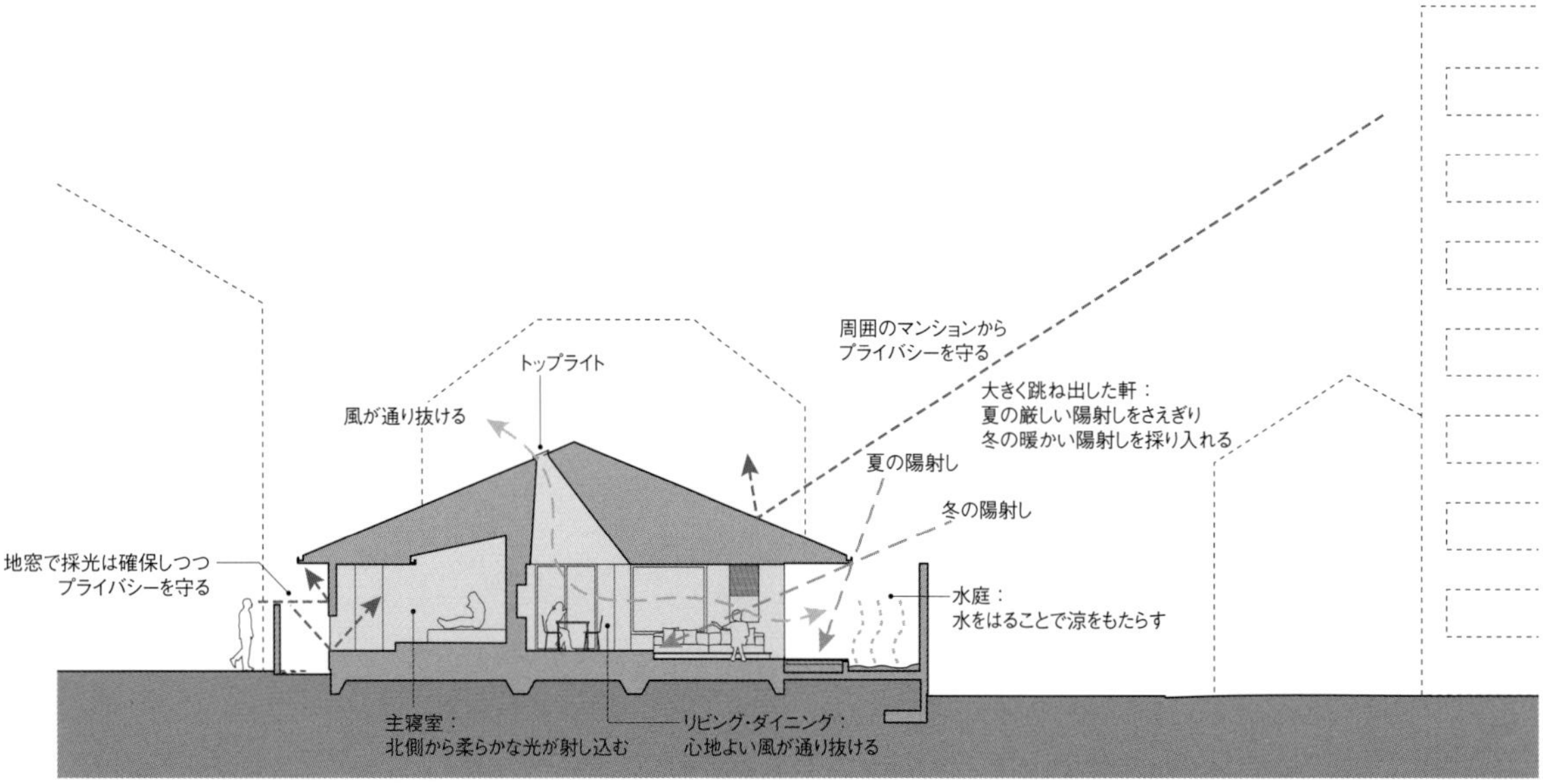

周囲のマンションから
プライバシーを守る
トップライト
大きく跳ね出した軒：
夏の厳しい陽射しをさえぎり
冬の暖かい陽射しを採り入れる
風が通り抜ける
夏の陽射し
冬の陽射し
地窓で採光は確保しつつ
プライバシーを守る
水庭：
水をはることで涼をもたらす
主寝室：
北側から柔らかな光が射し込む
リビング・ダイニング：
心地よい風が通り抜ける

方形の大屋根を架けたシンプルな形態をとり、その軒先は低く長く延ばすことで、上部からの見下ろしをさえぎっている。屋根の中心にいくほど外部の喧騒から離れた静かで落ち着いた空間をつくっている（**8.4**参照）

「赤塚の家」断面図
（S＝1：250）

3.5 Authentic blinds

視線をあやつる
目隠しのデザイン

見えるものを隠すという解決は直接的な方法ですが、プライバシーの確保には有効です。京の町家では木の格子がつくる緩い目隠しが美しい街並みをつくっています。和では簾やのれん、洋ではブラインドやカーテンといった後付けの目隠しはありますが、建物と一体のオリジナルな目隠しもデザインしたいものです。

「鉄の家」では、エキスパンドメタルを2枚重ねて「モアレ」をつくり、向こう側が見えるような見えないような、光と風の通る曖昧な目隠しで南側のファサード面を覆っています。エキスパンドメタルは可動パネルで開け放てるようになっており、室内における閉塞感を和らげます。

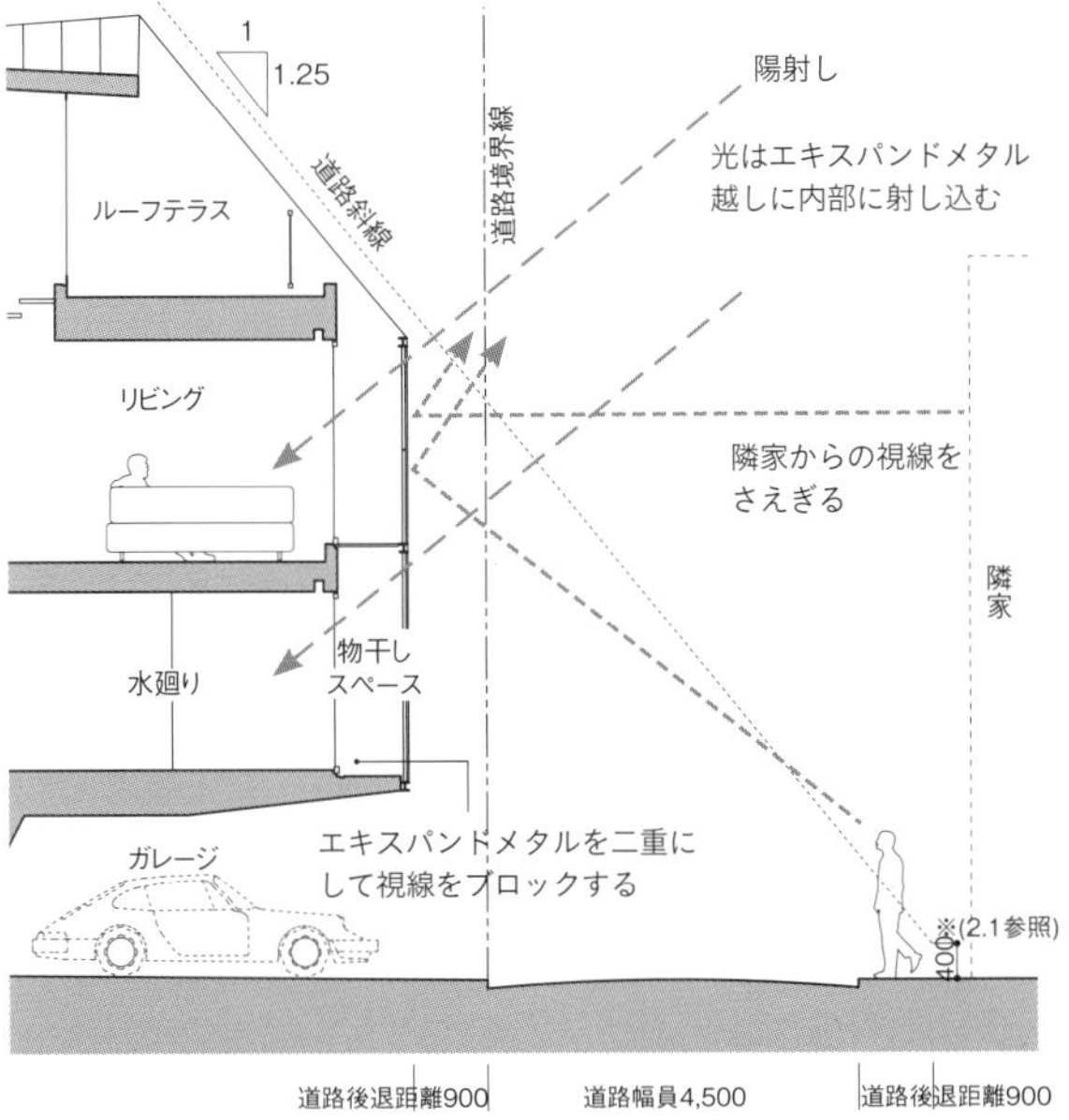
1
1.25
陽射し
光はエキスパンドメタル越しに内部に射し込む
道路斜線
道路境界線
ルーフテラス
リビング
隣家からの視線をさえぎる
隣家
物干しスペース
水廻り
ガレージ
エキスパンドメタルを二重にして視線をブロックする
※(2.1参照)
道路後退距離900
道路幅員4,500
道路後退距離900

「鉄の家」視線と光（S＝1：200）

エキスパンドメタルのパネルを開閉することで、取り入れる風や入り込む視線をコントロールできる

エキスパンドメタル越しに柔らかい光が入る畳敷きのリビング

エキスパンドメタルを重ねることで「モアレ」がおこり、目隠しとなる

3.6 Manipulating sightline-seize the sky

視線をあやつる

空を囲いこむ

3階建ての住宅がひしめく狭小地であっても、カーテンを閉じずにテラスとつながった開放的な暮らしをすることは不可能ではありません。

「神楽坂の家」では各階をずらしながら積み上げ、ずらした部分に面して窓を開け、それを大きく囲うように壁を回してプライベートテラスにすることで、採光とプライバシーを確保した部屋を3層にわたりつくり出しています。

セットバックによって生まれたテラス。空に向かって開かれた、プライバシー性の高い空間

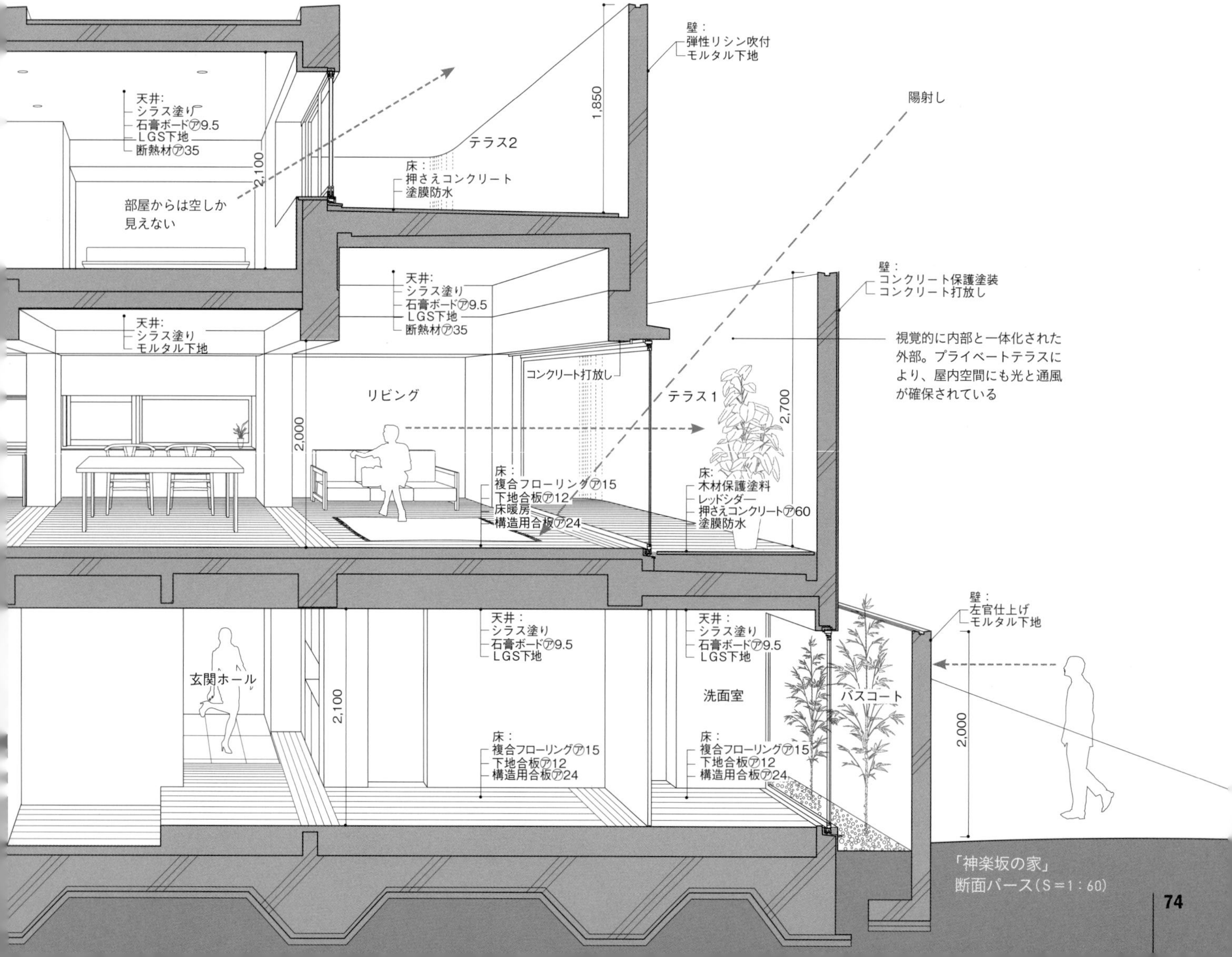

壁：
弾性リシン吹付
モルタル下地
天井：
シラス塗り
石膏ボード㋐9.5
LGS下地
断熱材㋐35
1,850
テラス2
2,100
床：
押さえコンクリート
塗膜防水
陽射し
部屋からは空しか
見えない
天井：
シラス塗り
石膏ボード㋐9.5
LGS下地
断熱材㋐35
天井：
シラス塗り
モルタル下地
壁：
コンクリート保護塗装
コンクリート打放し
視覚的に内部と一体化された
外部。プライベートテラスに
より、屋内空間にも光と通風
が確保されている
コンクリート打放し
リビング
テラス1
2,700
2,000
床：
複合フローリング㋐15
下地合板㋐12
床暖房
構造用合板㋐24
床：
木材保護塗料
レッドシダー
押さえコンクリート㋐60
塗膜防水
壁：
左官仕上げ
モルタル下地
天井：
シラス塗り
石膏ボード㋐9.5
LGS下地
天井：
シラス塗り
石膏ボード㋐9.5
LGS下地
玄関ホール
2,100
洗面室
バスコート
2,000
床：
複合フローリング㋐15
下地合板㋐12
構造用合板㋐24
床：
複合フローリング㋐15
下地合板㋐12
構造用合板㋐24

「神楽坂の家」
断面パース(S＝1：60)

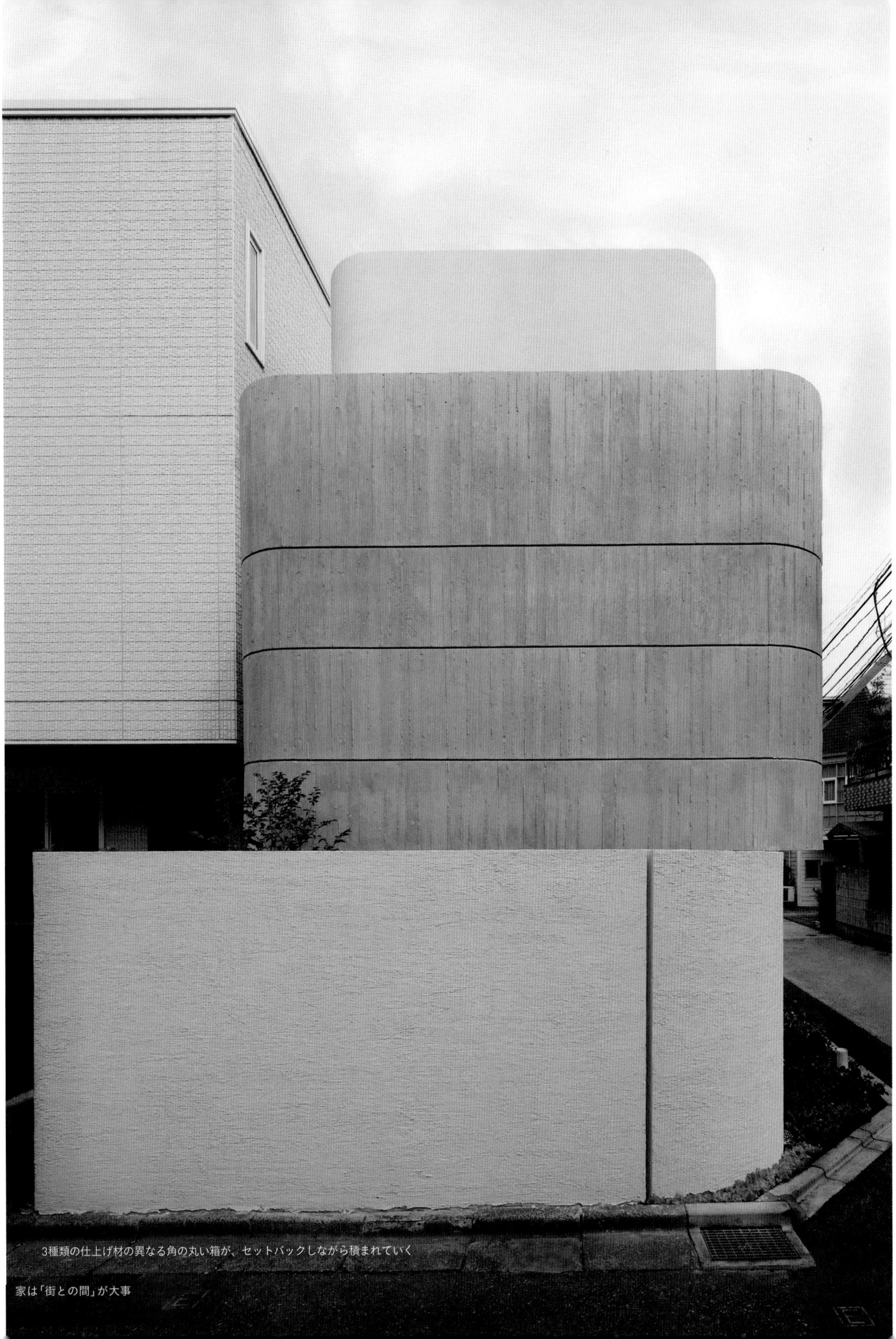

3種類の仕上げ材の異なる角の丸い箱が、セットバックしながら積まれていく

3.7 Altering light and shade

影をデザインする窓

西洋では石でつくられる組積造の建物が多く、その構造上、大きな窓をつくることが難しいため、彼らは建築技術の進歩とともに明るい空間を追い求めてきました。柱と梁で構成された木造の建物が多い日本においても、昔の住宅には「暗がり」がありました。ガラス張りの明るい空間を容易につくることができる現代では、「暗がり」はすっかり息を潜め、むしろ明る過ぎるぐらい。実際には暗がりがあるからこそ明るさが際立ち、明暗があるからこそ素材の質感が引き立てられるのです。今日においては「影のデザイン」こそが重要です。

開口を抑えてきれいな光のグラデーションをつくっている

黒い床材も反射する。抑えた光は素材感を引き立て、暗がりの落ち着いた空間をつくる

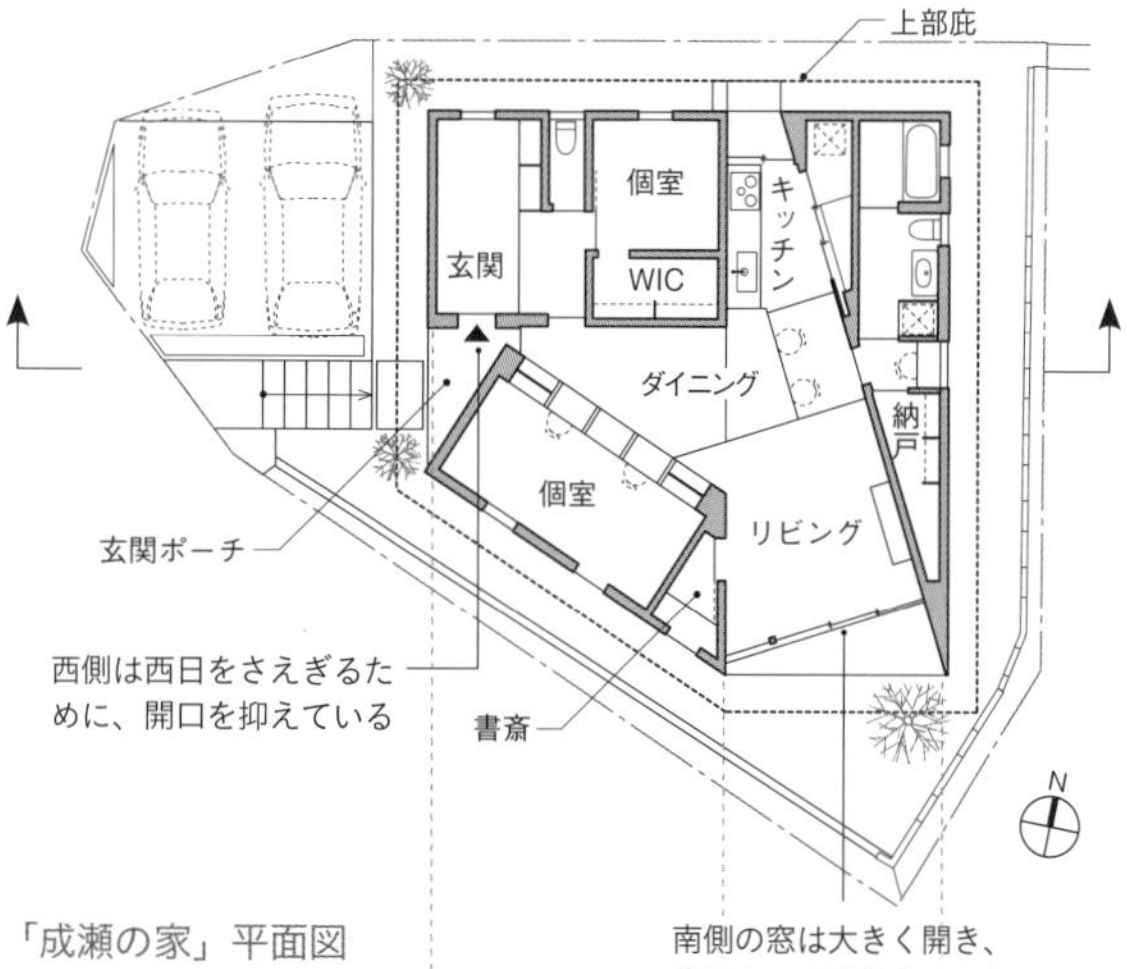
上部庇
個室
キッチン
玄関
WIC
ダイニング
納戸
個室
リビング
玄関ポーチ
西側は西日をさえぎるために、開口を抑えている
書斎
N
南側の窓は大きく開き、庇によって採光をコントロールしている

「成瀬の家」平面図
（S＝1：300）

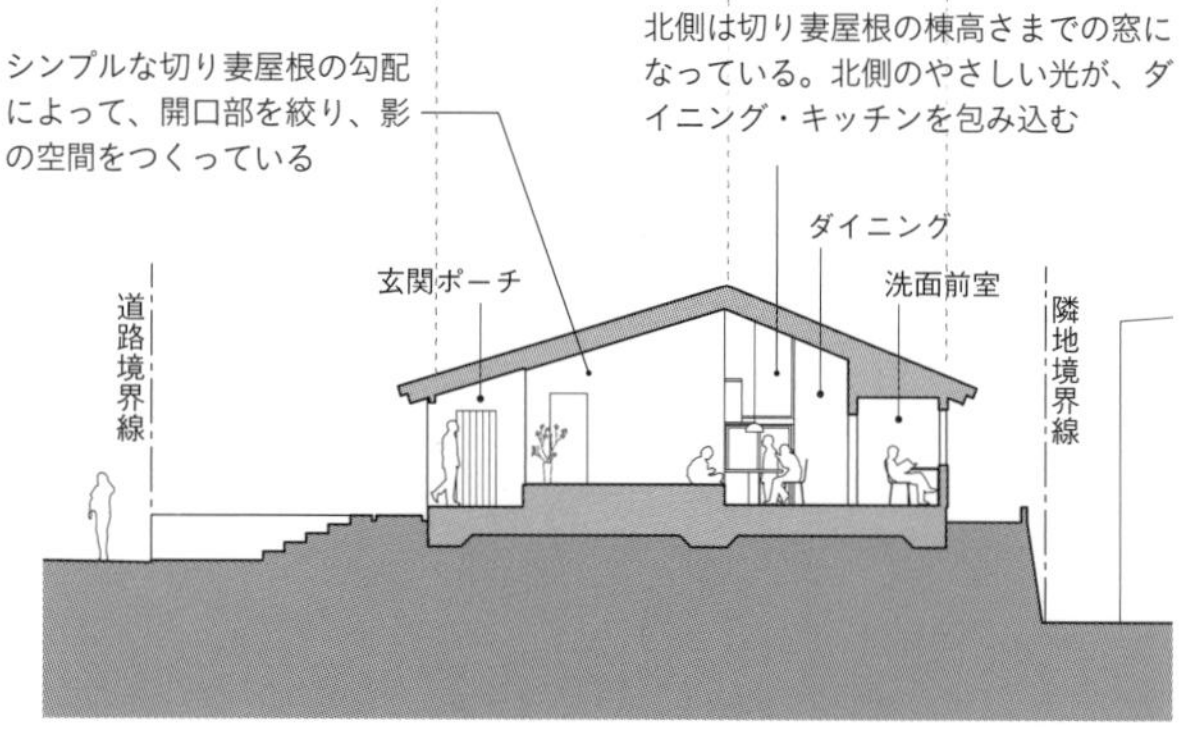
シンプルな切り妻屋根の勾配によって、開口部を絞り、影の空間をつくっている
北側は切り妻屋根の棟高さまでの窓になっている。北側のやさしい光が、ダイニング・キッチンを包み込む
ダイニング
玄関ポーチ
洗面前室
道路境界線
隣地境界線

「成瀬の家」断面図（S＝1：300）

3.8 The delicate light filter through shoji
障子越しの淡い光

「障子」には「日本」を感じさせる強いインパクトがあります。木格子に和紙を張っただけの障子は、紙1枚で窓との間に空気層をつくり、夏は暑さを、冬は寒さをやわらげる断熱効果もあります。そもそもはガラスのない時代に閉じたまま明るさを取り込むことができると重宝されたものですが、軒の出の少ない現代においては、強い陽射しをさえぎり、淡い光に変えて室内を照らす効果があります。時代とともにその役割を変化させてきた障子には、「和」の記号としてだけでなく、広く活用できる新たな可能性を感じます。

夜は照明器具となって、室内の雰囲気をつくる

隣家がすぐ迫る敷地境界沿いに窓を配し、視線を遮りながら明るさを取り込む

3.9 Window? Wall? 窓か、壁か

「窓」というと、壁に穴をあけるというイメージが一般的かもしれませんが、日本の昔の建物のように柱と柱の間の襖や障子を開ければそこが開口部（窓）になるといったつくり方もあり、「窓」のあり方は建物の構成やつくり方のルールによって大きく変わります。「ポツ窓」と表現される窓は、正に壁に穴をあけるイメージで、風景を切り取るように上下左右に壁がある窓のことを指します。「ポツ窓」に対して床から天井まであけられた窓は、見方によっては壁と壁の間に何もない、あるいは壁に対して透明な壁（ガラス）という意味合いが強い表現となります。

「ポジャギの家」では3枚の板（屋根、床）の間に壁と透明な壁（ガラス）が交互に挟まっているようなデザインにしています。屋根と2階の床、そして1階の床それぞれの納まりが違いますが、すべて同じように見えるよう工夫しています。

短冊状の窓から公園の緑が見える

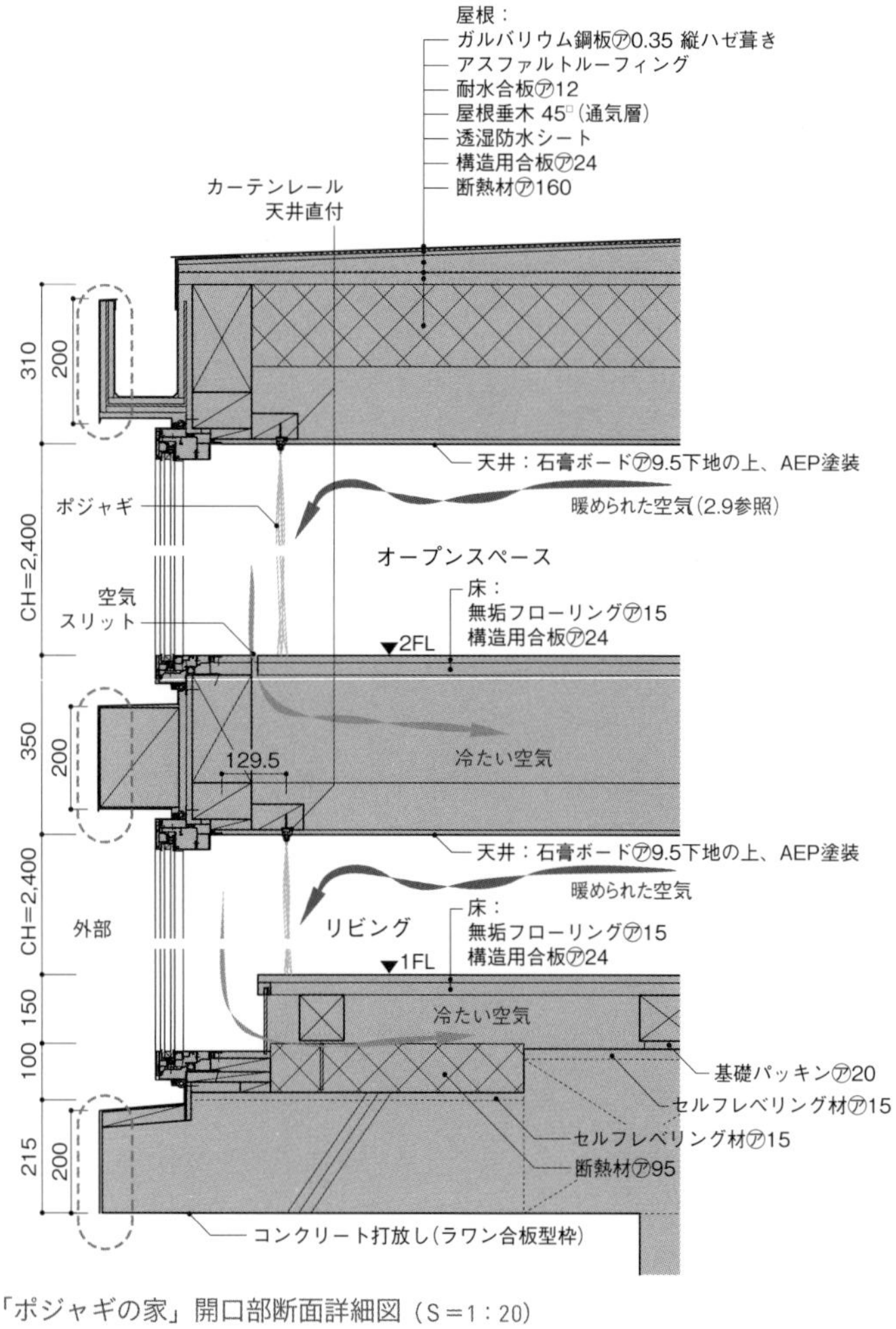
屋根：
ガルバリウム鋼板⑦0.35 縦ハゼ葺き
アスファルトルーフィング
耐水合板⑦12
屋根垂木 45□（通気層）
透湿防水シート
構造用合板⑦24
断熱材⑦160
カーテンレール
天井直付
310
200
天井：石膏ボード⑦9.5下地の上、AEP塗装
ポジャギ
暖められた空気（2.9参照）
オープンスペース
CH=2,400
空気
スリット
床：
無垢フローリング⑦15
構造用合板⑦24
2FL
350
200
129.5
冷たい空気
天井：石膏ボード⑦9.5下地の上、AEP塗装
暖められた空気
外部
リビング
CH=2,400
床：
無垢フローリング⑦15
構造用合板⑦24
1FL
150
冷たい空気
100
基礎パッキン⑦20
セルフレベリング材⑦15
セルフレベリング材⑦15
断熱材⑦95
215
200
コンクリート打放し（ラワン合板型枠）

「ポジャギの家」開口部断面詳細図（S＝1：20）
納まりの異なる3つの部分をすべて同じに見えるように工夫している

屋根、床間に短冊状の壁と窓が並ぶ外観

3.10 Hole in the wall
壁の穴

家の周囲によい景色がある、あるいは部分的にでもよい景色がある場合、壁に掛かった絵を眺めるように、その景色を切り取る窓（ピクチャーウィンドウ）としたいものです。景色を切り取る窓は、美しい絵画が映えるように、余分なものがついていないシンプルな額縁としたいものですが、住宅という用途上、窓を開けて通風をとることも必要です。場合によっては、窓に機能を兼用させず、景色を眺める窓とは別に通風用の窓を設けるなど、機能を分ける工夫が必要になります。

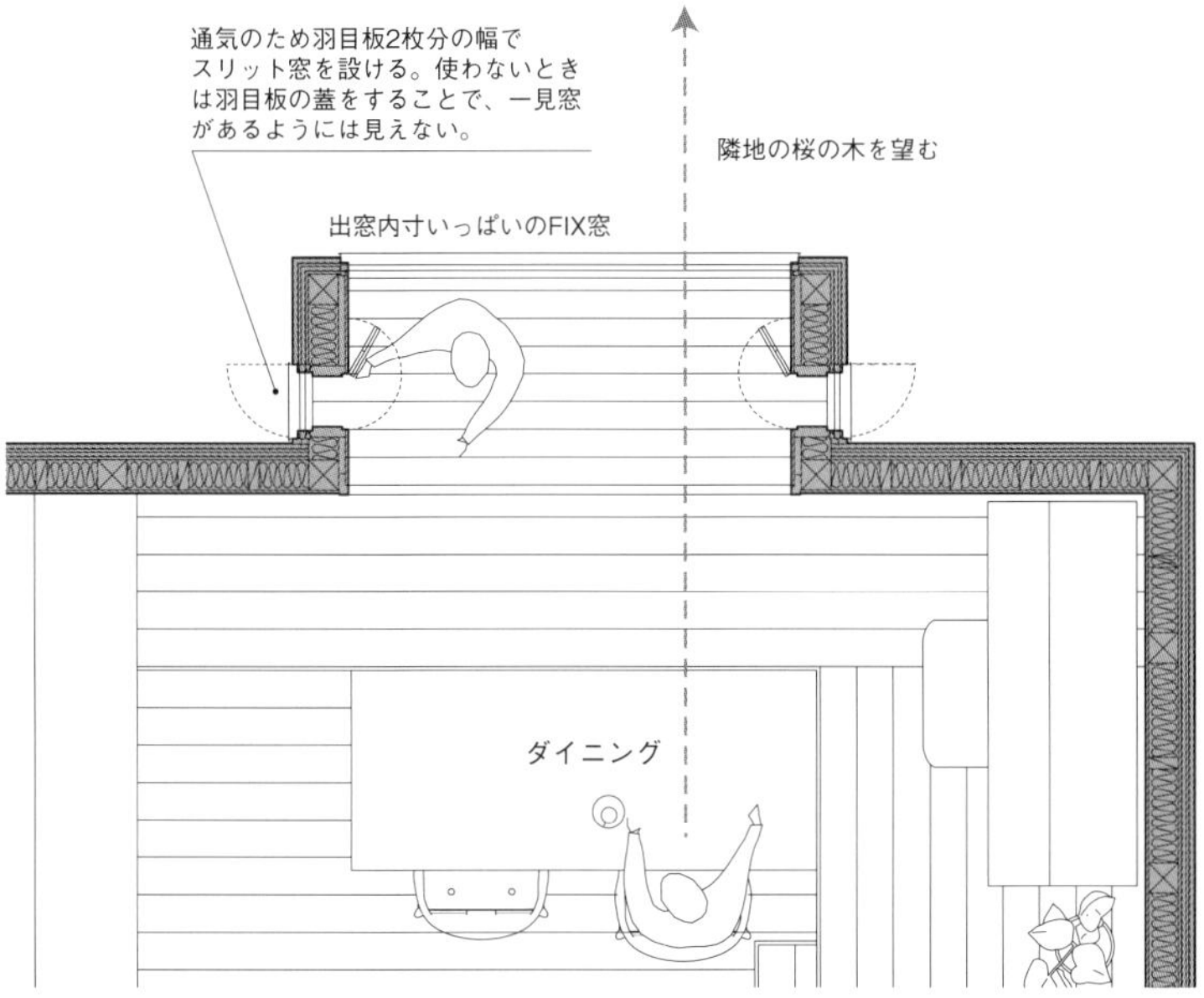
通気のため羽目板2枚分の幅で
スリット窓を設ける。使わないとき
は羽目板の蓋をすることで、一見窓
があるようには見えない。
隣地の桜の木を望む
出窓内寸いっぱいのFIX窓
ダイニング

「桜と家の家」平面図（S=1：50）

右上/フレーミングにより、景色が際立つ
右下/窓は景色を切り取るだけに役割を絞り、窓フレームに同化した扉から風を採り込む
左/窓辺のベンチであると共に、クッションを敷き詰めるとデイベッドにも設えられる

3.11 Window at the subtracted space

くぼみの奥の窓

「引き算の居場所」（**4.3**参照）という設計手法がありますが、ボリュームを抜き取った奥に窓を配置することで、内外部が緩やかにつながるプライバシーが守られた半外部空間が生まれます。

「掬光庵」では正方形プランの四隅を抜き取って半外部空間をつくり、それに面してエントランスのつき当たりの窓や浴室の窓を配置し、あるいは雨露をしのげる玄関ポーチや自転車置場にしています。隣家からの視線を気にすることなく外に開放された伸びやかな空間が生まれ、雨露をしのぐ軒下には窓に代わる通気口をつくり、2階室内へ風を取り入れています。

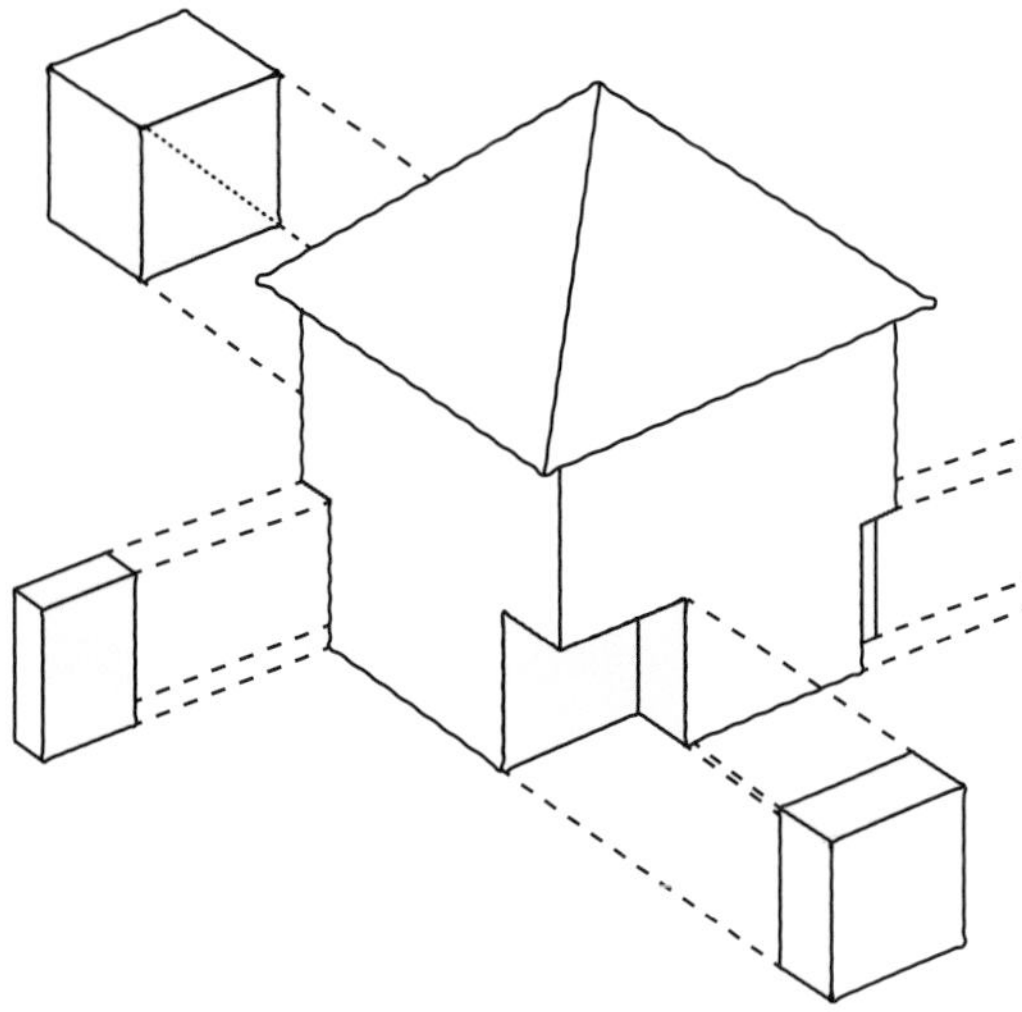

「掬光庵」概念図

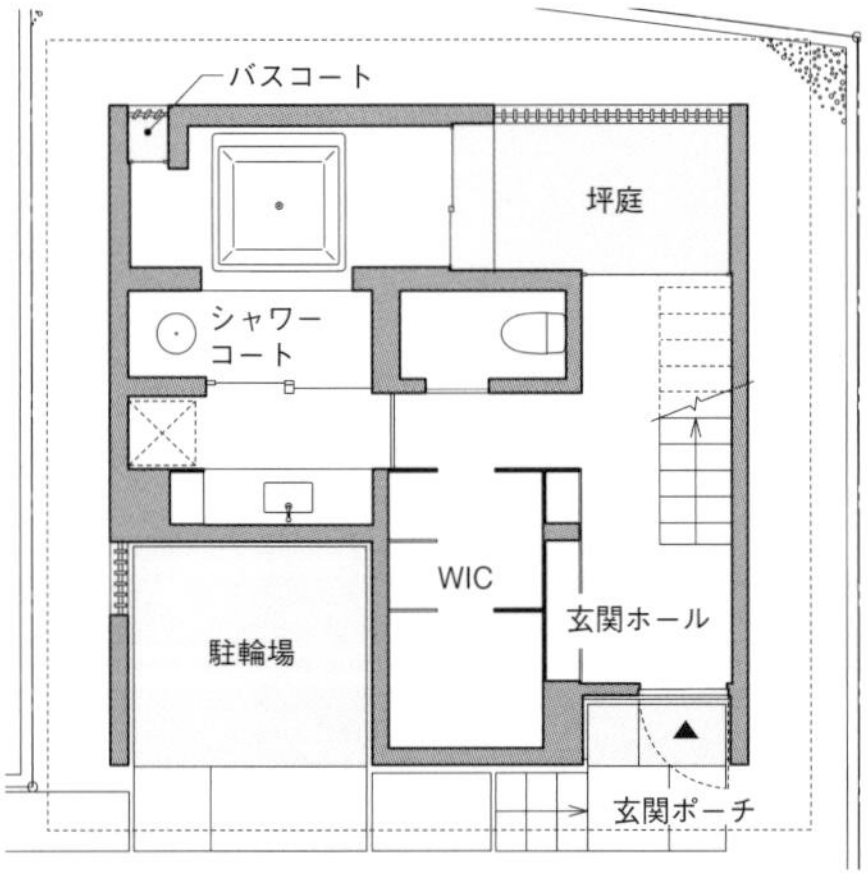
バスコート
坪庭
シャワー
コート
WIC
玄関ホール
駐輪場
玄関ポーチ

「掬光庵」1階平面図（S＝1：150）
四隅の半外部空間により、内外部が緩やかにつながる

玄関ポーチ。エントランスつき当たりの窓越しに緑が見える

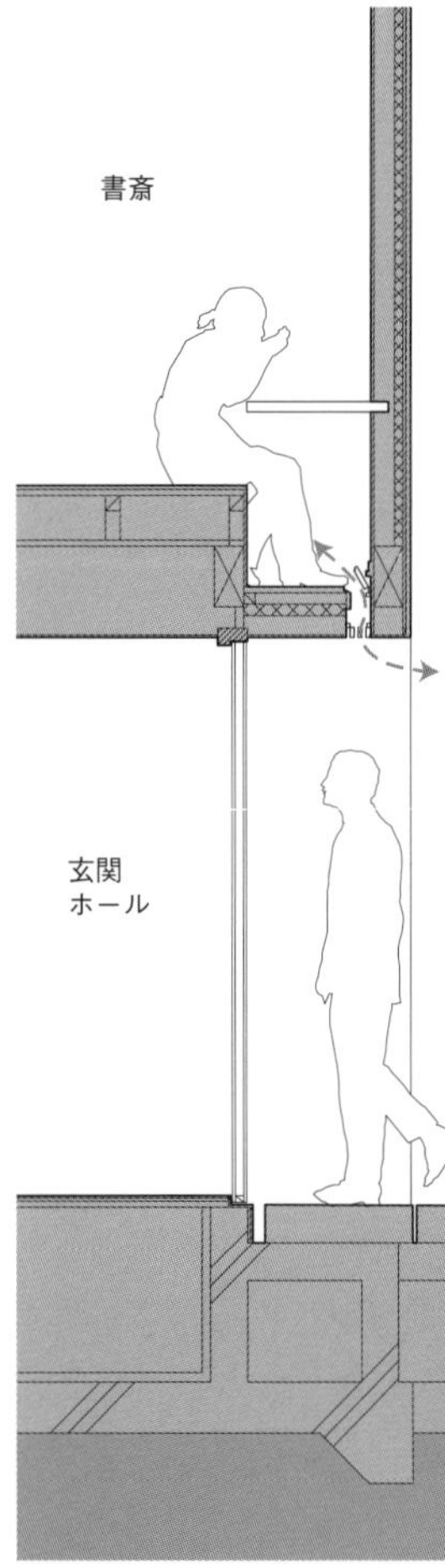
書斎
玄関
ホール

「掬光庵」断面図（S＝1：50）
軒下の通気口より風を取り込む

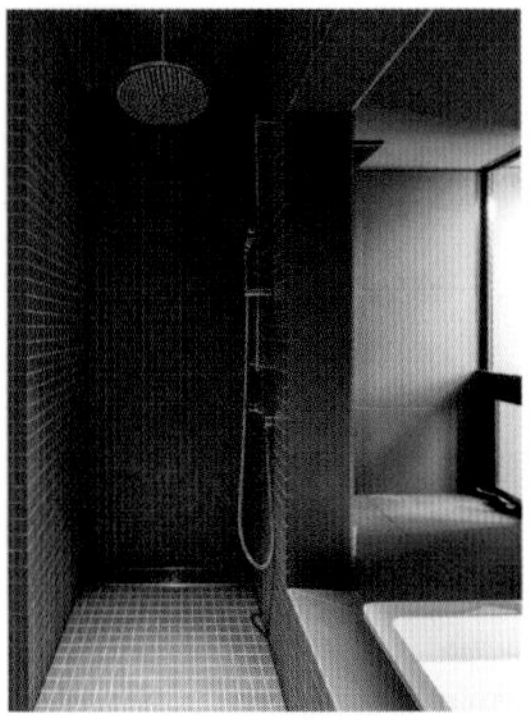

シャワーブース右手の窓から光や風は入るが、視線は遮られる

浴室より坪庭を見る。視線が気にならない開放的な空間となっている

3.12 The glimpse of light at the end
突き当たりに光を添える

トンネルの先の一点の光や、暗く湿った洞窟に射し込む光。暗がりのなかの僅かな光は陰影を際立たせ、空間に引き締まるような緊張感を与えます。例えば、光を採ることが不可能と思われる地下においても、あるいは、地上階で窓を設けてもプライバシーの観点から、カーテンを閉め切るようなプランニングにならないよう、吹抜けや断面構成を工夫することで光を採り入れることは可能です。暗がりの奥から壁や床をなめるように光を採り入れることで、伸びやかで奥行きのある美しい空間が生まれます。

「西原の家」外観
道路を挟んで隣家の窓に面するため、ファサードには窓を設けず、上部より光を採っている

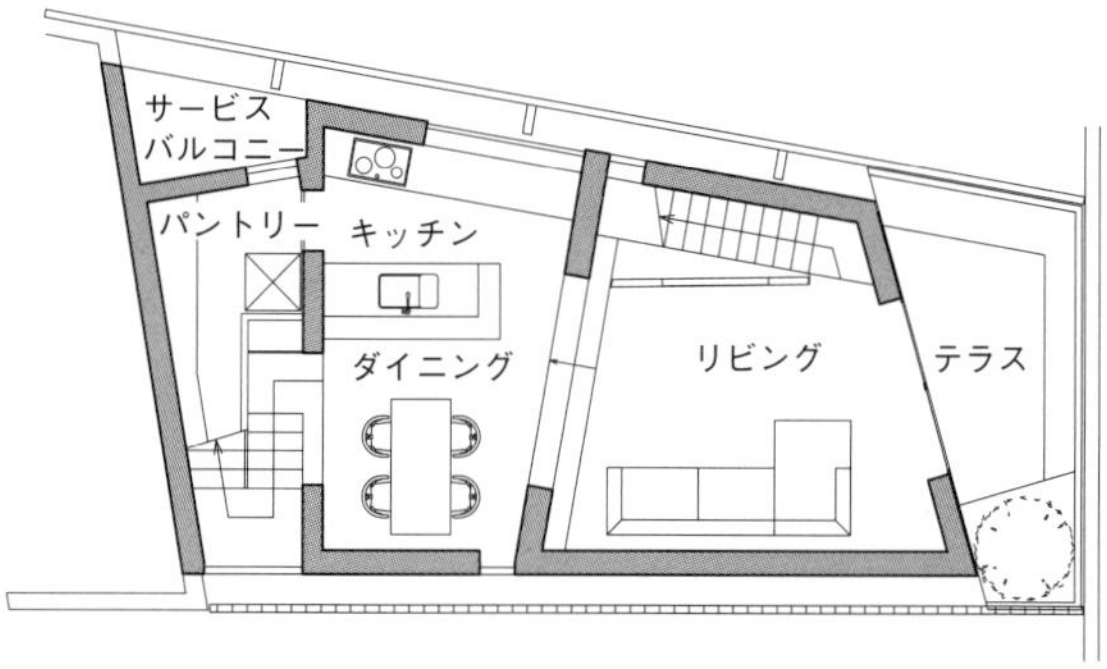
サービスバルコニー
パントリー
キッチン
ダイニング
リビング
テラス

「西原の家」1階平面図（S＝1：200）

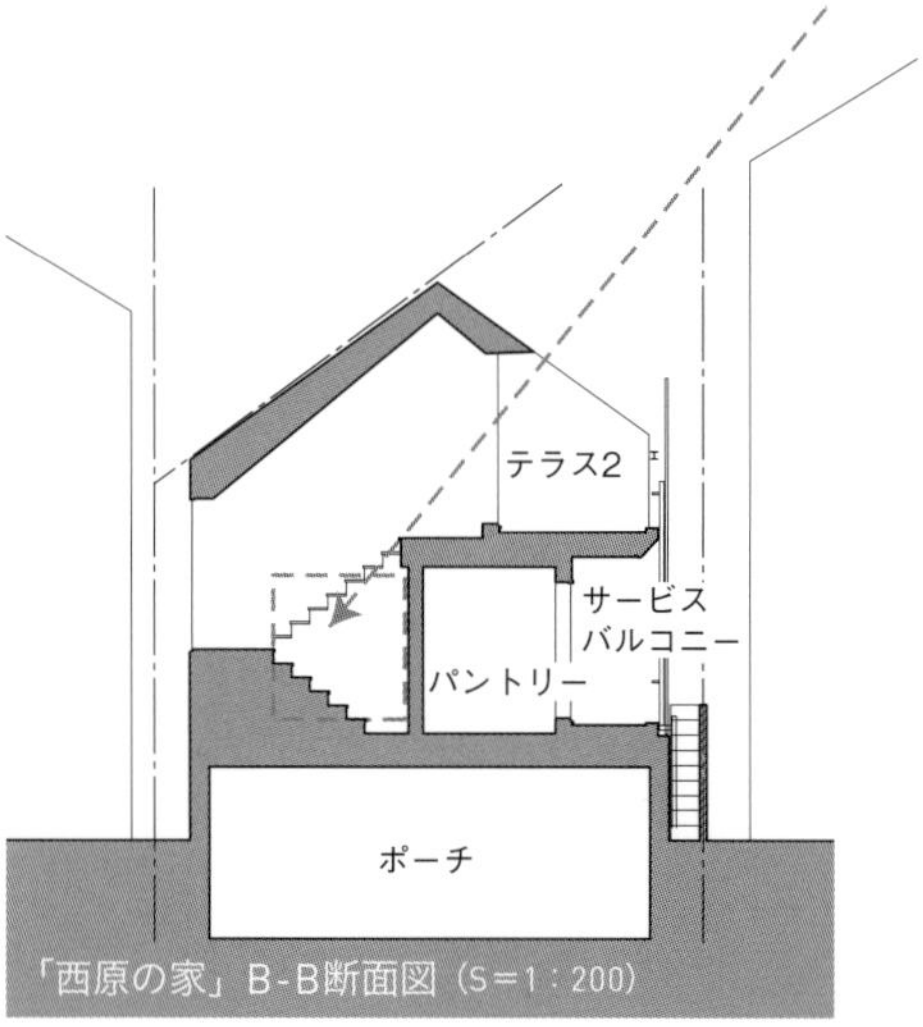
採光
テラス2
サービスバルコニー
パントリー
ポーチ

「西原の家」B-B断面図（S＝1：200）

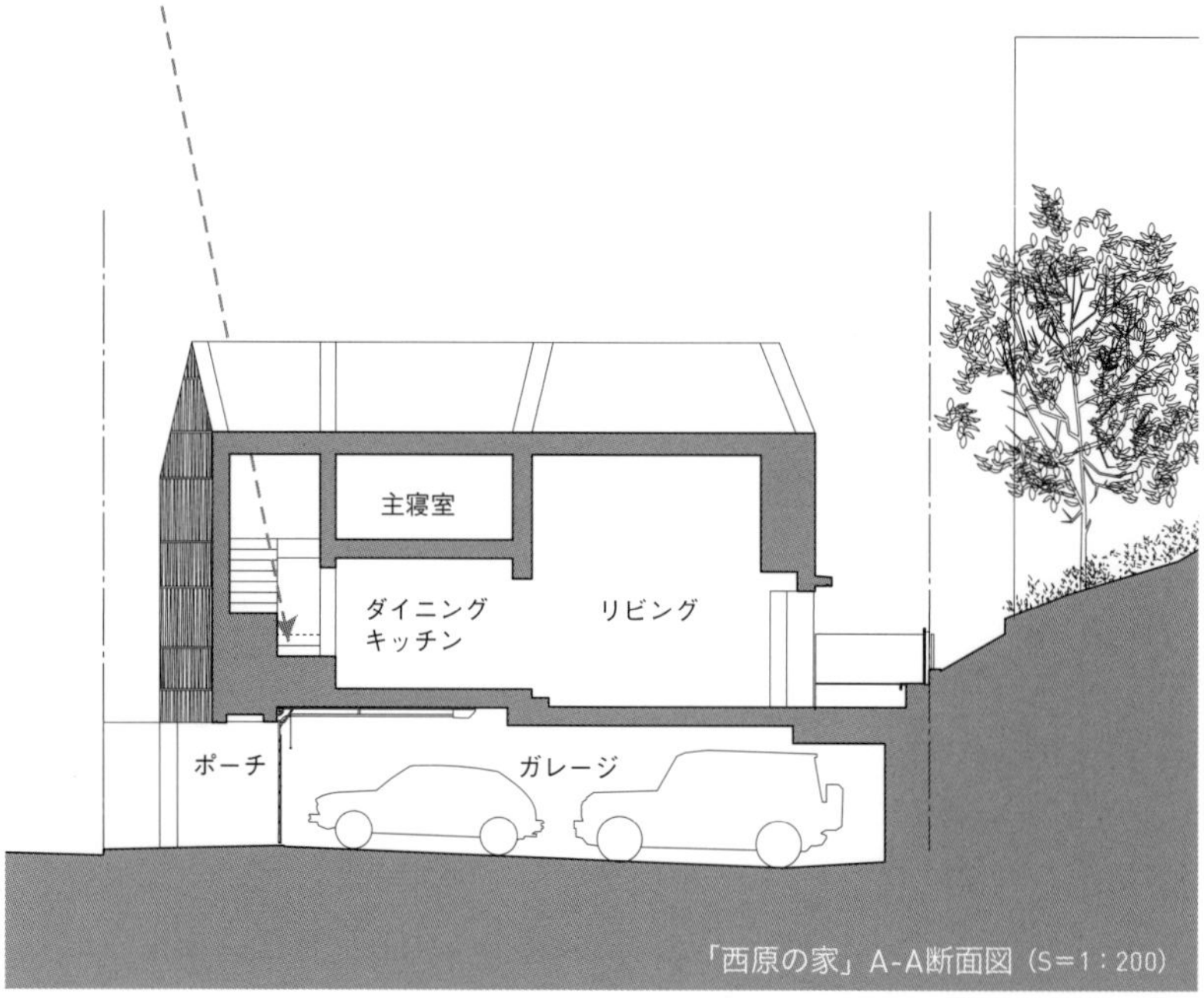
主寝室
ダイニングキッチン
リビング
ポーチ
ガレージ

「西原の家」A-A断面図（S＝1：200）

「西原の家」
落ち着いたダイニングの先に、
明るさの満ち溢れる階段室を
設け、対比させている

chapter
4
ネコもつく「居場所」
IBASHO-feeling of the place for oneself

ネコは居心地のいい場所をよく知っています。陽だまりで目を閉じてうとうとする姿は実に気持ちよさそうで、徐々に移りゆく陽だまりを追うように、気が付くといつもそこに丸くなっています。本来、人もネコ同様、その時々に合わせて自分の居場所があることが望ましく、それは単なるの部屋の寄せ集めではありません。冬の陽だまりや夏の涼風をはじめ、明るさや広さ、床のレベル差や天井の高さ、柱、壁といったものをどのように配置するかなど、さまざまな要素を考慮してつくられます。

内部空間は周辺環境や敷地の特徴、プライバシーの取り方などと強い関係にあります。さらに家のなかには家族団らんのとき、1人になりたいとき、大勢の人を呼んでパーティーをするとき、本を読むとき、音楽を聴くときなど、いろいろな場面があります。外部との関係と家の内部で繰り広げられるさまざまな場面を掛け合わせて、いかに多様な居場所をつくるかが、居心地の良い住まいの鍵となります。

4.1 Skip floor tips-Design the space in between

スキップフロア、それはスキマのデザイン

部屋は、壁で間仕切ってつくることが一般的ですが、床にレベル差を付けることで緩やかにエリアを分ける方法もあります。床をフラットで構成するか、レベル差を付けてスキップフロアにするかはさまざまな要因で決まりますが、設計を進めていく上では大きな分かれ道となります。

スキップフロアと一言で言っても、床と床の平面上の距離やレベル差、各天井高さによって、建物全体の連続性が高いものになるか、階ごとの連続性が高いものになるかが決まります。

たとえば、半層ずつ床をずらしたスキップフロアは、床と床の平面的な距離や天井高さにもよりますが、独立した部屋が曖昧に連続しているといったぐらいの印象となりますし、床と床のレベル差を近づけると、互いの関係は強まりますが、その上下階との関係は弱まります。また、床と床をつなぐ階段の向きによっても連続感は異なってきます。

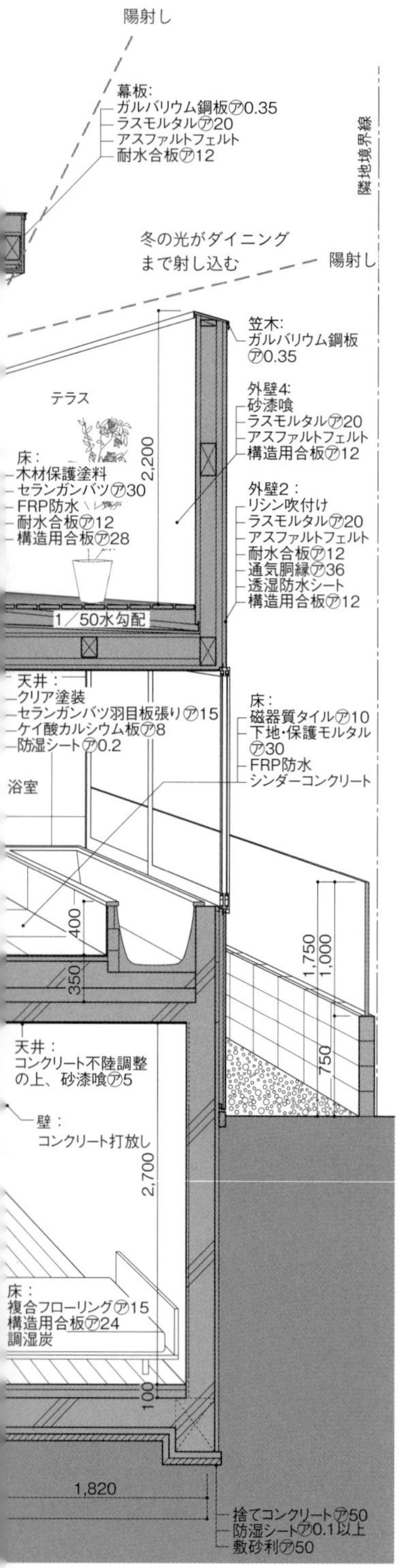
陽射し
幕板:
ガルバリウム鋼板㋐0.35
ラスモルタル㋐20
アスファルトフェルト
耐水合板㋐12
隣地境界線
冬の光がダイニング
まで射し込む
陽射し
笠木:
ガルバリウム鋼板
㋐0.35
テラス
外壁4:
砂漆喰
ラスモルタル㋐20
アスファルトフェルト
構造用合板㋐12
床:
木材保護塗料
セランガンバツ㋐30
FRP防水
耐水合板㋐12
構造用合板㋐28
2,200
外壁2:
リシン吹付け
ラスモルタル㋐20
アスファルトフェルト
耐水合板㋐12
通気胴縁㋐36
透湿防水シート
構造用合板㋐12
1／50水勾配
天井:
クリア塗装
セランガンバツ羽目板張り㋐15
ケイ酸カルシウム板㋐8
防湿シート㋐0.2
床:
磁器質タイル㋐10
下地・保護モルタル
㋐30
FRP防水
シンダーコンクリート
浴室
400
350
1,750
1,000
750
天井:
コンクリート不陸調整
の上、砂漆喰㋐5
壁:
コンクリート打放し
2,700
床:
複合フローリング㋐15
構造用合板㋐24
調湿炭
100
1,820
捨てコンクリート㋐50
防湿シート㋐0.1以上
敷砂利㋐50

ダイニングからレベル差が1mあるリビングを見る。部屋の幅一杯の４ｍの大階段が二つの居場所を緩やかにつなぐ

左/限られたスペースでも上下に連続するスキップフロアが広がりを感じさせる
右/床のレベルをずらすことで上部から光を取り入れることを可能にする

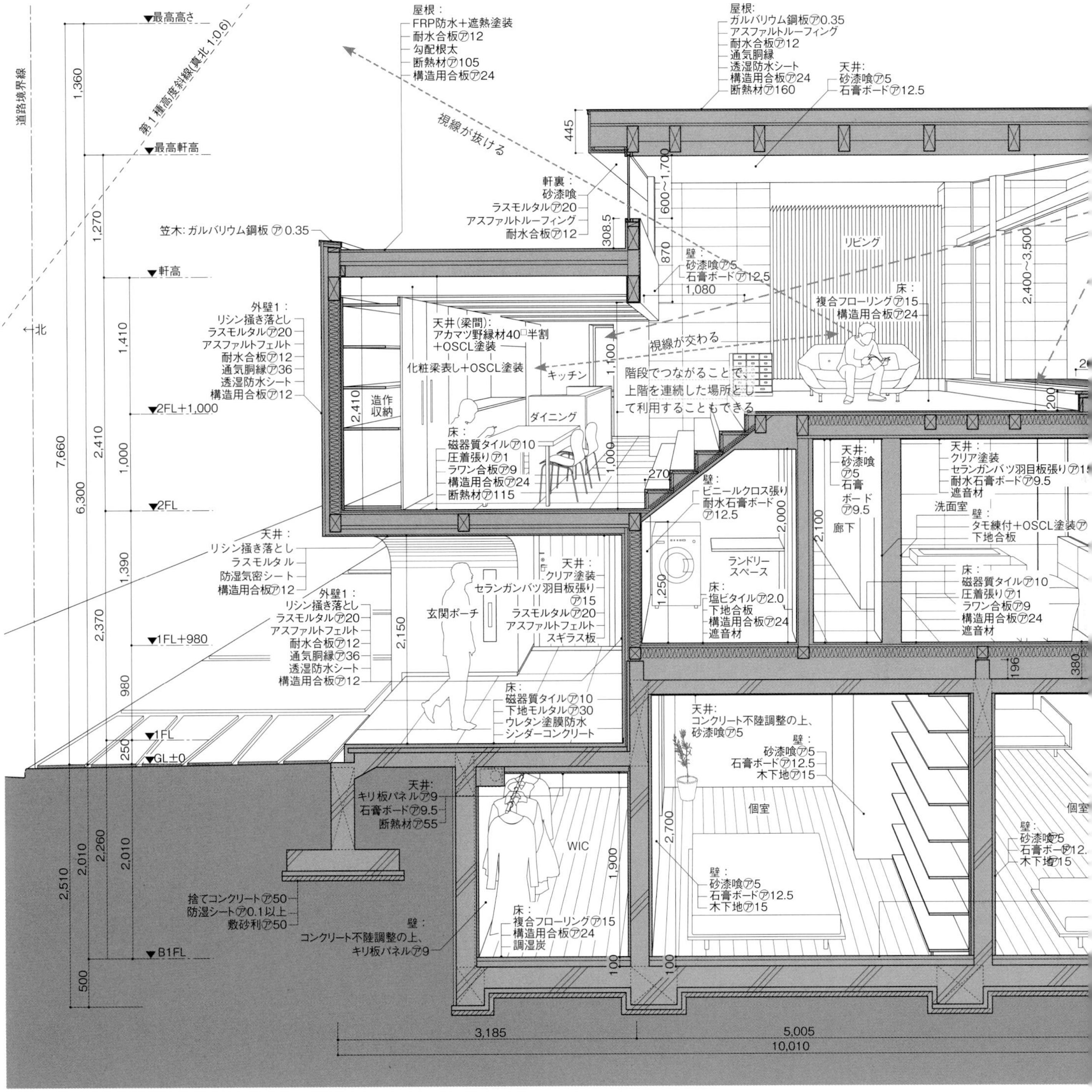

道路境界線
▼最高高さ
第1種高度斜線(真北1:0.6)
▼最高軒高
▼軒高
▼2FL+1,000
▼2FL
▼1FL+980
▼1FL
▼GL±0
▼B1FL
←北
1,360
1,270
1,410
1,000
1,390
980
250
7,660
2,410
2,370
6,300
2,260
2,010
2,510
2,010
500
屋根：
FRP防水＋遮熱塗装
耐水合板㋐12
勾配根太
断熱材㋐105
構造用合板㋐24
視線が抜ける
屋根：
ガルバリウム鋼板㋐0.35
アスファルトルーフィング
耐水合板㋐12
通気胴縁
透湿防水シート
構造用合板㋐24
断熱材㋐160
天井：
砂漆喰㋐5
石膏ボード㋐12.5
445
軒裏：
砂漆喰
ラスモルタル㋐20
アスファルトルーフィング
耐水合板㋐12
600～1,700
308.5
870
笠木：ガルバリウム鋼板 ㋐0.35
リビング
壁：
砂漆喰㋐5
石膏ボード㋐12.5
1,080
床：
複合フローリング㋐15
構造用合板㋐24
2,400～3,500
外壁1：
リシン掻き落とし
ラスモルタル㋐20
アスファルトフェルト
耐水合板㋐12
通気胴縁㋐36
透湿防水シート
構造用合板㋐12
天井(梁間)：
アカマツ野縁材40□半割
＋OSCL塗装
化粧梁表し＋OSCL塗装
キッチン
1,100
視線が交わる
階段でつながることで、
上階を連続した場所とし
て利用することもできる
造作
収納
2,410
ダイニング
床：
磁器質タイル㋐10
圧着張り㋐1
ラワン合板㋐9
構造用合板㋐24
断熱材㋐115
1,000
270
200
壁：
ビニールクロス張り
耐水石膏ボード
㋐12.5
2,000
天井：
砂漆喰
㋐5
石膏
ボード
㋐9.5
2,100
廊下
天井：
クリア塗装
セランガンバツ羽目板張り㋐15
耐水石膏ボード㋐9.5
遮音材
洗面室
壁：
タモ練付＋OSCL塗装㋐
下地合板
天井：
リシン掻き落とし
ラスモルタル
防湿気密シート
構造用合板㋐12
天井：
クリア塗装
セランガンバツ羽目板張り
㋐15
ラスモルタル㋐20
アスファルトフェルト
スギラス板
ランドリー
スペース
1,250
床：
塩ビタイル㋐2.0
下地合板
構造用合板㋐24
遮音材
床：
磁器質タイル㋐10
圧着張り㋐1
ラワン合板㋐9
構造用合板㋐24
遮音材
外壁1：
リシン掻き落とし
ラスモルタル㋐20
アスファルトフェルト
耐水合板㋐12
通気胴縁㋐36
透湿防水シート
構造用合板㋐12
玄関ポーチ
2,150
196
380
床：
磁器質タイル㋐10
下地モルタル㋐30
ウレタン塗膜防水
シンダーコンクリート
天井：
コンクリート不陸調整の上、
砂漆喰㋐5
壁：
砂漆喰㋐5
石膏ボード㋐12.5
木下地㋐15
天井：
キリ板パネル㋐9
石膏ボード㋐9.5
断熱材㋐55
WIC
個室
2,700
1,900
壁：
砂漆喰㋐5
石膏ボード㋐12.5
木下地㋐15
個室
壁：
砂漆喰㋐5
石膏ボード㋐12.
木下地㋐15
捨てコンクリート㋐50
防湿シート㋐0.1以上
敷砂利㋐50
壁：
コンクリート不陸調整の上、
キリ板パネル㋐9
床：
複合フローリング㋐15
構造用合板㋐24
調湿炭
100
100
3,185
5,005
10,010

「東山の家」断面パース(S＝1：60)

南側にテラスと連続したリビングを、北側の1m下がったところにダイニングを設けている。幅4mの大階段でその2つのエリアを緩やかにつなぐことで、1mのレベル差がありながらも、一体感のある空間となっている。ダイニングの天井高さを抑えることにより、大階段上部に窓が設けられ、リビングに北側の淡い光が入る

4.2 Adding IBASHO
居場所の足し算

空間を壁で仕切って部屋をつくるという考え方はもっとも一般的であると思いますが、寝室や水廻りなどの部屋をそれぞれ「箱」としてとらえ、その「箱」を立体的に組み合わせていくという考え方もあります。その組み合わせ方を工夫すると、単純に仕切るだけでつくられる空間とは違う空間が生まれます。

「鷺沼の家」は、プライベート要素の高い部屋を「箱」に入れて組み合わせ、「箱」以外の部分をリビングといったパブリックゾーンにした住宅となっています。基本的には木造在来工法の住宅ですが、水廻りは湿気を室外に漏らさない、かつ、蓄熱体となって建物の温熱環境を整えるコンクリートの「箱」のなかに入っており、書斎は鉄板により補強された浮遊する「箱」のなかに入っています。「箱」には窓が絶妙に切り取られ、閉じていながら連続感をつくっています。

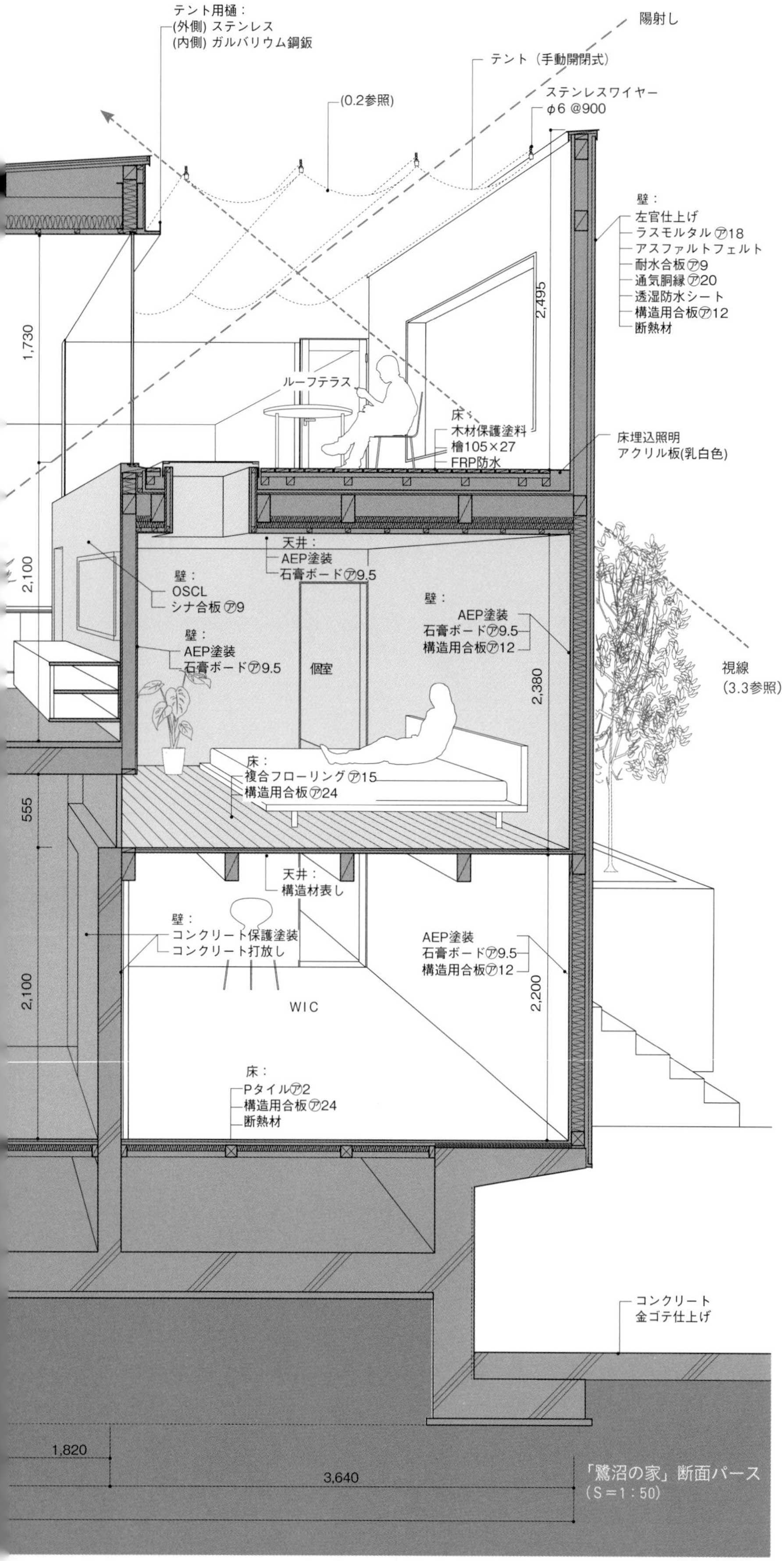
テント用樋：
(外側) ステンレス
(内側) ガルバリウム鋼鈑
陽射し
テント（手動開閉式）
(0.2参照)
ステンレスワイヤー
φ6 @900
壁：
左官仕上げ
ラスモルタル㋐18
アスファルトフェルト
耐水合板㋐9
通気胴縁㋐20
透湿防水シート
構造用合板㋐12
断熱材
2,495
1,730
ルーフテラス
床：
木材保護塗料
檜105×27
FRP防水
床埋込照明
アクリル板(乳白色)
天井：
AEP塗装
石膏ボード㋐9.5
2,100
壁：
OSCL
シナ合板㋐9
壁：
AEP塗装
石膏ボード㋐9.5
構造用合板㋐12
壁：
AEP塗装
石膏ボード㋐9.5
個室
2,380
視線
(3.3参照)
床：
複合フローリング㋐15
構造用合板㋐24
555
天井：
構造材表し
壁：
コンクリート保護塗装
コンクリート打放し
AEP塗装
石膏ボード㋐9.5
構造用合板㋐12
2,100
WIC
2,200
床：
Pタイル㋐2
構造用合板㋐24
断熱材
コンクリート
金ゴテ仕上げ
1,820
3,640
「鷺沼の家」断面パース
(S＝1：50)

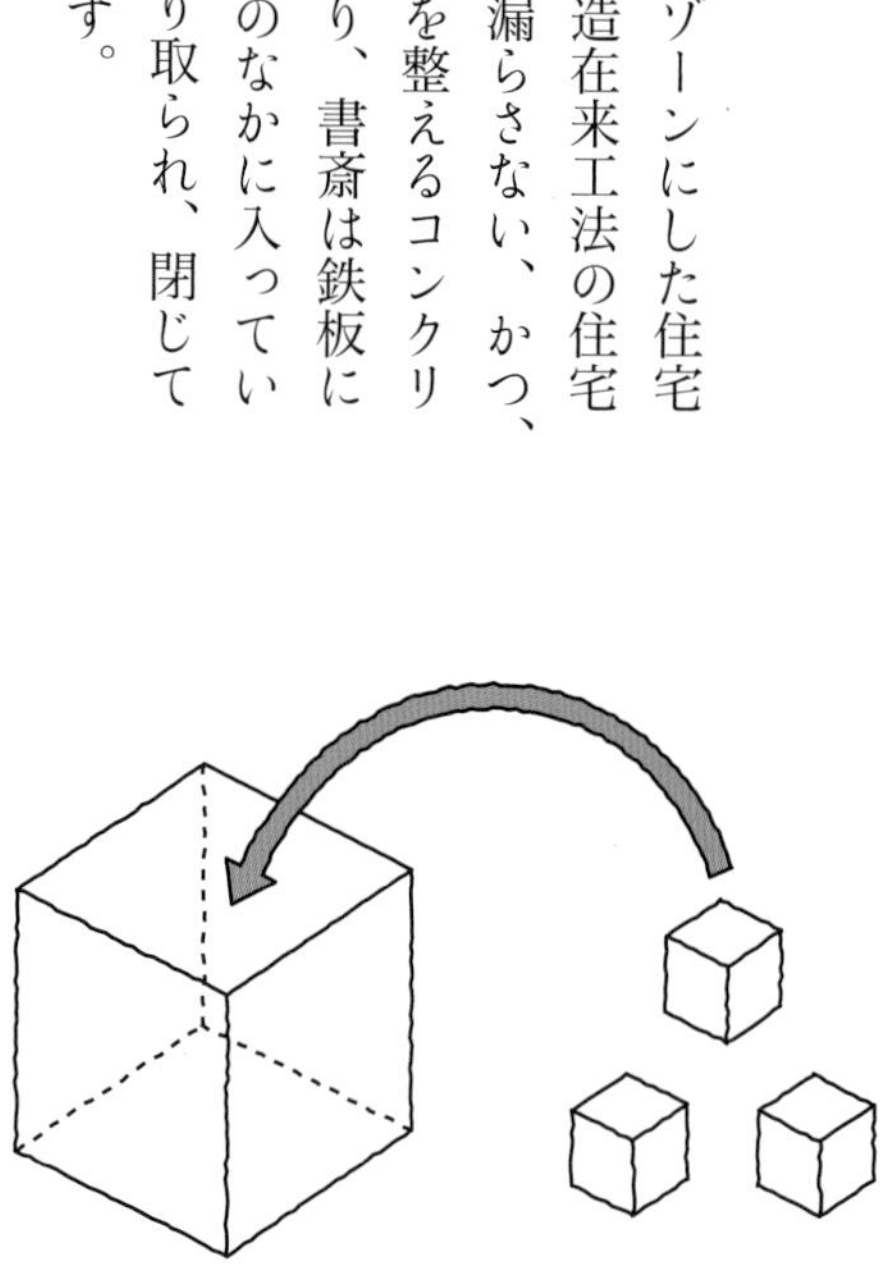

さまざまな大きさの箱を組み合わせて天井高さの違いや視線のズレなどをつくり、変化に富んだ空間を実現している。右上に見えるのは鉄板で補強された浮遊する箱（＝書斎）

「箱」（個室）の窓から、空やほかの「箱」（リビング）が見える

エントランス。正面上部にキッチンが見える

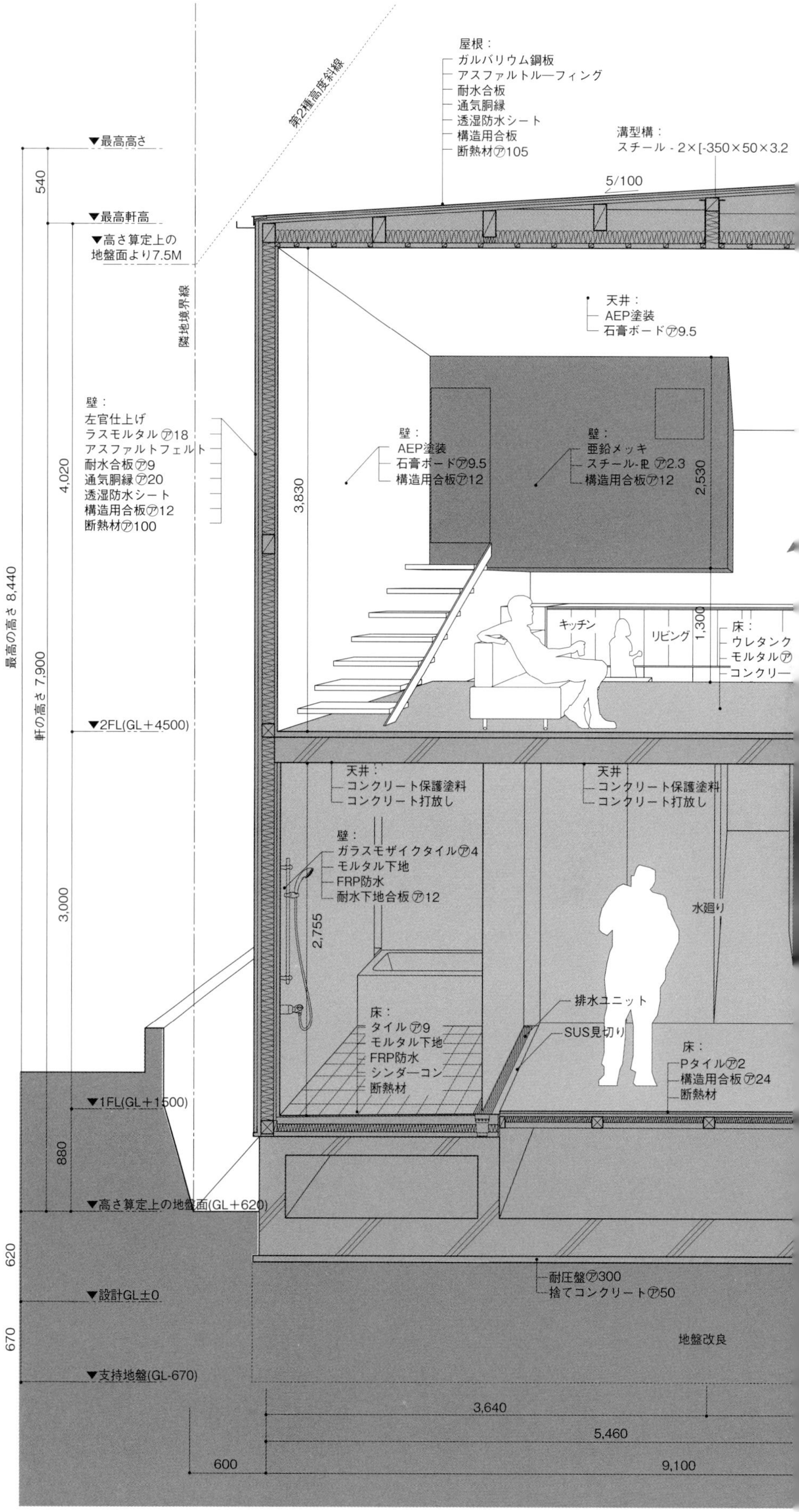

屋根：
ガルバリウム鋼板
アスファルトルーフィング
耐水合板
通気胴縁
透湿防水シート
構造用合板
断熱材㋐105
溝型構：
スチール - 2×[-350×50×3.2
5/100
第2種高度斜線
▼最高高さ
540
▼最高軒高
▼高さ算定上の
地盤面より7.5M
隣地境界線
天井：
AEP塗装
石膏ボード㋐9.5
壁：
左官仕上げ
ラスモルタル㋐18
アスファルトフェルト
耐水合板㋐9
通気胴縁㋐20
透湿防水シート
構造用合板㋐12
断熱材㋐100
壁：
AEP塗装
石膏ボード㋐9.5
構造用合板㋐12
壁：
亜鉛メッキ
スチール-PL ㋐2.3
構造用合板㋐12
4,020
3,830
2,530
最高の高さ 8,440
軒の高さ 7,900
キッチン
リビング
1,300
床：
ウレタンク
モルタル㋐
コンクリー
▼2FL(GL＋4500)
天井：
コンクリート保護塗料
コンクリート打放し
天井：
コンクリート保護塗料
コンクリート打放し
壁：
ガラスモザイクタイル㋐4
モルタル下地
FRP防水
耐水下地合板㋐12
3,000
2,755
水廻り
排水ユニット
SUS見切り
床：
タイル㋐9
モルタル下地
FRP防水
シンダーコン
断熱材
床：
Pタイル㋐2
構造用合板㋐24
断熱材
▼1FL(GL＋1500)
880
▼高さ算定上の地盤面(GL＋620)
620
耐圧盤㋐300
捨てコンクリート㋐50
▼設計GL±0
670
地盤改良
▼支持地盤(GL-670)
3,640
5,460
600
9,100

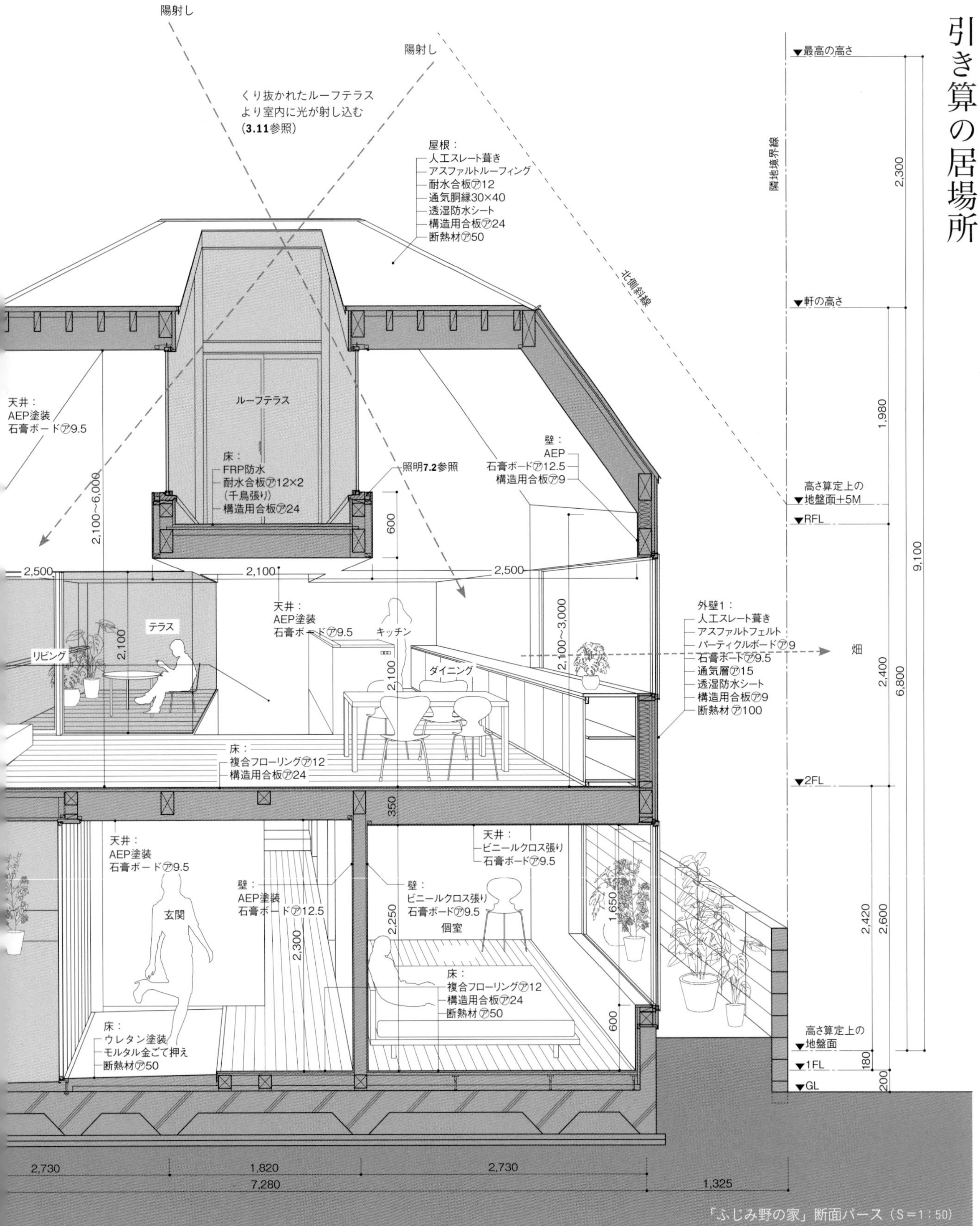
陽射し
陽射し
くり抜かれたルーフテラス
より室内に光が射し込む
（3.11参照）
屋根：
人工スレート葺き
アスファルトルーフィング
耐水合板㋐12
通気胴縁30×40
透湿防水シート
構造用合板㋐24
断熱材㋐50
北側斜線
隣地境界線
最高の高さ
軒の高さ
高さ算定上の
地盤面+5M
RFL
2FL
高さ算定上の
地盤面
1FL
GL
2,300
1,980
9,100
2,400
6,800
2,420
2,600
180
200
天井：
AEP塗装
石膏ボード㋐9.5
ルーフテラス
床：
FRP防水
耐水合板㋐12×2
（千鳥張り）
構造用合板㋐24
照明7.2参照
壁：
AEP
石膏ボード㋐12.5
構造用合板㋐9
2,100~6,000
600
2,500
2,100
2,500
2,100~3,000
天井：
AEP塗装
石膏ボード㋐9.5
キッチン
テラス
リビング
2,100
2,100
ダイニング
外壁1：
人工スレート葺き
アスファルトフェルト
パーティクルボード㋐9
石膏ボード㋐9.5
通気層15
透湿防水シート
構造用合板㋐9
断熱材㋐100
畑
床：
複合フローリング㋐12
構造用合板㋐24
350
天井：
AEP塗装
石膏ボード㋐9.5
天井：
ビニールクロス張り
石膏ボード㋐9.5
壁：
AEP塗装
石膏ボード㋐12.5
壁：
ビニールクロス張り
石膏ボード㋐9.5
個室
玄関
2,250
2,300
1,650
床：
複合フローリング㋐12
構造用合板㋐24
断熱材㋐50
600
床：
ウレタン塗装
モルタル金ごて押え
断熱材㋐50
2,730
1,820
2,730
7,280
1,325
「ふじみ野の家」断面パース（S＝1：50）

限られた敷地になるべく大きく気積をとる方法として、斜線制限なりの多面体にする方法（**2.1**参照）や、天空率を活用しながら建物の外形を決めていく方法（**2.2**参照）などがありますが、斜線制限や建蔽率（敷地に対する建物の水平投影面積）によって敷地に許される最大ボリュームから、容積率内に収まるように床面積をくり抜いていく方法により、また1つ違う内部空間が生まれます。

「ふじみ野の家」では要望される面積をとるために、建蔽率いっぱいに平面形状をとり、高さ方向は斜線制限内で最大となる骨格をつくり、そこから「くり抜く」という引き算で床面積を削って、容積率をクリアしています。その「くり抜いた部分」を玄関ポーチやバルコニーといった屋根付きの外部空間とすることで、近隣からの視線をさえぎりながら、光と風を取り込む密集地ならではの計画となっています。

上部にくり抜かれたルーフテラスを見る。夜は、ルーフテラスそのものが照明器具のようになる（**6.2**参照）

上部ルーフテラスからは明るい光が射し込む。ダイニングの大きな窓の眼下には畑が広がる

道路側外観。玄関ポーチとテラスがくり抜かれていることがわかる

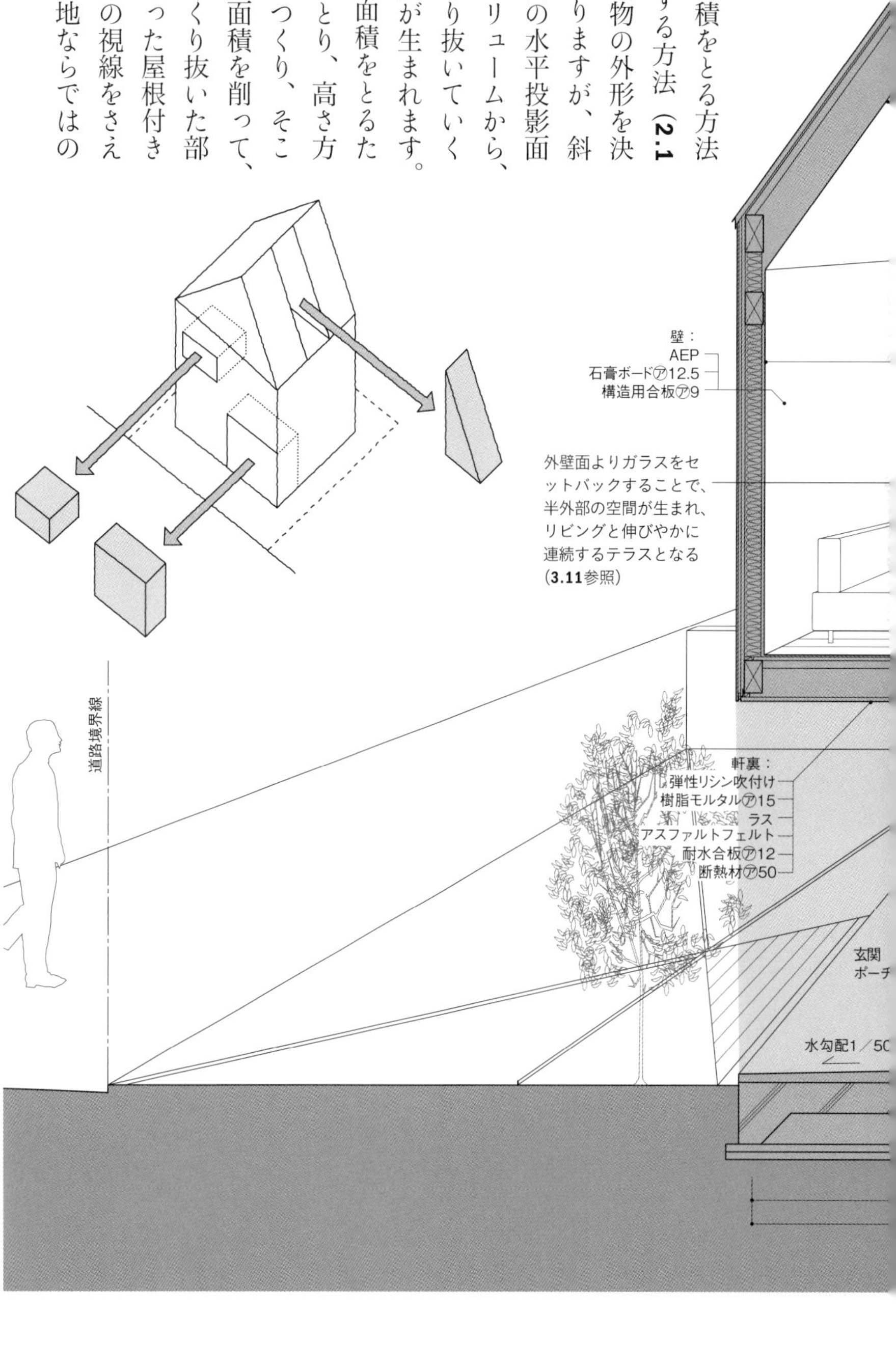
壁：
AEP
石膏ボード⑦12.5
構造用合板⑦9
外壁面よりガラスをセットバックすることで、半外部の空間が生まれ、リビングと伸びやかに連続するテラスとなる（3.11参照）
道路境界線
軒裏：
弾性リシン吹付け
樹脂モルタル⑦15
ラス
アスファルトフェルト
耐水合板⑦12
断熱材⑦50
玄関
ポーチ
水勾配1／50

4.4 A panel discussion
板の集積

水平と垂直方向の板、そのたった一枚で場が生まれ、その集積で小さなものから大きなものをつくる設計手法があります。

恵まれた周辺環境に建つ「東小金井の家」。眺めのよい景色に向かって大きな窓をとるというのも一つの回答ですが、あえて景色を細かく切り取り、そのひとつひとつを住み手の想像の中で組み合わせることで全体の風景を感じさせ、いつもの景色に気づきを得られる空間となっています。大小様々な板（床・壁）により、明暗や天井の高さ、部屋の大きさの異なる場が次々生まれ、そのつながりも用途も多様。柔軟な思考の住み手ならではの住宅になっています。

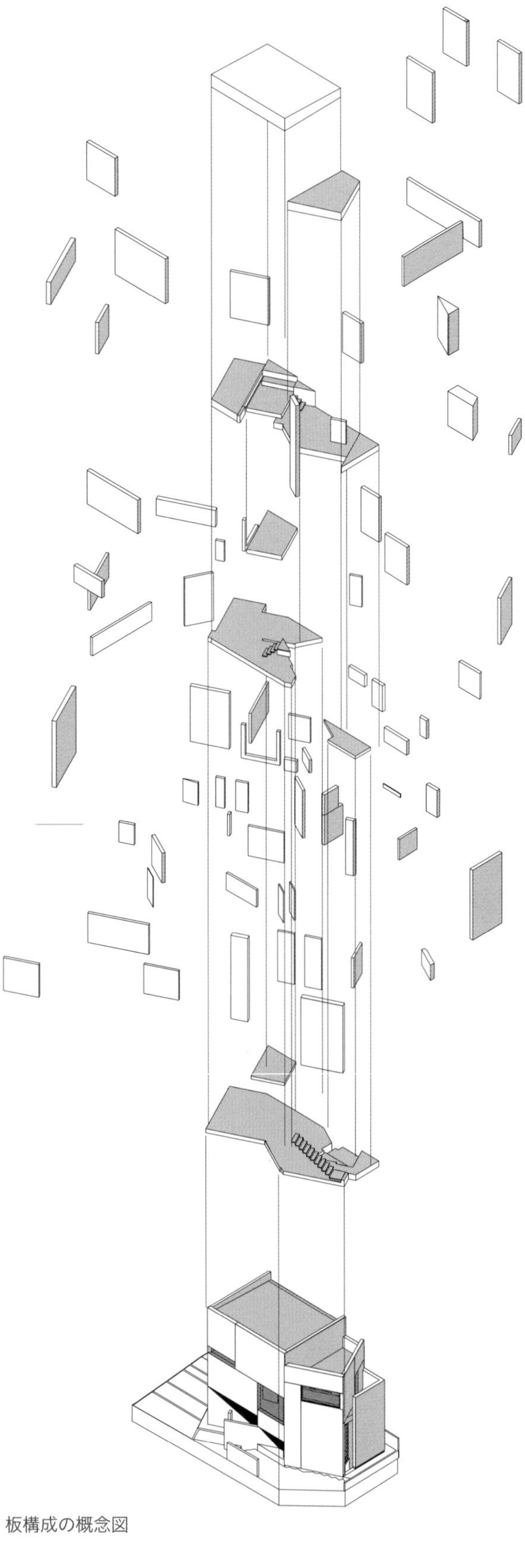

板構成の概念図

左上の横スリット奥はルーフテラス、右中央は階段越しにダイニング、下部中央に見える木扉は玄関

ダイニングの板と板のすき間から遠景に電車、近景に畑が見える

左下/ジャンクションスペース（階段の広めの踊り場）からは、正面上にルーフテラス、左に広大な畑が見える。右はダイニング
右下/玄関から階段ホールを見る。右側の鏡に玄関廻りが映り込む

4.5 Comfortable unevenness

心地のよい「凹み」

同じ空間の中にも、床のレベルを変えたり天井の高さを変えたりと高さ方向に違いを持たせることで、空間の感じ方は大きく変わります。例えば、低いところはしっかりと低く抑えて緊張感を与え、それ以外の部分と大きく差を付けることでめりはりのある空間が生まれます。

「たまらん坂の家」は、小屋裏の見えるワンルーム空間の床に700㎜という一般的な机の高さのくぼみや、梁の上を板でふさぐ部分とふさがない部分をつくっています。その組み合わせにより空間の感じ方の異なる場となっています。

1階個室天井のくり抜かれた穴からソファのあるリビングが見える

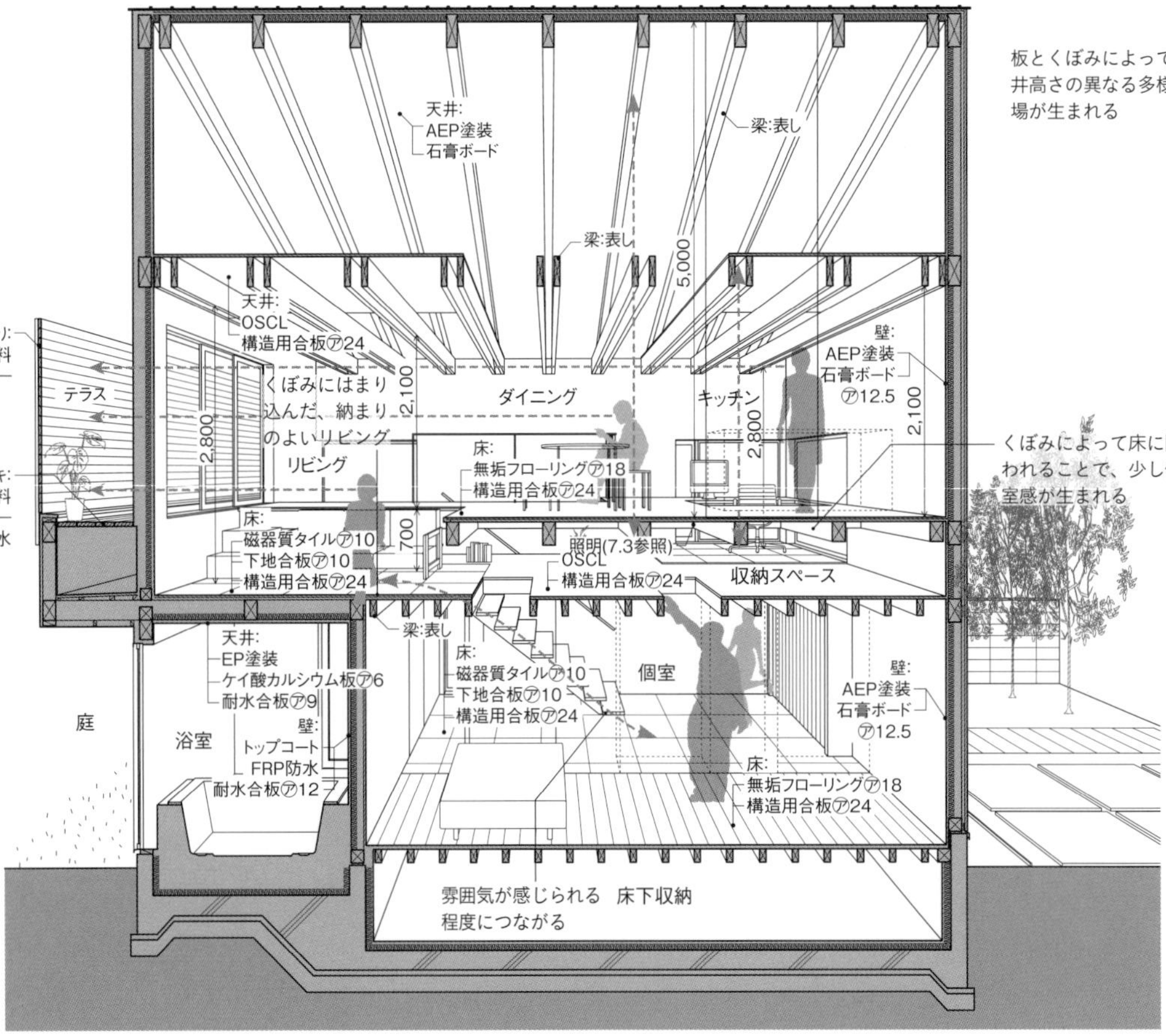

天井:
AEP塗装
石膏ボード
梁:表し
梁:表し
5,000
手すり:
木材保護塗料
レッドシダー
天井:
OSCL
構造用合板㋐24
壁:
AEP塗装
石膏ボード
㋐12.5
テラス
くぼみにはまり
込んだ、納まり
のよいリビング
2,100
ダイニング
キッチン
2,100
2,800
2,800
リビング
床:
無垢フローリング㋐18
構造用合板㋐24
デッキ:
木材保護塗料
レッドシダー
FRP防水
床:
磁器質タイル㋐10
下地合板㋐10
構造用合板㋐24
700
照明(7.3参照)
OSCL
構造用合板㋐24
収納スペース
天井:
EP塗装
ケイ酸カルシウム板㋐6
耐水合板㋐9
梁:表し
床:
磁器質タイル㋐10
下地合板㋐10
構造用合板㋐24
個室
壁:
AEP塗装
石膏ボード
㋐12.5
庭
浴室
壁:
トップコート
FRP防水
耐水合板㋐12
床:
無垢フローリング㋐18
構造用合板㋐24
雰囲気が感じられる
程度につながる
床下収納

板とくぼみによって天井高さの異なる多様な場が生まれる

くぼみによって床に囲われることで、少し個室感が生まれる

床が下がっていて天井のあるリビング、天井のないダイニング、天井のあるキッチン。天井高さと床のレベルを変えることで、一体空間にさまざまな居場所をつくっている。床の700mmのレベル差はあくまで同一階として認識されるが、目線レベルが異なるので空間が何層にも重なり、実際の面積以上の空間として体感できる。2階は梁下2,100mmとやや抑え気味としている

「たまらん坂の家」断面パース（S=1：80）

リビングからダイニング越しに
書斎・キッチンを見る

4.6 Columns define attribute of spaces

柱は空間を特徴づける

一本の木が木陰をつくって心地よい居場所をつくるように、建築においても柱の落とし方やその太さ、素材によって心地よさの違う場が生まれます。住宅では大黒柱と名付けられる家の象徴となる柱もあり、柱は単に屋根や床を支える構造的な意味を超えた存在と言えます。

「桜と家」では、隣の敷地の桜の大木に対峙するように、象徴的な柱を空間の中心に置いています。中央に配した太い幹（柱）は枝（梁）を四方にのばし、通路や座面、階段といった小さな床から居室のような広い床までを支える役割のみを担います。屋根まで届かないことで、空間にそびえる象徴的な建ち方となっています。

180角の太い柱に穴をあけて梁を差し込む伝統的な工法、差鴨居（さしがもい）でつくられている

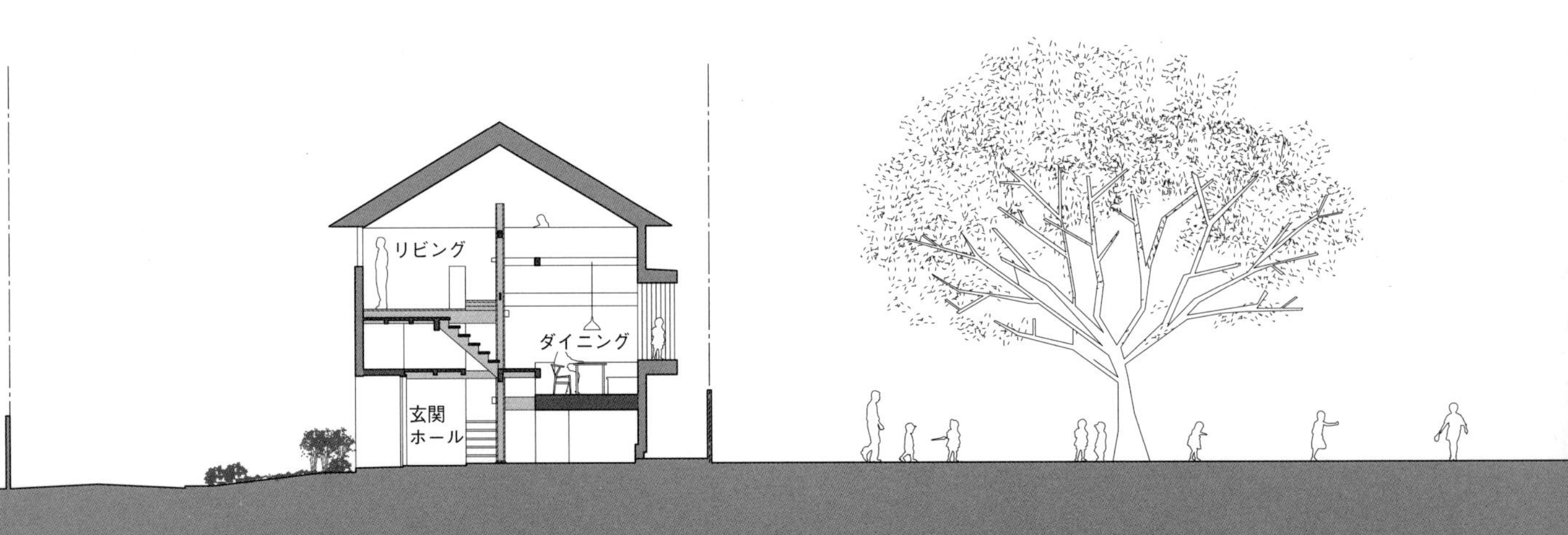
リビング
ダイニング
玄関
ホール

「桜と家」断面図（S＝1：200）

屋根まで届かない象徴的な太い幹（柱）
が空間を特徴づけている

4.7 Unfolding the roof
屋根をめくる

カフェから小上がりを見る

20世紀の建築界では勾配のないフラットルーフ（陸屋根）が良しとされる風潮がありましたが、今世紀、特に東日本大震災を機に、建築のこれまでのありように疑問を持つ人が多くなってきたように思います。木造に至っては陸屋根で雨を一旦貯めるのではなく、すぐに流して落とす勾配屋根のほうが自然で、軒をしっかり出すことで外壁や窓を風雨から守ることができます。場所によっては斜線等の法規制により勾配屋根が必然となりますが、圧迫感のない街並みを形成する自然体な勾配屋根は、屋根なりの勾配天井がつくる内部空間の魅力を引き出す可能性を秘めています。

「鎌倉浄明寺の家」は、中心に柱がなくても構造的に安定した方形屋根を架け、四辺の軒先をめくることで、低く抑えられた大屋根の下に四つの景色の違う場をつくり出しています。

南の窓／隣接する山が見える

西の窓／眼下に谷が見える

東の窓／遠景の山並みと集落

北の窓／空が見える

自然に根を張るように佇む

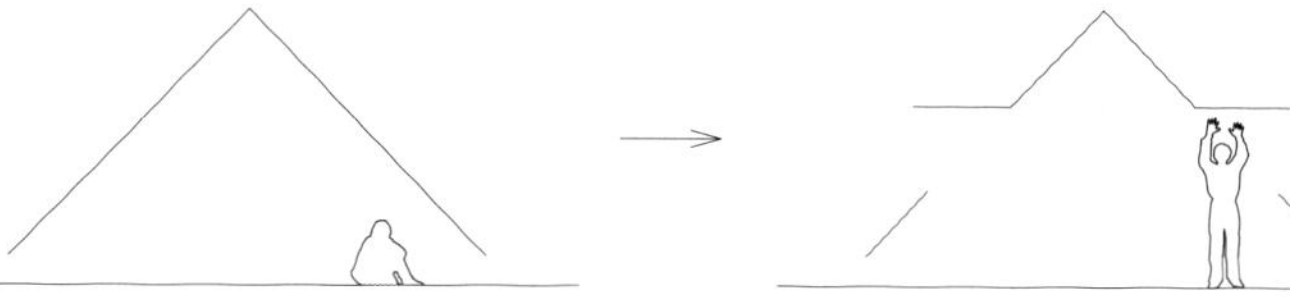
屋根裏空間の再考ダイアグラム
方形の大屋根を大らかに架け、屋根をめくりあげて居場所をつくる

集落
キッチン
小上がり
カフェ
ギャラリー
洗面室
谷
「鎌倉浄明寺の家」断面パース（S＝1：150）

4.8 Shed roof, angled wall
片流れ屋根×斜めの壁

シンプルなワンルーム空間であっても、ちょっとした工夫で変化に富んだ空間となります。

「岡崎の家」は長方形の単純な平面形状に片流れ屋根を架けたシンプルな外観。手の届く高さから2階の高さまでの勾配屋根（勾配天井）で、それだけでも空間に緩急を与える魅力をもっています。その勾配屋根に対して直行方向に入れた間仕切り壁に、平面上少しだけ角度を与えるだけで天井高さにさらに大きな変化が生まれ、遠近感が増幅された空間が現れます。このシンプルな操作が平面的にも断面的にもダイナミックな内部空間をつくり出しています。

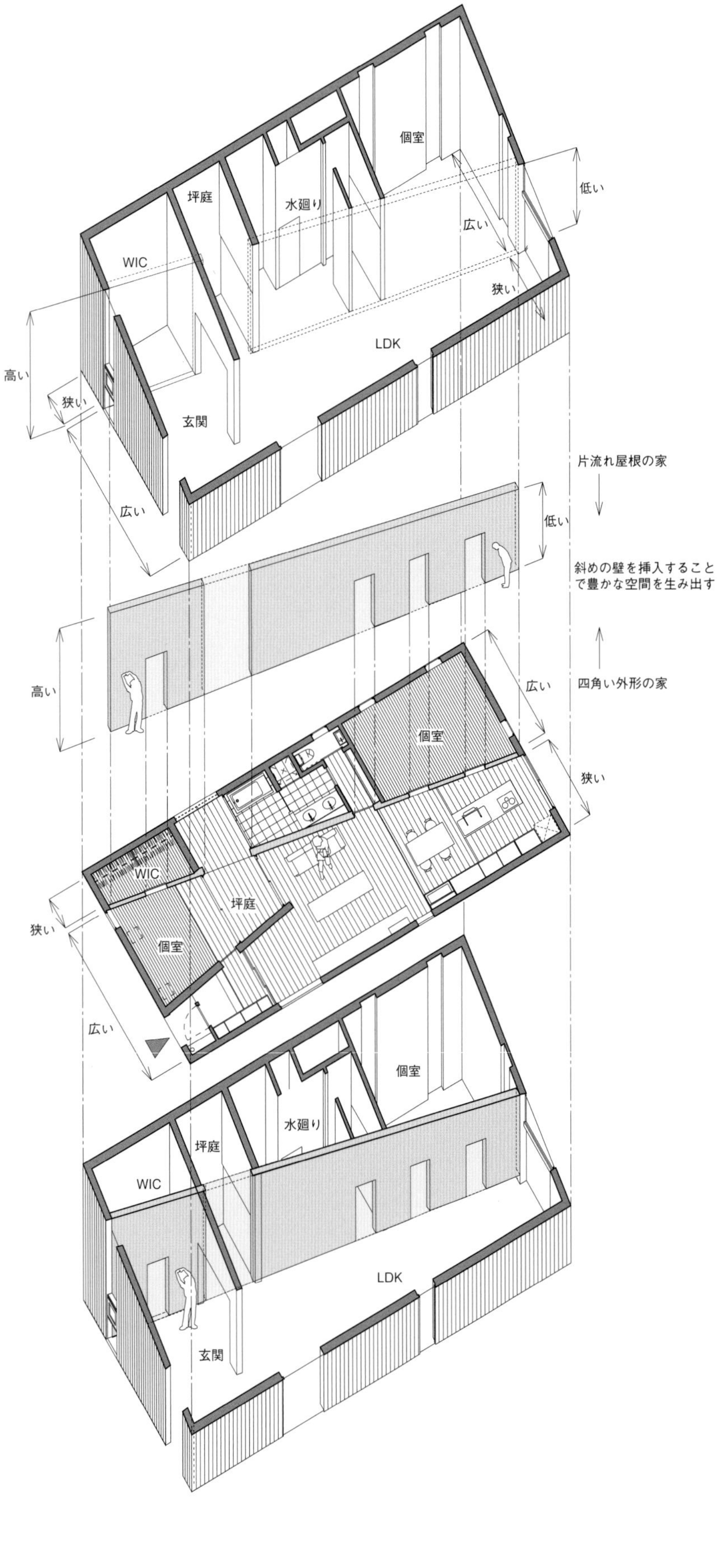
個室
坪庭
水廻り
WIC
LDK
玄関
低い
広い
狭い
高い
片流れ屋根の家
斜めの壁を挿入することで豊かな空間を生み出す
四角い外形の家

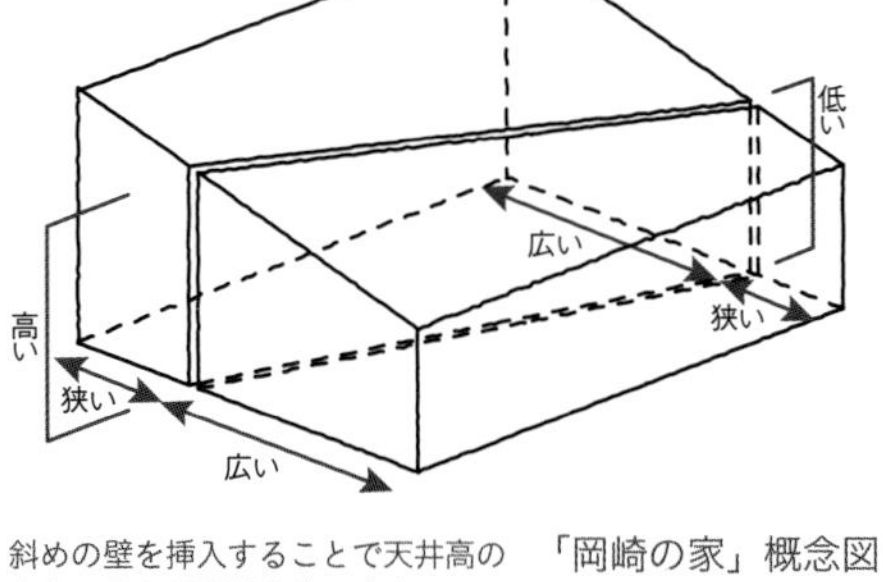
低い
広い
狭い
高い
狭い
広い

斜めの壁を挿入することで天井高の変化に富んだ空間を生み出す

「岡崎の家」概念図

左/個室からダイニングを見る　右上/南側外観　中下/個室からダイニングを見る　右下/主寝室から中庭越しにLDKを見る

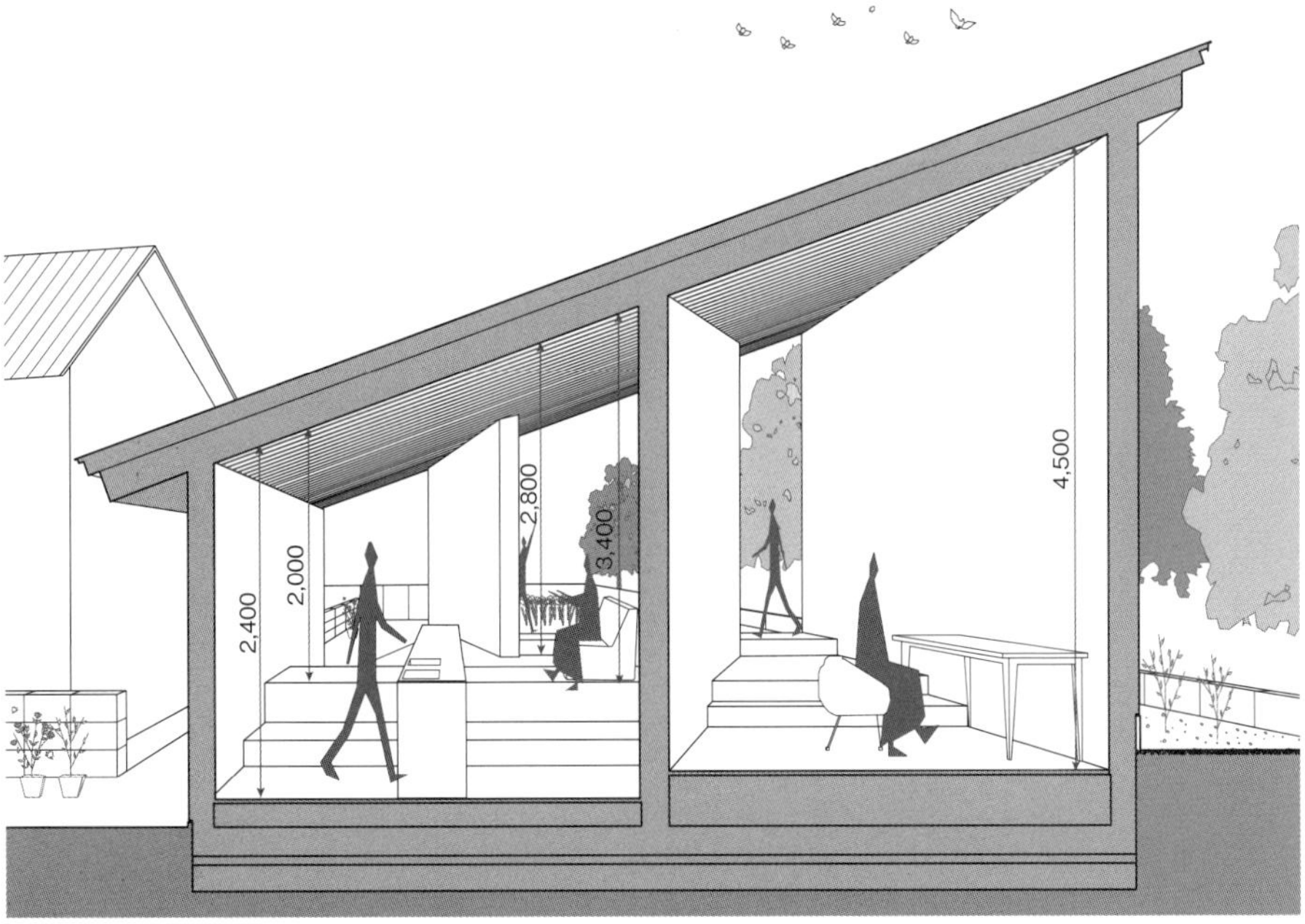
2,400
2,000
2,800
3,400
4,500

「岡崎の家」
コンセプト断面パース（S=1：80）
レベル差のある床と勾配天井の間に斜めの壁を差し込むことで、天井高さの異なる多様な場が生まれる

4.9 Gable roof, angled wall

切妻屋根×斜めの壁

前項の片流れ屋根の勾配天井と同様、切り妻屋根のシンプルな架構にほんの少し手を加えることで、多様な空間が生まれます。

「成瀬の家」では三叉路に面した不整形な敷地に沿った不整形な平面形状をつくり、そこにシンプルに切り妻の大屋根を架けています。内部の壁は敷地の外の環境に合わせて角度を振っており、屋根の勾配に対して壁の角度が振れることで天井高さに変化が生まれ、独創的な空間をつくっています。一見、簡素な佇まいに、思いもよらない空間が展開しています（**2.5**参照）。

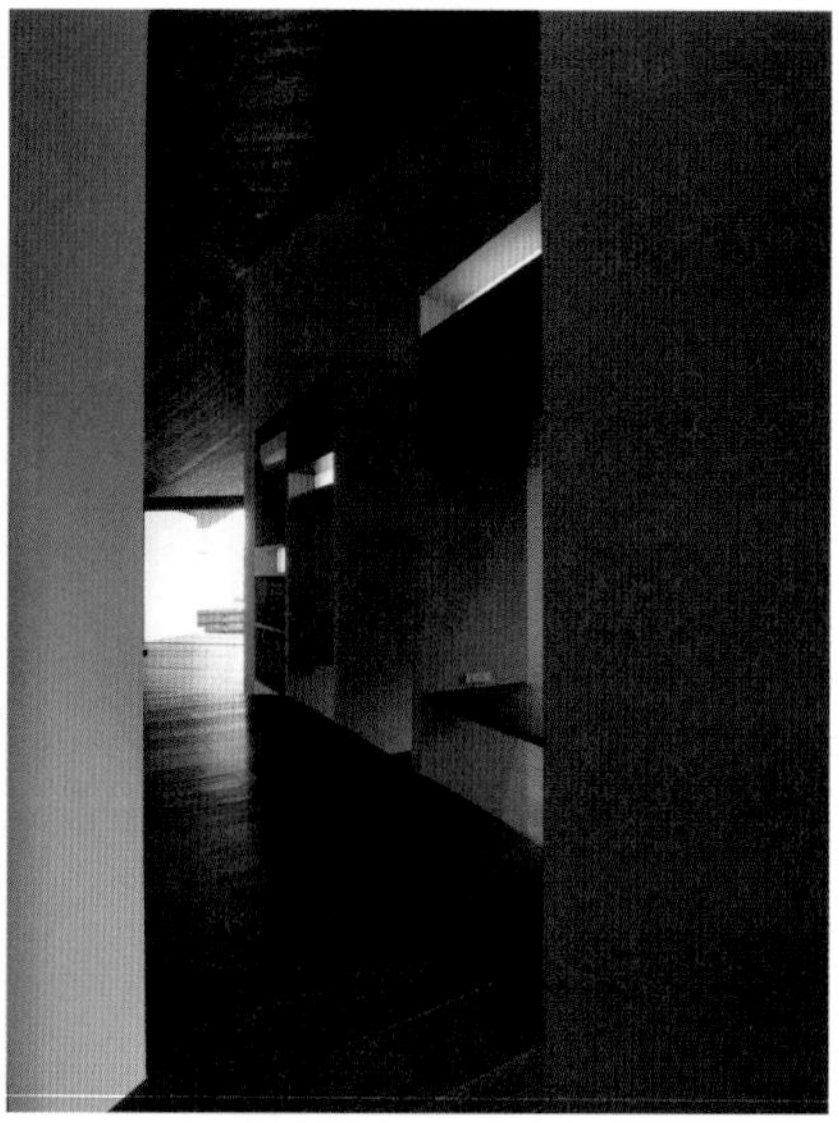

右/玄関からリビングを見る　中上/リビングからダイニング・キッチンを見る　中下/ダイニングから玄関方向を見る。西日をさえぎるために開口を低く狭く抑えている　左上/北側外観　左下/リビング・ダイニング

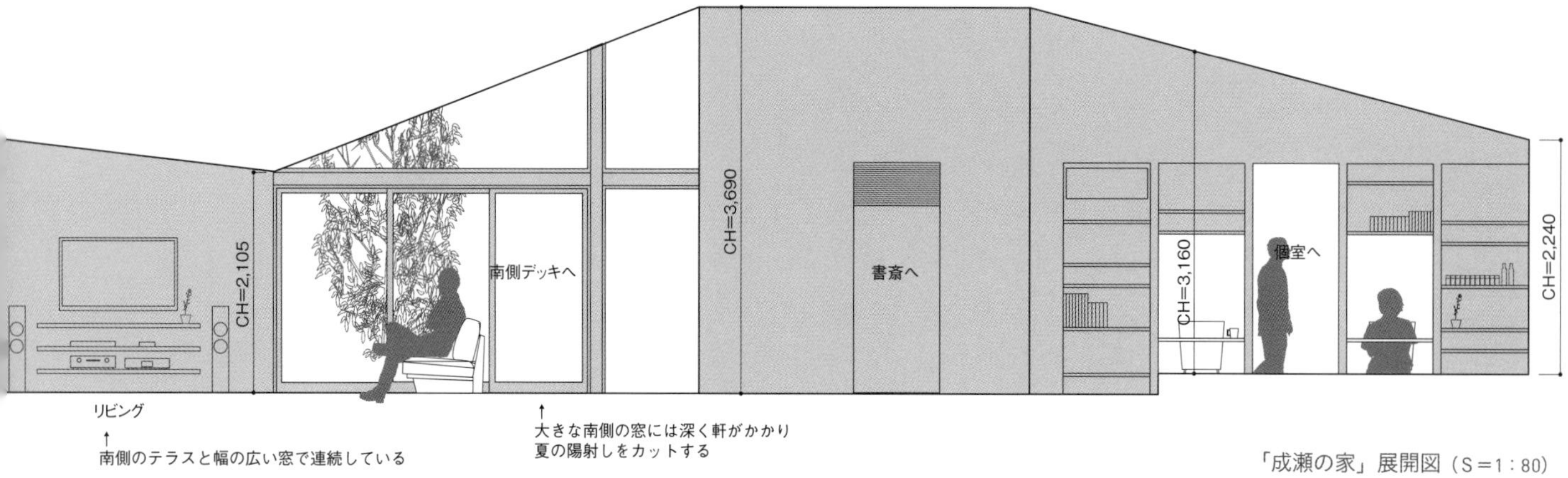
CH=2,105
CH=3,690
南側デッキへ
書斎へ
CH=3,160
個室へ
CH=2,240
リビング
南側のテラスと幅の広い窓で連続している
大きな南側の窓には深く軒がかかり
夏の陽射しをカットする

「成瀬の家」展開図（S＝1：80）

3,200
2,150
リビング
個室
収納
ダイニング
400
WIC
水廻り
キッチン
エントランスホール
個室
3,500
収納
1,000
N

「成瀬の家」平面パース（S＝1：100）

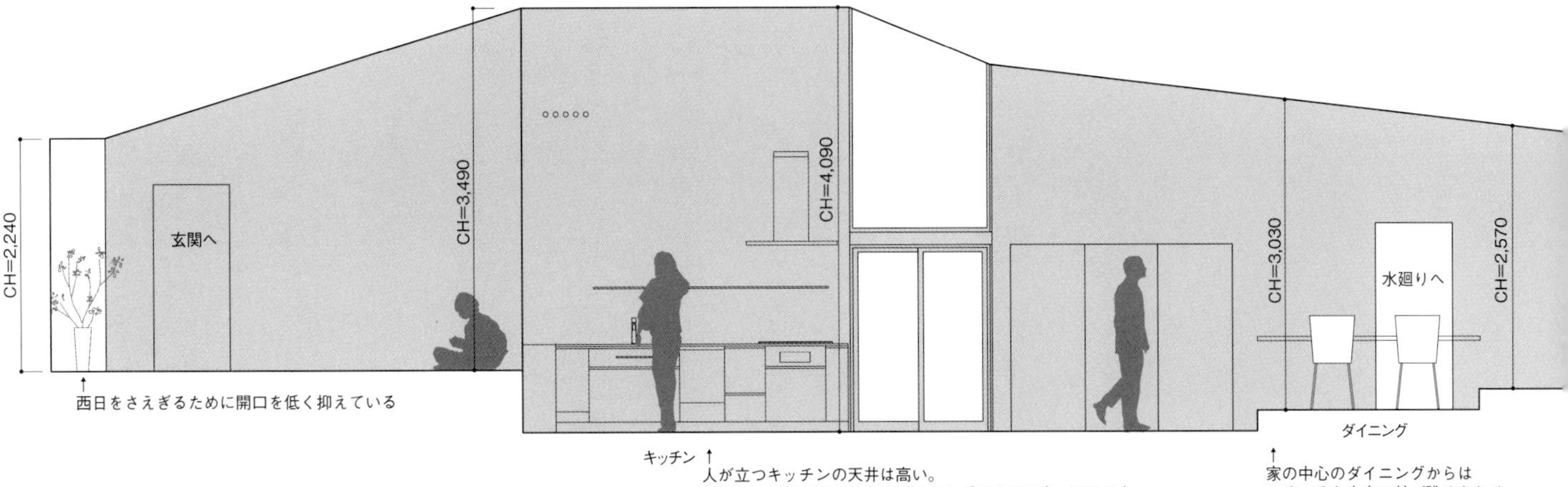
CH=2,240
玄関へ
CH=3,490
CH=4,090
CH=3,030
水廻りへ
CH=2,570
西日をさえぎるために開口を低く抑えている
ダイニング
キッチン
人が立つキッチンの天井は高い。
キッチンに立っている人とダイニングでイスに座っている人、
リビングでソファに座っている人、
リビングでソファに座っている人の頭の高さはほぼ同じくらいに
家の中心のダイニングからは
いろいろな方向に外が眺められる

4.10 Solid walls, open minds 壁の厚み、壁の開き

壁で部屋を間仕切る場合、その壁の厚みによって分ける度合いが変わります。1mほどの厚みのある石の壁と厚み10cmほどの薄い壁では、間仕切りという意味においては同じでもまったく印象が違います。また、同じ厚さの壁であっても、壁に開けられる開口（窓や出入口）の位置や大きさなどによって、間仕切られた部屋どうしのつながりの強さは異なってきます。

「赤塚の家」では家の中央にダイニングという家族の集う部屋があり、それを取り囲むようにほかの部屋が隣接しています。ダイニングとリビングは厚みのない壁で仕切り、そこに大きく開口（出入口）をあけることでつながりの強い関係となっており、一方でダイニングと主寝室は厚い壁（収納）で仕切り、その開口（出入口）まで距離をとることで、プライベート性の高い主寝室をつくっています。

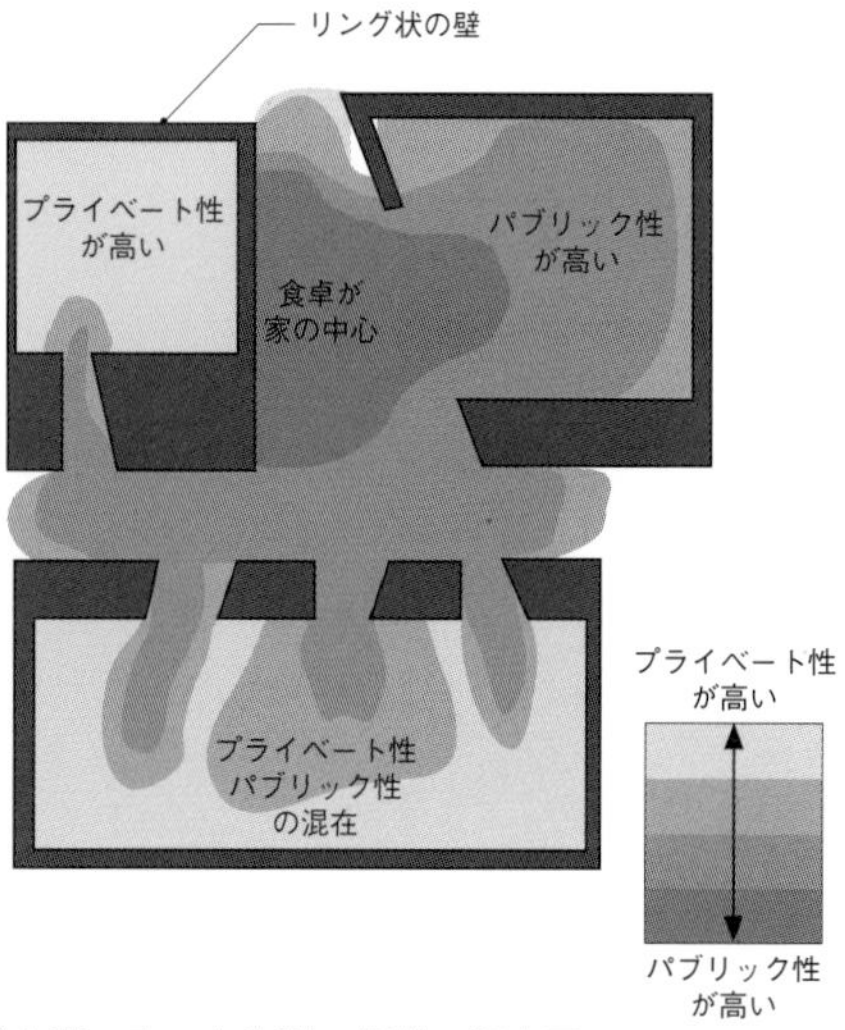
リング状の壁
プライベート性が高い
パブリック性が高い
食卓が家の中心
プライベート性パブリック性の混在
プライベート性が高い
パブリック性が高い

「赤塚の家」家族間の距離の概念図
リング状の壁の厚み、開口部の位置、大きさなどにより、家族間の距離をつくる

右上/家の中心となるダイニング。奥に、ダイニングに対して大きく開かれたリビングを見る。壁の厚みや開口部の大きさなどによって家族の距離感をつくる
右下/エントランス。左側は個室、右に進むとLDK。壁は、収納を抱き込んで厚みをもたせることで距離感をつくっている
左上/ダイニングから個室側を見る。距離は近いが、開口が絞られているので、つながりながらもプライバシーを保てる距離感となっている
左下/主寝室は、ダイニングから回り込んでいるため距離があり、よりプライバシーの高い空間になっている

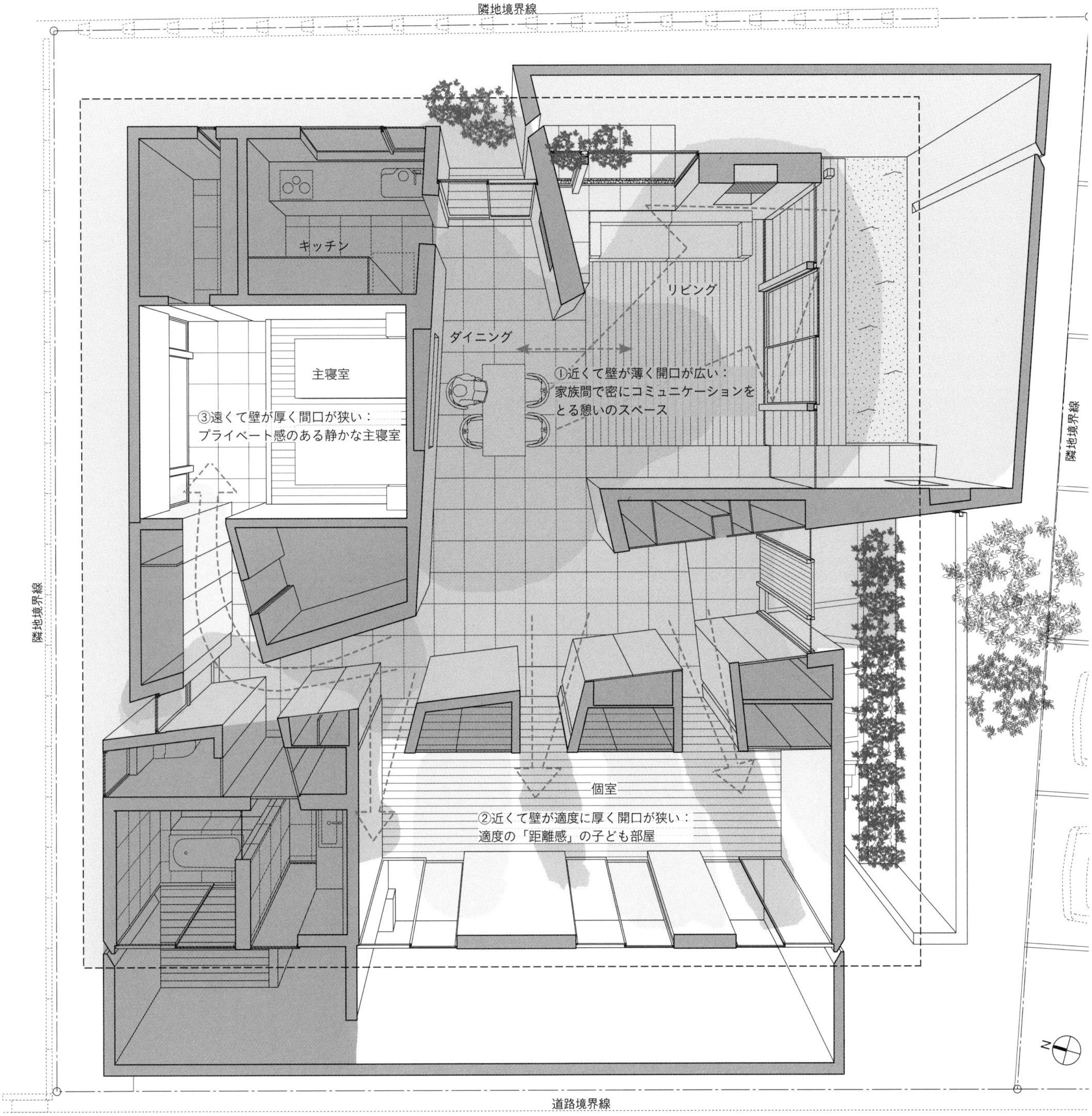
隣地境界線
キッチン
リビング
ダイニング
主寝室
①近くて壁が薄く開口が広い：
家族間で密にコミュニケーションを
とる憩いのスペース
③遠くて壁が厚く間口が狭い：
プライベート感のある静かな主寝室
隣地境界線
隣地境界線
個室
②近くて壁が適度に厚く開口が狭い：
適度の「距離感」の子ども部屋
N
道路境界線

「赤塚の家」平面パース（S＝1：100）

4.11 Separated but inseparable

不即不離

扉によって仕切られた独立性の高い個室が集まってできる、いわゆるｎＬＤＫタイプと言われる住宅でも、個室同士の距離感を工夫することで魅力的なものに変わります。

「荻窪の家」ではリビング、ダイニング・キッチンを含め、各部屋が独立したプランになっています。それはただ独立した部屋が並んでいるのではなく、階段ホールが扇子の要のような役割を担って各空間をつないでおり、どの部屋に行くにも必ずその階段ホールを通るようになっています。階段ホールが間にあるため部屋どうしは離れていますが、互いに視線は交わせたり気配を感じたりできる距離感がつくられています。また建物のコンセプト上、階段ホールを外部と見立てて仕上げがなされているため、その効果も相まって視線も移動も一度外に出る感覚を伴い、つかず離れずのほどよい距離を感じさせる効果がもたらされています。

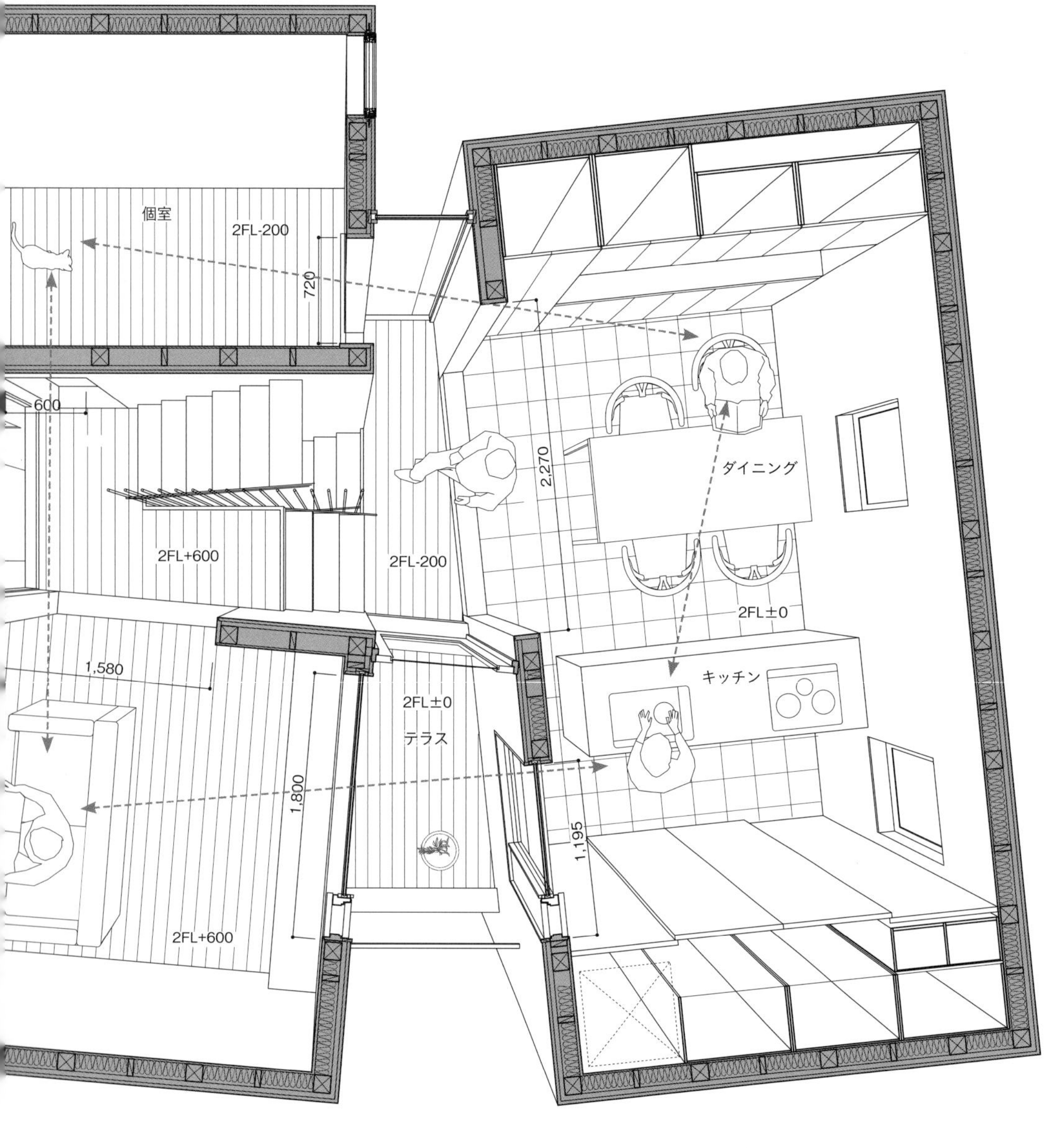
個室
2FL-200
720
600
2,270
ダイニング
2FL+600
2FL-200
2FL±0
1,580
キッチン
2FL±0
テラス
1,800
1,195
2FL+600

「荻窪の家」平面パース（S=1：50）

上/リビングから階段ホール越しに個室を見る
中/階段ホールを挟んで、右に個室、左にリビング。個室とリビングは奥の踊り場スペースでつながっている
下/個室から見る。正面に階段ホール越しのダイニング、右に階段ホールの踊り場スペースが見えている

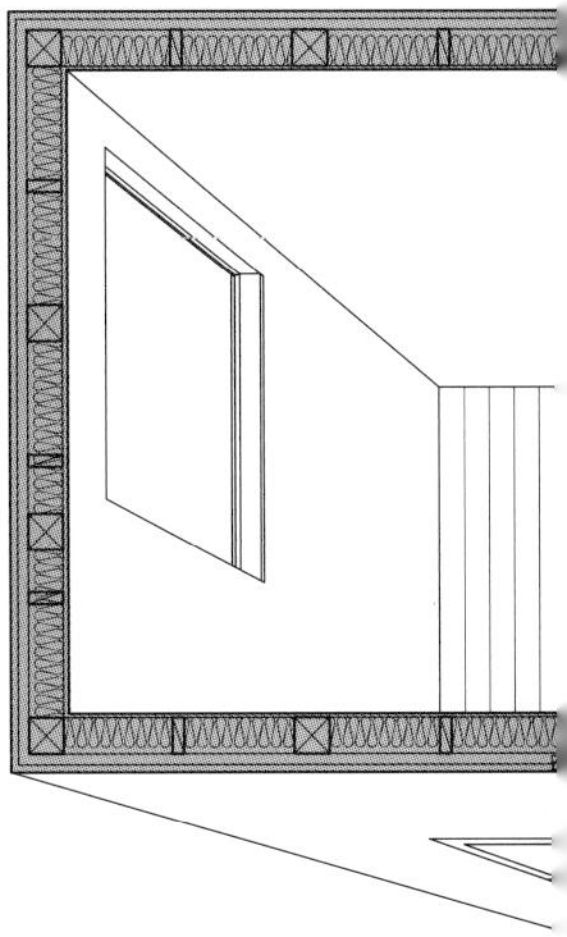

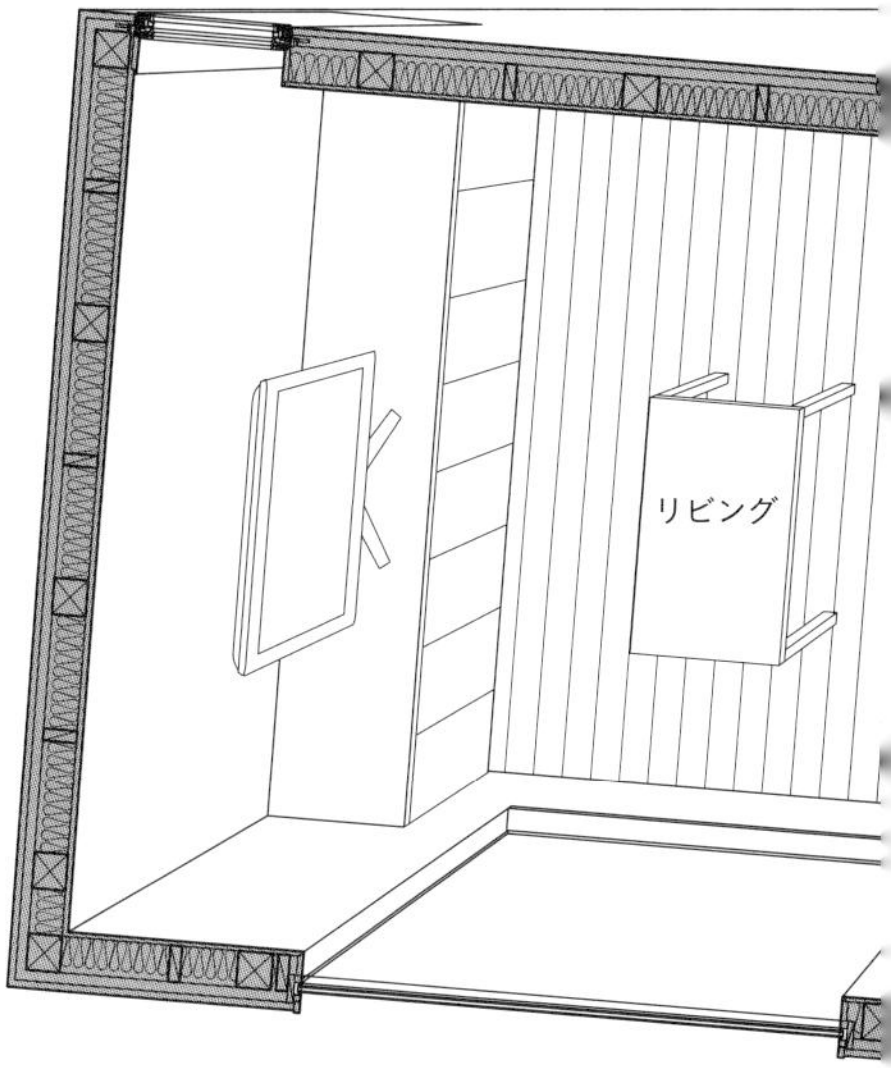
リビング

4.12 My perspective, your perch
猫の視点、人の視点

家族同然のペットのために、昨今ではペットの居住性についても考えられるようになりました。ただ、ペットをかわいがるあまり、ペット中心で人にとって暮らしにくい住まいとなってしまっているケースをときどき目にします。人とペットがともに自然体で過ごせる住空間を考えたいものです。

「鎌倉浄明寺の家」では、家の中心に人の背丈ほどの大きな収納が置かれ、方々から立ち姿勢で使える勝手のよい家具兼仕切りとなっていますが、その家具の上は猫にとって四方をぐるりと見渡せ、気ままにゆっくり過ごせる恰好の基地となっています。階段や吹抜け沿いには手すりを兼ねた低い家具を設け、家具の上が猫の動線にもなっています。人は階段でしか上下階の移動をしませんが、猫は家具の隙間を縫って吹抜けから下階の家具やベッドなどに飛び移ることも。人と猫が見ている全く異なるふたつの風景が共存し、互いに干渉しない住空間となっています。

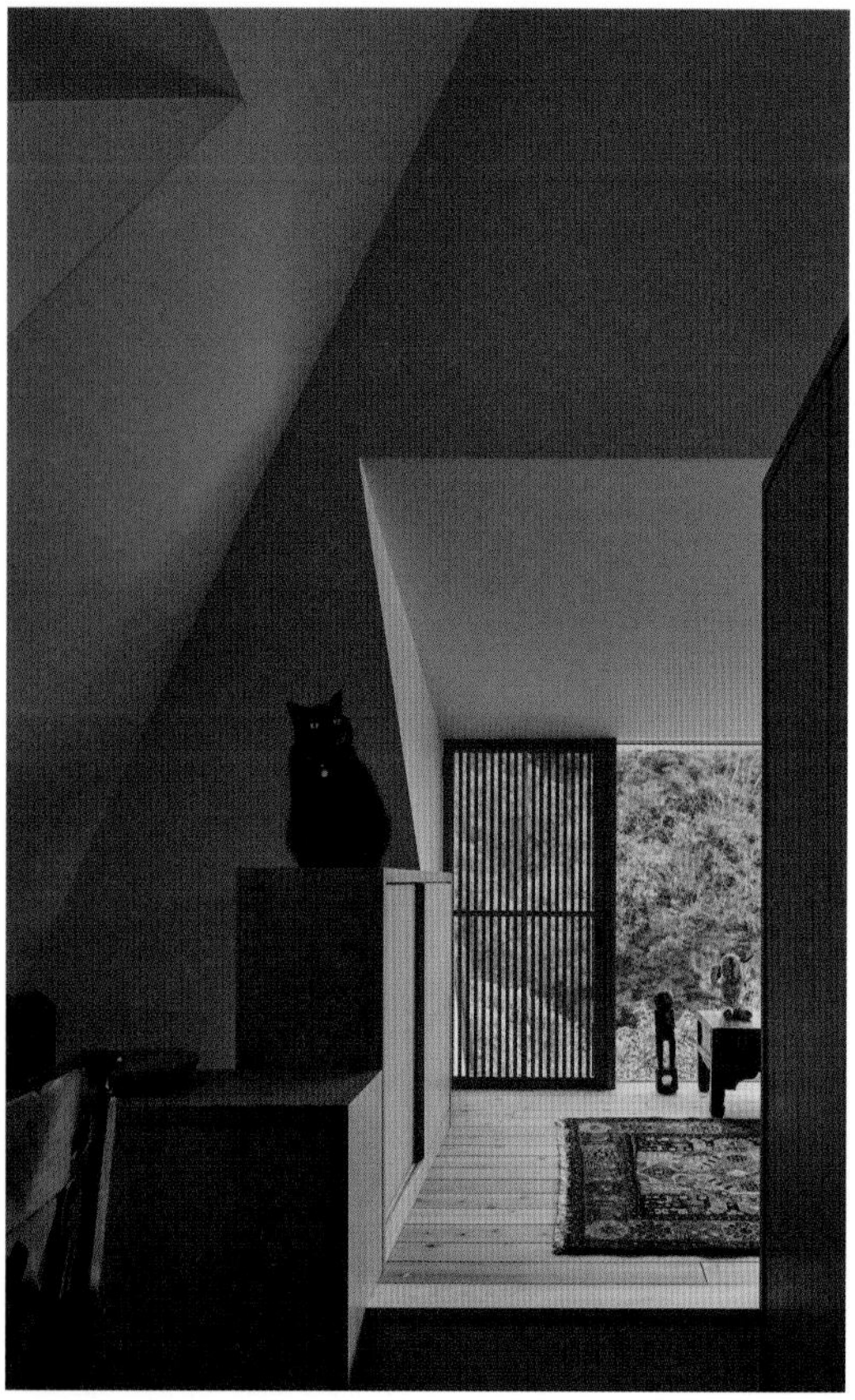
吹抜け沿いの家具上に猫が佇む

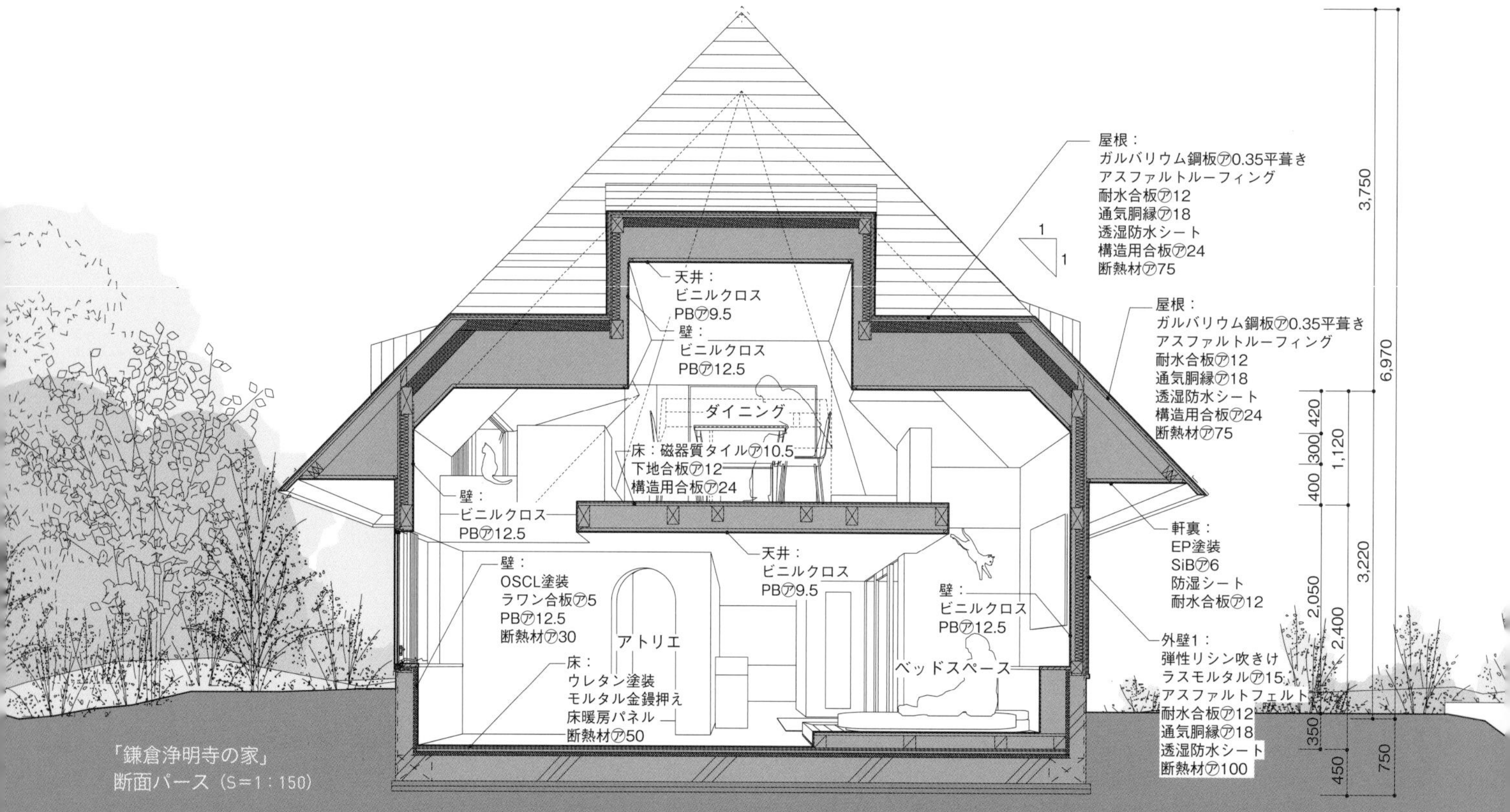

屋根：
ガルバリウム鋼板㋐0.35平葺き
アスファルトルーフィング
耐水合板㋐12
通気胴縁㋐18
透湿防水シート
構造用合板㋐24
断熱材㋐75
天井：
ビニルクロス
PB㋐9.5
壁：
ビニルクロス
PB㋐12.5
ダイニング
床：磁器質タイル㋐10.5
下地合板㋐12
構造用合板㋐24
屋根：
ガルバリウム鋼板㋐0.35平葺き
アスファルトルーフィング
耐水合板㋐12
通気胴縁㋐18
透湿防水シート
構造用合板㋐24
断熱材㋐75
壁：
ビニルクロス
PB㋐12.5
軒裏：
EP塗装
SiB㋐6
防湿シート
耐水合板㋐12
壁：
OSCL塗装
ラワン合板㋐5
PB㋐12.5
断熱材㋐30
天井：
ビニルクロス
PB㋐9.5
壁：
ビニルクロス
PB㋐12.5
アトリエ
床：
ウレタン塗装
モルタル金鏝押え
床暖房パネル
断熱材㋐50
ベッドスペース
外壁1：
弾性リシン吹きけ
ラスモルタル㋐15
アスファルトフェルト
耐水合板㋐12
通気胴縁㋐18
透湿防水シート
断熱材㋐100
3,750
6,970
420
1,120
300
400
3,220
2,050
2,400
350
750
450

「鎌倉浄明寺の家」
断面パース（S＝1：150）

人の高さよりも少しだけ高い家具棚の上は猫だけの居場所。建物の中心から360°見渡せる特等席

2階吹抜からの見下ろし

家具のすき間から顔を出すと下階が見下ろせるように
なっている

chapter

5

コンセプトで魅せる「カタチ」と「素材」

Fascinating concepts : form and materials

設計中はもちろん、工事中であっても私たちは図面や模型、パースなどによってスタディを繰り返します。そのすべての過程において「なぜ○○なのか？」と問われたときに筋道を立てて説明できることは、多くの人が関わってできあがる建築の世界ではとても大切なことだと思っているからです。明快なコンセプトに基づいて論理的な思考でスタディすることで、建て主をはじめ設計を一緒に進めるスタッフ、協力事務所、施工者の全員と進むべき方向性を共有することができます。これは円滑にプロジェクトを進める上で不可欠なことです。そのようにしてできあがった建物は、その成り立ちが理解しやすく、説得力のある形態となります。ただ、デザインを論理的に詰めると言っても、そこにはもちろん設計者の感性や主観が入り込むため、たとえ着眼点が同じであっても、設計者によってまったく違うものになります。すなわち、論理的に詰めることと同様、設計者の感性も大切であり、どこまで論理的に詰めるかは最終的には設計者のさじ加減だと思っています。

「形態は機能に従う」というモダニズムの巨匠、ルイス・サリバンの有名な言葉があります。一方で、国立代々木競技場の設計者・丹下健三が「美しきもののみ機能的である」と言ったのに対して、構造家の坪井善勝は「美しさは合理性の近傍にある」と説いたそうです。構造の合理が形態と一致することを良しとする風潮は現在の建築界にも多かれ少なかれ残っていますが、それが必ずしも美しいデザインになるとは言い切れず、やはり機能性や合理性の近傍に美しさはあるのだと思います。

「カタチ」がコンセプトに基づいて論理的に導かれるように、素材においても好みによるパッチワークに留まらない、素材のもつ力を生かした質の高い空間を引き出していきたいものです。木、コンクリート、鉄といった構造材も仕上げの一部として効果的な役割を果たします。木は木らしく、木でしかできない表現を、コンクリートはコンクリートならではの、鉄は鉄らしくその特性を生かしたものをつくりたいものです。一方で、手ざわりや見かけといった点で「素材」は住み手にとっていちばん身近なもので、好みの雰囲気をつくる上で欠かせないものです。同じ形の空間であっても、どこにどのような素材を使うかによってまったく異なったものになりますし、空間の大きさや明るさ、用途や性能といった要因でも素材の選択は変わってきます。素材選びは住み手が好みを直接表現できるところでありながらも、空間の質を大きく左右するものでもあるため、双方を丁寧にすり合わせていくことが大切です。

5.1 Captivate with "light" and "shadow"

「闇」と「光」で魅せる

かつての民家には闇がありました。古来、人は闇に畏れを抱きながらも闇と共に暮らしてきました。現代人は闇を消し去り、光に満たされた明るい住まいを手にしましたが、同時に静寂に包まれた落ち着いた空間を失ってしまいました。そろそろ静寂を住まいに取り戻してもよい頃ではないでしょうか。

「秋田の家」は窓から自然光が射し込む明るい外周部が、建物中央の闇に包まれた階段室を取り囲むように建っています。暗がりの階段室の中心には漆黒のガラスアートが浮かび、外周からにじみ入る明るい陽光に呼応してわずかに輝きます。階段室を上方から覗き込むと、ブラックホールのような深い闇の井戸に視線が吸い込まれます。暗がりの静寂があるからこそ、陽光溢れる空間が引き立つのです。

公園に面して窓を大きくとった明るく開放的な外周部。右手の暗がりは階段室

明るい外周部は白を基調とし、暗い中央部はあえてトーンを抑えた対照的な空間

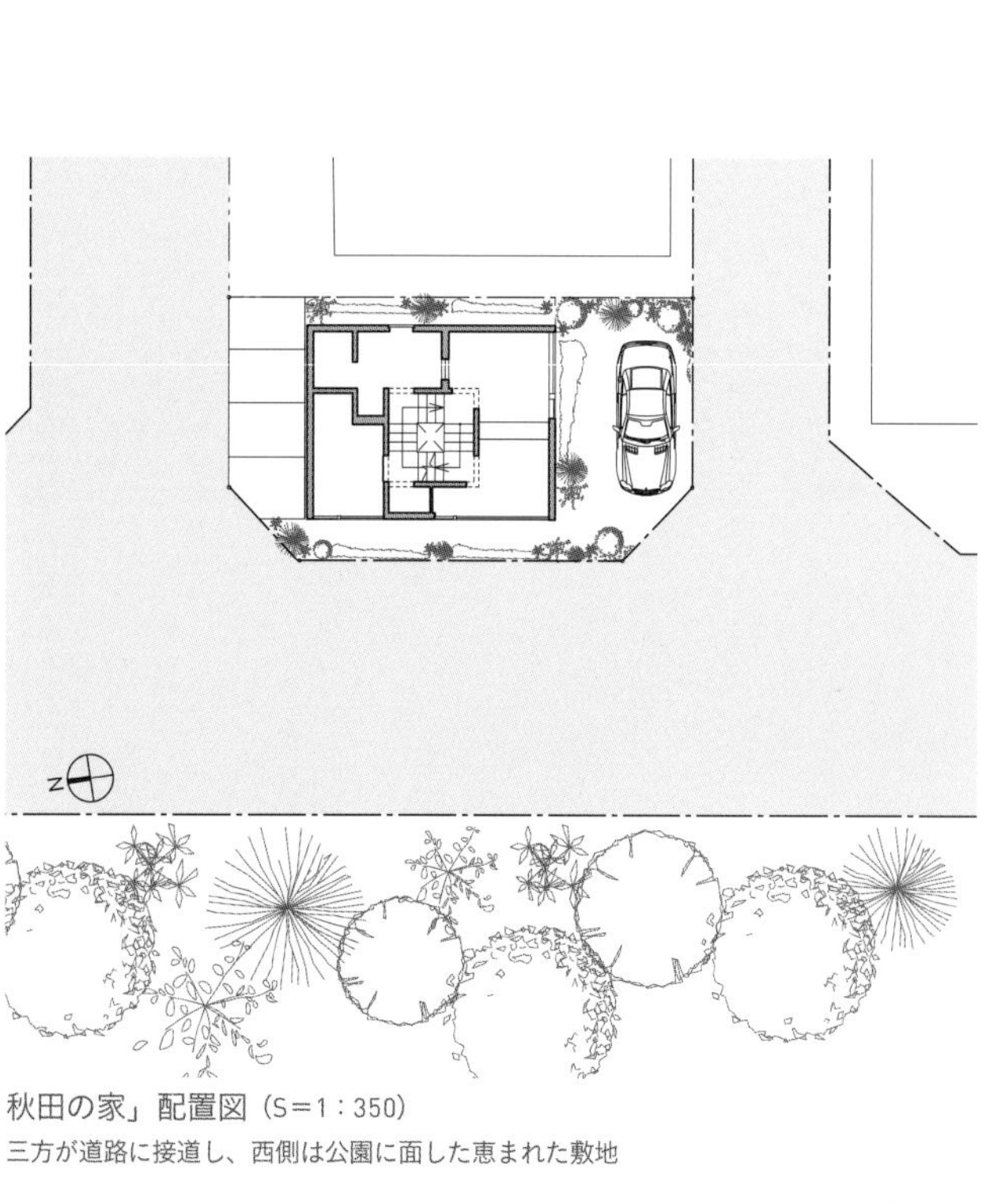
秋田の家」配置図（S＝1：350）
三方が道路に接道し、西側は公園に面した恵まれた敷地

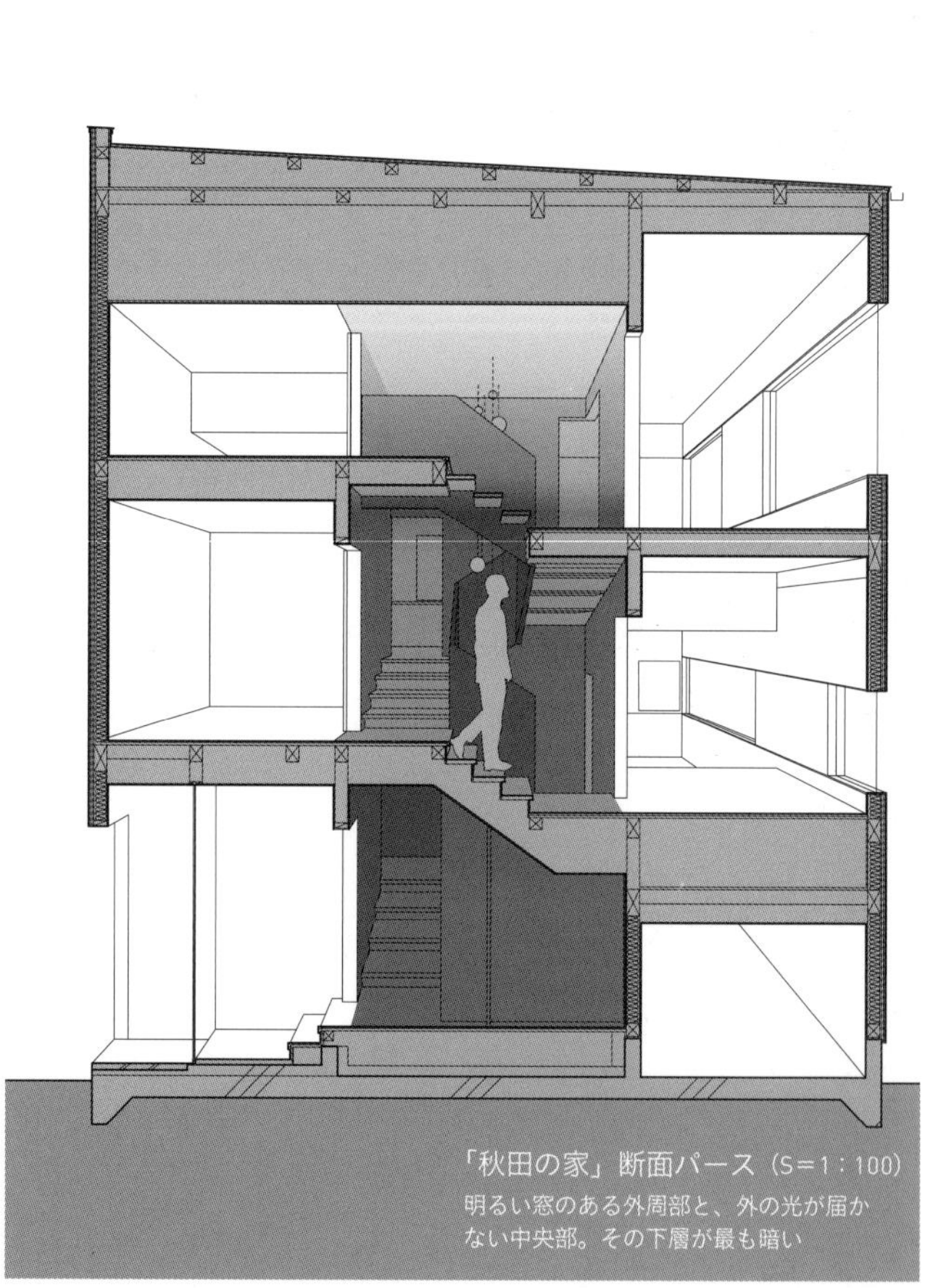
「秋田の家」断面パース（S＝1：100）
明るい窓のある外周部と、外の光が届かない中央部。その下層が最も暗い

アメリカのガラスアート作家Sean Salstrom（ショーン・サルストロム）氏による、この住宅のための作品「ブラックホール」。わずかに輝きながら深い闇の井戸に吸い込まれていく

5.2 Light scooped by darkness

「闇」が掬う「光」

谷崎潤一郎の『陰影礼賛』の一節、「〜事実、『闇』を条件に入れなければ漆器の美しさは考えられないと云っていい。」暗がりだからこそ感じられる光、そしてその光から見えてくる景色があります。

「掬光庵」は漆黒の闇に包まれた、建主の強い個性が表れた住宅です。ストイックなまでに外からの光を抑え、仕上げから小物に至るまで全てを黒に統一した闇の中で、抑制されたわずかな光をすくいとり、素材や艶によって異なる表情をつくり出します。小さく開けられた窓から見える景色は、強く鮮明な印象を与え、四季の移り変わりを強く意識させます。

洗面室から玄関ホールを見る。黒い壁が菜の花の黄色をすくいとる

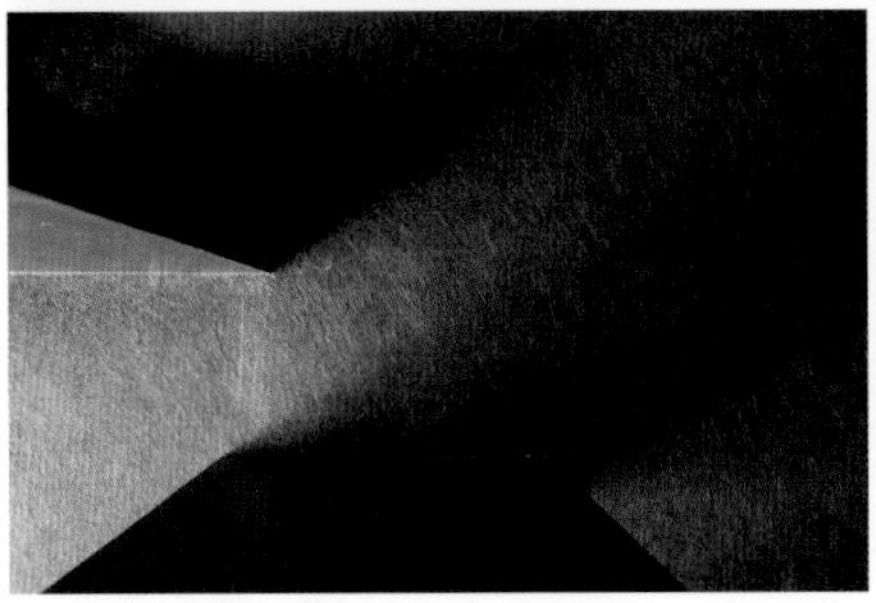

右上/軒下の高窓から和紙のスクリーン越しに、やわらかな光が屋根架構を艶やかに浮かび上がらせる。
右下/雪が降ると外は一面の銀世界。室内も白い光に包まれる
左上/新緑が艶のある素材に映り込み、室内は緑がかった光につつまれる
左下/和紙の陰影のある表情

和紙、クロス、タイル、樹種やつやの度合いを変えた木。
同じ黒でも射し込む光で魅せる表情は様々

5.3 "Light" creating a fascinating illusion

「光」の錯覚で魅せる

建築設計において、錯覚を利用して広さや距離を操作することは古今東西で行われてきました。例えば、有名なものではバチカン宮殿のスカラ・レジアの大階段が挙げられますが、敷地面積の限られた小さな住宅でこそ錯覚を積極的かつ効果的に使うべきとも言えます。

「隅」では、「開口」の取り方や「素材と色」に工夫を加え、「光」の錯覚を使って物理的な広さよりも広く感じられる空間を目指しました。

部屋が大きくて、部屋数が多いと広く感じる

要素①「大き部屋」=見通せる距離が長い

空港

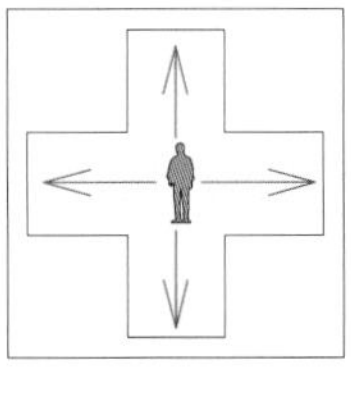

限られた敷地の中では敷地境界ギリギリまで長く使い切るプランとする

＋ この2つの要素を共存させる

要素②「部屋数が多い」

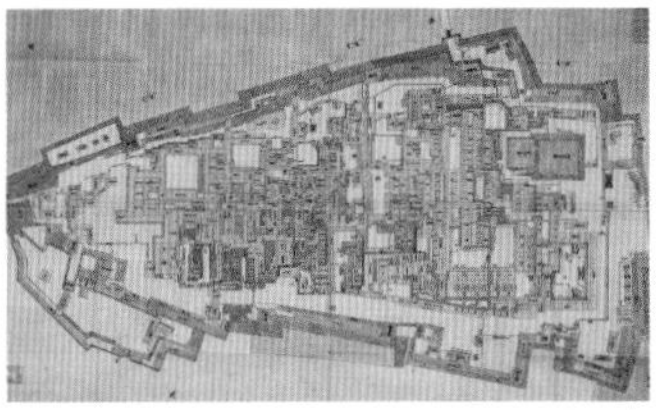

江戸城 大奥

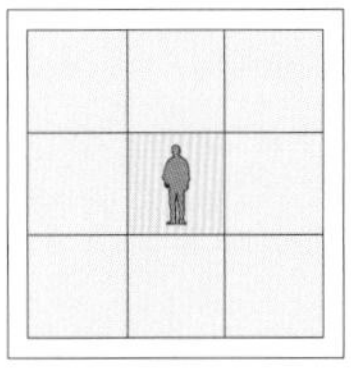

限られた敷地の中ではできるだけ多くの部屋をとる

「広さ」を感じさせる要素は2つ挙げられる。空港のように端から端まで見えないほど距離があると「大きな部屋」と感じ、江戸城大奥のようにどこまでも部屋が連なると「部屋数が多い」と感じ、何れも「広い」と認識される。実際に広ければこの二つの共存は難しいことではないが、面積の限られた敷地では、前者は敷地の端から端まで少しでも長い距離を見通せるようにつくり、後者は今いる部屋と隣接する部屋とのつなぎ方でその先にも部屋が連なることを予感させる。「開口」と「素材と色」を使って「光」のうつろいで錯覚を起こし、この二つの要素を共存させ広さを認識させる

1　物理的に最大ボリュームを確保する

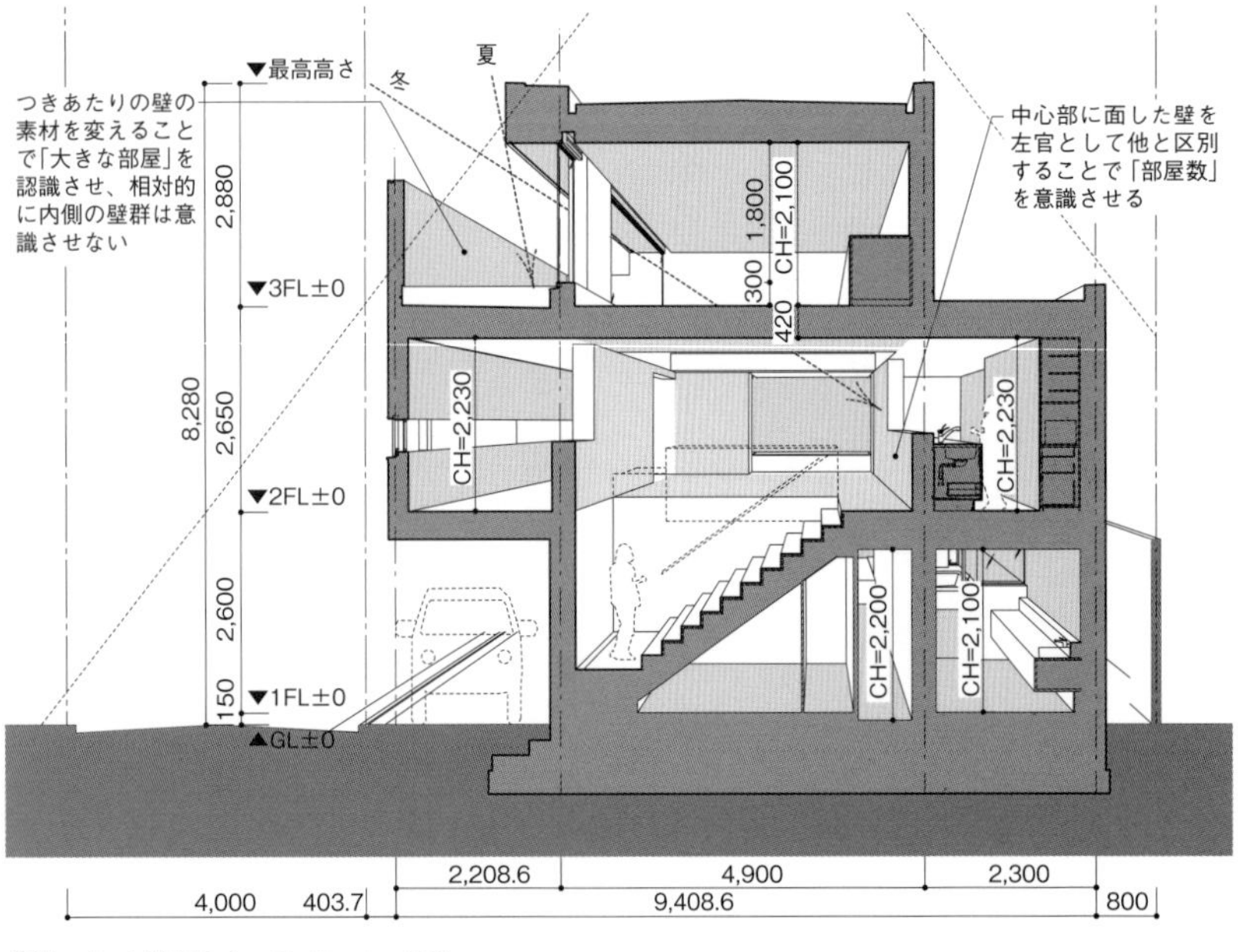

つきあたりの壁の素材を変えることで「大きな部屋」を認識させ、相対的に内側の壁群は意識させない
▼最高高さ
冬
夏
中心部に面した壁を左官として他と区別することで「部屋数」を意識させる
2,880
1,800
CH=2,100
300
420
▼3FL±0
8,280
2,650
CH=2,230
CH=2,230
▼2FL±0
2,600
CH=2,200
CH=2,100
150
▼1FL±0
▲GL±0
2,208.6
4,900
2,300
4,000
403.7
9,408.6
800

「隅」A-A'断面パース（S＝1：150）

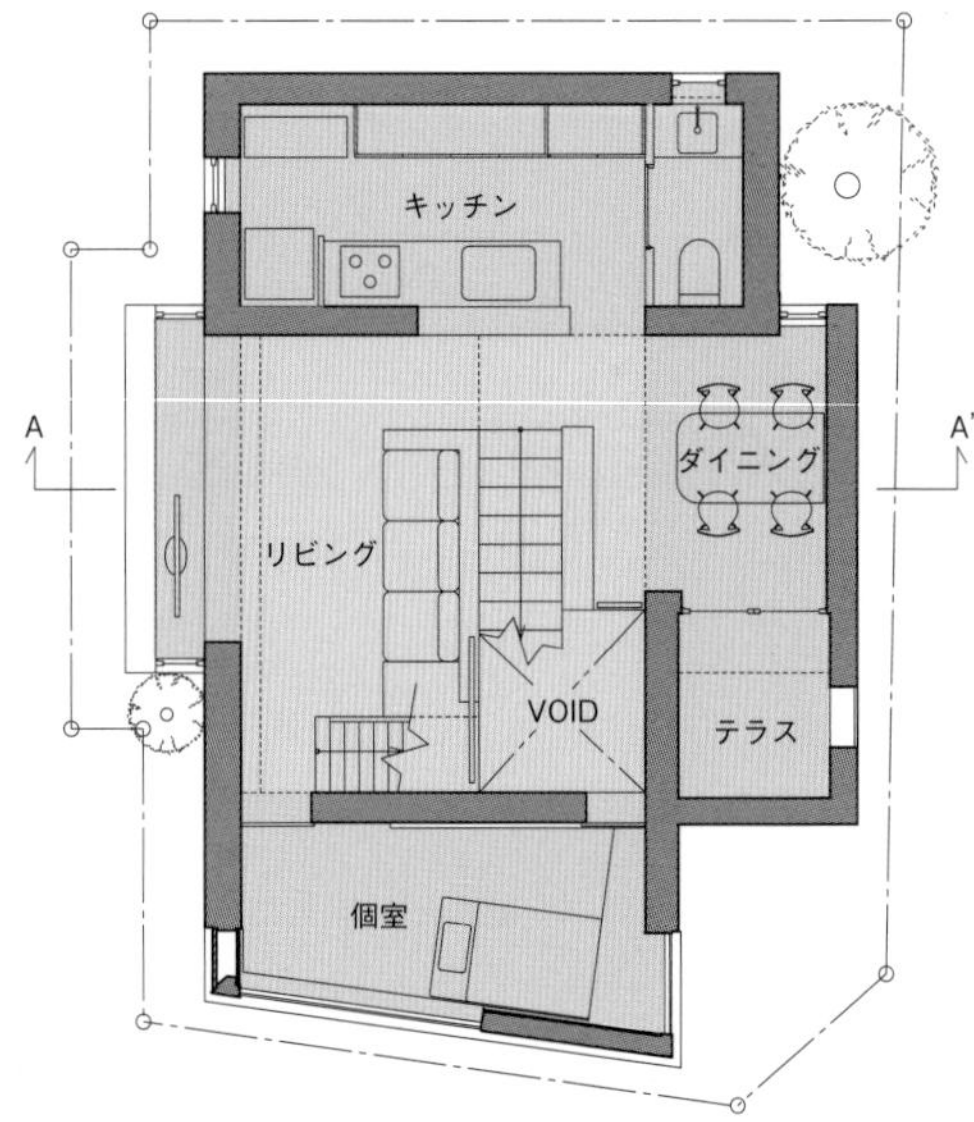

キッチン
A
A'
ダイニング
リビング
VOID
テラス
個室

「隅」2F平面図（S＝1：150）

平面上は四隅、断面上は南側前面道路に面する1階をガレージとして削りとり、天空率（**2.2**参照）を使って高さ方向にも最大ボリュームを確保した。この外形が「大きな部屋」と「部屋数が多い」を共存させるための下地となっている。滞在時間の長いリビングを建物の2階の中心に、東にダイニング、北にキッチン、南に子ども部屋、西にTVを置くスペースを配し、上階は吹抜けを介してゲストルーム、下階はエントランスへつながる空間構成となっている

2　あいまいな「開口」と「素材・色」を変える

操作1　壁にあいまいな開口をあける

広いワンルーム空間にも見え、個室の連なりにも見えるような「境界」の在り方、仕切られているようでつながっているような「あいまいな開口」で隣の部屋とつなぐ

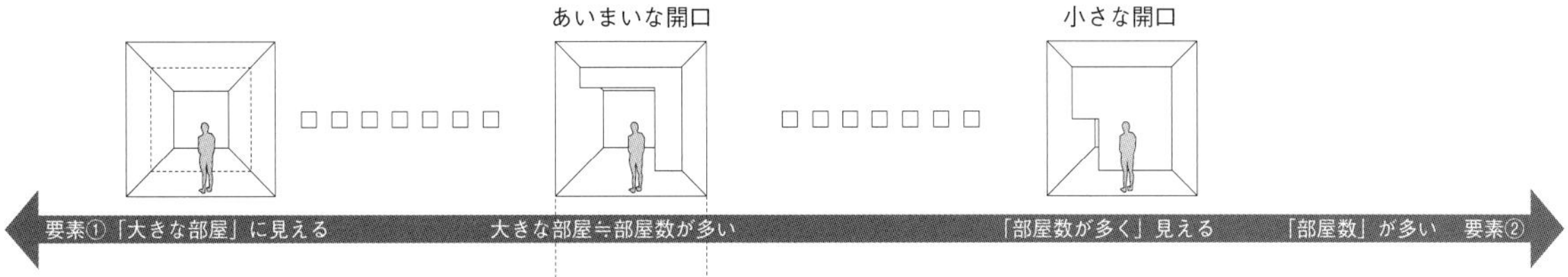
あいまいな開口
小さな開口
要素①「大きな部屋」に見える
大きな部屋≒部屋数が多い
「部屋数が多く」見える
「部屋数」が多い　要素②

操作2　今いる部屋の素材を変える

今いる部屋はザラザラとした左官の壁として、隣の部屋他のつるつるとした平滑な壁と区別することで、一室空間でないと認識される

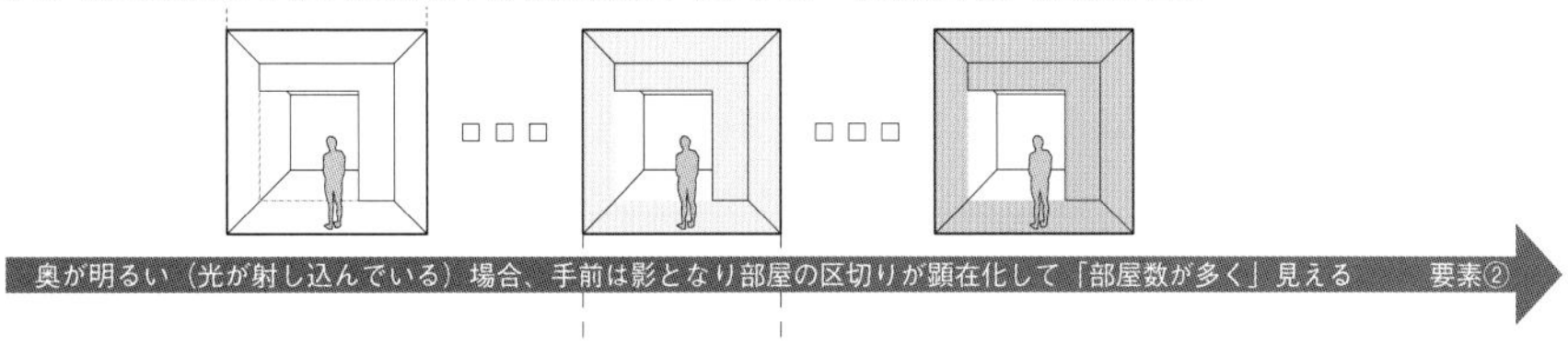
奥が明るい（光が射し込んでいる）場合、手前は影となり部屋の区切りが顕在化して「部屋数が多く」見える　要素②

操作3　突き当たりに色をつける

突き当たりの壁の色を変えることで奥行きを感じさせると同時に隣の部屋との境界が弱められ、一室空間であると認識される

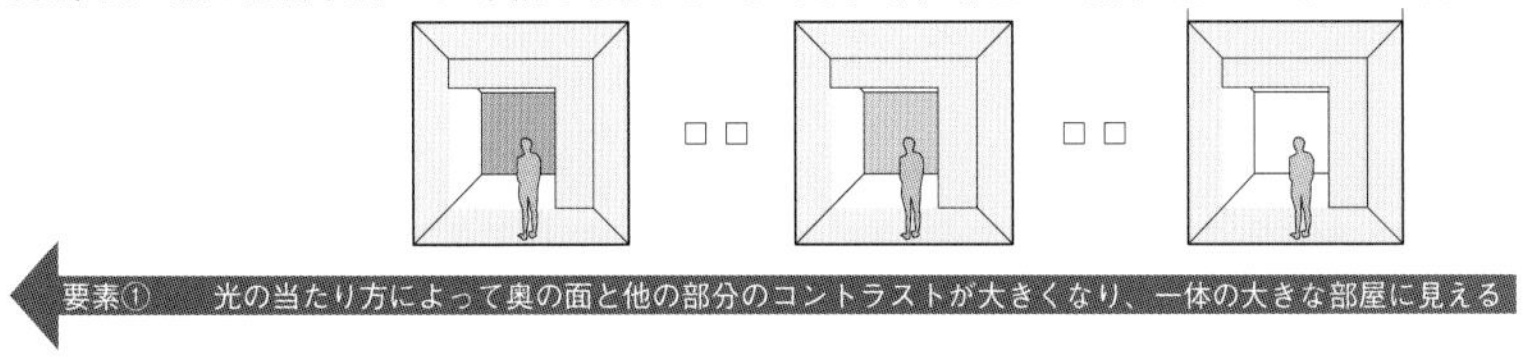
要素①　光の当たり方によって奥の面と他の部分のコントラストが大きくなり、一体の大きな部屋に見える

3　「大きさ」と「部屋数」を感じさせる光の錯覚

光によってリビングの「素材」が強く表れると「部屋数が多い」と感じる一方、外周の壁の「色」が強く表れると「大きな部屋」を感じる。「大きな部屋」と「部屋数が多い」の共存は狭小住宅では難しいが、光による錯覚でその両者をその時々でゆらゆらとうつろうことで共存を可能としている。一日の太陽の動きだけでなく、天候や季節によっても内部に差し込む光は変化し、夜は照明のパターンや強さによって空間の感じ方が変わる

昼：曇り空のやわらかい光の下では、仕上の境目ははっきりしていない。晴れた強い光のもとでは、境目がはっきりと表れる

夜：外周部の壁面を線状に照らすモードや、エリアごとにダウンライトで光を落とすモードなど、いろいろなシーンが用意されている

5.4 Wooden frames: A captivating arrangement

「木」を架構で魅せる／組み合わせる

木造はほかの構造と比較してスパンが飛ばせない（柱がある程度短い距離で必要となる）という制約がありますが、その制約を木造の特徴と捉え、梁の架け方、あるいは柱の落とし方に工夫をすることで、通常とは違う場所をつくり出します。大きな空間における木造らしい柱のあり方を模索することで、新たな可能性を見出せると考えています。

建物の構造材で使う材木は山にある木を自由な寸法に切り出すのではなく、市場に流通している寸法体系のものを使うことが昨今の木造在来工法の現場では一般的です。

「深沢の家」では、この市場に流通している標準的な材木を組み合わせて、V字柱という特徴的な架け方により木造としてはやや大きな、唯一無二の空間をつくり出しています。

国産スギの製材の柱をV字型に組んで、大きなワンルーム空間を実現

V字柱により、大空間が見えない仕切りで分けられる。V字柱の左がリビング、右がダイニング・キッチン

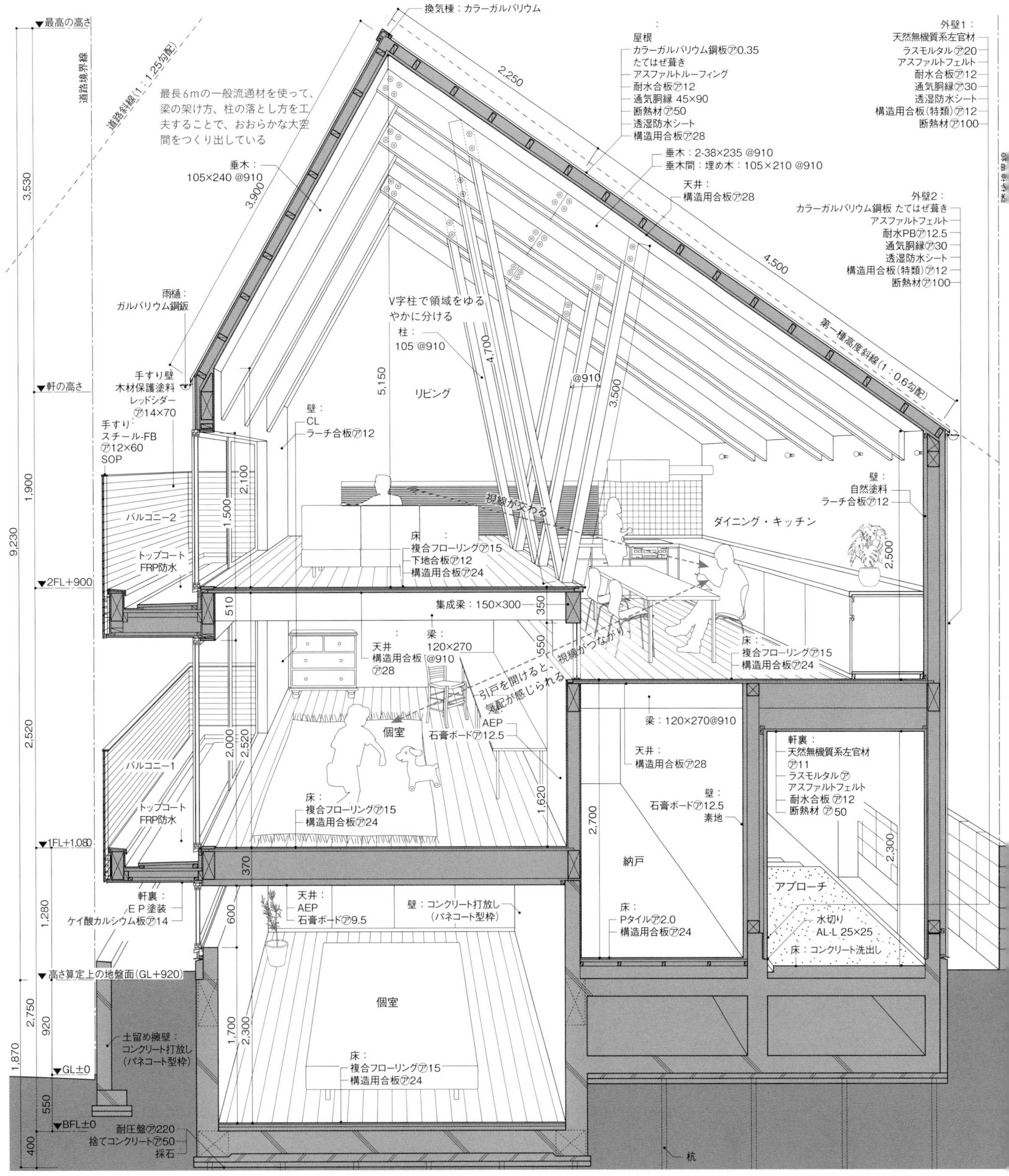
換気棟：カラーガルバリウム
屋根
カラーガルバリウム鋼板㋐0.35
たてはぜ葺き
アスファルトルーフィング
耐水合板㋐12
通気胴縁 45×90
断熱材㋐50
透湿防水シート
構造用合板㋐28
外壁1：
天然無機質系左官材
ラスモルタル㋐20
アスファルトフェルト
耐水合板㋐12
通気胴縁㋐30
透湿防水シート
構造用合板(特類)㋐12
断熱材㋐100
最高の高さ
道路境界線
道路斜線(1：1.25勾配)
最長6mの一般流通材を使って、梁の架け方、柱の落とし方を工夫することで、おおらかな大空間をつくり出している
2,250
垂木：
105×240 @910
3,900
垂木：2-38×235 @910
垂木間：埋め木：105×210 @910
天井：
構造用合板㋐28
外壁2：
カラーガルバリウム鋼板 たてはぜ葺き
アスファルトフェルト
耐水PB㋐12.5
通気胴縁㋐30
透湿防水シート
構造用合板(特類)㋐12
断熱材㋐100
4,500
3,530
雨樋：
ガルバリウム鋼鈑
V字柱で領域をゆるやかに分ける
柱：
105 @910
4,700
第一種高度斜線(1：0.6勾配)
手すり壁
木材保護塗料
レッドシダー
㋐14×70
軒の高さ
5,150
リビング
@910
3,500
手すり
スチール-FB
㋐12×60
SOP
壁：
CL
ラーチ合板㋐12
2,100
1,900
壁：
自然塗料
ラーチ合板㋐12
視線が交わる
1,500
バルコニー2
ダイニング・キッチン
9,230
トップコート
FRP防水
床：
複合フローリング㋐15
下地合板㋐12
構造用合板㋐24
2,500
2FL+900
集成梁：150×300
510
350
天井
構造用合板
㋐28
梁：
120×270
@910
550
視線がつながり
床：
複合フローリング㋐15
構造用合板㋐24
引戸を開けると、
気配が感じられる
個室
AEP
石膏ボード㋐12.5
梁：120×270@910
2,520
2,000
2,520
天井：
構造用合板㋐28
軒裏：
天然無機質系左官材
㋐11
ラスモルタル㋐
アスファルトフェルト
耐水合板 ㋐12
断熱材 ㋐50
バルコニー1
トップコート
FRP防水
壁：
石膏ボード㋐12.5
素地
1,620
2,700
床：
複合フローリング㋐15
構造用合板㋐24
2,300
1FL+1,080
370
納戸
アプローチ
軒裏：
ＥＰ塗装
ケイ酸カルシウム板㋐14
天井：
AEP
石膏ボード㋐9.5
壁：コンクリート打放し
(パネコート型枠)
1,280
600
床：
Pタイル㋐2.0
構造用合板㋐24
水切り
AL-L 25×25
床：コンクリート洗出し
高さ算定上の地盤面(GL+920)
個室
2,750
920
土留め擁壁：
コンクリート打放し
(パネコート型枠)
1,700
2,300
1,870
GL±0
床：
複合フローリング㋐15
構造用合板㋐24
550
BFL±0
耐圧盤㋐220
捨てコンクリート㋐50
採石
400
杭

「深沢の家」断面パース（S＝1：50）

5.5 Wooden frames: A captivating curve
「木」を架構で魅せる／曲げる

日本は、古来中国より木造技術を輸入しながら固有の木造技術を発展させてきました。そのなかには現代においても応用できる素晴らしい技術がたくさんありますが、現在は筋かいや構造用合板による耐力壁で水平剛性をとる木造在来工法が一般的となっています。木造在来工法は簡単な計算で安全な住宅をつくるという点においての功績は大きいのですが、一方でそれゆえの制約もあります。

「代々木上原の家」では、R状に曲げた集成材をY字型に組んだ柱が水平力を負担する耐力壁と同様の役割を果たし、同時に屋根と床を支える、木の線材が魅せる美しい空間となっています。

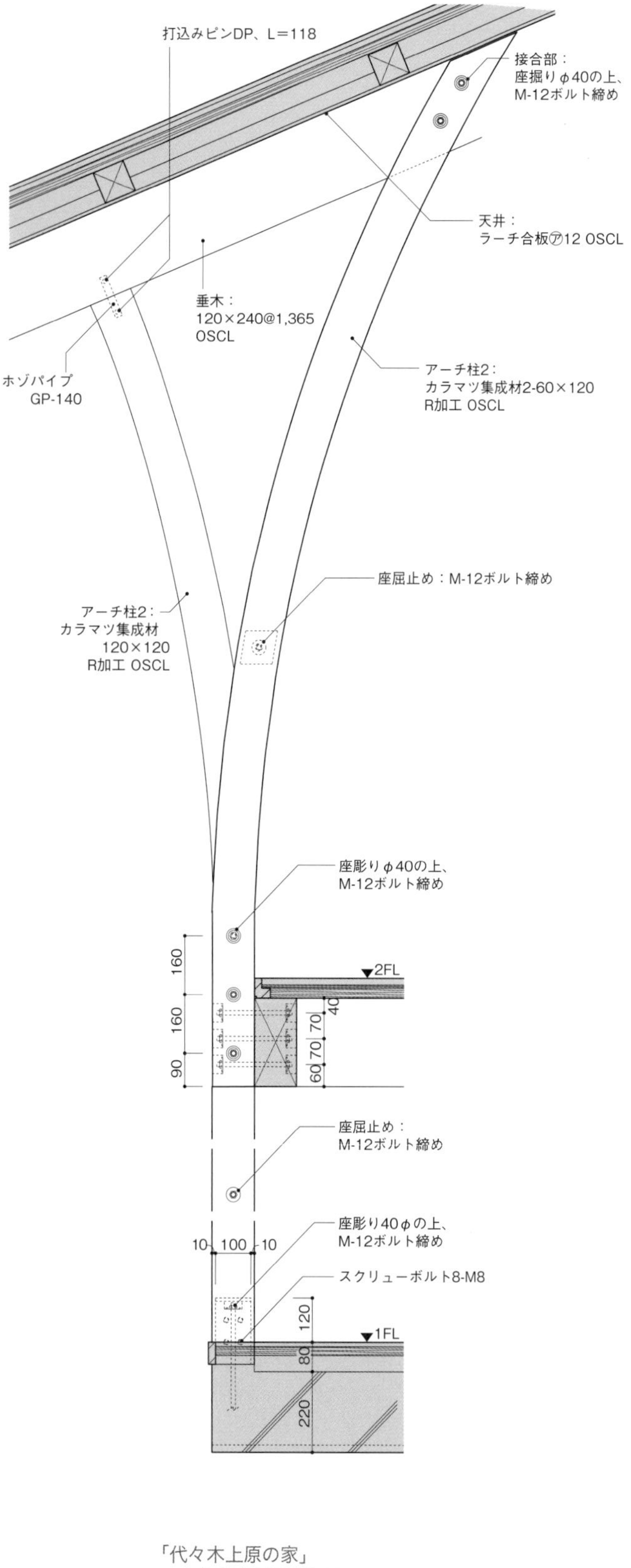

打込みピンDP、L＝118
接合部：
座掘りφ40の上、
M-12ボルト締め
天井：
ラーチ合板㋐12 OSCL
垂木：
120×240@1,365
OSCL
ホゾパイプ
GP-140
アーチ柱2：
カラマツ集成材2-60×120
R加工 OSCL
座屈止め：M-12ボルト締め
アーチ柱2：
カラマツ集成材
120×120
R加工 OSCL
座彫りφ40の上、
M-12ボルト締め
2FL
160
160
90
40
70
70
60
座屈止め：
M-12ボルト締め
座彫り40φの上、
M-12ボルト締め
10
100
10
スクリューボルト8-M8
120
1FL
80
220

「代々木上原の家」
Y字柱部分断面詳細図(S＝1：20)

湾曲集成材を使用したアーチ柱は、柱材として、軸力負担と地震や風荷重による水平力を負担している

上右/1階から2階に伸びるアーチ柱が並木のように連なっている　上左/リビング・ダイニングからバルコニーを見る。眺望のよい立地を生かすために、集成材によるアーチ柱をY字型に設置し、木造ながら袖壁を設けず、全面開口をつくり出している　下/1階階段横の柱を見る

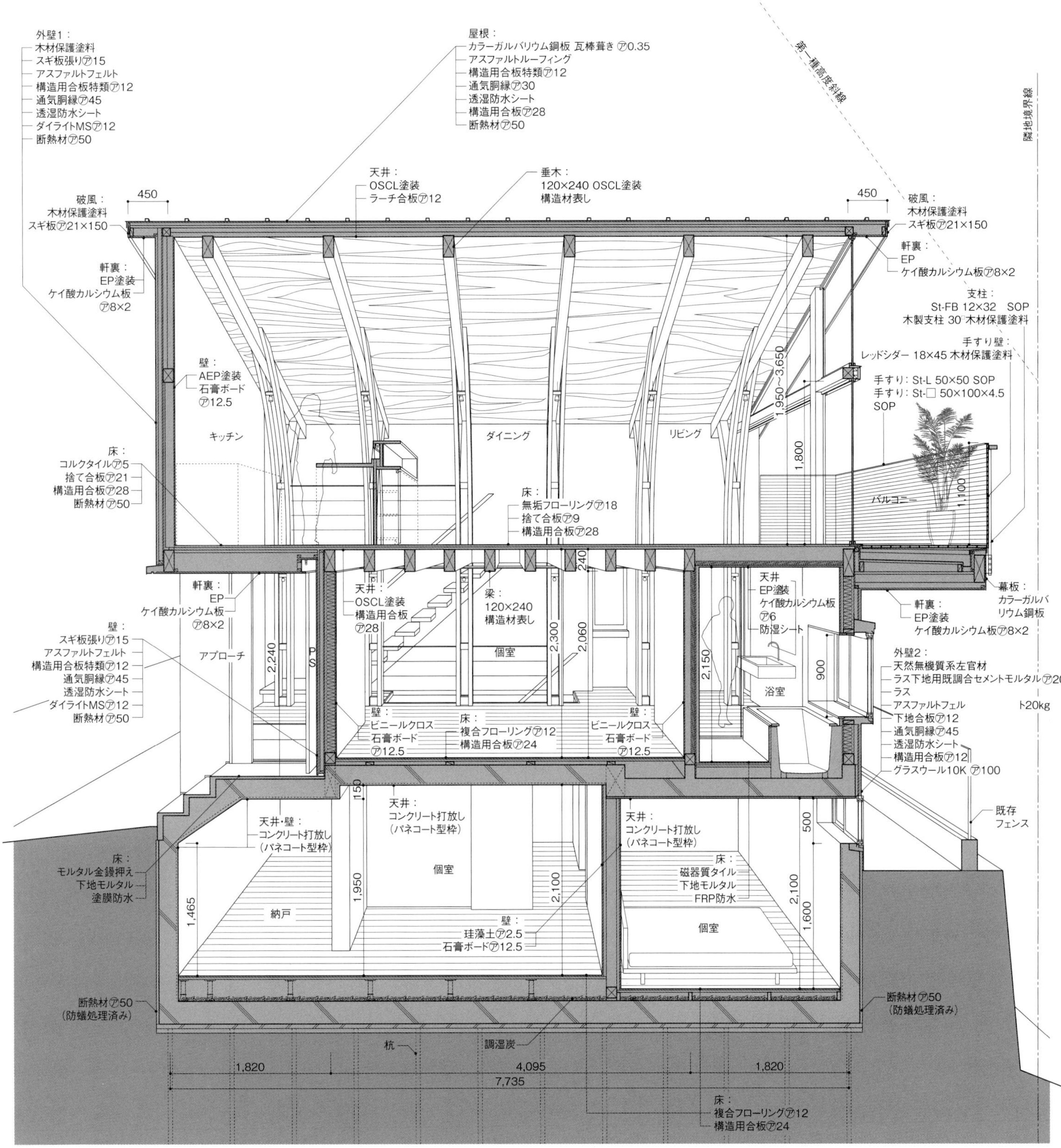
外壁1：
木材保護塗料
スギ板張り⑦15
アスファルトフェルト
構造用合板特類⑦12
通気胴縁⑦45
透湿防水シート
ダイライトMS⑦12
断熱材⑦50
屋根：
カラーガルバリウム鋼板 瓦棒葺き ⑦0.35
アスファルトルーフィング
構造用合板特類⑦12
通気胴縁⑦30
透湿防水シート
構造用合板⑦28
断熱材⑦50
第一種高度斜線
隣地境界線
天井：
OSCL塗装
ラーチ合板⑦12
垂木：
120×240 OSCL塗装
構造材表し
破風：
木材保護塗料
スギ板⑦21×150
450
軒裏：
EP塗装
ケイ酸カルシウム板
⑦8×2
軒裏：
EP
ケイ酸カルシウム板⑦8×2
支柱：
St-FB 12×32 SOP
木製支柱 30□木材保護塗料
手すり壁：
レッドシダー 18×45 木材保護塗料
手すり：St-L 50×50 SOP
手すり：St-□ 50×100×4.5
SOP
壁：
AEP塗装
石膏ボード
⑦12.5
キッチン
ダイニング
リビング
バルコニー
1,950～3,650
1,800
1,100
床：
コルクタイル⑦5
捨て合板⑦21
構造用合板⑦28
断熱材⑦50
床：
無垢フローリング⑦18
捨て合板⑦9
構造用合板⑦28
240
軒裏：
EP
ケイ酸カルシウム板
⑦8×2
天井：
OSCL塗装
構造用合板
⑦28
梁：
120×240
構造材表し
個室
2,300
2,060
天井
EP塗装
ケイ酸カルシウム板
⑦6
防湿シート
幕板：
カラーガルバリウム鋼板
軒裏：
EP塗装
ケイ酸カルシウム板⑦8×2
壁：
スギ板張り⑦15
アスファルトフェルト
構造用合板特類⑦12
通気胴縁⑦45
透湿防水シート
ダイライトMS⑦12
断熱材⑦50
アプローチ
2,240
PS
2,150
900
浴室
外壁2：
天然無機質系左官材
ラス下地用既調合セメントモルタル⑦20
ラス
アスファルトフェル
ト20kg
下地合板⑦12
通気胴縁⑦45
透湿防水シート
構造用合板⑦12
グラスウール10K ⑦100
壁：
ビニールクロス
石膏ボード
⑦12.5
床：
複合フローリング⑦12
構造用合板⑦24
150
天井：
コンクリート打放し
（パネコート型枠）
天井・壁：
コンクリート打放し
（パネコート型枠）
500
既存
フェンス
床：
モルタル金鏝押え
下地モルタル
塗膜防水
床：
磁器質タイル
下地モルタル
FRP防水
個室
1,950
2,100
2,100
1,600
1,465
納戸
壁：
珪藻土⑦2.5
石膏ボード⑦12.5
断熱材⑦50
（防錆処理済み）
杭
調湿炭
1,820
4,095
1,820
7,735
床：
複合フローリング⑦12
構造用合板⑦24

「代々木上原の家」断面パース（S=1：60）

5.6 Wooden frames: A captivating alignment

「木」を架構で魅せる／並べる

木造というと柱と梁の軸組がつくる線材のイメージが私たち日本人にとっては一般的だと思いますが、ログハウスのように面材として魅せる木の使い方もあります。

柱材を束ねて空間をダイナミックに仕切ったり、梁材をまるでいかだのように敷き詰めて天井面に表情のある大空間をつくったり、構造に留まらず、内装材として木を面で扱うことで重厚感のある空間をつくり出します。

存在感のある木の列柱壁に、垂直荷重を負担させている

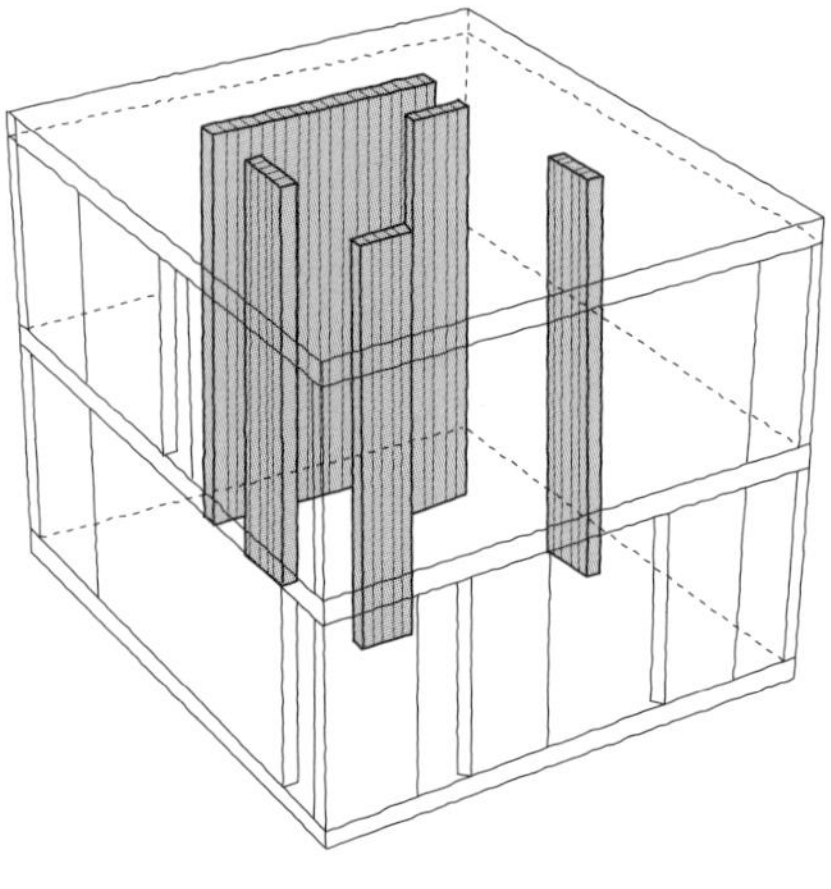

「ポジャギの家」概念図

外側の短冊状の外壁と合わせて内側の列柱を面として扱っている

中央部4つの壁は、150角スギ無垢柱を連結させて壁と見立てている

5.7 Wooden frames: Curves

「木」を架構で魅せる／渦巻く

伊豆韮山の「江川家住宅」、高山の「吉島家」や「日下部家」の町屋、篠原一男の「から傘の家」など、見上げたまましばらく立ち尽くしてしまう住宅はたくさんあります。架構は単に構造を表すものだけではなく、仮に構造的にやや非合理な部分があっても、美しいものには魅了されます。

「掬光庵」は床がスパイラル上にスキップした空間構成で、屋根もそれに呼応するように架け、建物全体のデザインをつくり上げています。

渦巻く屋根架構／渦巻の中心を決め、それを頂点に屋根を架け、最後に仮柱（写真中央）を外す

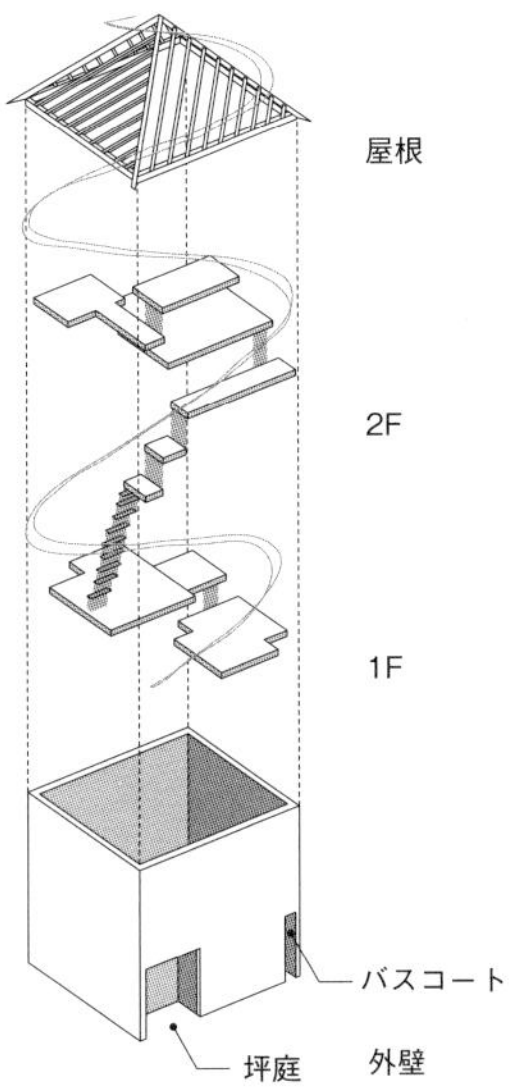
屋根
2F
1F
バスコート
坪庭
外壁

「掬光庵」アクソメ図

屋根架構の面材はつや消し、線材はつや有とすることで、渦巻く梁が際立つ

壁梁と床の間に挟まった非構造の乾式壁。骨材入りペイントで仕上げられている

5.8 Organize form with materials
素材で「カタチ」を整理する

意匠上のコンセプトに基づいて空間をつくるとき、構造上の合理と矛盾することはしばしば。たとえば、何もない広い空間をつくりたいと思っても、柱が必要になってしまったり、壁で空間を意図的に間仕切りたいと思っても、構造上かえって支障をきたすため壁をつくれないといった場合が挙げられます。さまざまな理由で意匠上のコンセプトと構造の合理とがうまく噛み合わないときは、「素材」や「色」の力を借りて「カタチ」を整理することで、意匠上のコンセプトが明快に見えるようになります。

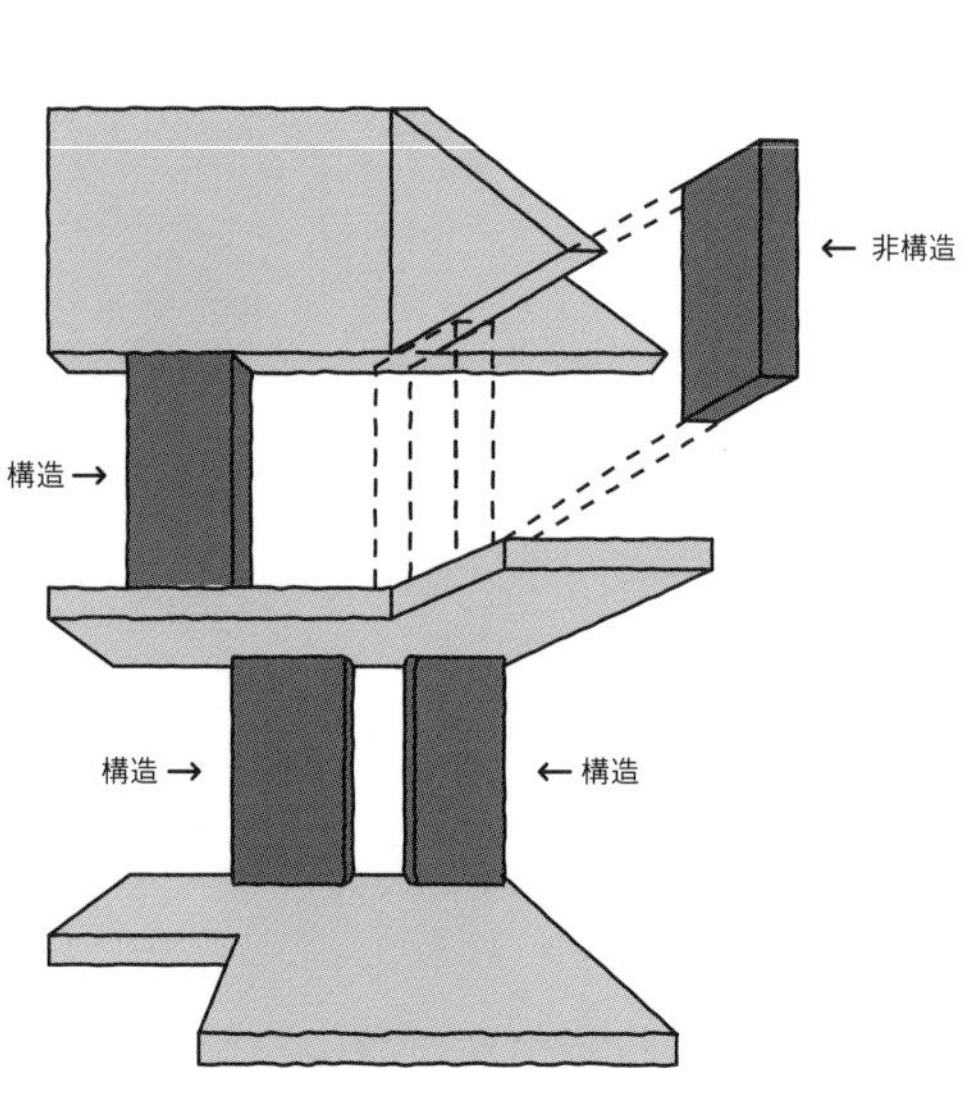
← 非構造
構造 →
構造 →
← 構造

5.9 Clarify form with unchanged materials

続く素材が「カタチ」を明快にする

仕上げ材には屋外で使えるものと使えないものがあるため、内外の仕上げが別々に考えられているケースは一般的によくあります。その場合、内外が切り離されたデザインとなってしまいますが、屋外で使うものを屋内にも使って内外の色やテクスチュアを揃えると、内部空間が外までつながっているような印象となり、伸びやかで開放的な空間が生まれます。このように仕上げ材の使い方ひとつで、できあがる空間が大きく変わります。

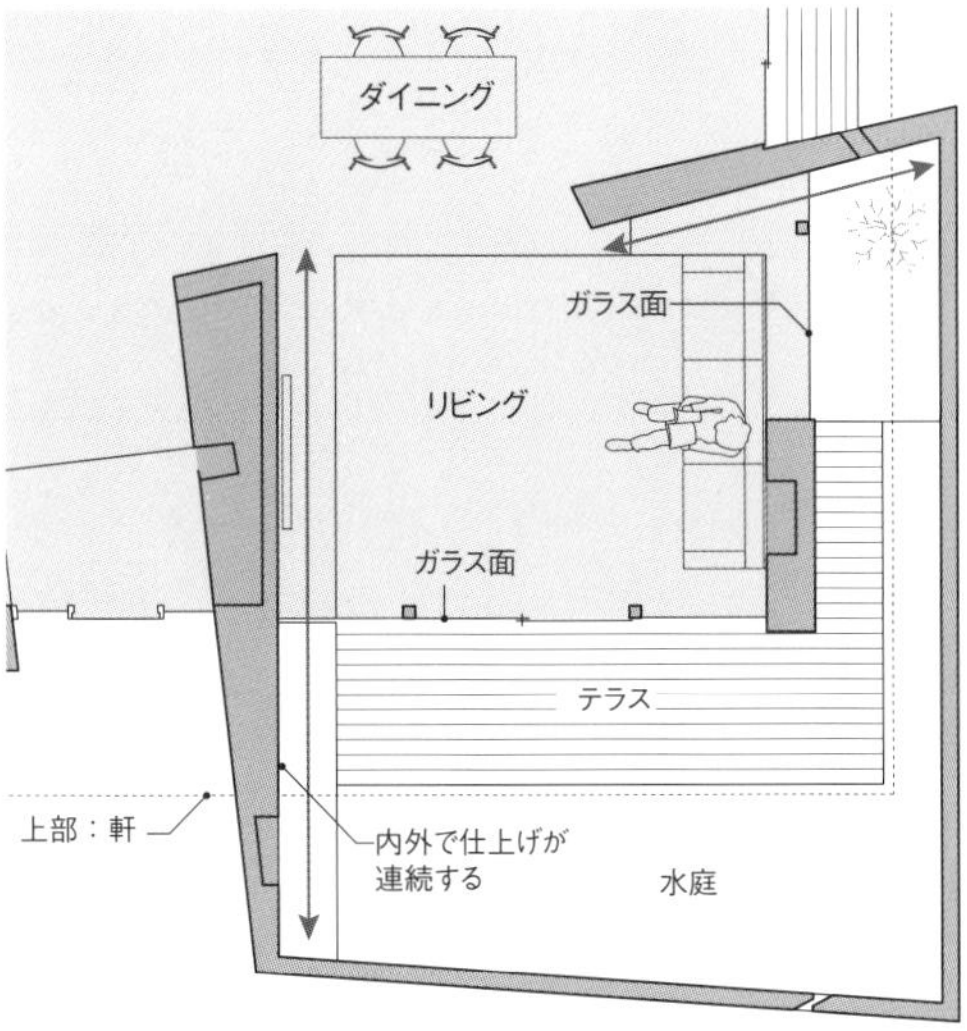

ダイニング
ガラス面
リビング
ガラス面
テラス
上部：軒
内外で仕上げが
連続する
水庭

「赤塚の家」部分平面図（S＝1：150）

内外の仕上げと色を揃えることで、壁に囲まれた部分の全部がリビングであるかのように感じることができる

内部と外部を連続させた伸びやかなデザイン

5.10 Color accentuates the character of space

「色」で空間の香りづけ

色は使い方によって、その色のもつイメージ以上に空間に及ぼす効果が発揮されます。

「赤塚の家」では、リビングから外部のテラス・水庭まで大きく囲う壁にニュートラルなベージュ系、そしてその囲いから外れた中央に位置する耐力壁にアクセントで色を添えています。色を添えることで外部まで広がるリビング空間を引き締める一方、囲う壁による包まれ感をより一層引き出す効果を担っています。耐力壁にはアクセントにはっきりした色を使っていますが、深い軒の下にあるため、ややトーンダウンして深みのある落ち着いた色となっています。

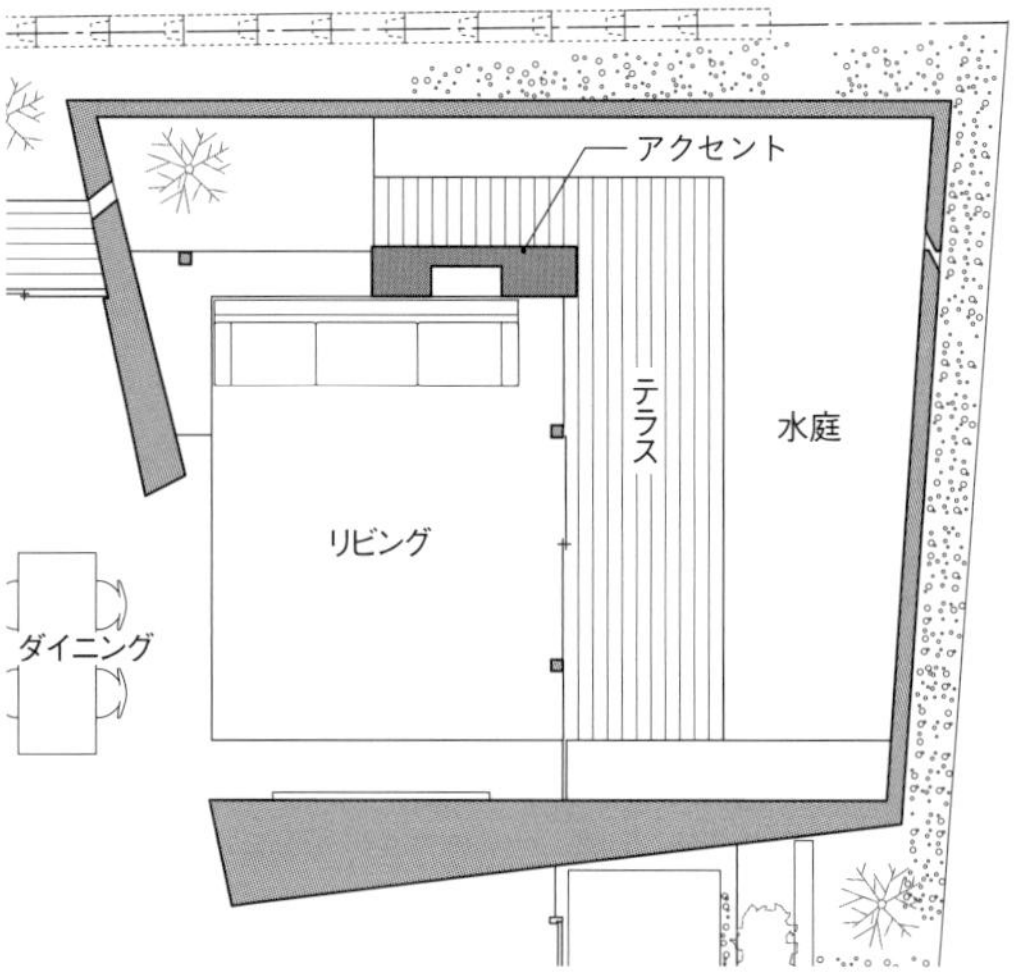

アクセント
テラス
水庭
リビング
ダイニング

「赤塚の家」部分平面図（S＝1：100）

色のついた壁がアクセントになっている

5.11 Colors : secret ingredient to crafting spaces

「色」は空間の隠し味

簡素な室内に襖や屏風、そして床の間のしつらえで季節感や家の主の個性を出すといった日本の伝統的な和室の考え方があります。現代においても内装は主張しすぎずニュートラルに仕上げ、それをキャンバスに個性豊かな家具やラグを入れ、全体をまとめるのはごく一般的なことだと思います。とはいえ内装に多くの色を組み合わせなければできない世界観もあります。

「鎌倉浄明寺の家」では、絵画や調度品を飾るためにエントランスやアトリエ、寝室に壁面を多く設ける一方、扉では仕切らずワンルームに。アート鑑賞空間としてあえて壁ごとに色をつけ、様々な様式や色の絵画や調度品の数々を違和感なくひとつの空間内におさめ、住み手の世界観をつくる一役を担っています。

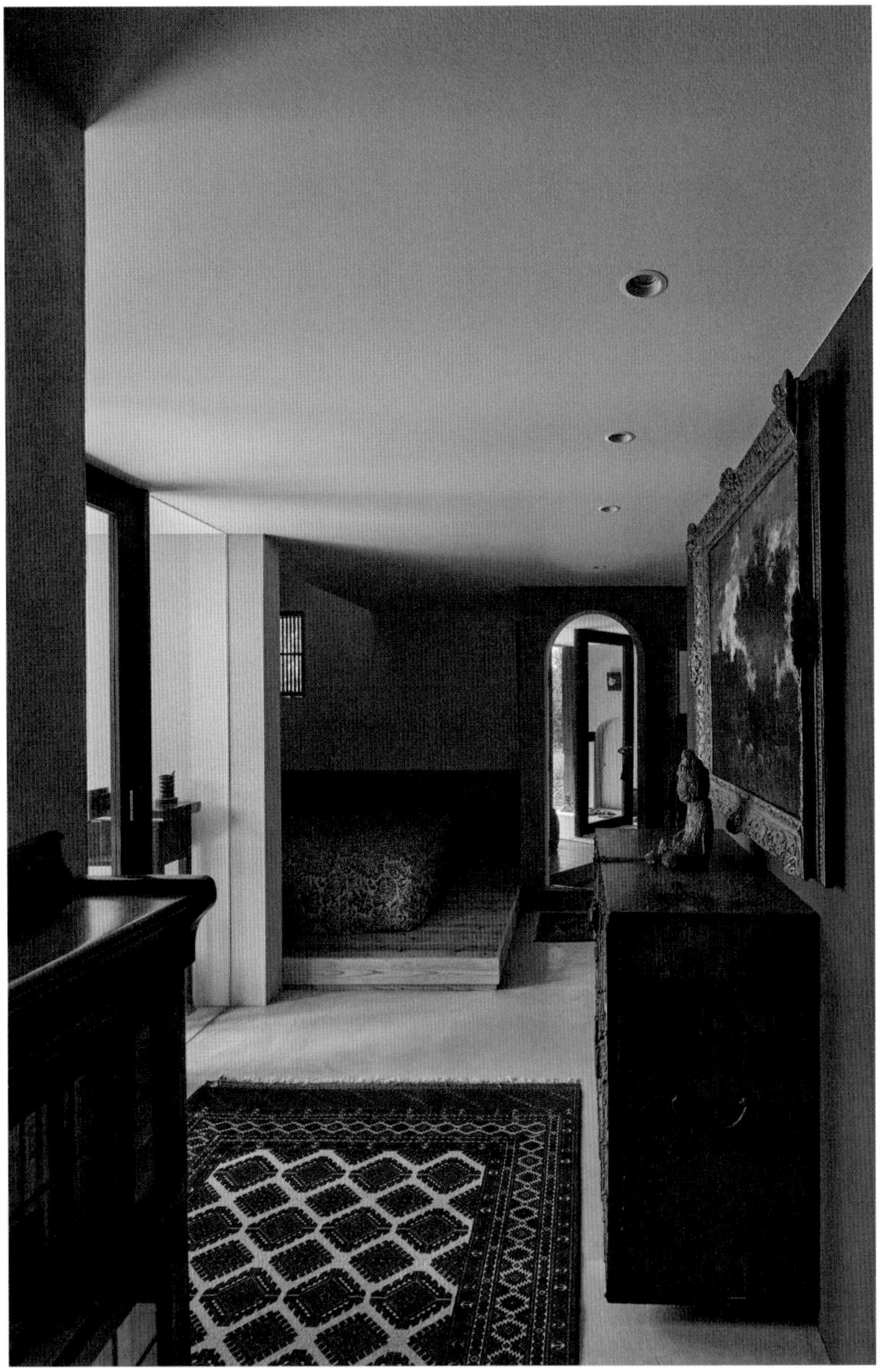

5.12 Concrete-ish concrete

「コンクリート」はコンクリートらしく

鉄筋コンクリートは鉄筋を組んでそれを囲うように型枠をつくり、そこにコンクリートを流し込んで所定の時間を経てから型枠を外すとでき上がります。型枠は木製の合板を使うことが一般的ですが、スギ板や特殊な型枠を使うことでその印象はさまざまで、剥離材の量や型枠を外すタイミングなどにより仕上がりはさらに変化します。その生きもののような特性ゆえに、同じ型枠でもそのときどきによって表情が変わり、コンクリートならではの表情をつくり出します。

RICOH

1、2階がアパレルメーカーのオフィス。服飾では布の可能性を追求するように、さまざまな型枠や小叩き仕上げなど、コンクリートの表現を追求

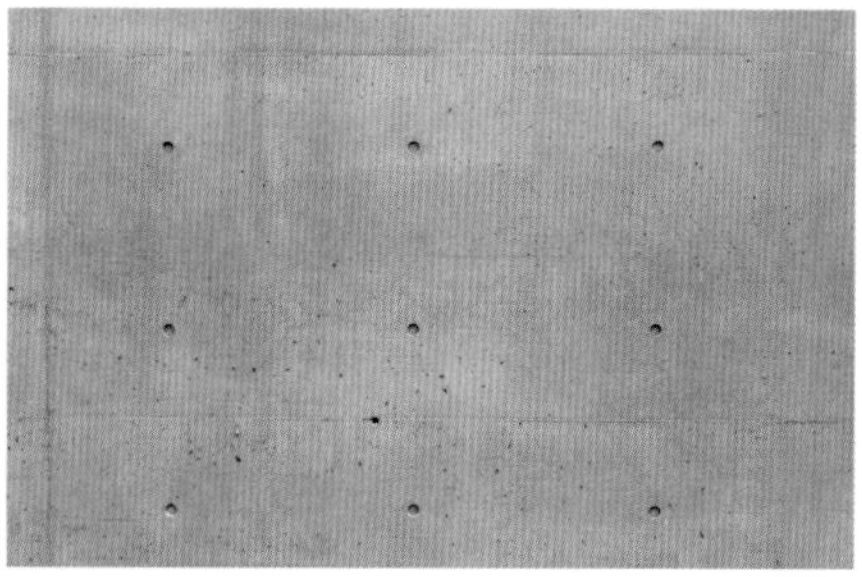

パネコート型枠（塗料を塗った合板型枠）

コンクリートブロックの型枠

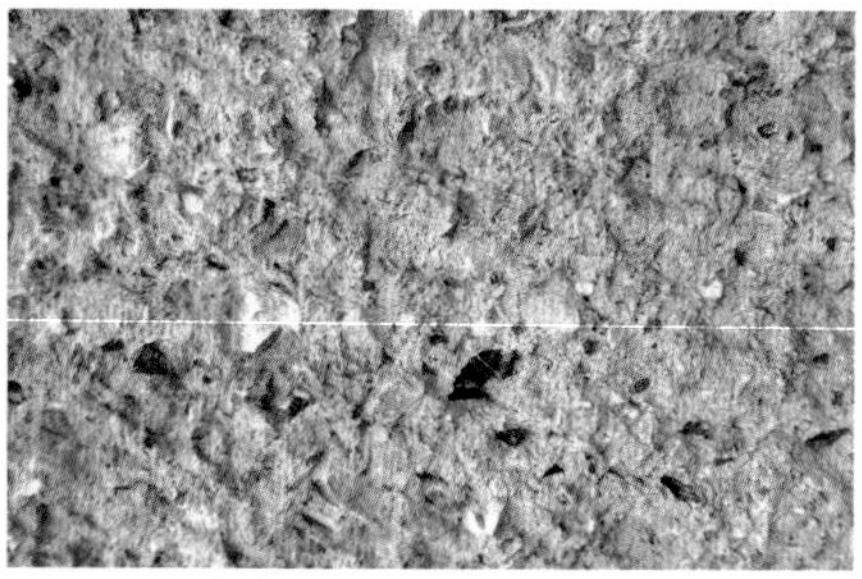

小叩き仕上げ（型枠脱型後、表面をはつる）

スギ板型枠（スギ羽目板を転写させる）

特殊型枠1（厚さの異なる短冊状のラーチ合板を組み合わせた型枠）

特殊型枠2（右写真参照）

「30°,60°,90°」と「45°,45°,90°」の2種類の型材を組み合わせることで、幾通りものパターンをつくり出す特殊コンクリート型枠

コンクリートの打ち継ぎ目地を目立たなくするようにダミーの横ラインを入れている。コンクリートに表情を与えるオリジナルな型枠でコンクリートを打設

5.13 Transparent and charming "Glass"

見えない魅せる「ガラス」

視線を遮るのに壁を用いることに対して、景色を見るため、あるいは空間を見通しつつ場を分ける時などは、存在感の少ないガラスを用います。そのような場合はガラスを支える枠も限りなく目立たないデザインで納めます。一方で、工業化される以前のガラスは色味が不均一であったり、平滑でなく少しゆらめきがあったりと味わい深い表情を持ちながら、それ自体が存在を感じさせてくれます。ガラスを支える枠もあえて太くデザインして見せることで、ガラスは存在感のないものとしてではなく、空間に華を添える存在に変貌します。ガラスの魅せ方はそのときどきで変わるのです。

古今東西のガラスを組み合わせてつくった玄関扉

「西原の家」

エントランスが地階にあるため、外光を取り入れられる唯一の場所が玄関扉。人通りのある通りに面しているので、視線を遮りつつ採光、そして家の顔となる玄関扉を、個性豊かなガラスを組み合わせて製作した

存在感を感じさせないガラス製の扉と間仕切り

「布」で空間を仕立てる

5.14 Tailoring spaces with textiles

カーテンやのれんといった家の中で使われる「布」。インテリアの素材という印象がありますが、建築素材としての可能性も十分秘めています。

たとえば窓辺に掛けるカーテンの場合、外からの視線をさえぎる、陽射しをさえぎる、ガラスからの放射をさえぎるといったさまざまな役割を持ちます。また、透ける程度により光の通り方が変わり、厚みにより風になびく様が変わり、その両方により向こう側の気配の感じ方が変わります。「布」をまとう空間は、他にはない空気感をもたらします。

「ポジャギの家」
リビングとキッチンをゆるく仕切るポジャギ（韓国伝統手芸のパッチワーク状の布）

「掬光庵」
夕日を反射して幻想的な雰囲気を醸すオーガンジー／ワンルーム空間をオーガンジーでやわらかく仕切る

「成城の家」
エントランスホールの一角をドレープ状の布で囲い、ネイルサロンの趣をつくっている

chapter
6
影をいざなう「アカリ」
Light that lures out shadow

仕事だ、学校だといっていると、一日のうちに家で過ごす時間は、案外太陽が沈んだ後の方が長いかもしれません。そんな日常において、家で過ごす夜の時間を豊かにするために、「アカリ」はおろそかにできません。

桂離宮の月見台や月波楼、高松の掬月亭など、名前に「月」のついた建築は数知れず、古来日本には月を愛でる文化があります。月明かりは闇があるからこそ引き立ち、その風情を感じることができます。今は街に光があふれ、空を仰いで月を眺めることは残念ながら少なくなっています。もちろん、光がないと空間を捉えることはできませんが、全体が明るく影のない空間は、奥行きのない退屈なものとなってしまいます。空間に質感をもたらす陰翳をつくること、すなわち「影のデザイン」は昼夜を問わずとても大切なことなのです。

これまでの私たちの多くのプロジェクトで照明計画に携わってもらっているシリウスライティングオフィスの戸恒浩人氏はこう語っています。

「『照明デザイン』は、照明器具そのもののデザインではなく、建築のコンセプトや構成を理解した上で、建築に光を与えて魅せる照明計画です。昨今のＬＥＤ照明の急速な進化と普及によって、照明計画も変化しています。ＬＥＤになって、器具の形や大きさの種類が増え、緻密な調光ができるようになり、その結果、繊細な照明計画が可能になりました。一昔前の照明計画では省エネなどの経済性が重視されていましたが、現在では昼から夜への感覚的な変化や人間の感性に寄り添う計画が求められるようになりました」

今後も新しい時代の夜の空間を模索していこうと思っています。

6.1 Minimum but imaginative
最小限の「アカリ」

照明は、本を読む、ものを書く、食事をつくり食べるなどといった場合には、照度をきちんととらなければなりません。一方で、くつろぐ、お酒を飲むなどの場合には、暗いと感じない程よい明るさで十分なのではないでしょうか。たとえば玄関は来客と家主の双方の顔が見え、廊下は歩いていて暗くなく、入口がどこにあるかが分かる程度の明るさで良いと思います。

「白金の家」ではたった1つの照明が夜の外観の演出をしつつ、街の防犯に静かに貢献しています。「赤塚の家」(**4.10**参照)では、各部屋への入口に照明を仕組むことで、エントランスホールや通路の照明も兼ねつつ奥行きを感じさせる幻想的な空間になっています。

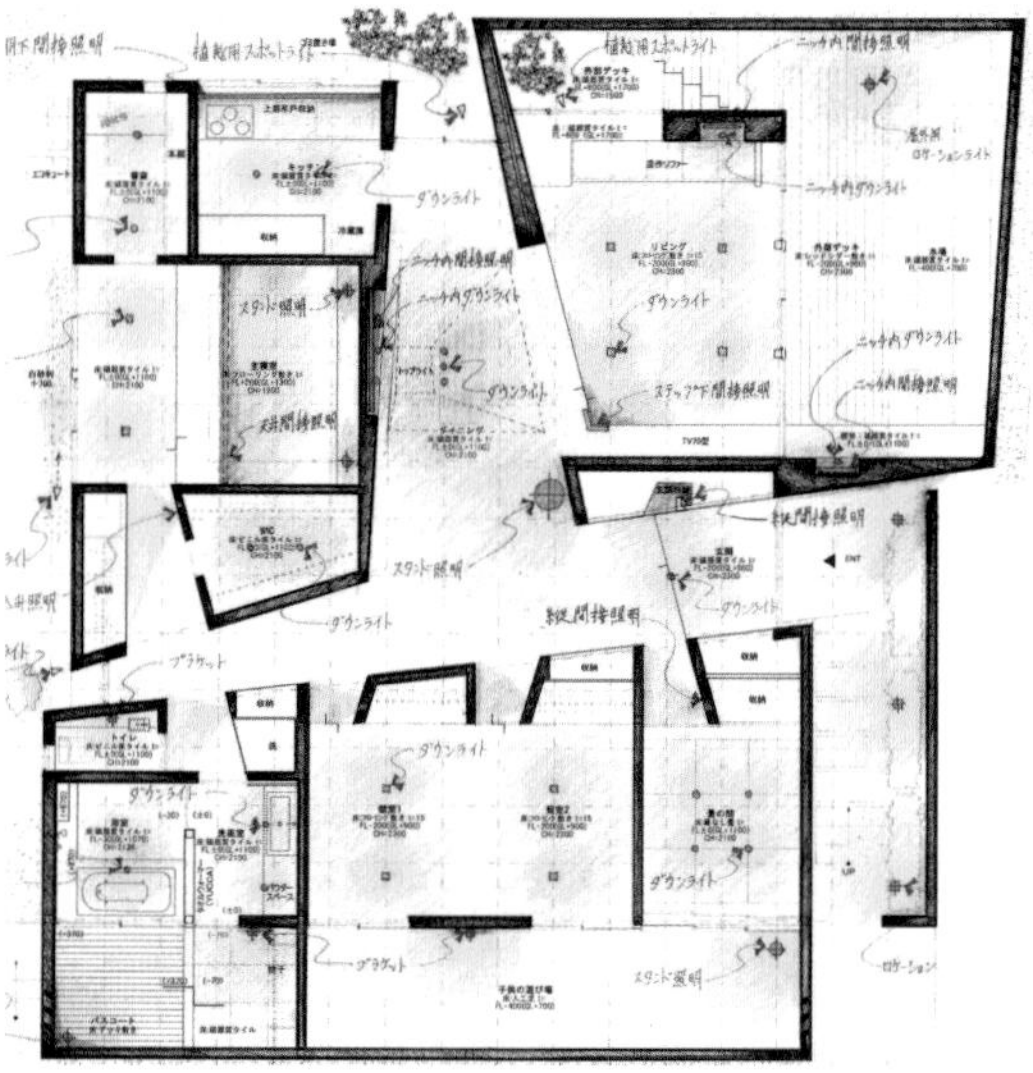

「赤塚の家」照明計画イメージ 平面図
(図面提供：シリウスライティングオフィス)

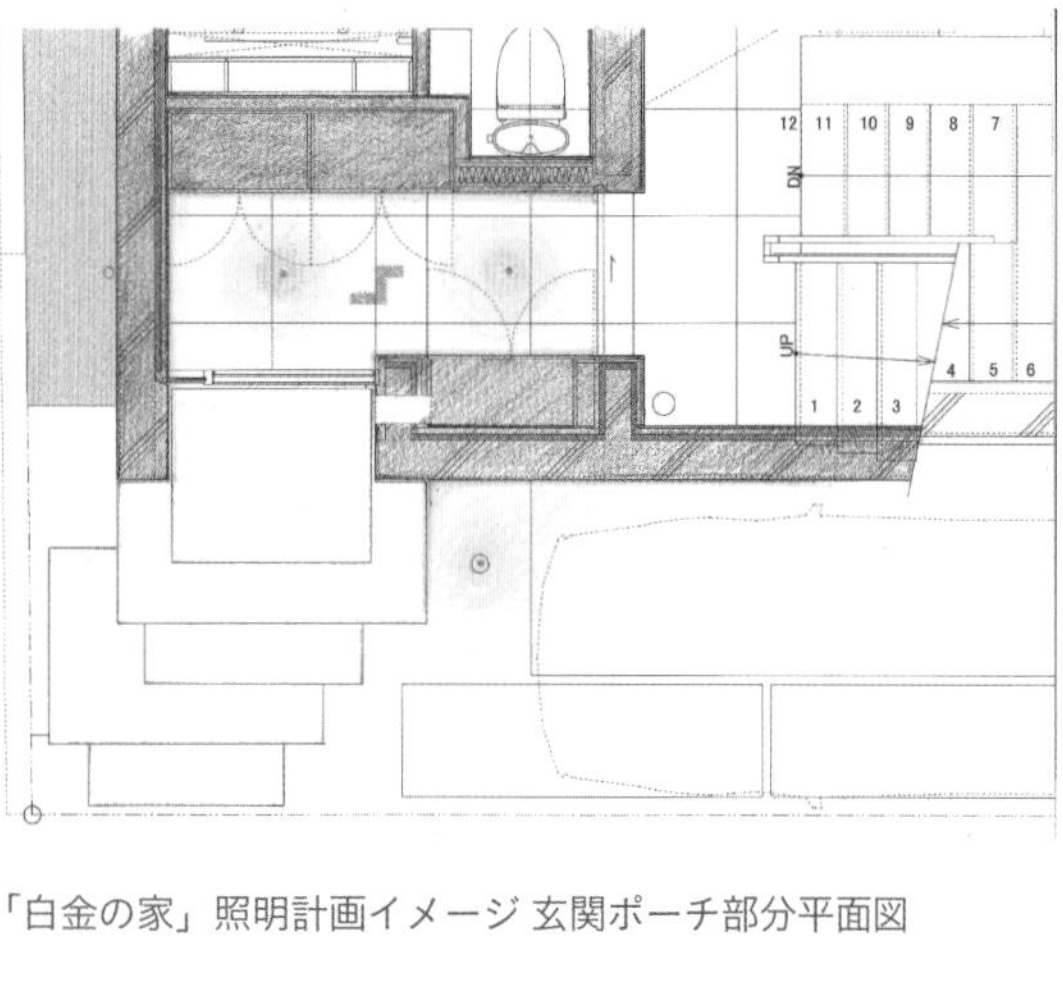

「白金の家」照明計画イメージ 玄関ポーチ部分平面図

「白金の家」の夕景。スギ板型枠コンクリートの素材感と、壁が手前にはらんでいる形状を、下からの一灯のアカリで照らすことで強調している

「赤塚の家」では、各部屋への入口に照明を仕組むことで、エントランスホールや通路の照明も
兼ねつつ奥行きを感じさせる、幻想的な空間になっている

6.2 Light of void

虚の「アカリ」

大きなブロックから小さなブロックをくり抜いた部分を、テラスなどの外部空間にしている「ふじみ野の家」。テラスはグリーンを育てたり、お茶をしたり、家にいながらにして外を楽しむ日中に使われる空間のイメージがあります。しかし、ここでは夜はそれ自体を丸ごと照明器具とし、建物全体にわたる照明方法としています。

一見、照らす必要がないと思われるところを、あえて照らし、その明るさを室内に取り込む。明るさはもとより、外まで内のような感覚になり広さ感も得られます。外は外、内は内と別々に考えるのではなく、一体で計画することが大切です。

「ふじみ野の家」道路側外観。道路からもはっきりとくり抜かれた部分が浮かび上がっている（**3.11**参照）

夕方の室内。内部ではくり抜かれた部分を強調するように照明が置かれている。低い天井部分にダウンライトを配灯することで影をつくり、間接照明によって光が充満する吹抜け空間との明暗が生みだすリズムが、空間に心地よさをもたらしている

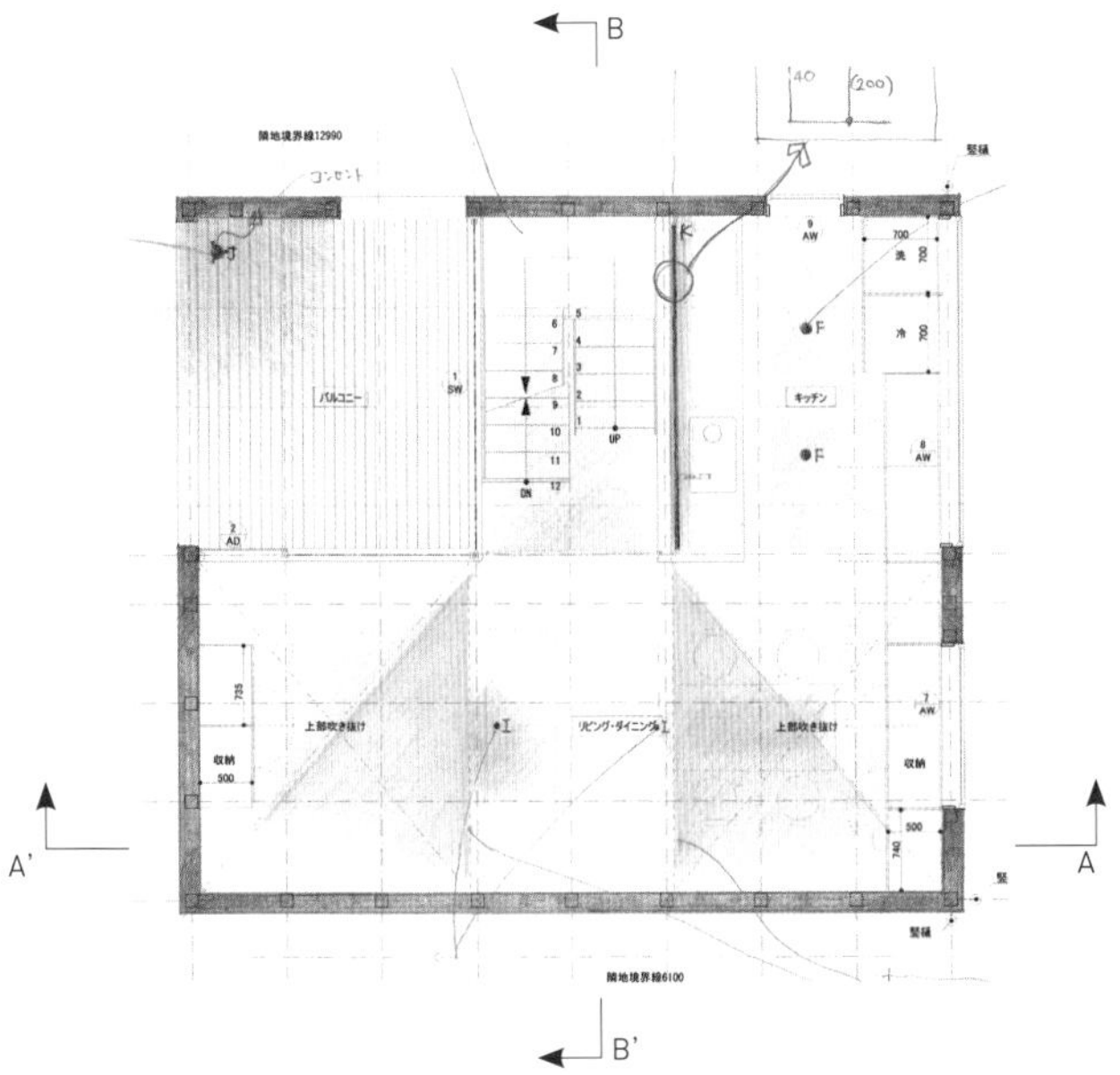
B
A'
A
B'

「ふじみ野の家」照明計画イメージ 平面図

屋根の形状を反映した四角錐のような勾配天井の吹抜け面に光溜まりをつくり、反射した光を室内に落とすように計画している。吹抜けが1つの照明器具のようなイメージ（図面提供：シリウスライティングオフィス）

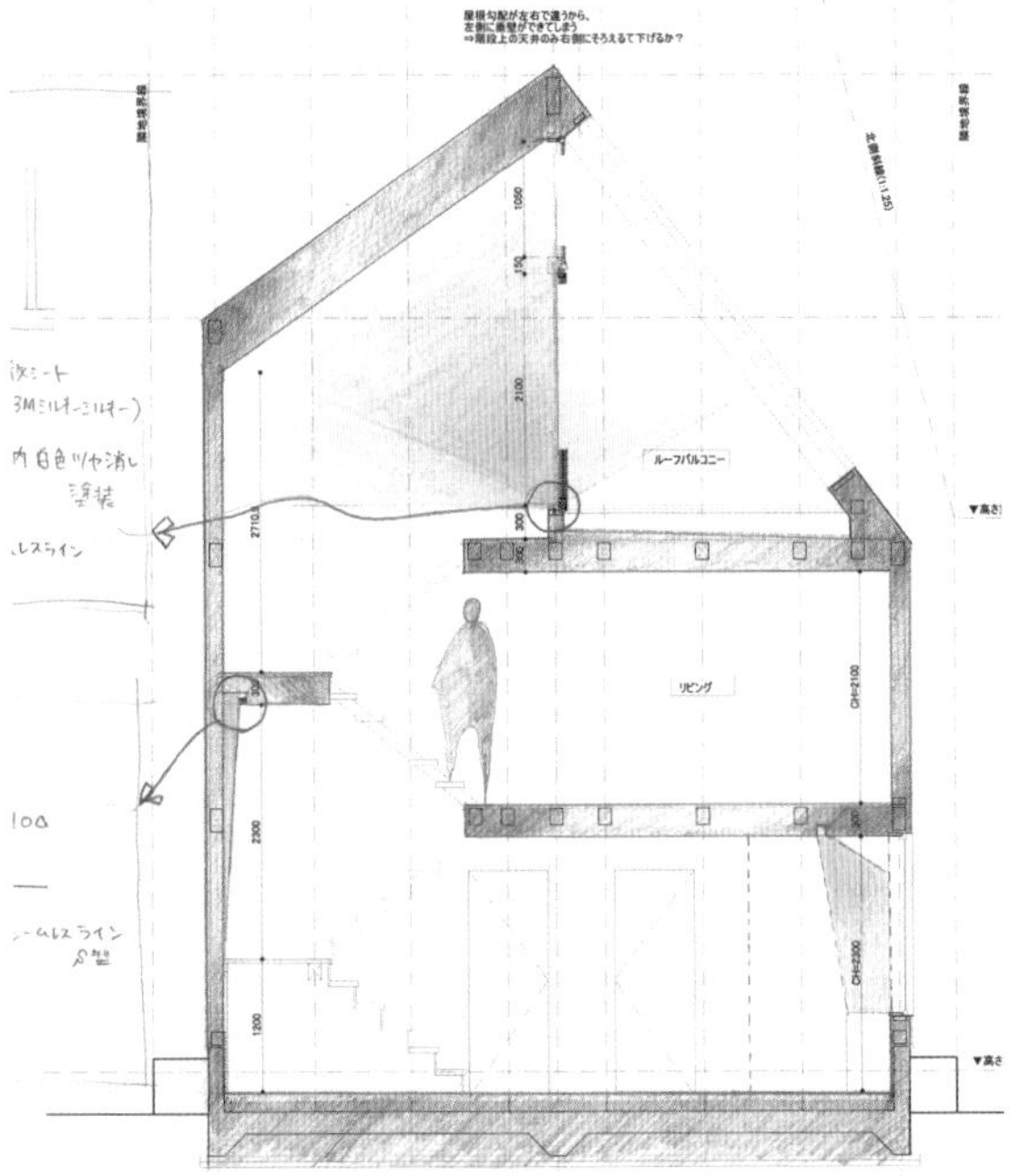

B-B'断面図

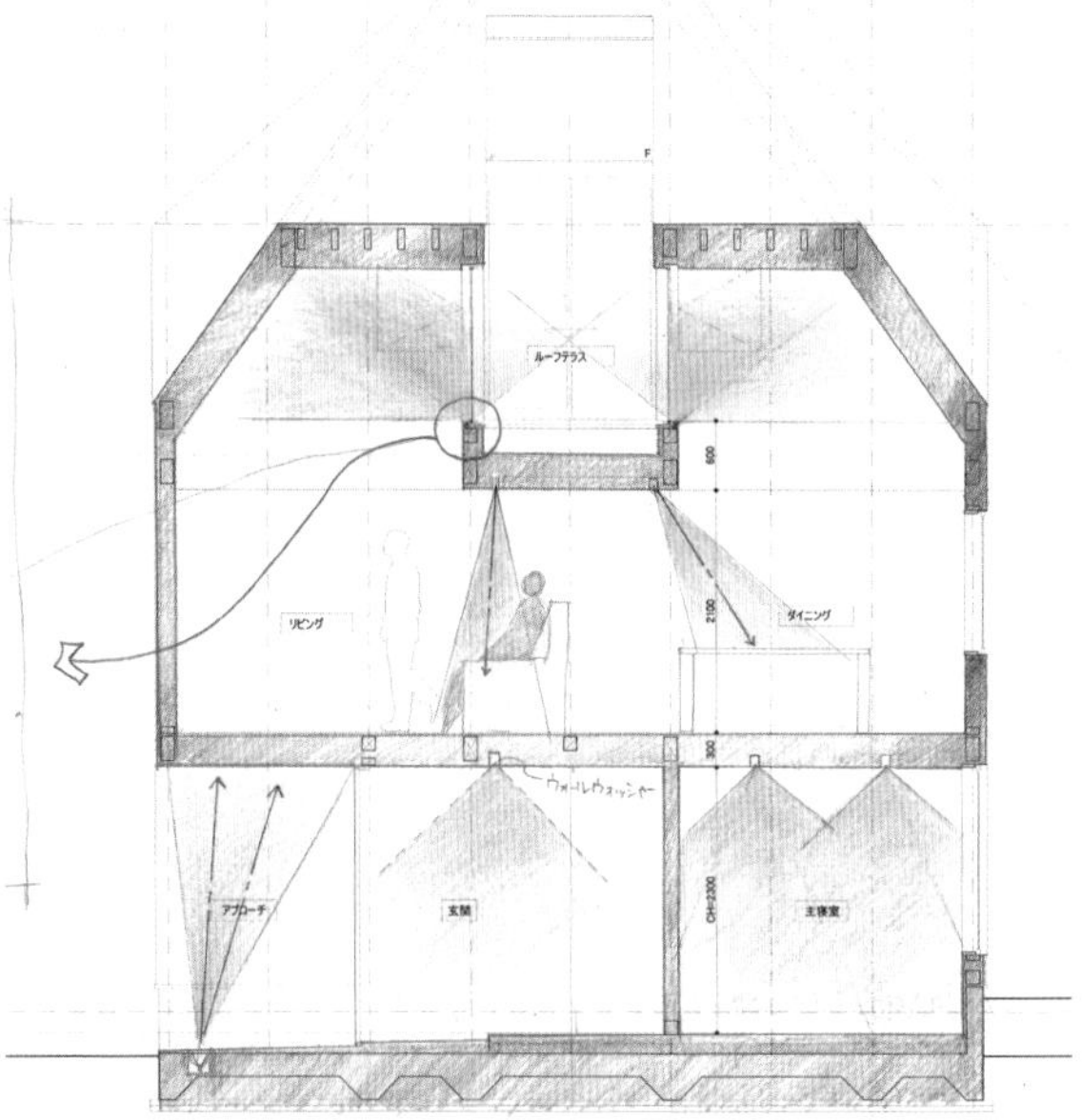

A-A'断面図

「ふじみ野の家」照明計画イメージ 断面図

ルーフバルコニー沿いに仕組まれた照明の光が、吹抜けと階段上部の天井に反射し、柔らかな光を室内に落とす

6.3 Light spilling through slits

隙間から洩れる「アカリ」

各階に床が2枚あるのが特徴の「たまらん坂の家」。その特徴的な2枚の床の間の闇のなかに、小さな「アカリ」を浮かべるようにそっと仕組みます。暗がりに浮かぶ「アカリ」やそこからこぼれる光が床の浮遊感を演出し、1、2階の上下移動の際には視線を誘い距離感を生み出します。建物の特徴を捉えた照明計画は、その個性に磨きをかけ、より魅力的な空間をつくり出します。

ワークスペース下の床の隙間に光が入り込み、床下スペースを照らしている。天井裏空間、床下空間を生かすというコンセプトを強調している（**4.5**参照）

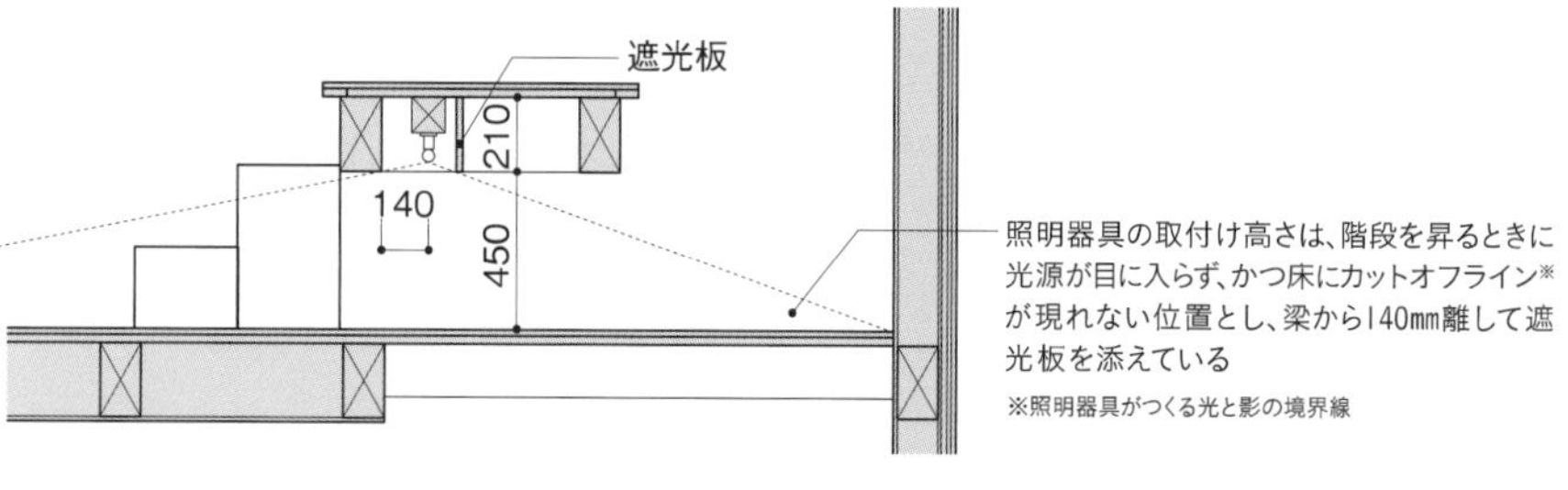
遮光板
210
140
450
照明器具の取付け高さは、階段を昇るときに光源が目に入らず、かつ床にカットオフライン※が現れない位置とし、梁から140㎜離して遮光板を添えている
※照明器具がつくる光と影の境界線

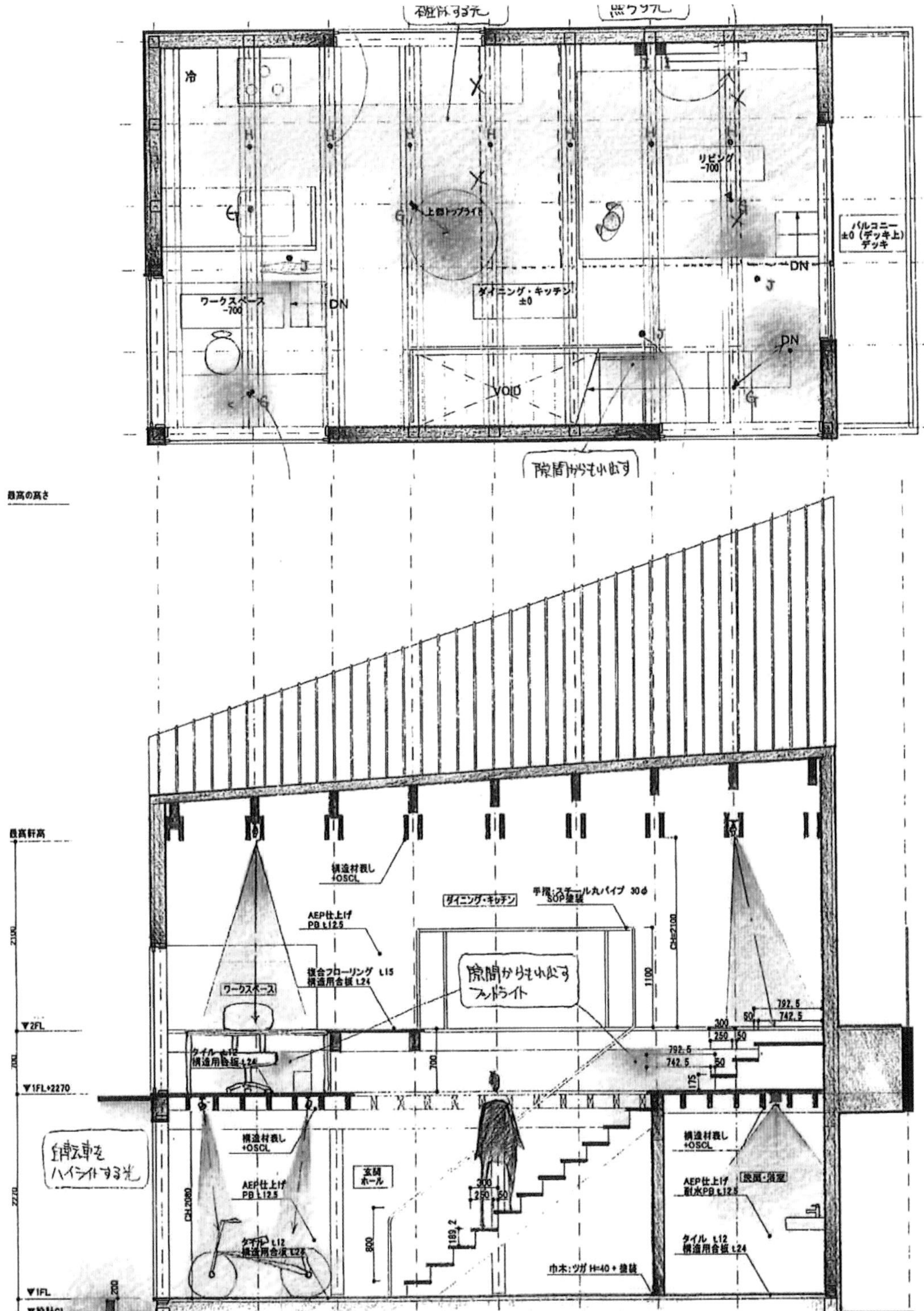
冷
リビング
-700
バルコニー
±0（デッキ上）
デッキ
上部トップライト
ダイニング・キッチン
±0
ワークスペース
-700
DN
VOID
隙間からも出す
最高の高さ
最高軒高
構造材表し
+OSCL
ダイニング・キッチン
AEP仕上げ
PB t.12.5
ワークスペース
隙間からもれ出す
フットライト
▼2FL
▼1FL+2270
▼1FL
▼設計GL
自転車を
ハイライトする光
玄関
ホール
洗面・浴室
巾木：ツガ H=40＋塗装

「たまらん坂の家」照明計画イメージ
上/2階平面図　下/断面図

板と板（床と床）の隙間に最小限の照明を配灯し、こぼれ出した光がつくる陰翳が、空間の奥行きを感じさせ、隙間の空間を強調している。また、構造材が表しの意匠を生かし、梁と梁の間に照明器具を配置して、建物と一体となったシームレスなデザインとしている（図面提供：シリウスライティングオフィス）

6.4 Reflective light

反射の「アカリ」

リビングに面して半層上にルーフテラスのある「鵠沼の家」。夜はリビングから夜空を仰ぐことができますが、ルーフテラスにテントを張って照明を当てると一転、視覚的にリビングの一部に様変わりします。照明の光が白いテントに反射して室内に明るさをもたらします。テントはまた、発光面となって建物のファサードを演出します。

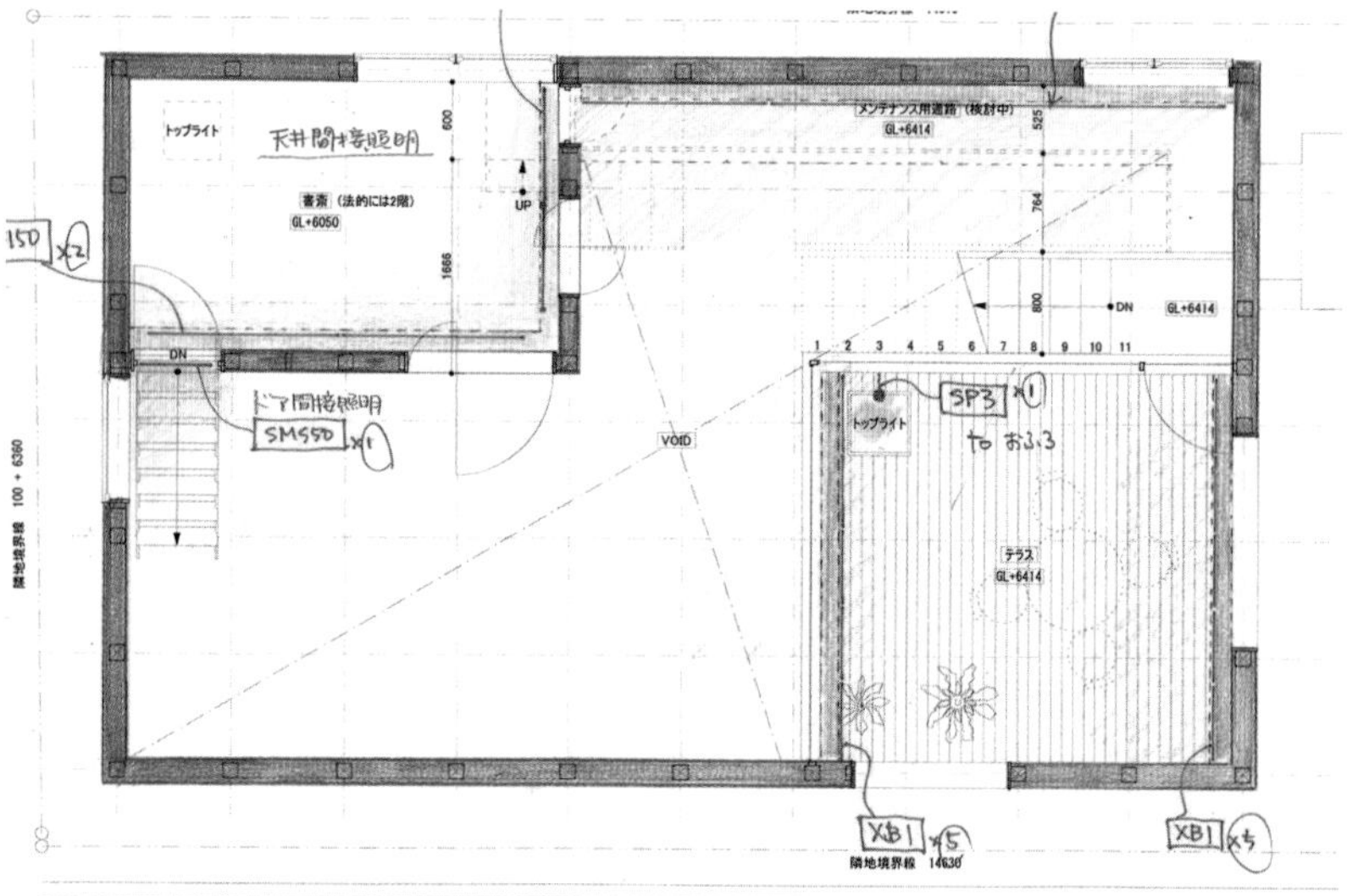

トップライト
書斎（法的には2階）
GL+6050
メンテナンス用通路（検討中）
GL+6414
VOID
テラス
GL+6414
SP3
SM550
XB1

「鵠沼の家」照明計画イメージ　平面図

外周壁面にライン照明を配置し、ボックス部分は影となるように計画することで、コンセプトでもある「ハコ」が強調されている。書斎であるボックスは宙に浮かんでいるように見える。（図面提供：シリウスライティングオフィス）（**4.2**参照）

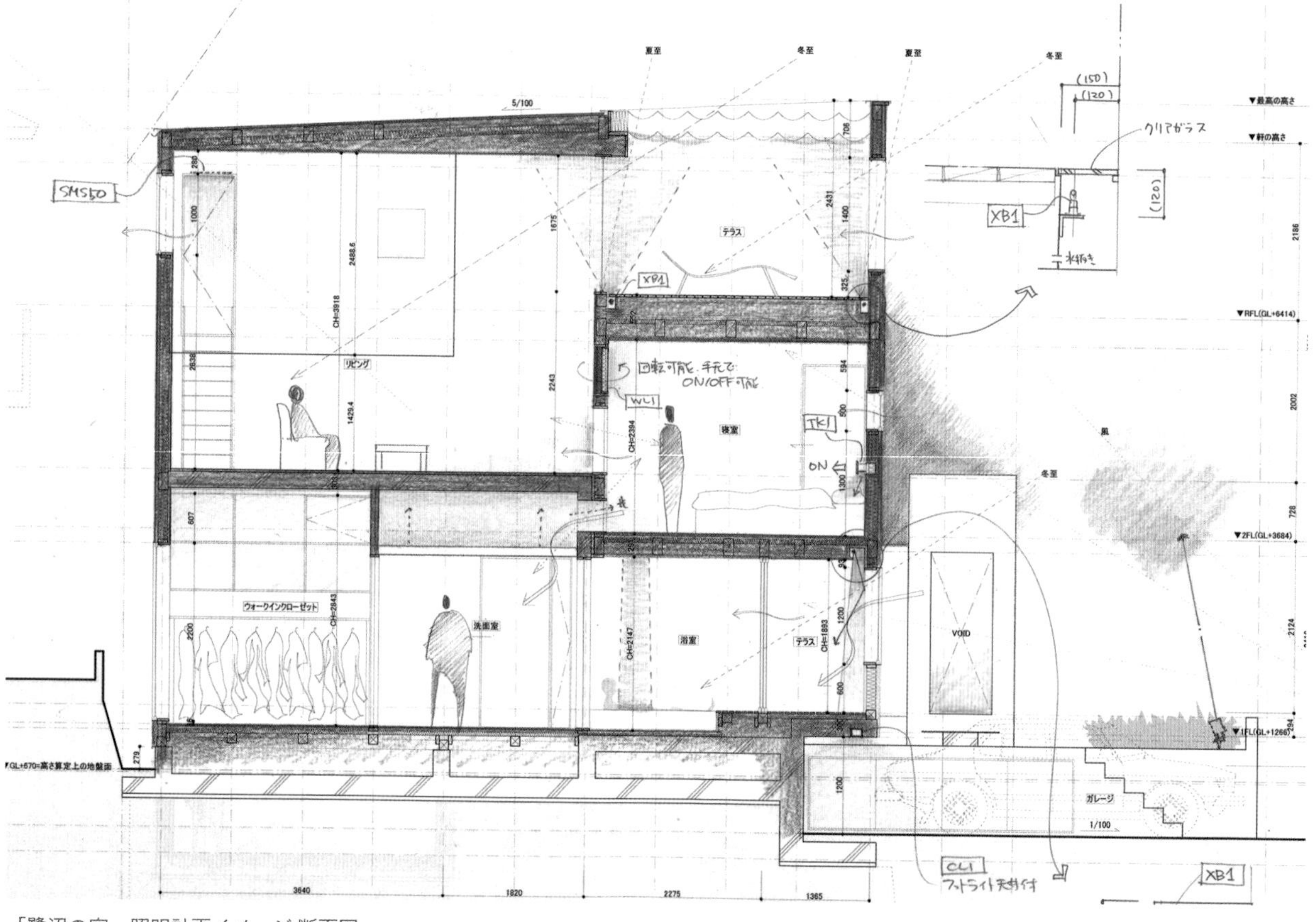

夏至
冬至
5/100
テラス
リビング
寝室
ウォークインクローゼット
洗面室
浴室
VOID
ガレージ
SM550
XB1
WL1
TK1
CL1
▼RFL(GL+6414)
▼2FL(GL+3684)
▼1FL(GL+1266)
3640
1820
2275
1365

「鵠沼の家」照明計画イメージ 断面図

テントに下から光を当てることで、ルーフテラスが行燈にもなる。（図面提供：シリウスライティングオフィス）

昼には太陽の光を採り込んでいたテラスが、夜には照明器具になる。テラスに照明を設置し、
テントに光を反射して室内を照らす（**4.2**参照）

寝室。トップライトから光が落ちてくる

テラスからリビング側を見る。左下のトップライトから、下の寝室に光を落とす

夜はルーフテラスのテントが外灯のようになる

6.5 Indoor lamp post

柱を街灯に見立てる

木造住宅は木のもつ性質上、必然的にあるピッチで柱を配置する必要があります。柱が連続する空間の照明の仕方はさまざまですが、ここでは2つの事例をご紹介します。どちらの事例も、その連続する柱がつくる特徴的な空間を印象的に引き立てています。

上/2階リビング　下/1階廊下
梁・柱の隙間に組み込んだ照明から、梁・柱を照らす。サンドイッチ状の柱のつくられ方を生かして、隙間に照明を灯すデザインに

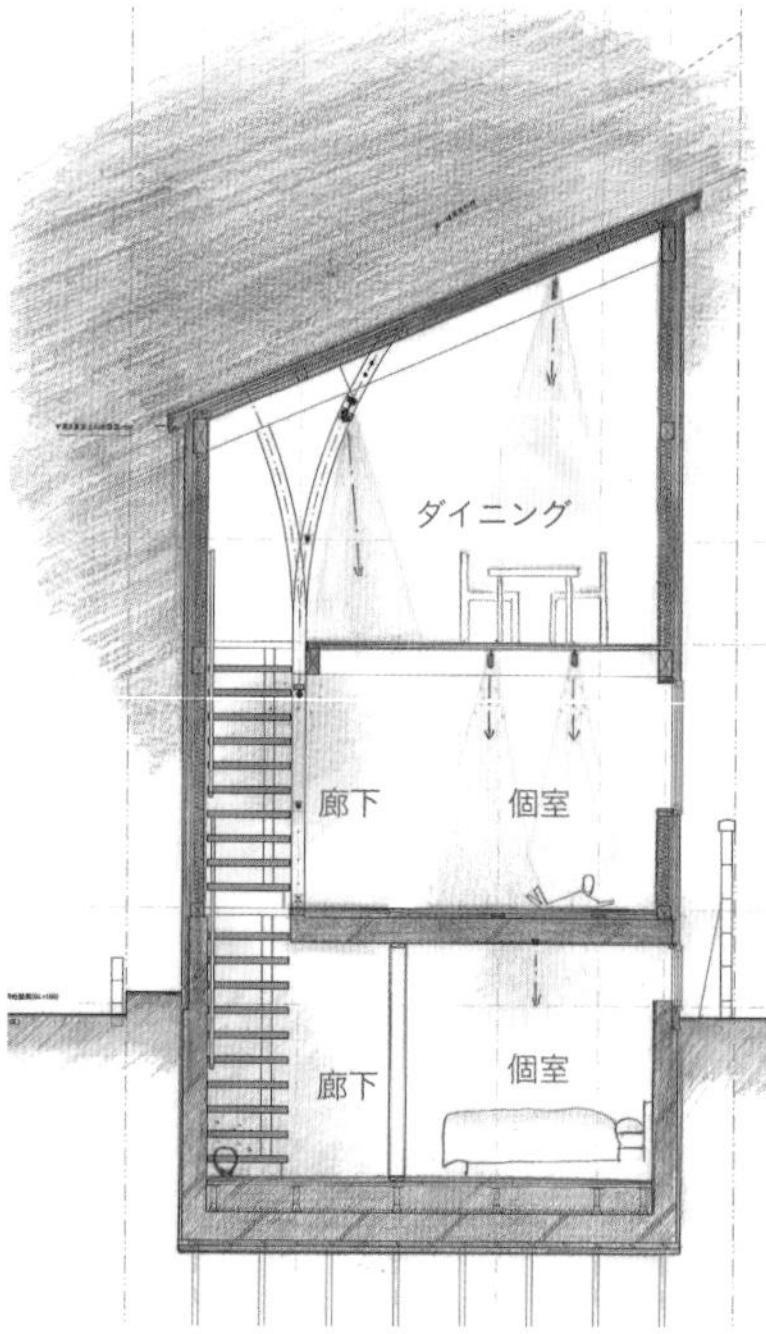
ダイニング
廊下
個室
廊下
個室

「代々木上原の家」照明計画イメージ 断面図

アーチ柱の列柱により、新宿副都心の眺望が可能となった「代々木上原の家」(**5.5**参照)。ワンルーム空間にアーチの組み合わせによる個性的な柱が連続する様は、森のなかのような感覚です。このアーチ柱の一つひとつにランプを掛けるように「アカリ」を設え、素朴かつ印象的な夜の空間をつくりました。この住宅の特徴的な構造体であるアーチ柱を街灯に見立て、建築と一体の照明デザインとしています。

「深沢の家」ではV字状の柱を連続させることにより、木造の大きなワンルーム空間を実現しています(**5.4**参照)。屋根に向かって真っすぐに伸びるV字柱の列柱は、稲荷神社の鳥居が連なる様を連想させます。そのV字柱の最上端から床面に向かって真っすぐに伸びる光が柱一本一本にかかり、最小限の光で架構を浮き上がらせています。

上/夜の内観　下/天井見上げ
組み合わせた架構の隙間に照明を組み込んでいる。柱の上部一面のみを照らし陰翳をつくることで、リズミカルな架構が浮き立つように計画している

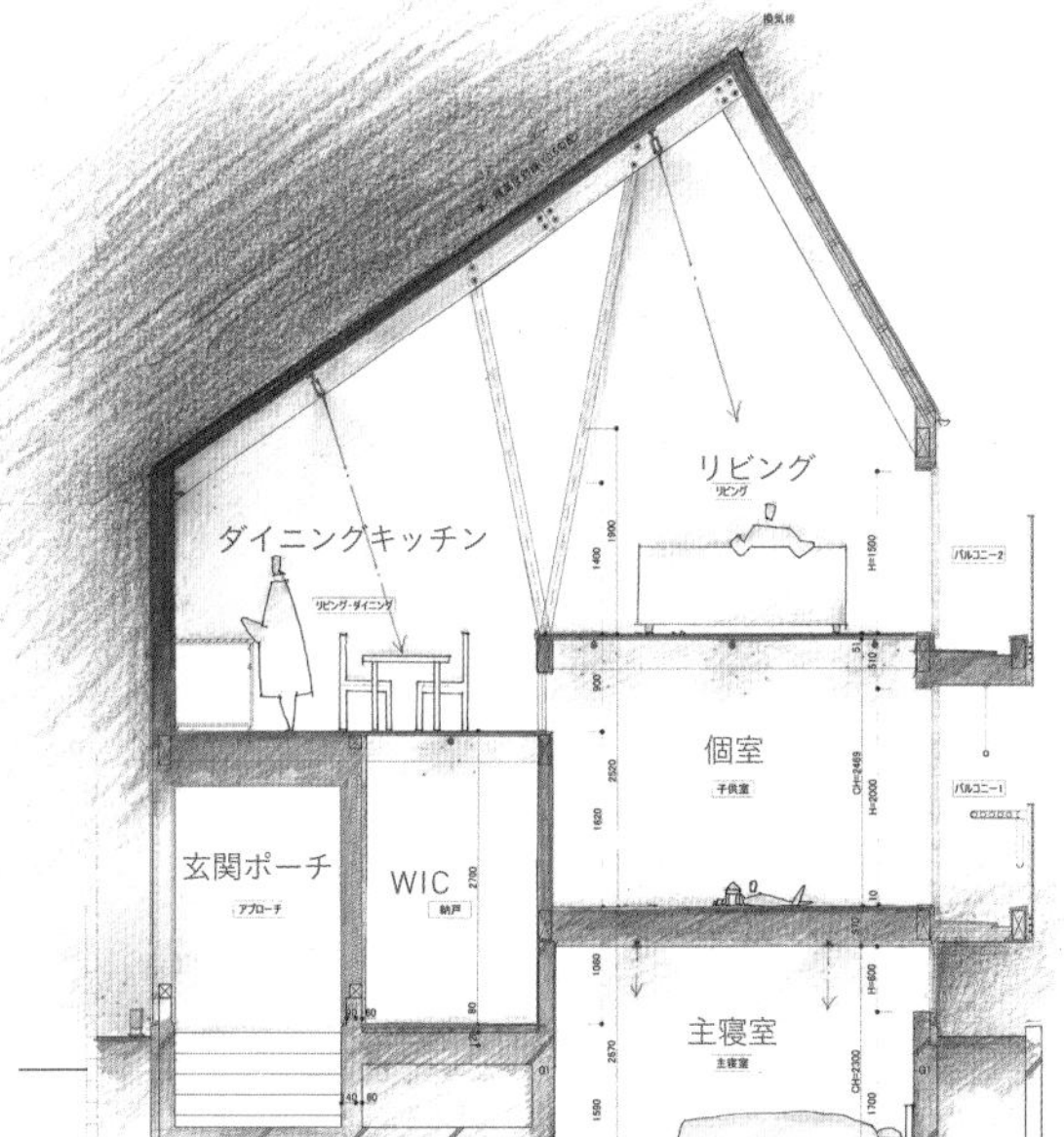
リビング
ダイニングキッチン
個室
玄関ポーチ
WIC
主寝室

「深沢の家」照明計画イメージ 断面図
(図面提供：シリウスライティングオフィス)

6.6 Rhythmic light
リズムを刻む「アカリ」

120㎜角の木材を、平面を斜めに間仕切る壁の上に、両側から交互に敷き並べて屋根を架けている「岡崎の家」では、その屋根架構自体が天井面を兼ねており、印象的な空間をつくり出しています。照明は天井面をつくる角材の間にLEDランプを1つずつ入れて、1本1本の木の側面を丁寧に照らし、部屋全体の明るさをつくっています。

上/全消灯時は、器具の存在を感じさせない
中/最小限のベース照明として、角材の間に入れたランプが2つおきに点灯
下/状況に応じて、角材の間に入れたランプが1つおきに点灯

一番明るくしたいときは、角材の間に入れたランプがすべて点灯

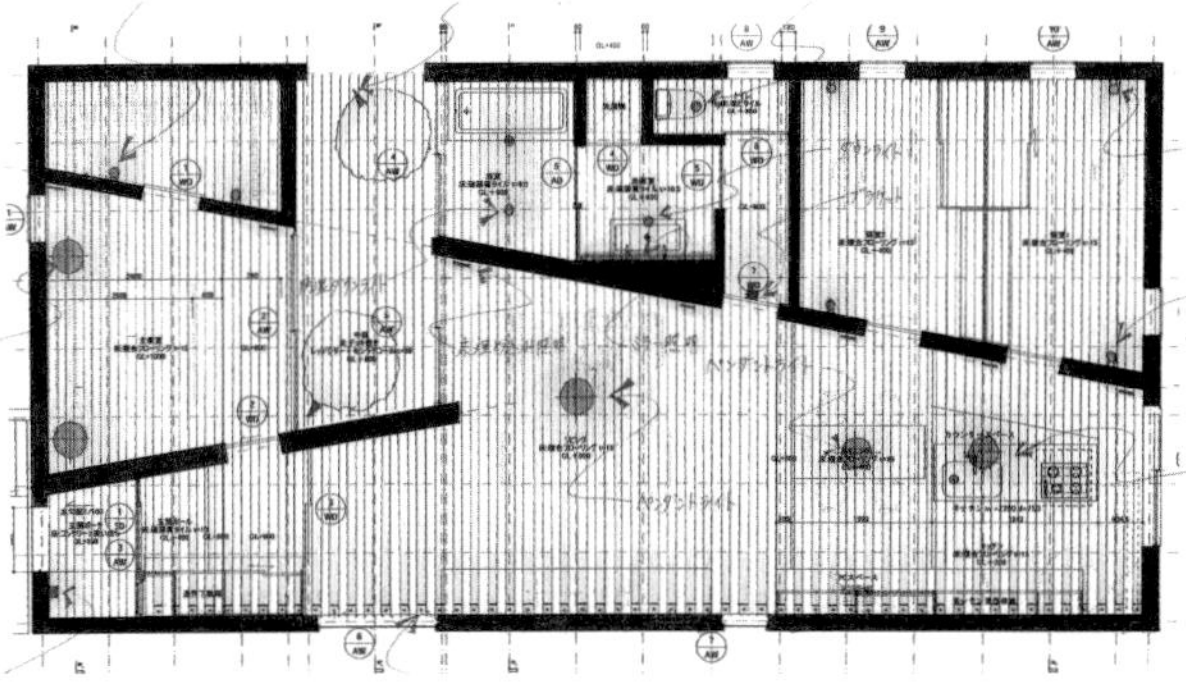

「岡崎の家」照明計画イメージ 平面図

架構と一体になった照明計画。細かいピッチで配置された梁の隙間に照明が組み込まれている（図面提供：シリウスライティングオフィス）

天井の片流れを強調しながらも、梁同様に連続して照明が設置されているので、空間の奥行きを強調するとともに梁の凹凸を浮き上らせている

6.7 Light that mediates between in and out
内と外をつなぐ「アカリ」

照明は、内外を一体的にデザインすることでさまざまな効果をもたらします。夜、室内が明るく外が暗い場合は、ガラス面が鏡のように室内を映し出します。その効果を利用して、照明が窓の外まで連続していくように視覚的な伸びやかさを演出します。また、ガラスの向こう側、すなわち外に照明を置いて室内より明るくすることで、内部空間に広がりが生まれます。前面に畑が広がっている「キャベツ畑と家」では、大開口の窓にカーテンを付けず、前述の２つの方法で内と外の空間を連続させています。

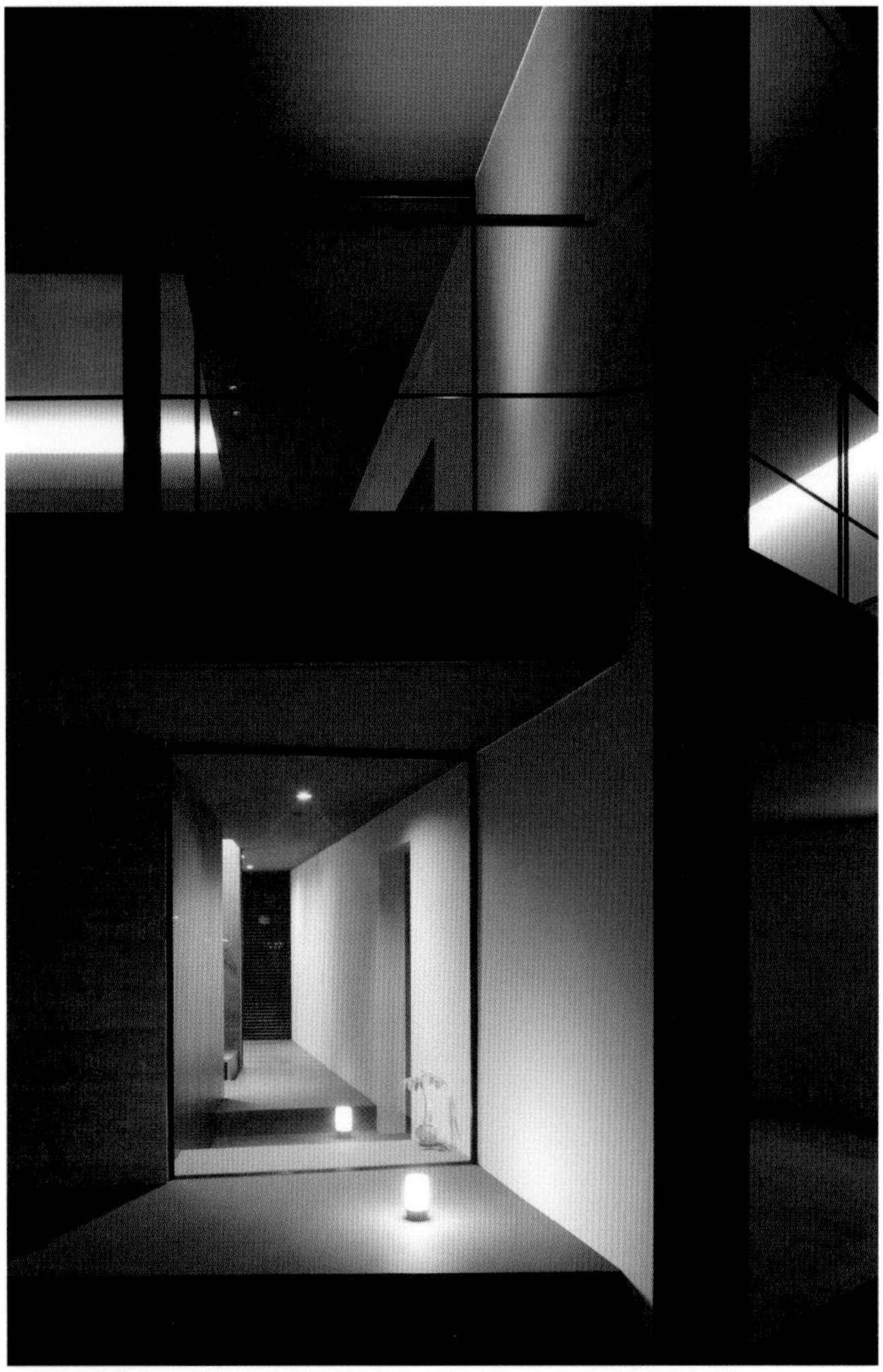

外部の壁面沿いの床面に照明器具を配置し、壁を照らすことで3枚の板に挟まれた建物の構成を強調している

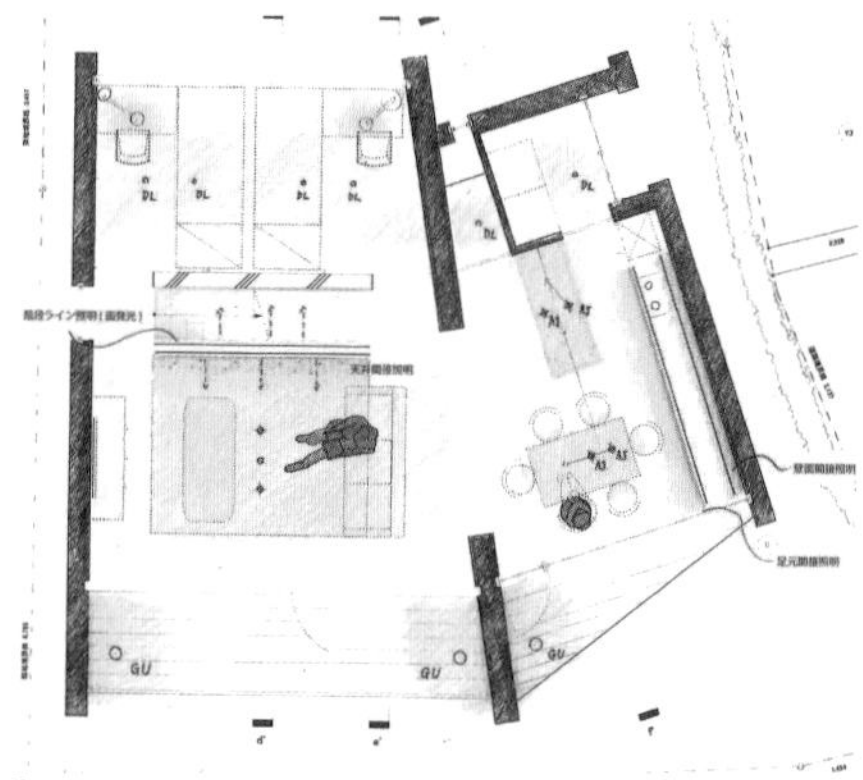

「キャベツ畑と家」照明計画イメージ 平面図
（図面提供：シリウスライティングオフィス）

「キャベツ畑と家」照明計画イメージ 内観パース
（図面提供：シリウスライティングオフィス）

6.8 Texture of shadows

趣きの異なる2つの「アカリ」

家族を印象的な「抜け」の空間で迎えてくれる「あざみ野の家」。この「抜け」の空間、照明1つでまったく印象の異なった空間に変化します。床に埋め込まれた線光源は奥のガラス面に映り込み、「抜け」の向こうまで視線を誘い、吸い込まれるような奥行きを感じさせます。一方、「抜け」の向こうの樹木を照らす照明のみ点灯させることで、静かで音のないかのような空間を演出します。これは常夜灯や防犯を兼ねた照明となっています。

左/廊下側面を一直線に照らすことで、どこまでも続いていくように感じさせる。下の写真とは、異なる抜け感をつくっている
下/室内を暗くして、外の突き当たりの植栽を照らすことで、外部へ連続していくように感じさせる照明（**1.2**参照）

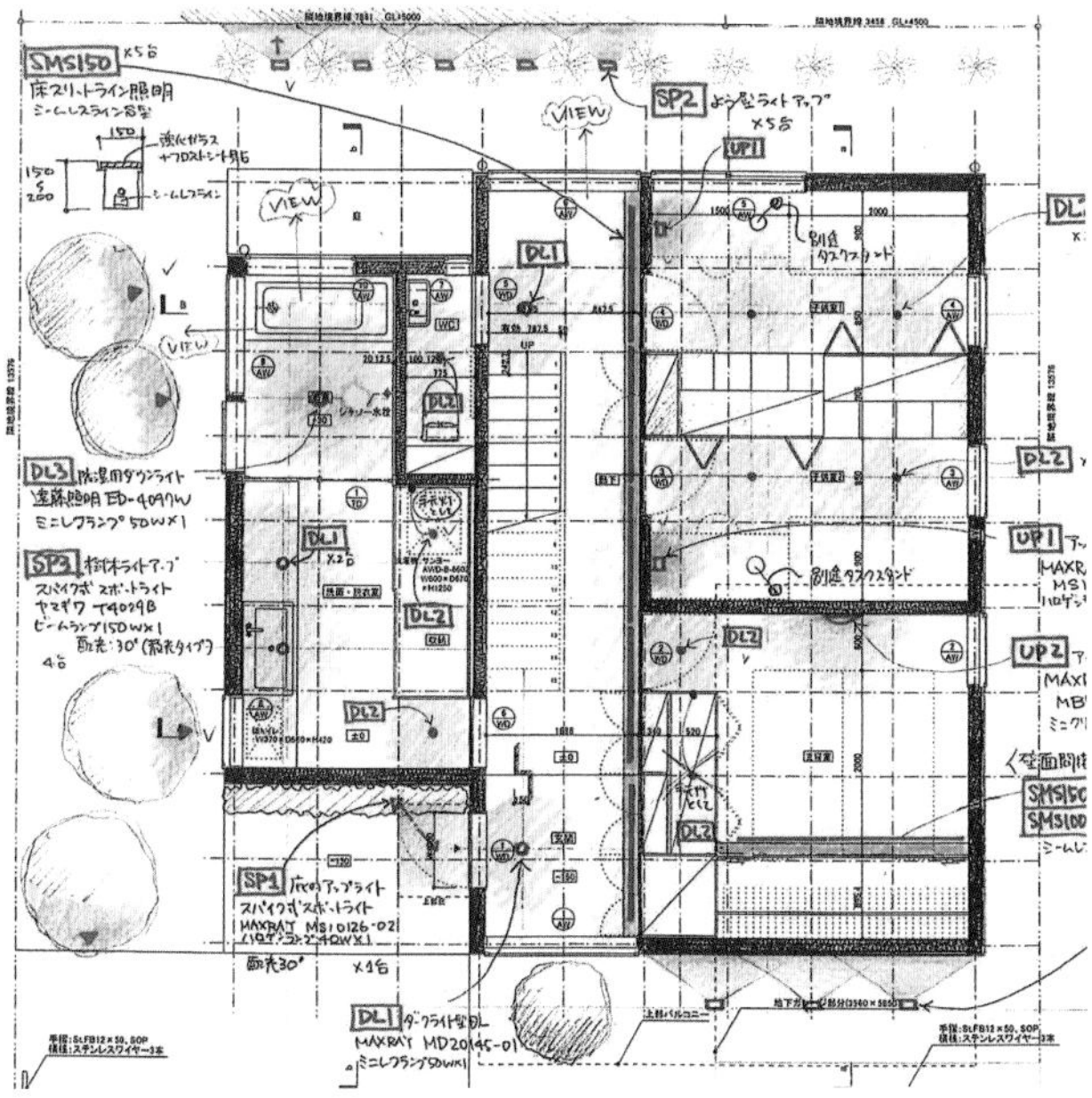
SMS150
SP2
UP1
DL1
DL2
DL3
SP3
SP1
UP2
VIEW

「あざみ野の家」照明計画イメージ 1階平面図
（図面提供：シリウスライティングオフィス）

6.9 Point and line

点か線

照明計画において、光源は点光源と線光源に大別されます。点光源は古くからある身近なもので、キャンドルやスポットライトといった光源が点状のものを指します。点光源は均一に照らすものではなく、暗がりを残して必要なところに効果的に光を落とす場合に使います。それはさりげない、落ち着く場をつくるものであったり、ものを象徴的に照らす緊張感のある場をつくるものであったり、距離感・奥行きをつくるためのものであったりとさまざまです。一方で、線光源は蛍光灯のようなライン状の光源で、面を均一に照らすことで明るさ感をつくるだけでなく、広がりを感じさせます。また、線光源をつなげて内と外で連続させることよりガラスの存在が薄れ、外部空間までつながる伸びやかな印象をつくります。

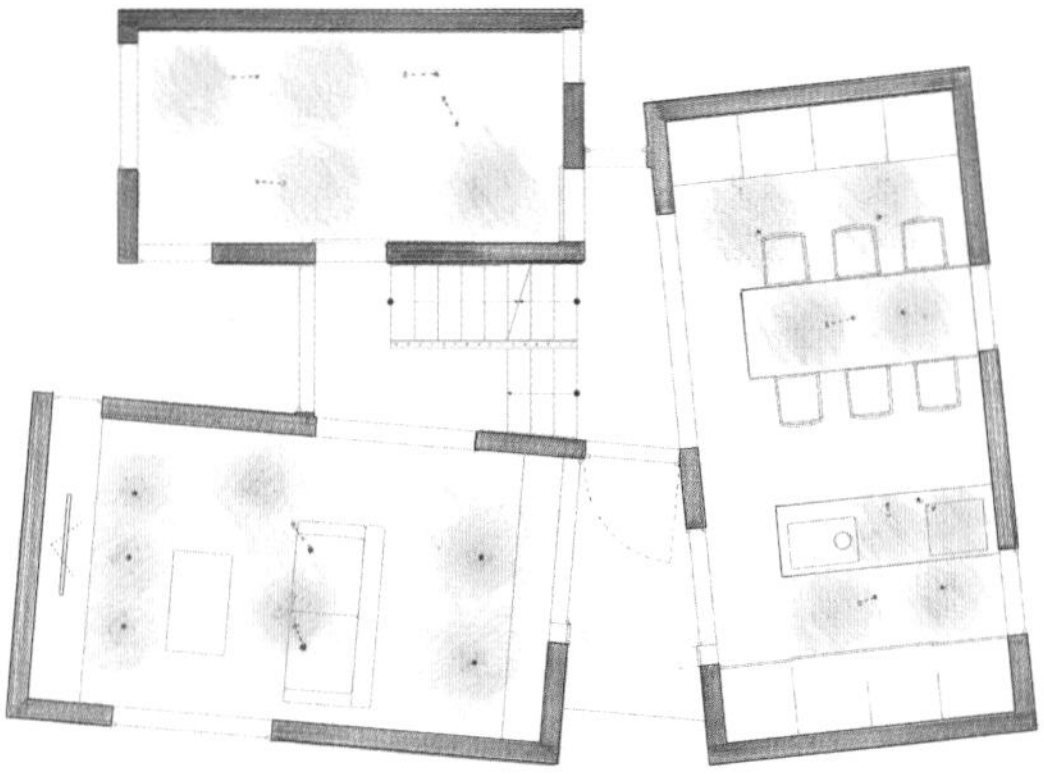

「荻窪の家」照明計画イメージ 2階平面図

点光源による照明計画のイメージ

「荻窪の家」内観。点光源のスポットライトを天井面の梁間に配置し、明暗のある居場所をつくっている

「目白の家」1階エントランス夕景。内外を貫くライン照明が2つの道路をつなぐ（**1.5**参照）

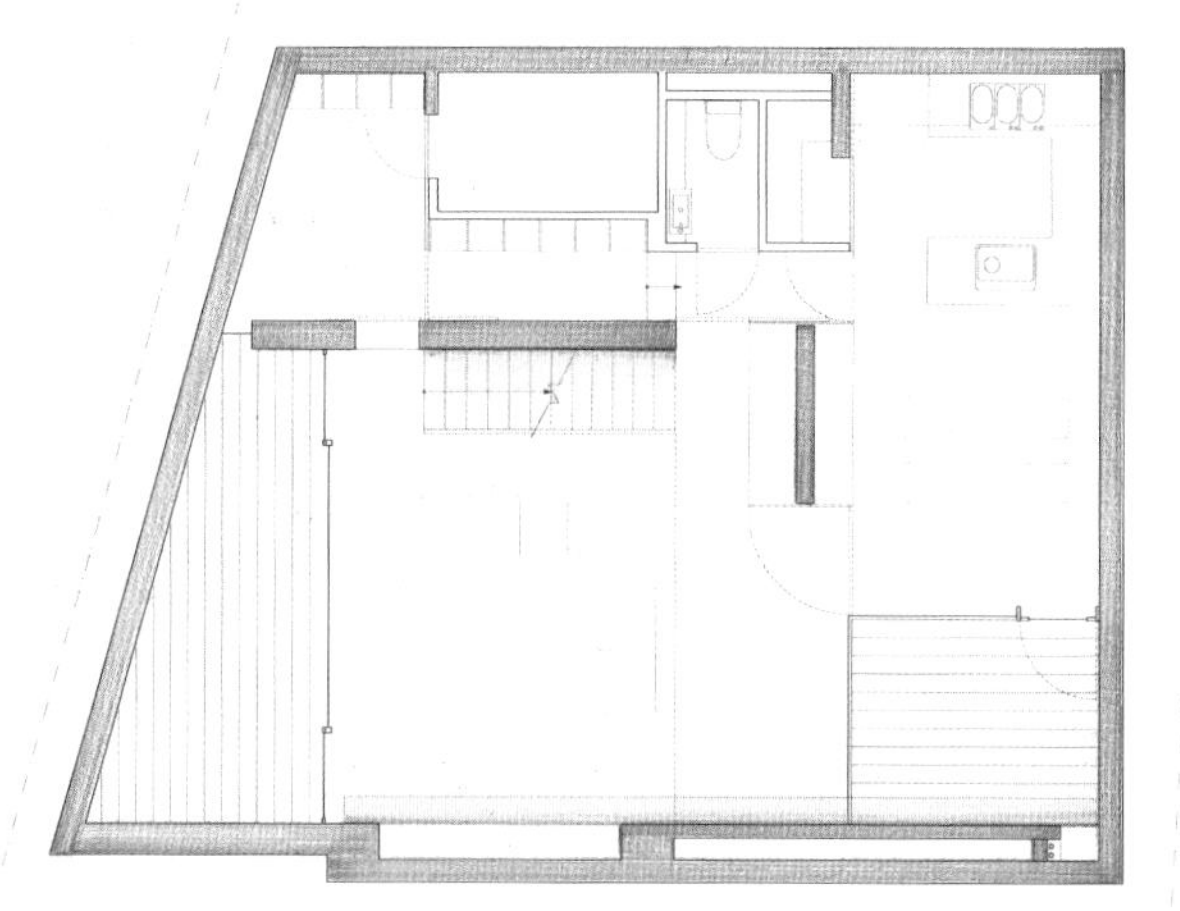

「目白の家」照明計画イメージ 地階平面図
線光源による照明計画のイメージ

「目白の家」内観。線光源を内外に連続させて配置。床面を照らすことで、重厚な空間に浮遊感が生まれている

6.10 Rendering material with shadow

素材を引き立てる「アカリ」

素材感を引き立てるのが光と影であるということは、昼も夜も同じです。均一に明るく照らしてしまうと立体感が損なわれ、趣のない印象となってしまいます。素材感を際立たせた質感のある空間をつくるためには、明暗をコントロールして「影」をデザインすることが大切です。

「荻窪の家」では、アッパーライトで下から照らすことで、ザラザラした壁面の凹凸が強調されている。外と同じ素材の内壁の粗い質感が際立つことで、内外部が連続した空間となる

「J本社ビル・オーナー住居」では、壁に光をあてることで、凹凸のあるコンクリートの素材感が際立つ(**5.12**参照)。特殊な型枠で製作したコンクリートの表情を引き立てている

6.11 Lanterns on street
家は街の「アカリ」

住宅は店舗のように外に対して何かを発信する必要はありませんが、家々から外にこぼれる「アカリ」は、魅力的な夜の街灯りをつくるための街の照明器具ともいえます。

家々の外に対する「アカリ」はさりげなく、住人および客人が必要とする最低限の明るさを確保した上で、アカリを美しく見せる「影」をいかにデザインするかが重要です。

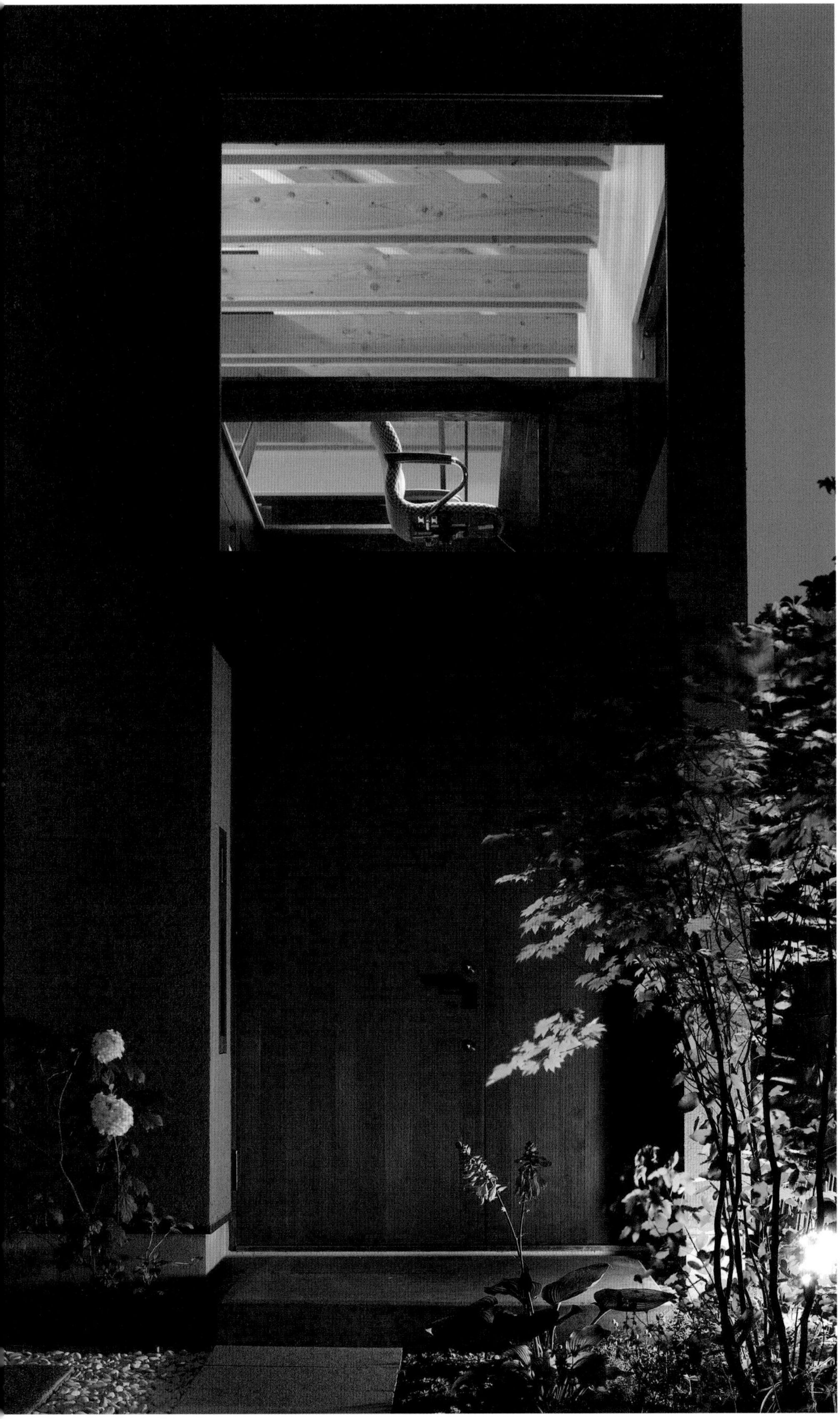

「たまらん坂の家」
わずかな照明でほのかに照らし、枝葉のシルエットもあいまってアプローチを慎ましく彩る

chapter

7

使い勝手を織り込む「間取り」

Practical & User-friendly layouts

多くの建て主にとって、「家」は街並みやコンセプトといったものよりも「使いやすさ」が重要で、満足度に大きく影響します。そのため、設計する際にはこの「使いやすさ」について建て主の要望に耳を傾けるのは至極当然のこととなります。一方で、建て主の要望どおりの「使いやすさ」を織り込んだだけの住宅は、新鮮味のないものになりがちです。「使いやすさ」というものがこれまでの生活で慣れ親しんだものと同じであることが多く、たとえばマンション住まいをしていた人が、「使いやすさ」だけを求めて自分の要望どおりにつくると、自ずとマンションの一室のようなものになってしまうというのはよくある例です。

建築家は建て主の言ったとおりにつくってくれないという話を聞きます。確かに建築作品をつくろうとだけ考えている人も少なからずいますが、建て主に言われたとおりにつくる人もいて、むしろ、最近は建築家と名乗るそのような人のほうが多いように思います。

しかし、本来、建築家はそのいずれにも偏るものではなく、建て主が要望していることはもちろん、要望していないことも含め、ありとあらゆる視点で実直に考え、より良いものを追求してこそ価値があるのではないでしょうか。そして、せっかく新しい暮らしをはじめるのであれば、これまでの生活の仕方や固定観念にとらわれずに、柔軟に「使いやすさ」を含めて空間を考えてみることが建て主にも求められているのかもしれません。

7.1 "Doma Kitchen" vestibule

ようこそ、土間キッチン

日本の伝統的な民家や町家には必ずあった「土間」。しばらく忘れられていた「土間」ですが、最近ではその存在が見直されつつあります。現代の住宅の「土間」は、趣味の自転車をそのまま乗り入れたり、グリーンをたくさん置いて楽しんだり、雨の日の子どもの遊び場にしたりと、さまざまな使われ方をされる万能エリアです。内部でありながらも土足の外部的な要素の強い土間空間は、靴を脱ぐ習慣のある日本だからこそ生まれた特別な場所です。

「西谷の家」では玄関を入ると土間がそのまま奥まで突き抜け、奥庭につながります。玄関でありキッチンでもある土間＝通り庭を中心に空間が広がっており、友人を招くことの多い暮らしのなかで、靴を脱がずに奥庭へ招き入れ、お茶を飲んだり一緒に料理をして食事を楽しんだり、子どもたちが家の内外を走り回ったり……。内と外の境界のない暮らしを楽しめる間取りとなっています。

玄関からダイニング、リビング、土間キッチンを見る

ダイニングからキッチンを見る

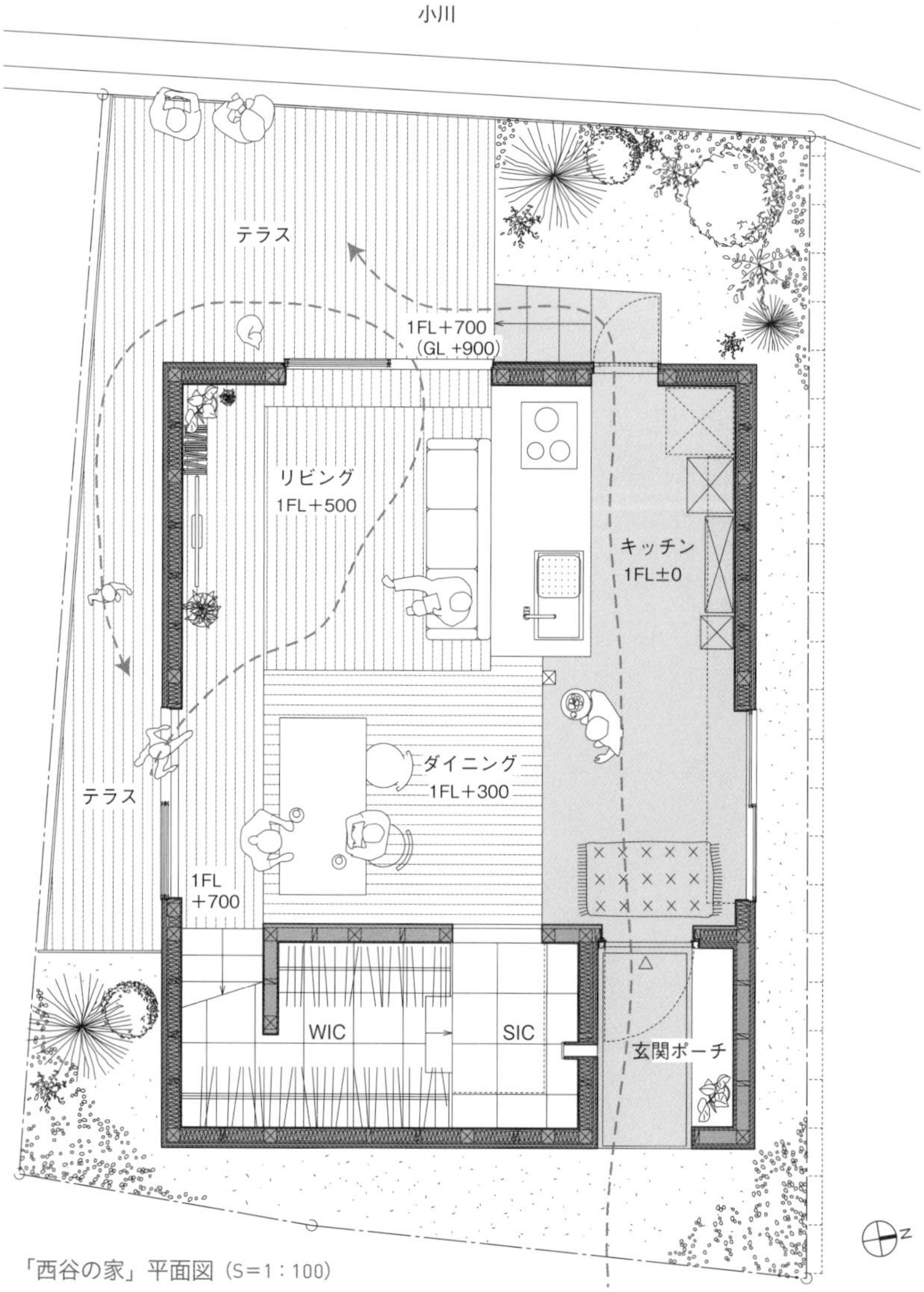
小川
テラス
1FL＋700
(GL ＋900)
リビング
1FL＋500
キッチン
1FL±0
ダイニング
1FL＋300
テラス
1FL
＋700
WIC
SIC
玄関ポーチ

「西谷の家」平面図 (S=1：100)

靴のまま上がれる土間キッチン。正面の勝手口から奥庭へとつながる

7.2 One house, many ways to come home
一軒家だからこそ それぞれの入口

日本の家屋には古くから表玄関の他に勝手口が存在します。集合住宅ではなかなか目にすることはなく、家の出入口は1箇所というのが当たり前。とはいえ、一軒家の場合は勝手口に関わらず、その暮らし方により家への動線を複数に分けることができるのが大きな特徴となり、個性的なプランが生まれます。

「鎌倉長谷の家」では表玄関の他に、趣味のサーフィンや仕事のネイルサロンのための動線をそれぞれ設け、家族それぞれが思い思いに家を出入りします。

浴室と庭の間にバスコートを配置。バスコートには、サーフィンから戻ってまず砂を洗い流すシャワーブースがある

外観を見る

バスコートのシャワーブース

夜も湯船につかりながら庭を楽しめる

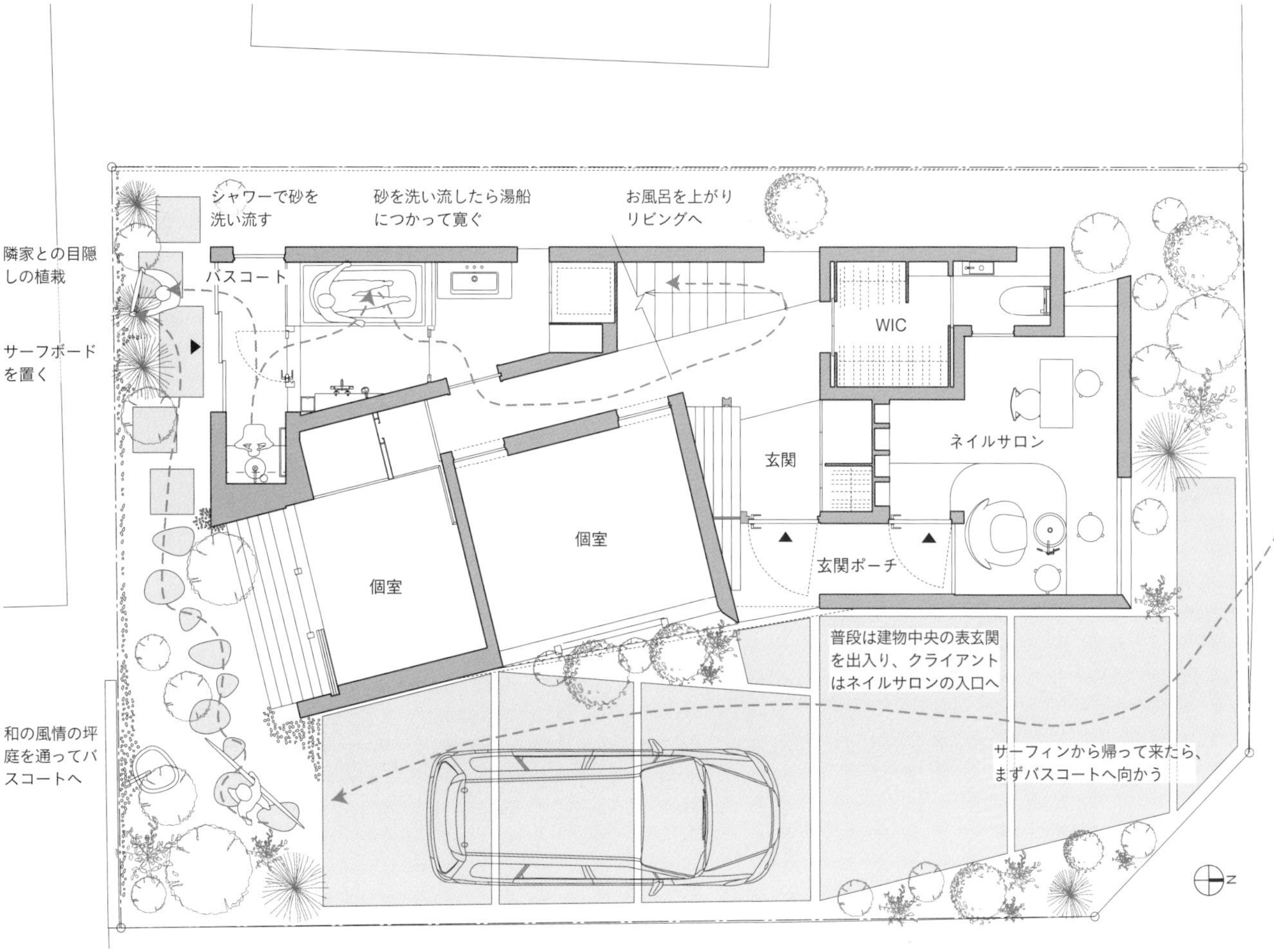

シャワーで砂を
洗い流す
砂を洗い流したら湯船
につかって寛ぐ
お風呂を上がり
リビングへ
隣家との目隠
しの植栽
バスコート
サーフボード
を置く
WIC
ネイルサロン
玄関
個室
個室
玄関ポーチ
普段は建物中央の表玄関
を出入り、クライアント
はネイルサロンの入口へ
和の風情の坪
庭を通ってバ
スコートへ
サーフィンから帰って来たら、
まずバスコートへ向かう
N

「鎌倉長谷の家」平面図（S＝1：100）

7.3 A taste of open-air bath
露天風呂を味わう

屋外空間に面した浴室は、風通しが良いことはもちろん、開放感あふれる露天風呂の感覚が楽しめます。

「岡崎の家」ではプライベートな中庭を通る回遊性のあるプランにより、室内からはもちろん、中庭側から浴室へアプローチすることが可能で、気分を変えて入浴を楽しむことができます。中庭も浴室の延長空間と捉え、照明も含めて計画しています。これにより爽やかな朝風呂から、夜の照明で演出された中庭のあかりが楽しめる非日常的な入浴空間まで、暮らしに変化を与えてくれます。

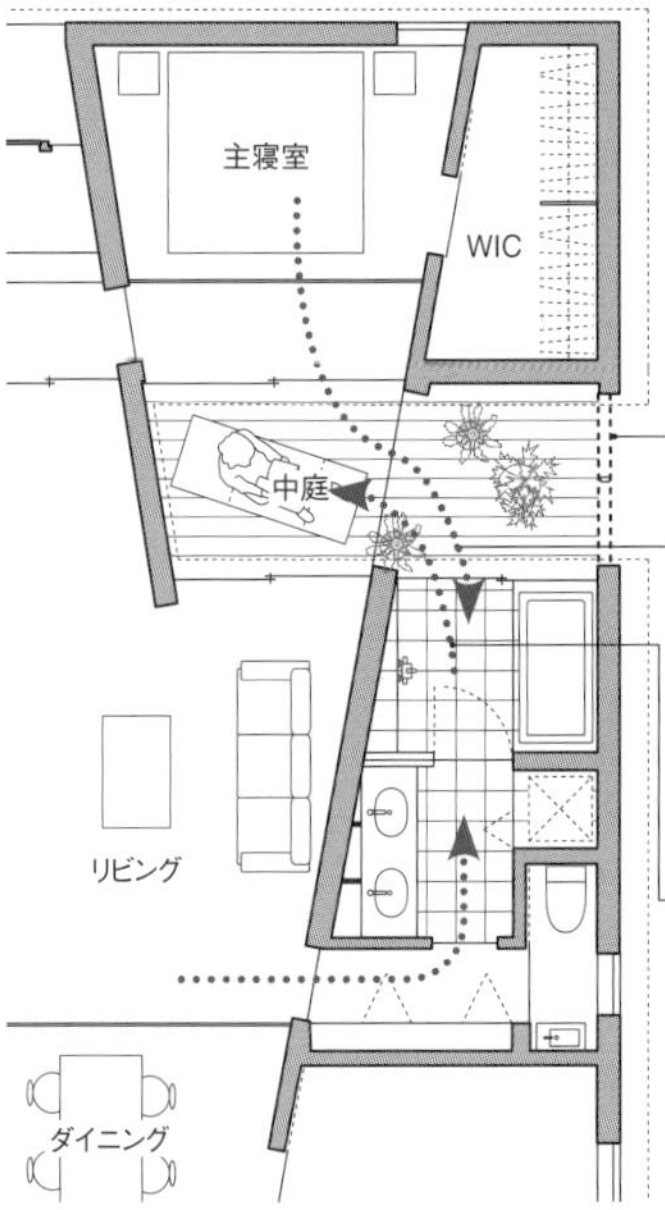
主寝室
WIC
中庭
リビング
ダイニング
ルーバーで通風を確保しつつ、外からの視線をカット
主寝室から中庭を通って浴室に行くこともできる
入浴中に中庭に出て、涼むこともできる

「岡崎の家」部分平面図
(S=1：150)

中庭から浴室へ光が射し込む。主寝室からも中庭越しにアクセスできる

7.4 Clear lines of sight

削ぎ落とした動線で美しく

仕事で毎日帰りが遅く、家の中を整理整頓する時間がない、あるいは、子育てしながら家事をこなさなければならず、家は散らかっていても仕方がない。一時期のことかもしれませんが、やはり精神衛生の観点からは避けたいところ。それを少しでも解決するために生活動線、家事動線の工夫は不可欠です。ただ、機能的な面を充実させるばかりではなく、美しく納めたいものです。

「玉川上水の家」ではダイニング・キッチンと水廻り・ユーティリティを隣接させ、朝の身支度や家事、朝食の準備等を短い動線でまとめました。泥んこの子どもがきれいになって家に入る動線をつくりながらも、「魅せる壁」が仕切ることで生活感を感じさせない印象をもたらします。

【家事動線】
平日の朝は忙しい。家族のために朝食を準備し、同時に大量の洗濯物を洗濯機にかけ、使用後の水廻りを掃除する。そんな家事動線を1本に集約した効率のよいプランニング

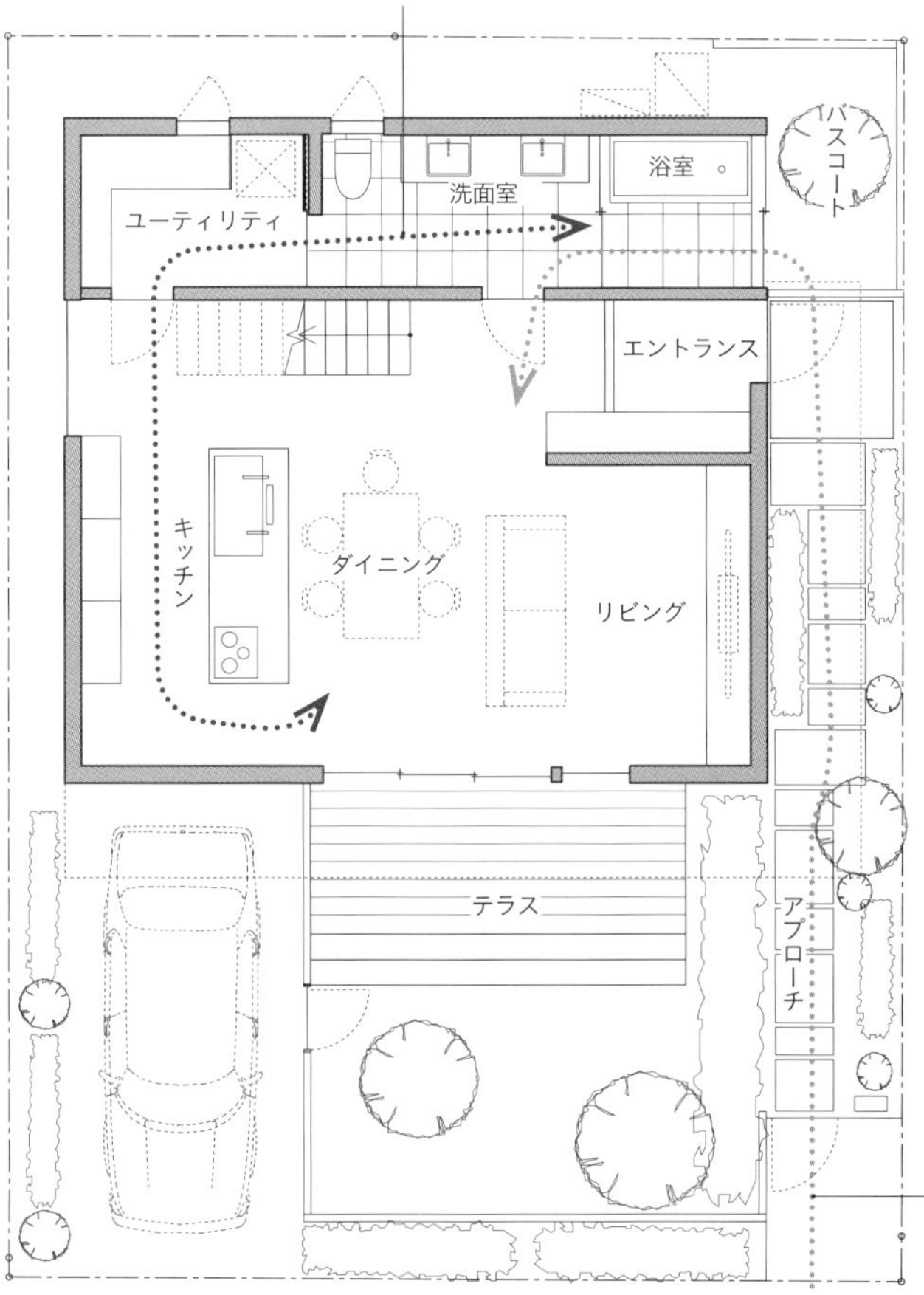

バスコート
浴室
洗面室
ユーティリティ
エントランス
キッチン
ダイニング
リビング
テラス
アプローチ

【泥だらけの子ども動線】
「魅せる壁」の裏側にある水廻り空間。泥だらけの子どもたちはバスコートから帰宅し、そのままシャワーを浴びてきれいになってから家のなかへ

「玉川上水の家」1階平面図（S＝1：120）

正面のバスコートから直接アクセスできる浴室

左側はダイニング・キッチン。階段の奥の壁には扉が隠されており、ユーティリティ、洗面室へと続く

7.5 Going in circles

回遊動線

同じ場所に行くために、家の中に幾通りもの行き方があるのは、たどり着くまでの日に映るシーンがいろいろあって楽しいものです。行き方が変われば同じ場所でも違う場所に感じたりするでしょう。このように行き止まりのないくるくると回遊できるプランにすることで、何気ない日常空間が新鮮かつ多様となり、暮らしを豊かにします。

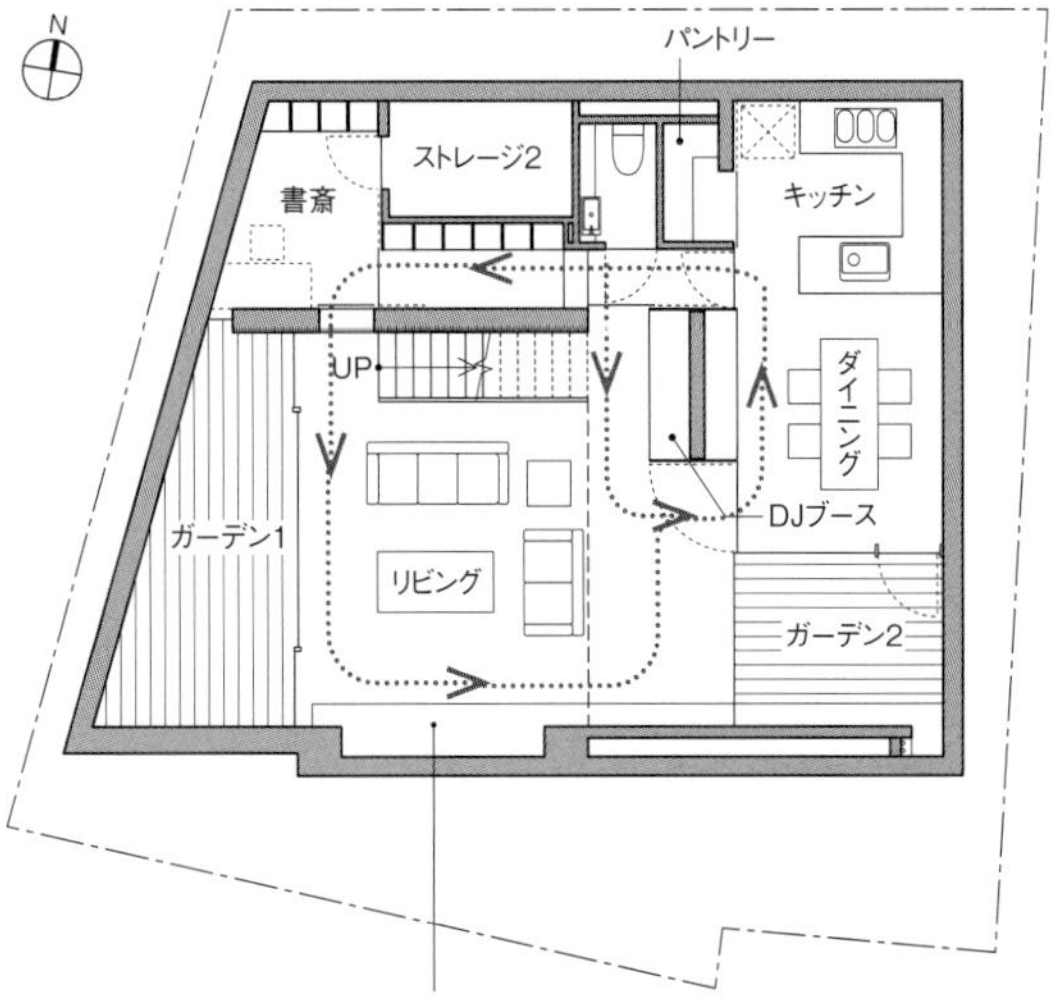
N
パントリー
ストレージ2
書斎
キッチン
UP
ダイニング
DJブース
ガーデン1
リビング
ガーデン2

階段廻りを中心にぐるぐる回れる回遊性のあるプラン。回遊性のあるプランは、風通しもよい

「目白の家」地階平面図
(S＝1：200)

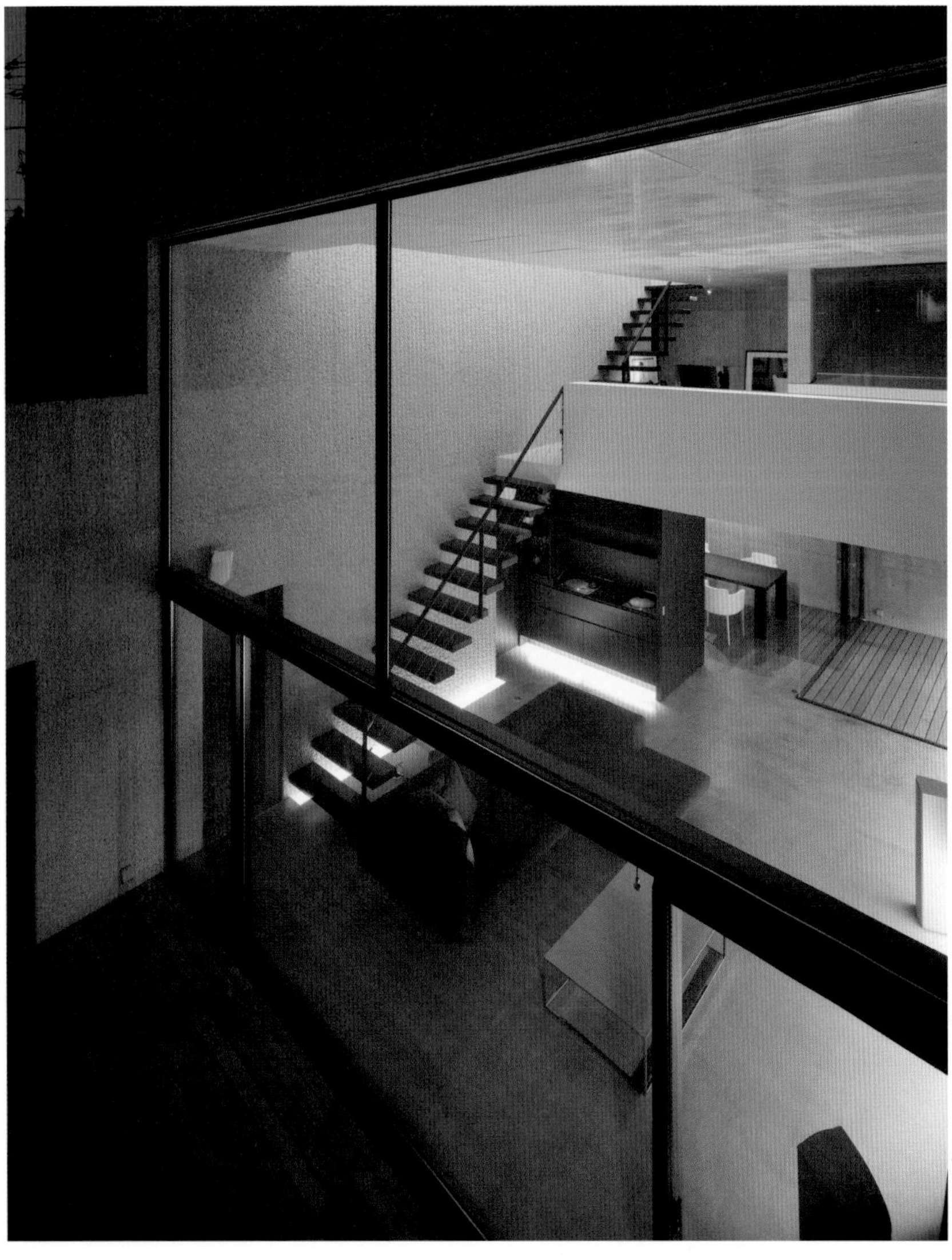

手前にリビング、奥にダイニングを見る。リビングとダイニングはDJブースによって分割され、生活感のあるダイニング・キッチンはリビングとは更に扉で仕切れるため、リビングの雰囲気を壊さない

7.6 A place for everything and everything in its place

服の居場所

ライフスタイルが多様となり、家の中も例えば勉強は自分の部屋で、などという間取りに縛られる必要はありません。同様に動線や収納のあり方もさまざま。特に共働き世帯では家事を家族それぞれが分担するようになり、個人の持ち物である服の納め方は、取り出して着て、洗ってまた戻すという暮らしの中でぐるぐると回り、家族の数だけあると言ってもいいかもしれません。

「鷺沼の家」では共働き夫婦の出勤前と帰宅時の動線上の1ヶ所に服をまとめて収納しています。

「秋田の家」では水廻りや個室、LDKを螺旋状につなぐ階段に沿って、家族それぞれの服を収納しています。

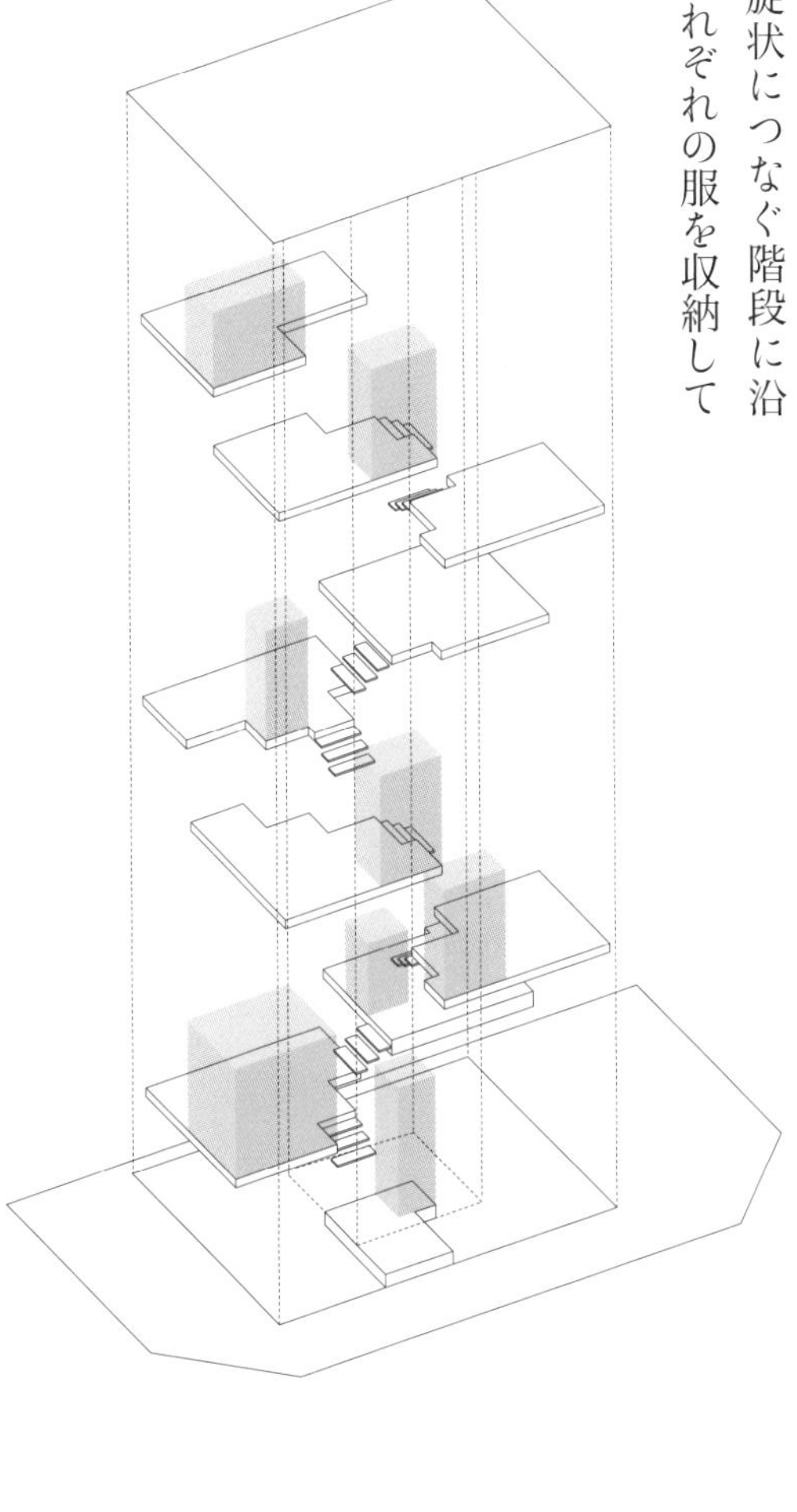

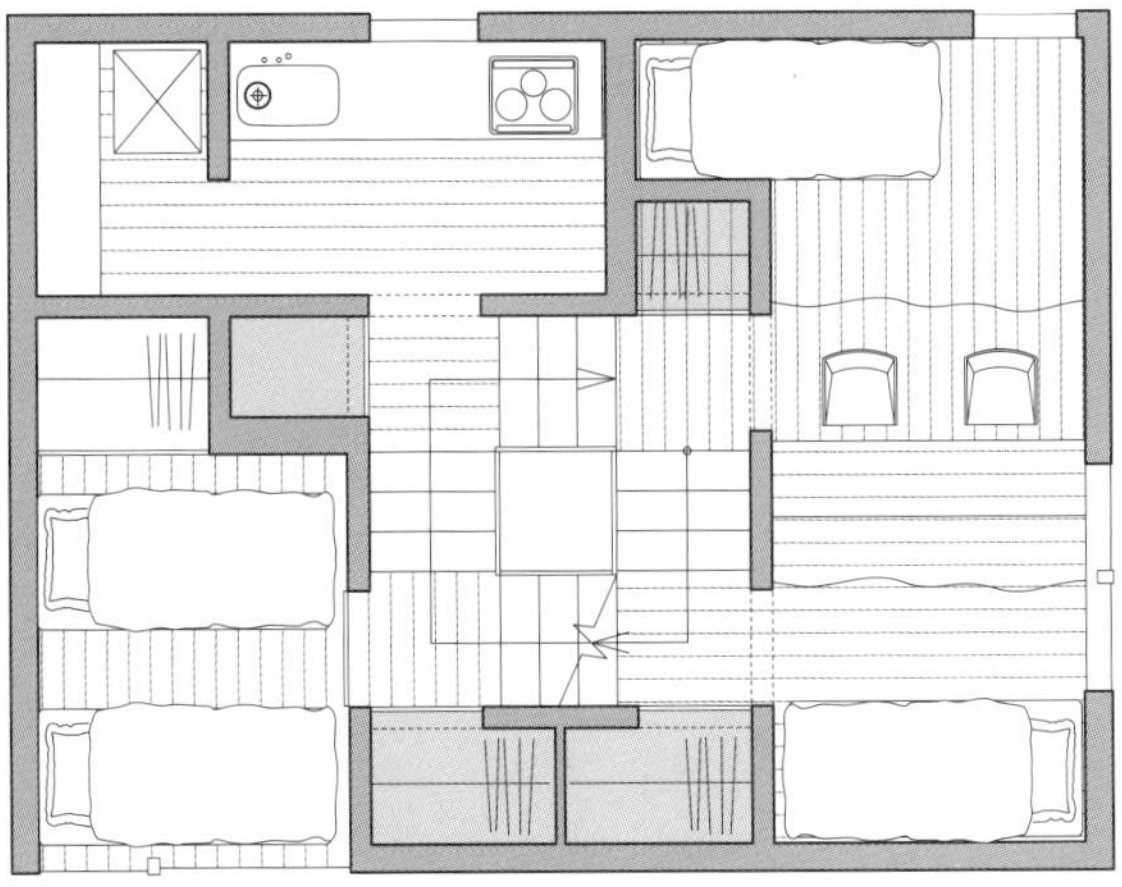

「秋田の家」1階平面図（S＝1：120）

水廻りや個室、LDKを螺旋状につなぐ階段に沿って、家族それぞれの服を収納しています

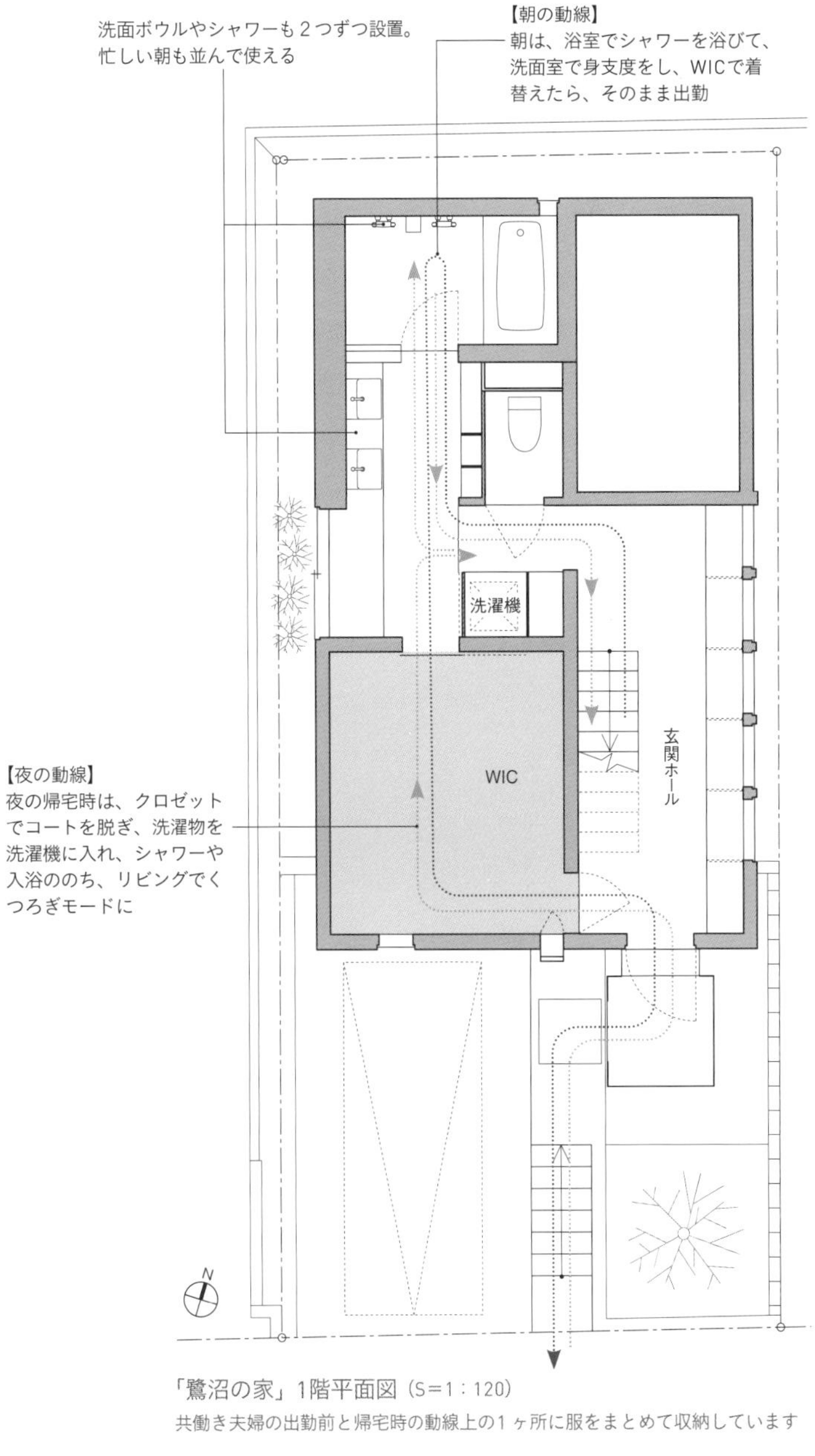
洗面ボウルやシャワーも2つずつ設置。忙しい朝も並んで使える
【朝の動線】
朝は、浴室でシャワーを浴びて、洗面室で身支度をし、WICで着替えたら、そのまま出勤
洗濯機
WIC
玄関ホール
【夜の動線】
夜の帰宅時は、クロゼットでコートを脱ぎ、洗濯物を洗濯機に入れ、シャワーや入浴ののち、リビングでくつろぎモードに

「鷺沼の家」1階平面図（S＝1：120）

共働き夫婦の出勤前と帰宅時の動線上の1ヶ所に服をまとめて収納しています

7.7 Layouts for a couple's retreat I

夫婦ふたりの大人の間取り①

例えば夫婦と子ども二人の4人家族の場合、初めは一室だったものを子どもの成長に合わせて二室に分割して子ども部屋に。子どもが独立したら一室に戻して書斎にするといったように、ライフステージに合わせてフレキシブルに進化させていけるようにします。ただし、夫婦二人だけ、あるいは一人暮らしといった特にスペースの限られる小さな住まいでは、固定観念にとらわれず柔軟に考えることで可能性が広がります。

「つつじヶ丘の家」では水廻りを通り抜けた先に主寝室があります。扉を開放して玄関からもあえて水廻りを見せ奥行きを感じさせつつ、ホテルライクな雰囲気を水廻りから醸し出しています。

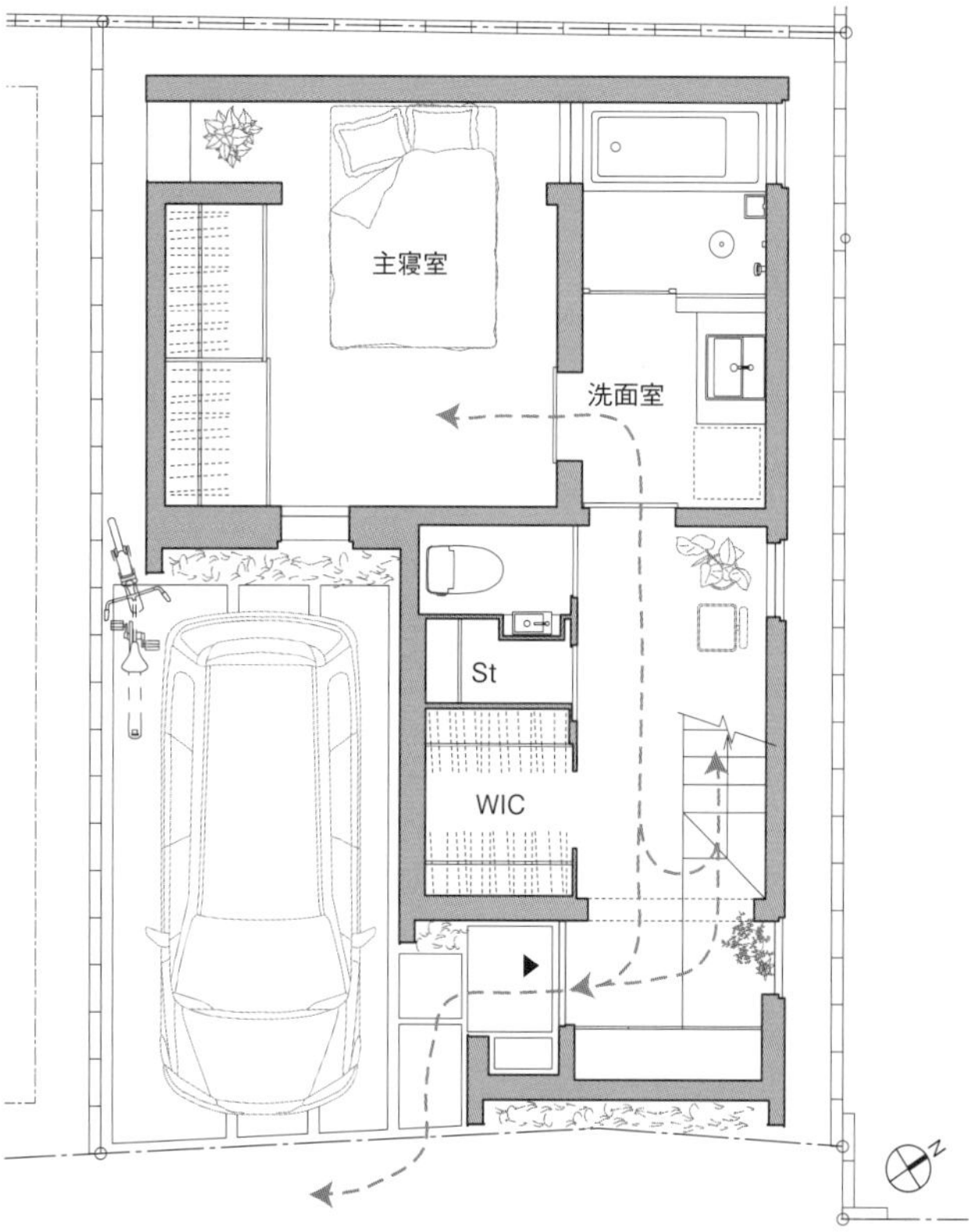

主寝室
洗面室
St
WIC

「つつじヶ丘の家」
平面図（S＝1：100）

洗面室から浴室を見る

浴室から主寝室を見る

エントランスホールから浴室を見る

7.8 Layouts for a couple's retreat II 夫婦ふたりの大人の間取り②

「鎌倉浄明寺の家」の1階は、最小限仕切られたシャワールーム、トイレ、WICを除いて緩やかにつながる一室空間になっています。一室空間であっても、夫婦の共通の趣味であるアート作品を飾ることや、開放的なガラス張りの玄関外からプライバシーを確保する入り組んだ抑揚のあるプランとなっており、仕切らずとも個性豊かな場が生まれ、夫婦ならではの世界観がつくられています。

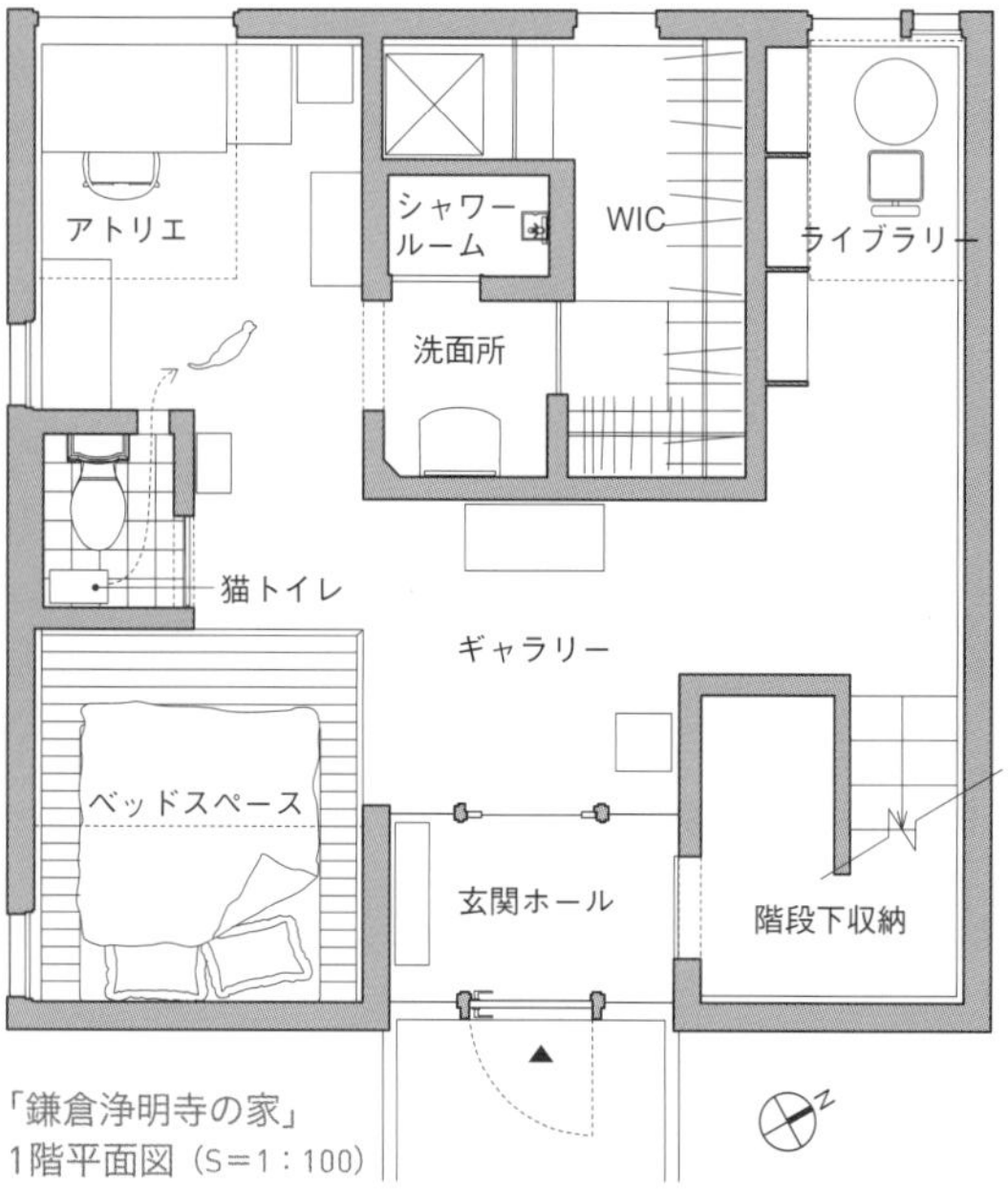

アトリエ
シャワールーム
WIC
ライブラリー
洗面所
猫トイレ
ギャラリー
ベッドスペース
玄関ホール
階段下収納
N

「鎌倉浄明寺の家」
1階平面図（S=1：100）

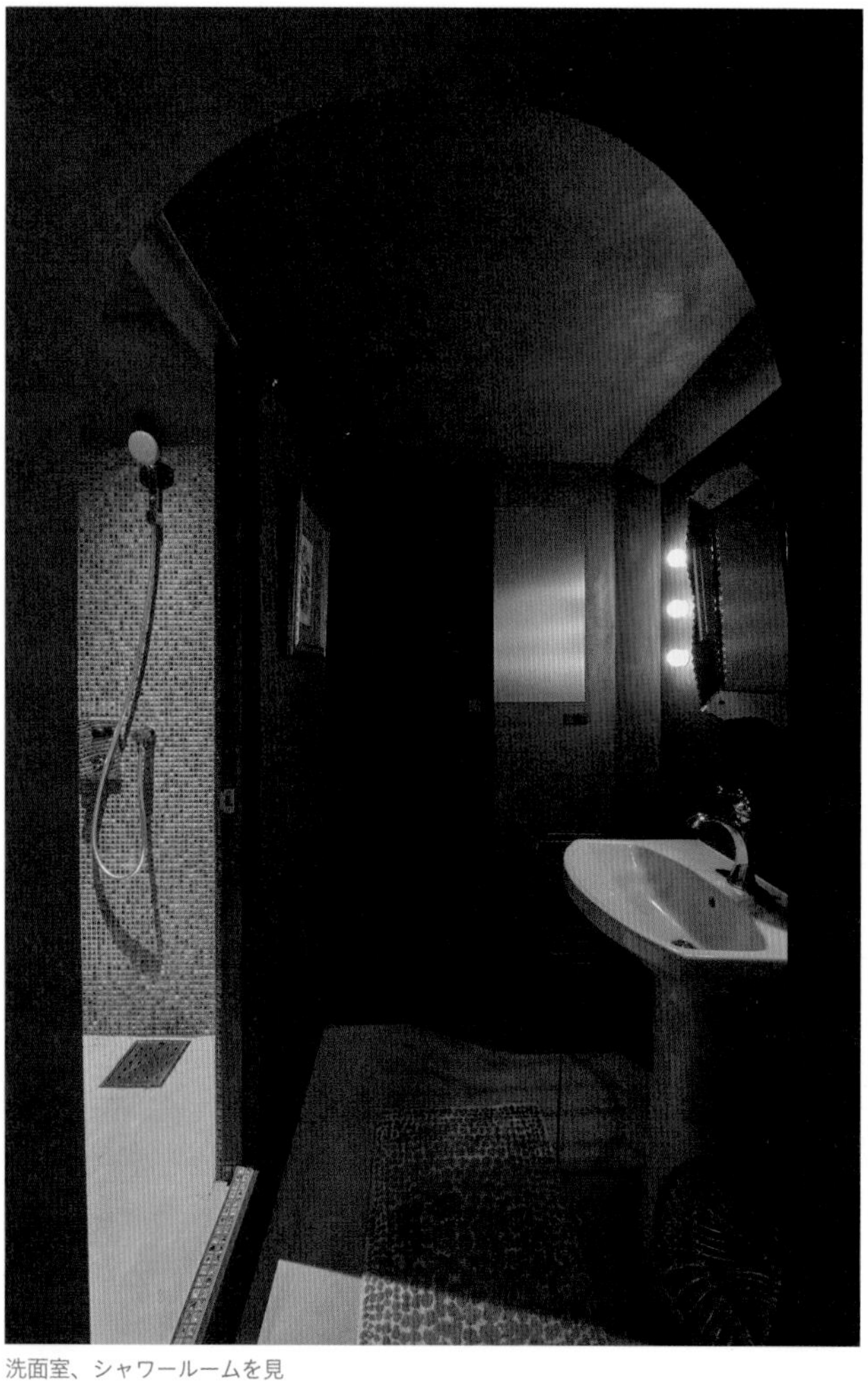

洗面室、シャワールームを見

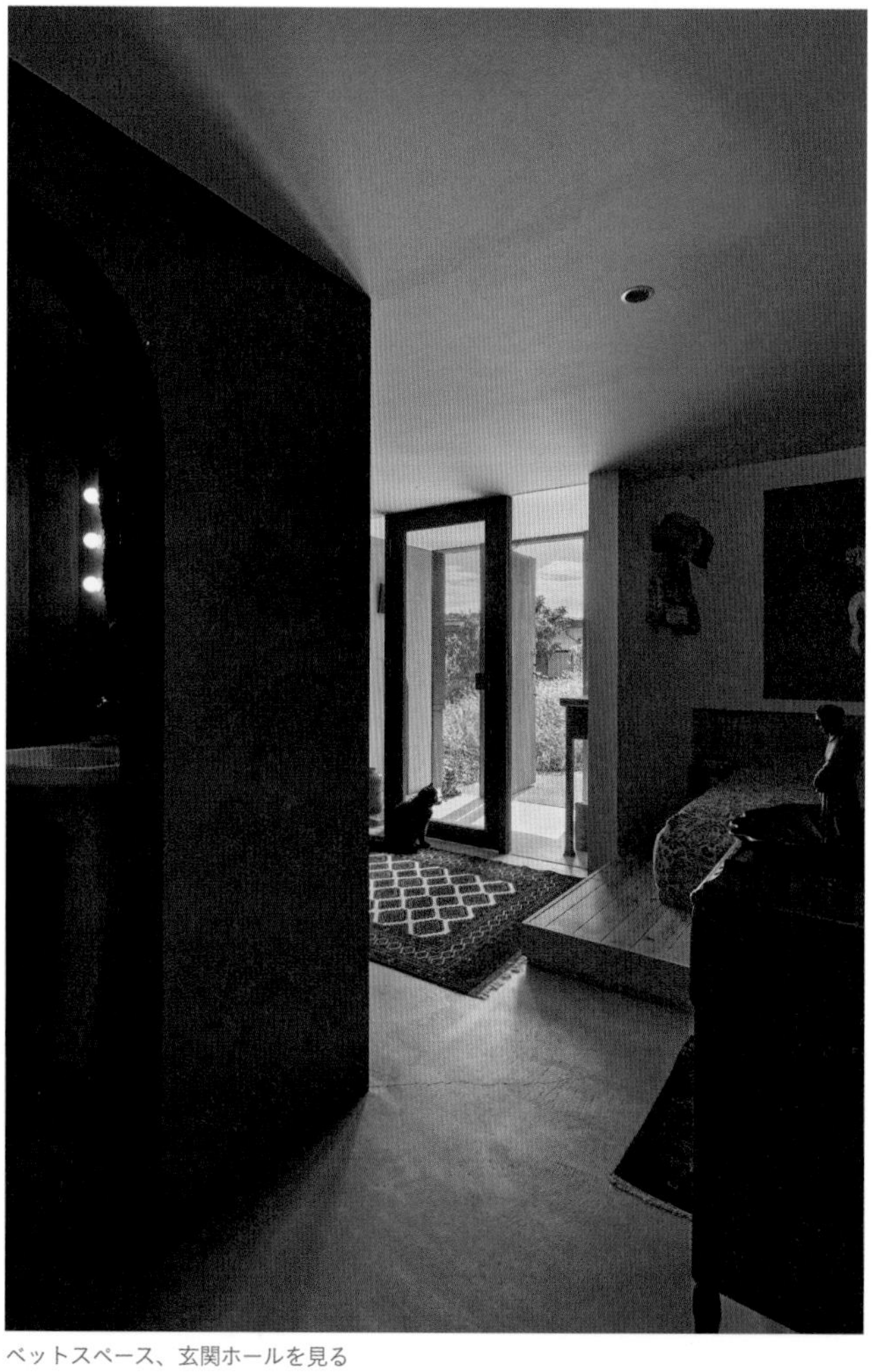

ベットスペース、玄関ホールを見る

ベットスペースを見る

7.9 Enabled by asymmetry

不整形だからできること

『**2.5**』で敷地の不整形について書きましたが、敷地のかたちに関わらず、コンセプトによって不整形な内部空間が生まれることもあります。不整形という得難い個性的な空間は、同時に住みこなすための住まい力を要します。ただ、とはいえ躊躇して留まるのはもったいなく、少しの工夫でいつもと違う趣の空間が実現します。例えば、不整形な部屋を1ヶ所だけ直角に交わる二辺の壁にすることで、途端にモノの納まりがよくなり、それ呼応するように不整形な部分の可能性も広がります。

写真左手：見通せない通路が、奥の空間へと気持ちをかき立てる
写真右手：室1奥の不整形の吹抜け上部より自然光が射し込む。ここに照明を置くことで、夜は吹抜け全体が灯りとなって上下階に別々の雰囲気をつくり出す

寝具奥は不整形になっており、読書灯や本を置くサイドテーブルのような役割を持たせている。上部は吹抜けており、日中は上階の窓から自然光が射し込み、風が通り抜ける

不整形に合わせてカウンターを設え、小さな書斎コーナーをつくっている。カウンター奥の鋭角部は塞がず、PCや照明の配線を集約して通せるようにしている。不整形であるため、椅子を引くに十分なスペースが取れている

壁を屈折させることで坪庭が生まれ、室2、室3に潤いを与える。上階の軒下となって、雨の日でも窓をあけて風を採り込むことができる

不整形部分を利用して窓を設ける。トイレのため、道路側にあからさまに窓を設けることなく、自然光・換気を採っている。不整形部分は手洗いカウンターとして活用

水廻りの奥は目隠しを兼ねた既存樹の坪庭となっている

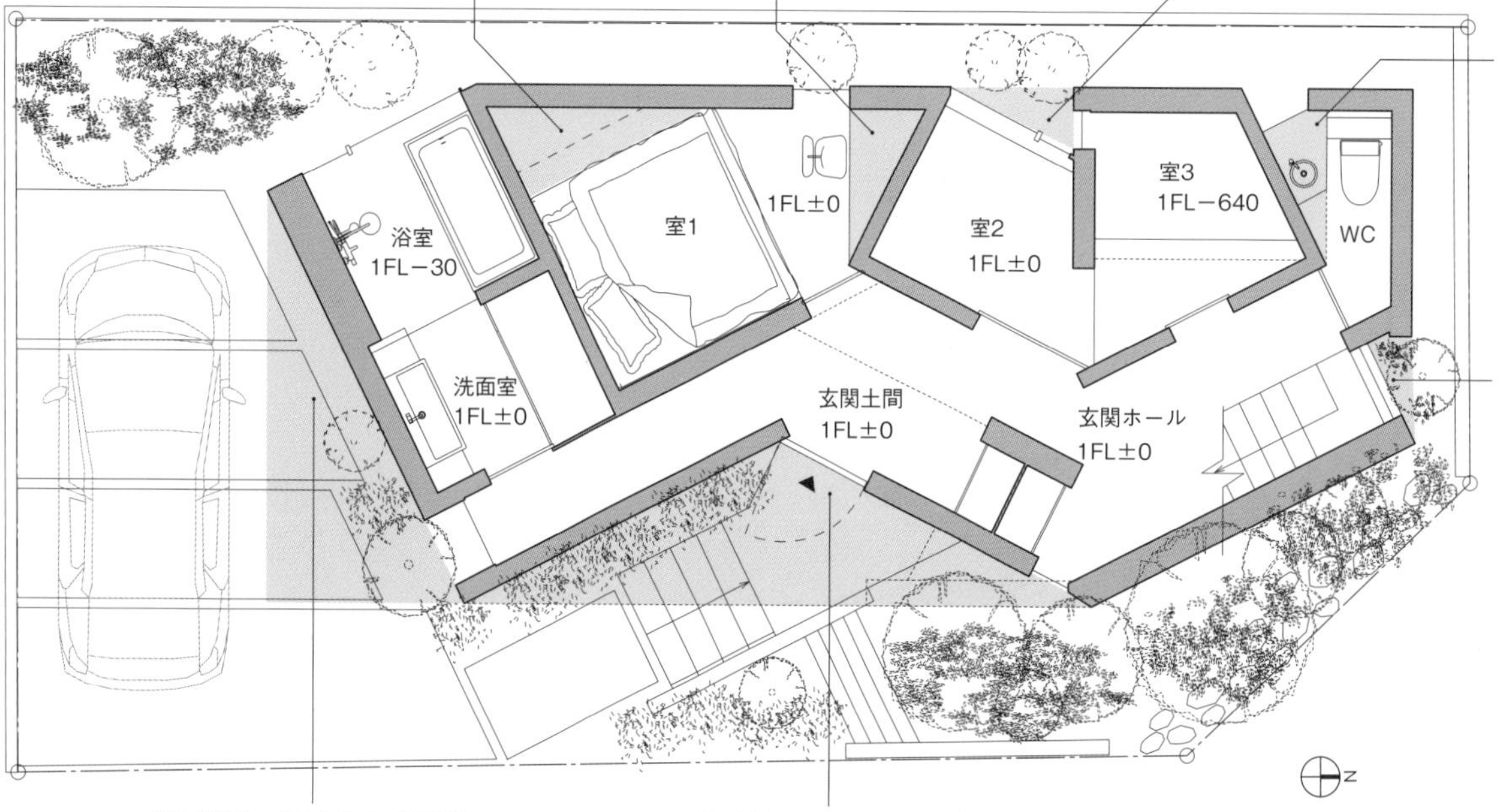

浴室
1FL−30
洗面室
1FL±0
室1
1FL±0
室2
1FL±0
室3
1FL−640
WC
玄関土間
1FL±0
玄関ホール
1FL±0
N

壁に角度をつけることで、運転席からの出入りがしやすくなっている

家に迎え入れるように壁を「くの字」に屈折させ、軒下のアプローチ空間をつくっている

「東小金井の家」1F平面図（S＝1：100）

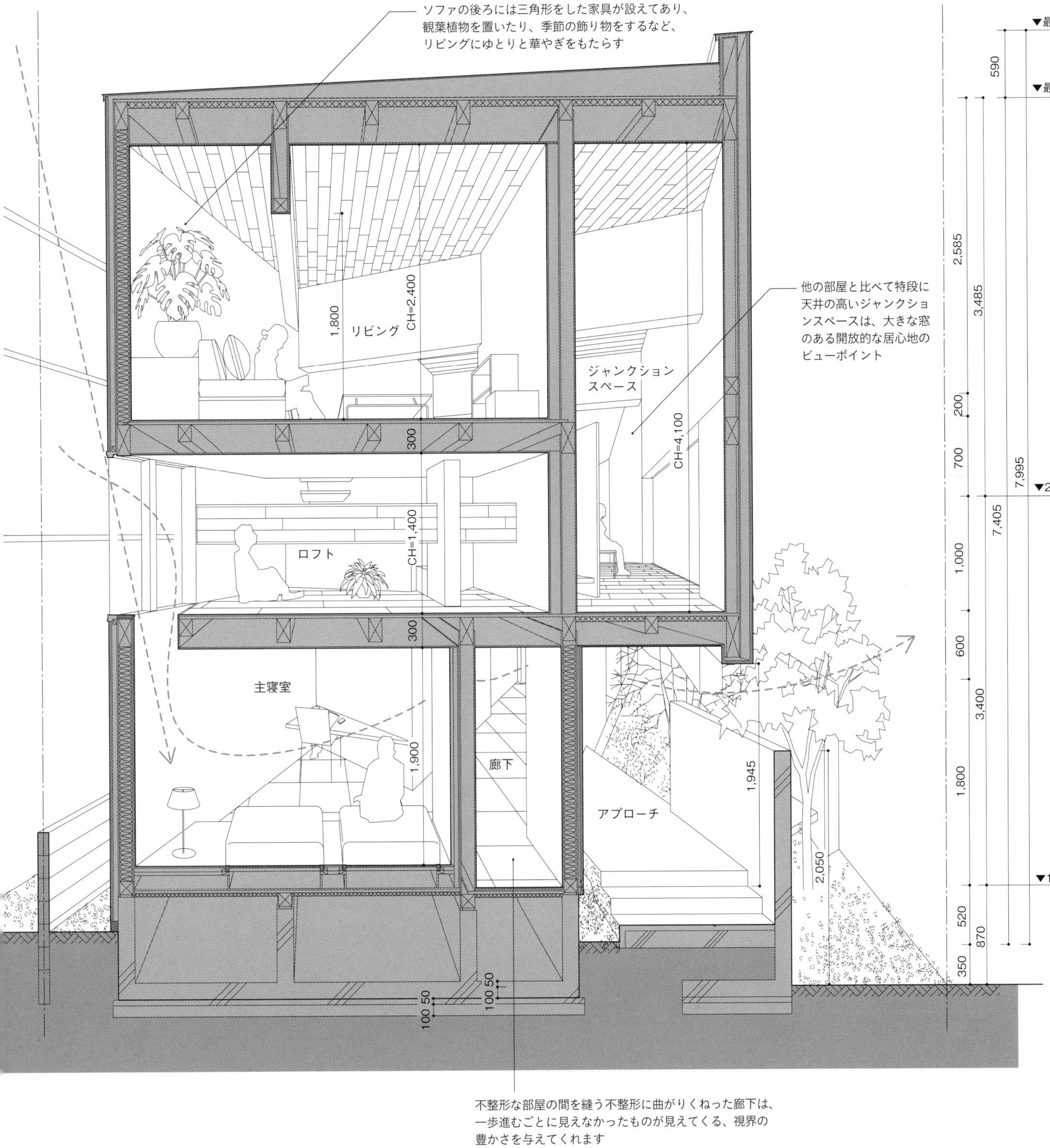
ソファの後ろには三角形をした家具が設えてあり、
観葉植物を置いたり、季節の飾り物をするなど、
リビングにゆとりと華やぎをもたらす
▼最高高さ
590
▼最高軒高
2,585
3,485
他の部屋と比べて特段に
天井の高いジャンクショ
ンスペースは、大きな窓
のある開放的な居心地の
ビューポイント
1,800
リビング
CH=2,400
ジャンクション
スペース
CH=4,100
200
300
700
7,995
▼2FL±0
7,405
ロフト
CH=1,400
1,000
300
600
主寝室
3,400
1,900
廊下
1,945
アプローチ
1,800
2,050
▼1FL±0
520
870
350
100 50
100 50
100
不整形な部屋の間を縫う不整形に曲がりくねった廊下は、
一歩進むごとに見えなかったものが見えてくる、視界の
豊かさを与えてくれます

「東小金井の家」断面図（S＝1：50）

「鎌倉長谷の家」

ダイニングから壁をくぐった階段の先に自然光の射し込むロフト空間がある。収納としてロフトをつくるのではなく、リビングの延長空間としてソファからの視線の先をデザインする。ロフトへの階段は機能を満たすだけに留まらない

7.10 Magic in the margins
余白の魅力

限られた面積や高さの中、要望を入れていくと、あと少し足りない…という事態に多かれ少なかれ遭遇します。あるいはパズルの最後のピースがはめ込まれるように、とても合理的にぴたっと納まる場合もあるでしょう。必要な部屋を必要な広さと天井高をとって組み合わせる。その時点で少し立ち止まって、要望を削ってもあえて目的を明確にしない余白を織り込み、気づきを得たいものです。

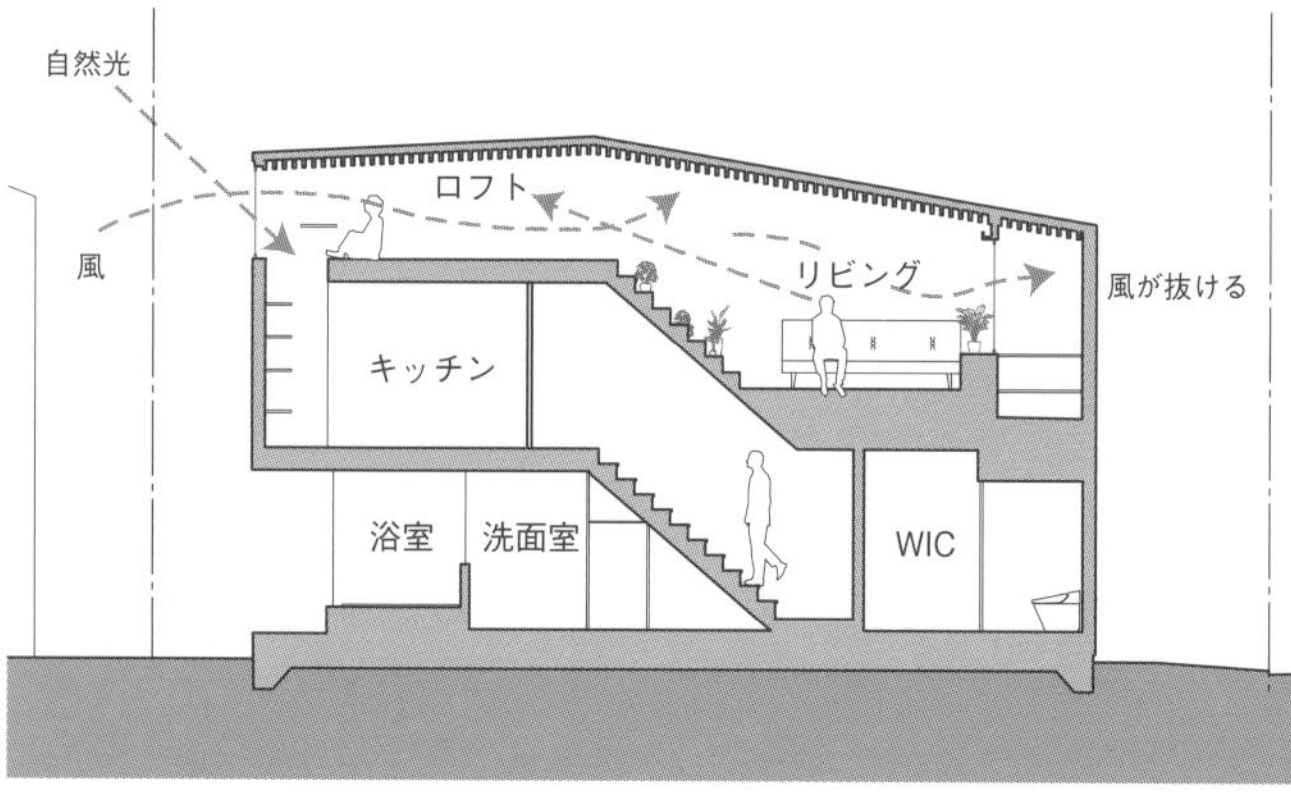
自然光
ロフト
風
リビング
風が抜ける
キッチン
浴室
洗面室
WIC

「鎌倉長谷の家」断面図（S=1：120）

1階から2階の途中にある小さなフロア。窓の外に広がる景色を眺めて一息つく。ここからあらゆる場につながる、小さくても要の空間

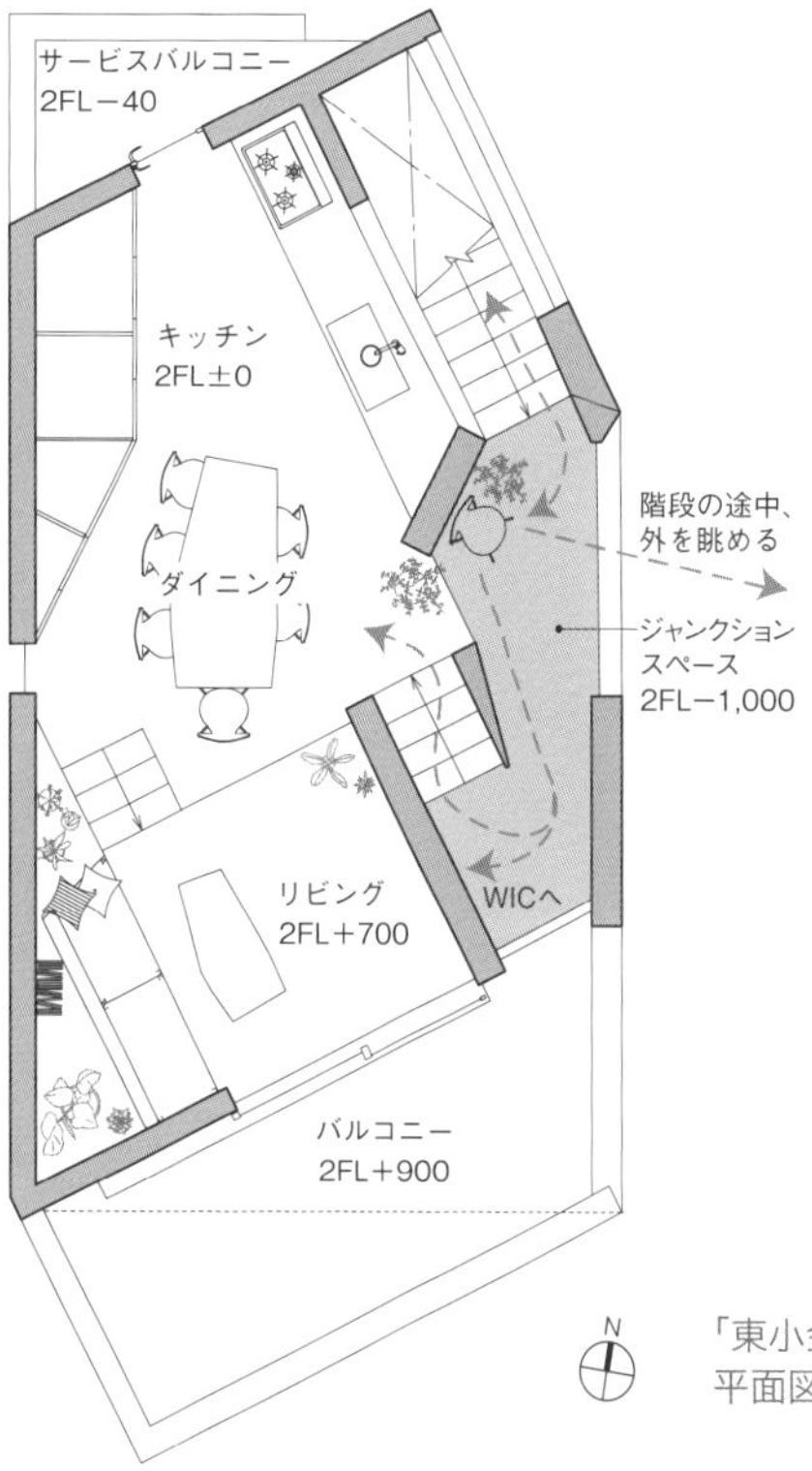

サービスバルコニー
2FL−40
キッチン
2FL±0
ダイニング
階段の途中、
外を眺める
ジャンクション
スペース
2FL−1,000
リビング
2FL+700
WICへ
バルコニー
2FL+900
N

「東小金井の家」
平面図（S＝1：120）

寝室に隣接するたった2畳のスペース。左側に見える小窓からは、階段吹抜け越しに子どもの勉強スペースが見える。正面の扉はクロゼットへとつながる

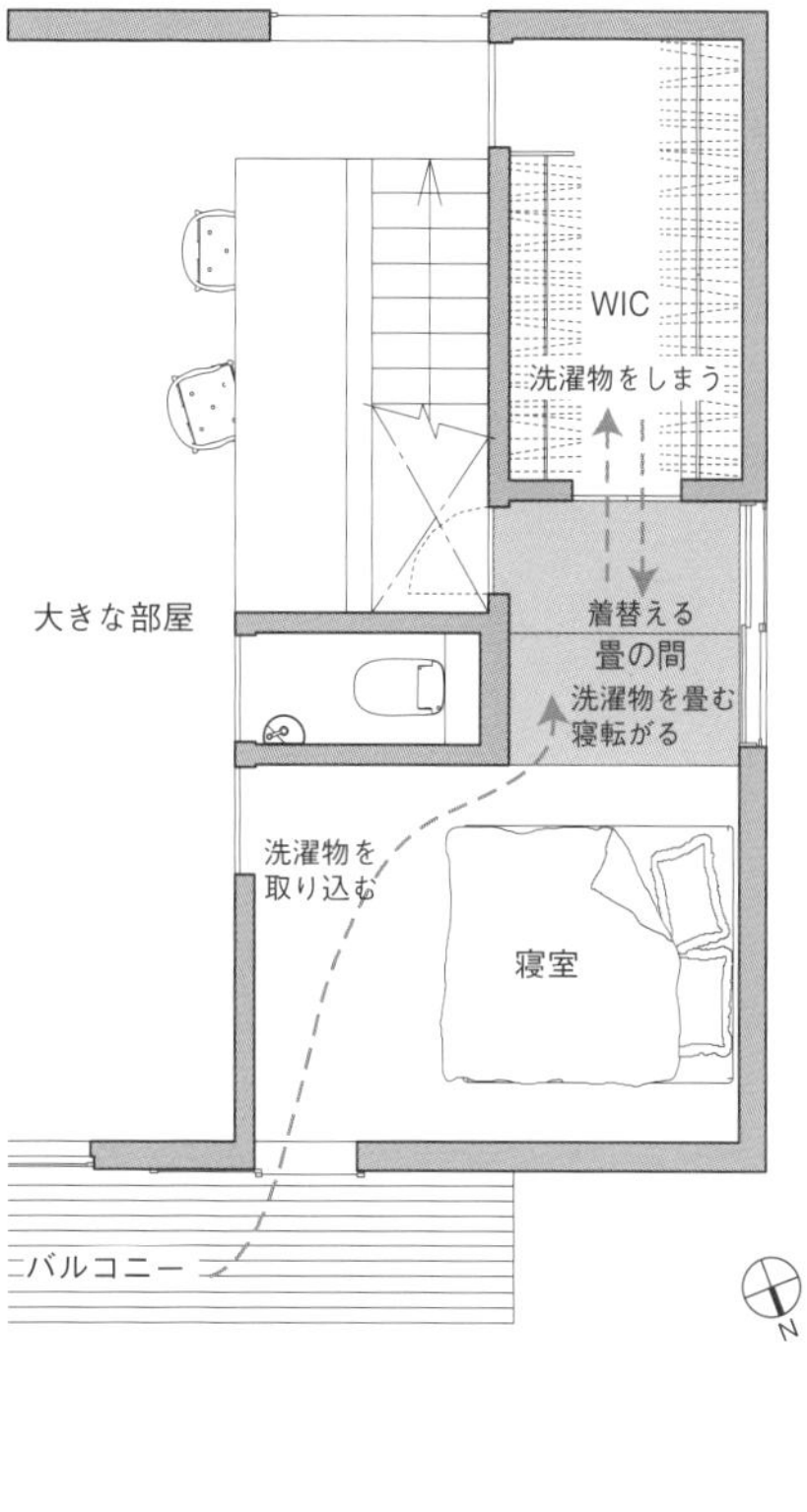

WIC
洗濯物をしまう
着替える
畳の間
洗濯物を畳む
寝転がる
大きな部屋
洗濯物を
取り込む
寝室
バルコニー
N

「玉川上水の家」
平面図（S＝1：100）

日常生活がすっかり欧米化した日本において畳のない家が多く見られる。しかし、畳の部屋はその用途を柔軟に使うことのできる優れもの。たとえスリッパを履いていても畳に上がるときは脱ぐという習慣から、畳の床にじかに寝転ぶことも、干した後の洗濯物をじかに置けるのも、清潔に保たれた畳だからこそできること。ここではたった二畳の間ではあるが、くつろぐだけでなく家事スペースとしても大いに活用されている

7.11 Material defines the strength of boundaries
素材で感じる仕切りの強弱

空間を仕切る壁。図面上では単なる線でしか表現されませんが、実際には石や木といった素材感のある壁、石膏ボードに白く塗装しただけの壁、格子やルーバー状の透ける壁、さらには引き戸といった動くものでさえ壁となり、壁と一言で言ってもさまざまです。壁を何でつくるかにより仕切られる空間が性格づけられ、ただ一言で「仕切る」と言っても「素材」によってその印象は大きく変わります。

いろいろな素材の仕切りが空間を分割する「ポジャギの家」は、「ポジャギ」という柔らかく動く仕切り（**5.14**、**7.12**参照）で住みながら印象を変える個性的な空間となっています。

自由に移動できるポジャギは、カーテンとして外からの視線をさえぎるほか、間仕切りとなってインテリアの一部としても機能する

薄く透けた素材。重ねることで曖昧さにバリエーションをつくる

透ける壁（輻射熱暖房）により、奥行き感を感じる空間に。階段からの落下防止柵も兼ねている

7.12 Partition by day, drapery by night
夜はカーテン、昼は間仕切り

あかりの点いた室内が窓越しに外から丸見えにならないよう、カーテンは主に夜その効果を発揮します。日中は室内の彩りとして束ねられる以外になかなか出番がありません。昼に出番の少ないカーテンを、緩く空間を仕切るという使い方で積極的に使うことはできないかと考えたのが「ポジャギの家」です。

カーテンは容易に動かすことができるので、フレキシブルなプラン変更が可能です。カーテンは布という性質上、完全に空間を分けることはできません。しかし、普段はオープンに使いたいLDKも、急な来客時にはキッチンを隠すことができ、子どもが小さいうちはワンルームとして使うスペースも、少し成長してからは緩く間仕切るといった臨機応変な使い方が可能になります。

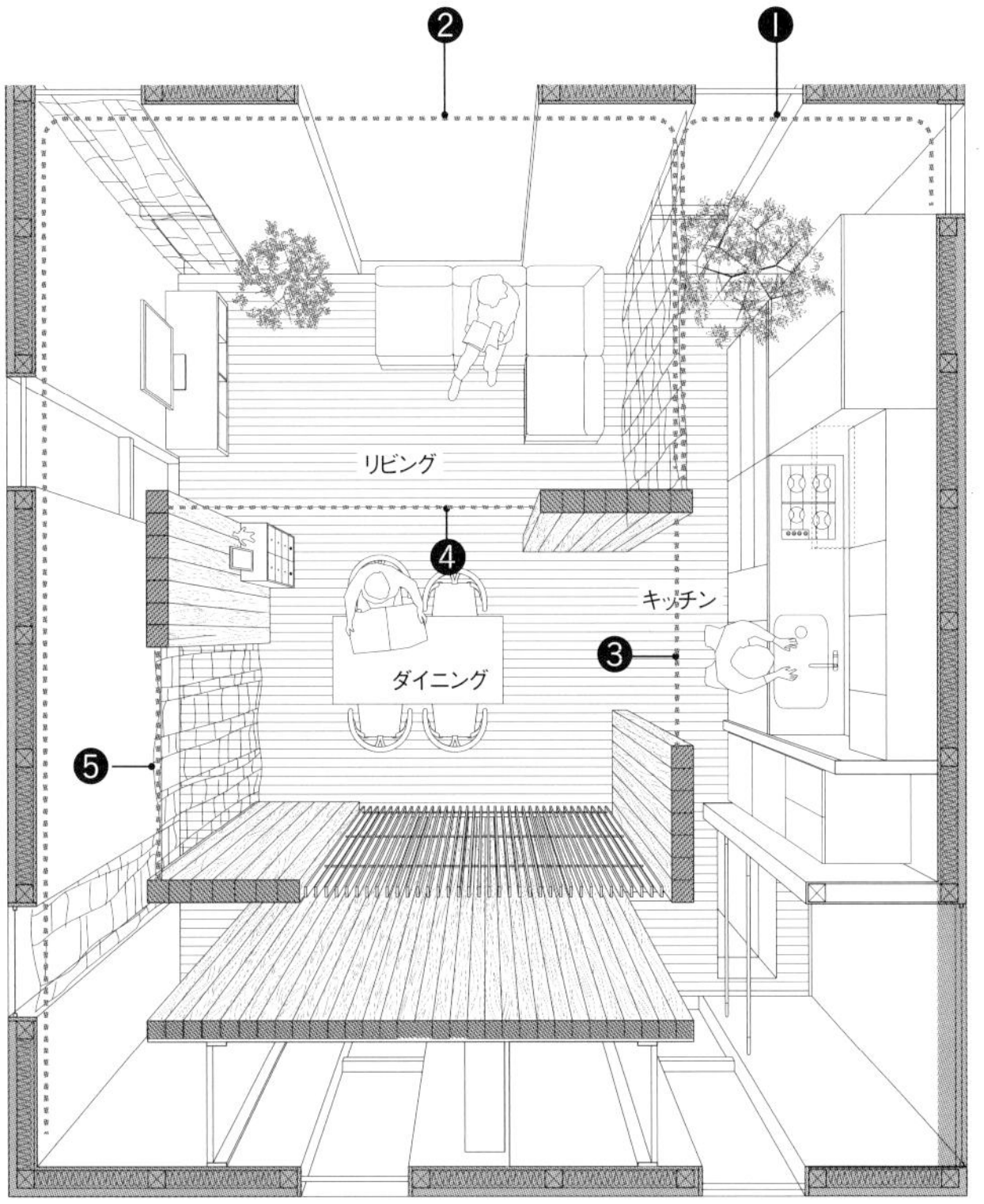

❶
❷
❸
❹
❺
リビング
キッチン
ダイニング

カーテンレールが❶〜❺のように用意されている。ときと場面によって、ポジャギをカーテン・間仕切りとして利用する

「ポジャギの家」平面パース（S=1：80）

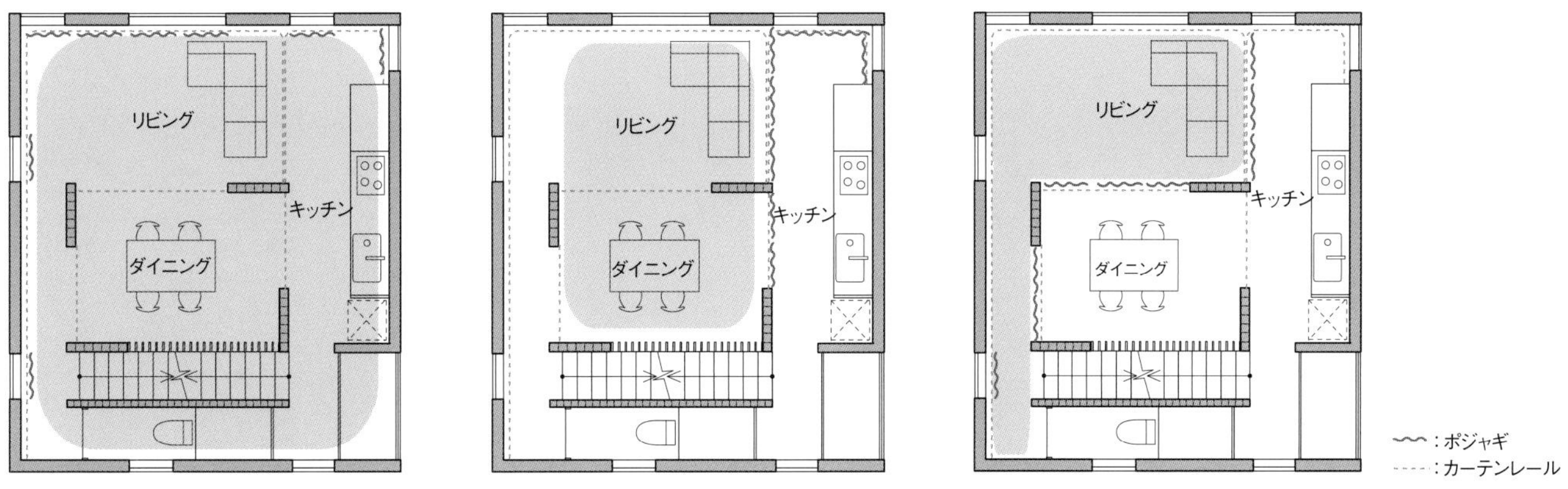

リビング
キッチン
ダイニング
リビング
キッチン
ダイニング
リビング
キッチン
ダイニング
〰：ポジャギ
----：カーテンレール

Scene1
ポジャギを外側のみで利用し、大きな一つながりのLDKとする

Scene2
急な来客時にはキッチンだけを隠すことができる

Scene3
リビングだけを囲って、空間を2つに分けることができる

「ポジャギの家」平面図（S=1：150）

7.13 Personal spaces to suit every whim

変幻自在のパーソナル空間

家族構成が変わっていく間は、家族のライフステージにより変化し対応できる柔軟なプランニングでありつつ、家族の歴史とともに記憶に刻まれるような空間にしたいものです。「各務原の家」は吹抜けのある大きなワンルーム空間がさまざまな「個室」に変化するつくりになっています。可動収納家具とロフトの床があるのみで、可動収納家具をどこに置くかにより部屋の室数や広さが変わり、断面方向にも多様なパターンが展開します。廊下側は引戸で仕切っているため、どのような「個室」に変化しても出入りが可能となっています。

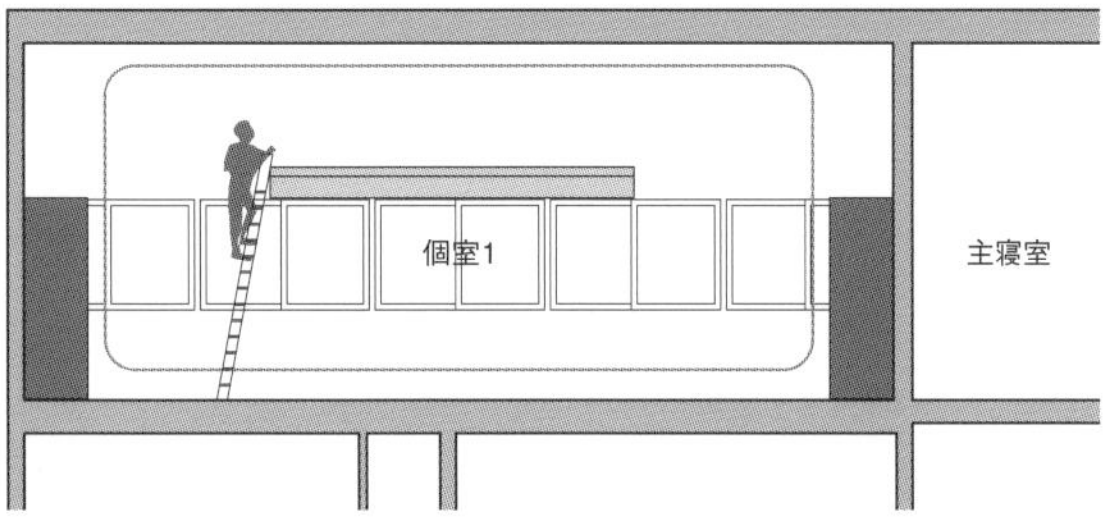
個室1
主寝室

Scene1　大きな1部屋

可動収納を部屋の両端に寄せる。子どもが1人または幼い兄弟ならワンルームとして、のびのび使える

右に個室スペースを見る。奥に見える可動収納の位置を変えることで、さまざまな個室の使い方ができる

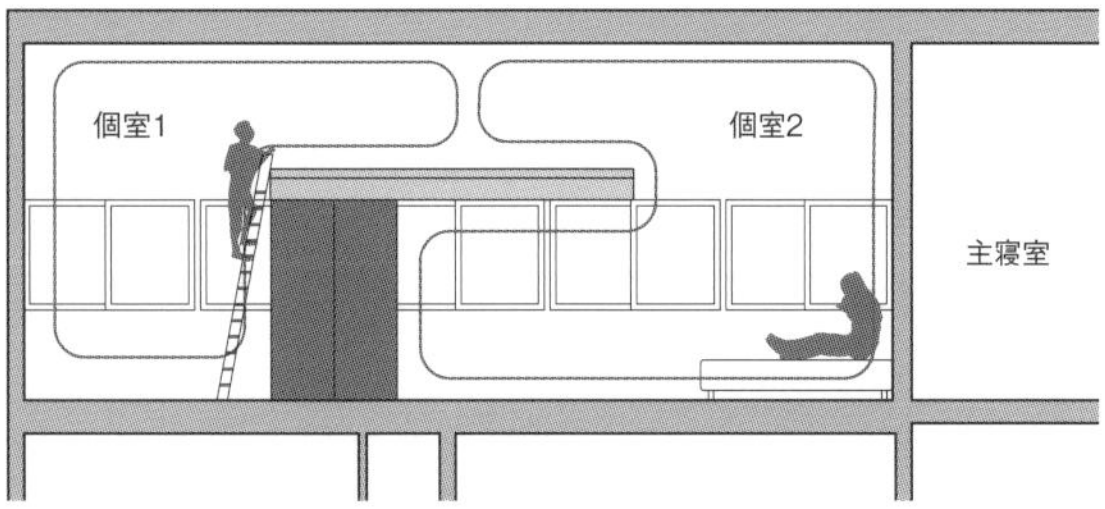
個室1
個室2
主寝室

Scene2　可動収納で仕切られた2部屋

可動収納を中央に移動して間仕切りに。

子どもが大きくなったら、個室にすることができる。ロフトはプレイルーム、またはロフトベッドとして両側から使える

ロフト床のルーバーの間にはしごをかける。どこにかけても、安定させることができる

個室1
個室2
主寝室
個室3

Scene3　可動収納で仕切られた3部屋

可動収納をロフトの両端に配置し、3部屋に分けることも可能。窓は端から端まであるので、どのようにレイアウトしてもどの部屋にも採光を確保できる

7.14 Step generates congregation

段差で団らん

段差のあるところには人が集まります。映画のシーンでも見られるように、ローマのスペイン階段やパリのモンマルトルの丘など、街なかにおいてもそのような光景はよく目にします。家のなかにおいても段差を効果的に取り入れることで、人が自然と集うあたたかい居場所が生まれます。

人を招くことが多い「西谷の家」は、普段の暮らしのなかにうまく溶け込んだ段差が、大勢の来客時に大活躍します。小さな限られた空間のあちこちに、人の輪と穏やかな時間が生まれます。

床が200mmの段差で上がっていくプラン。400mmの段差は、大人が座るのにちょうどよく、子どもが200mmの段差にイスを置いて座った高さとほどよい関係をつくり出す。また、床がイスを兼用するので、空間を有効に使うことができる

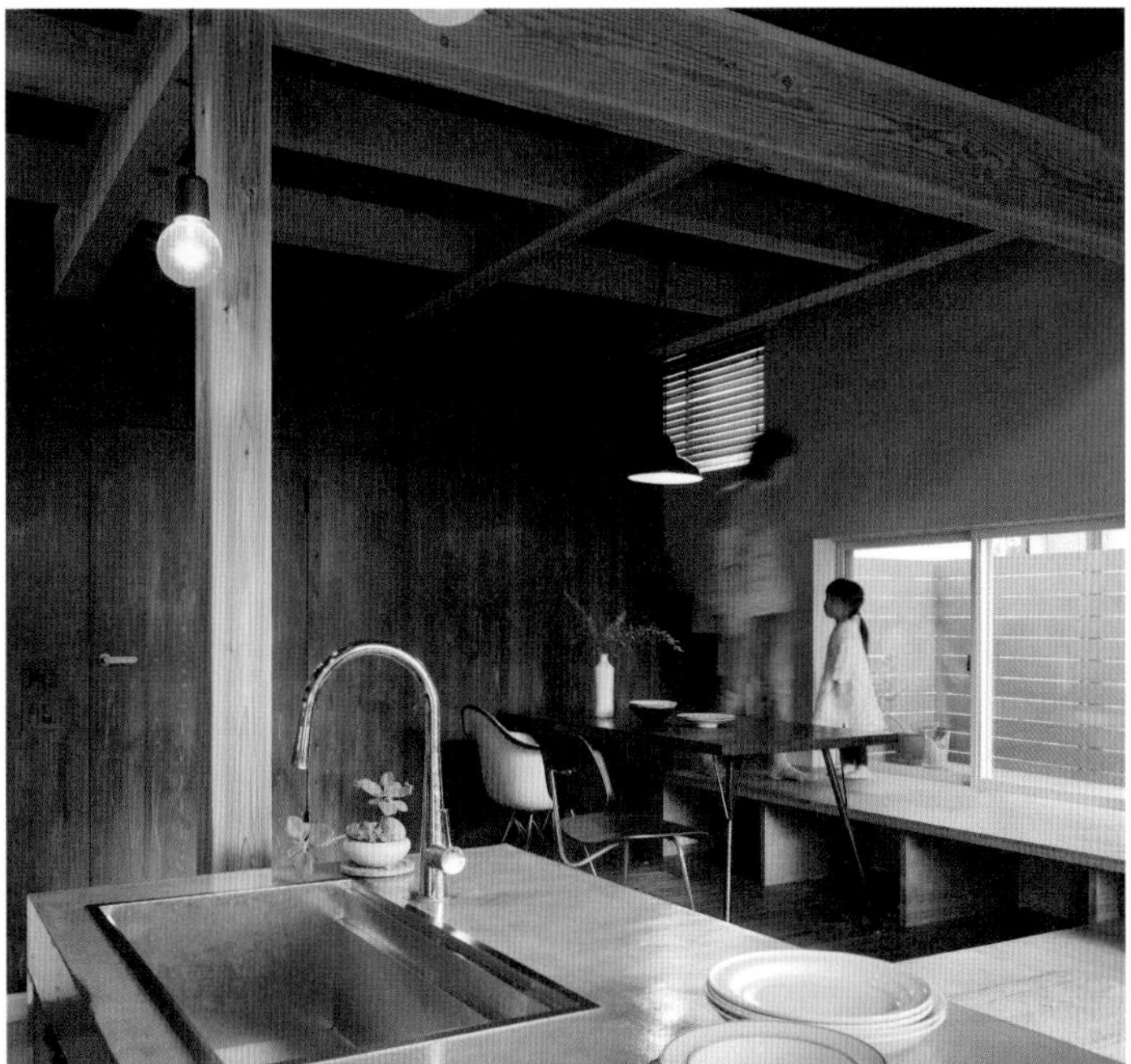

キッチンからダイニングを見る。椅子にもなる床スキップ

2階への通路として、ダイニングのイスとして、テレビボードとして、とさまざまな使い方をしている

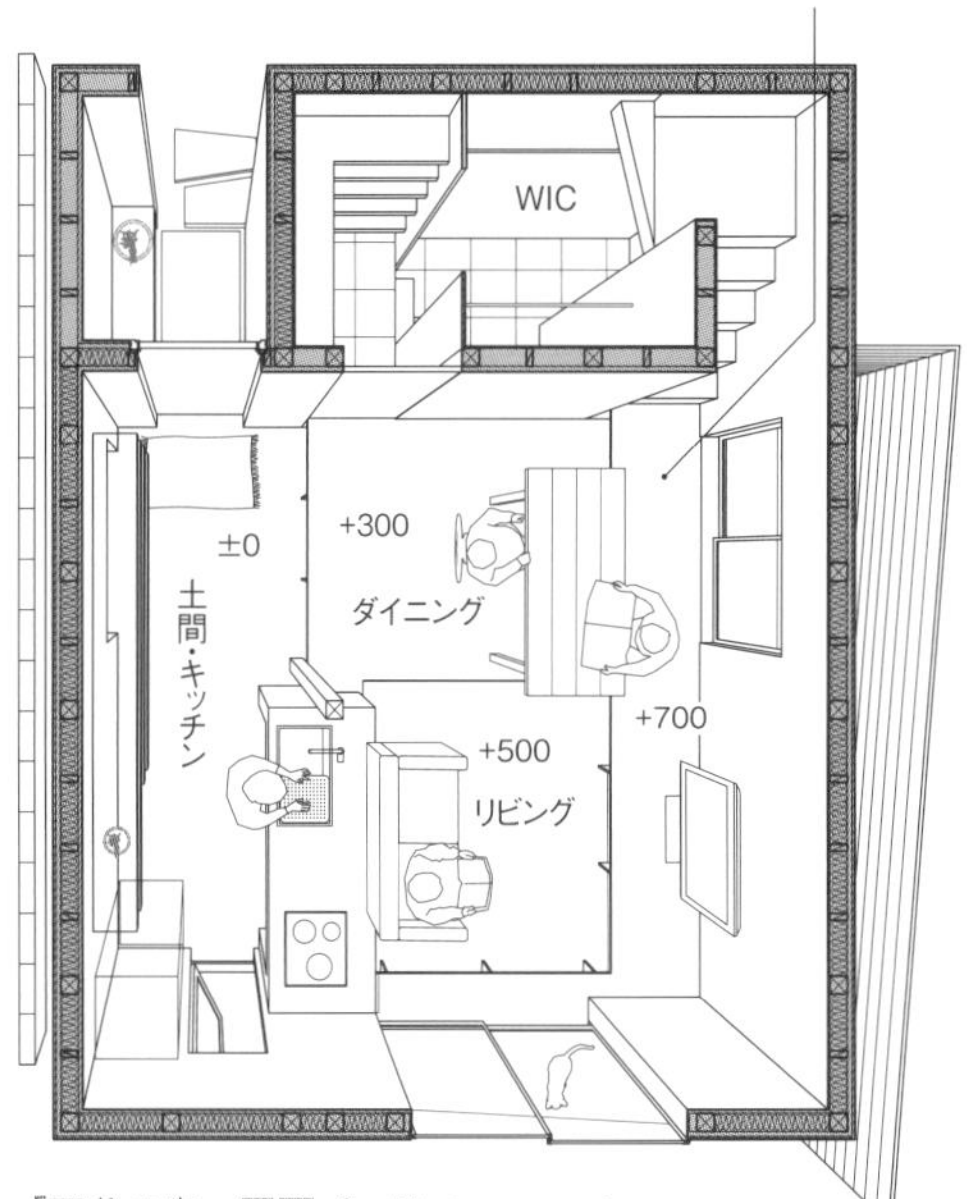
WIC
±0
+300
ダイニング
土間・キッチン
+500
リビング
+700

「西谷の家」平面パース（S＝1：75）

chapter

8

暮らしに寄り添う「間」

“Ma” space with life

設計者はどこまで住み手の暮らし方を想定して、細かいところまでつくり込むべきなのでしょうか。

「住宅は〝建て主〟のモノなので、あまりつくり込まずにシンプルな箱をつくり、引渡し後に〝建て主〟が家を完成させていくべき」という声がときどき聞こえてきますが、本当にそれでよいのでしょうか。確かに住み手の住み方によって空間はより素晴らしいものになりますし、建築家の自己満足でしかないプランより、シンプルな箱の方が空間に可能性がある場合もありますが、敷地から家具までシームレスにデザインするからこそできる空間もあります。

建築家は住み手の5年後、10年後あるいは住み手が変わった50年後をイメージしながら、どこまでつくり込むかの加減を見極めなければなりません。もちろん、イメージしたとおりに住み手は使わないかもしれませんが、さまざまなシーンを想定すること自体が大切で、その予想を遥かに超えて住み手が住みこなしていく可能性をもたせるべきだと思っています。

8.1 A scholar for life
暮らしにとけこむ書斎

広大な自然に囲まれた「八ヶ岳の山荘」。部屋から南アルプスやその自然を一望できるよう床から天井まで窓を大きくとり、その窓に沿って落下防止の手すりと障子の敷居・鴨居を兼ねた机を設えている。障子を閉めると和紙により拡散された淡い光に満ち溢れる

個室として独立した書斎も魅力的ですが、その形態にとらわれず、住空間にさりげなく溶け込んだ自然かつ自由な趣のある書斎は、使う人を限定せず誰をも受け入れてくれます。そんな場所が家の其処此処にあり、家族が思い思いに過ごす。同じ屋根の下であっても、それぞれが個室で過ごすのとは違う適度な距離感が、思いのほか集中できる空間となるのではないでしょうか。

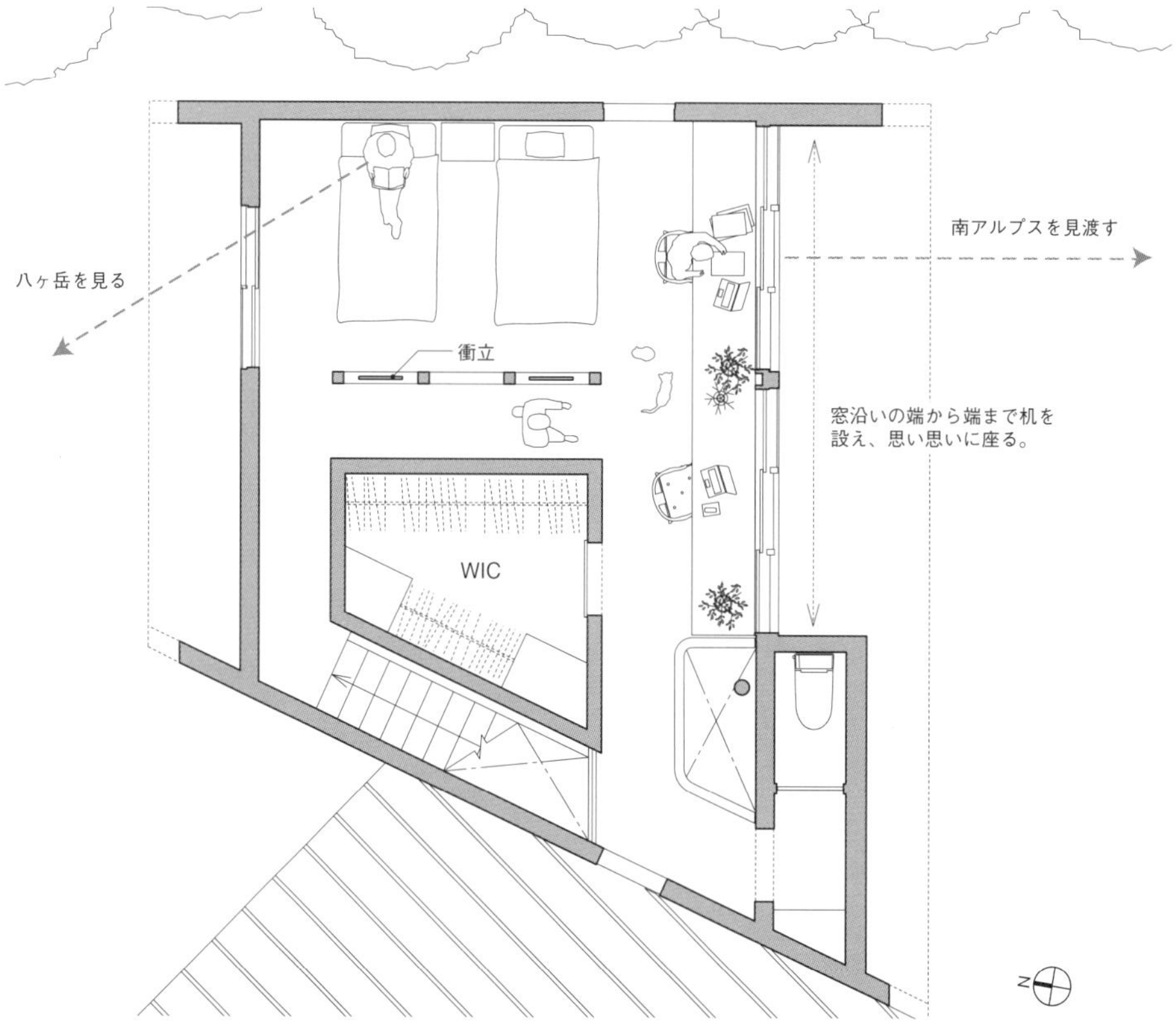

八ヶ岳を見る
南アルプスを見渡す
衝立
窓沿いの端から端まで机を
設え、思い思いに座る。
WIC
N

「八ヶ岳の山荘」平面図（S＝1：100）

土間の続きの小上がり奥に、坪庭を眺めるしっとりと落ち着いた小机空間。障子で仕切ることもできる

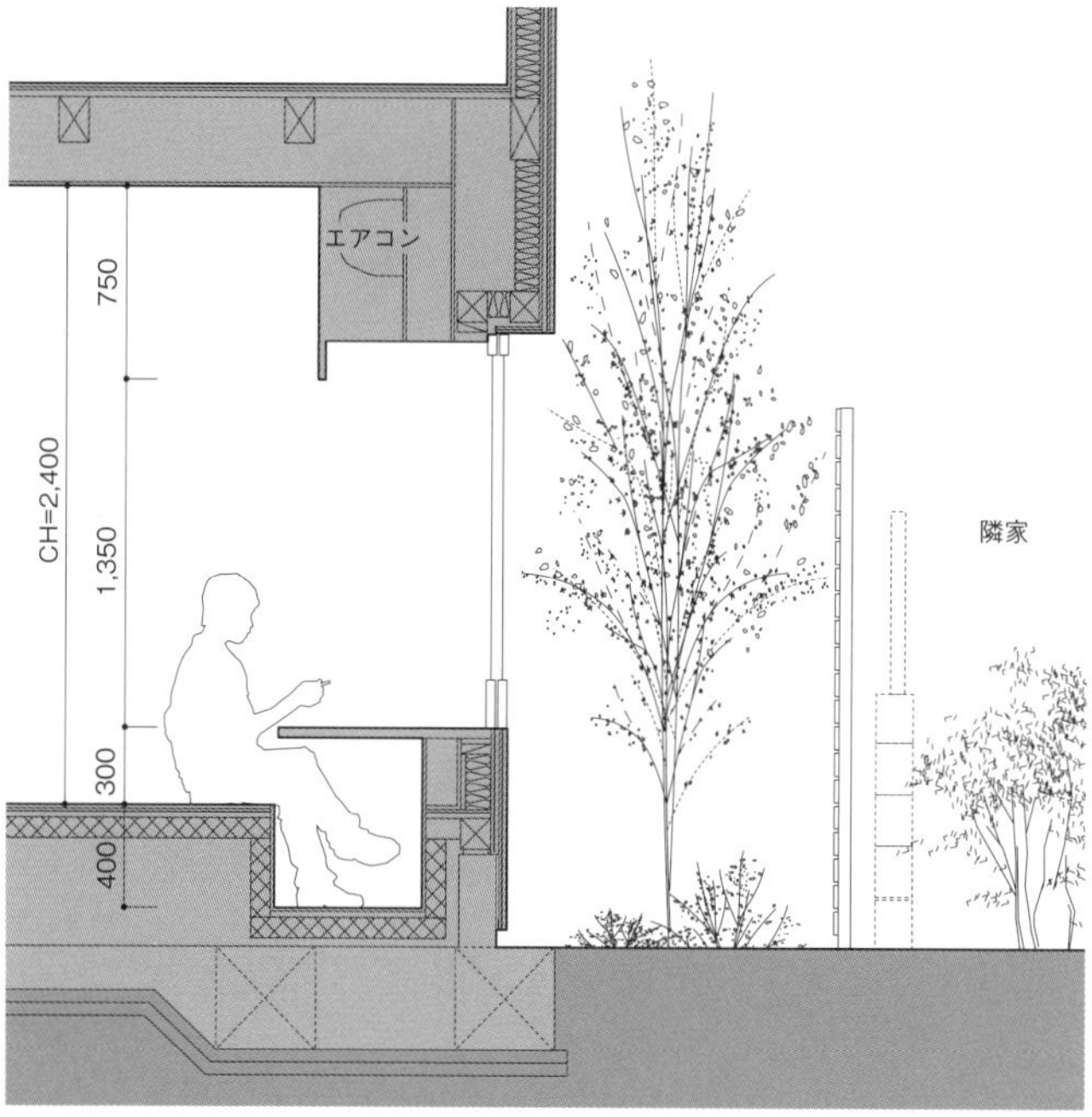

エアコン
750
CH=2,400
1,350
300
400
隣家

「弦巻の家」断面図（S＝1：50）

窓沿いの床の一部を基礎土間まで掘り込み、足元を楽にさせながら低い視線で坪庭を楽しむ

「鎌倉浄明寺の家」
ホール続きにある書斎。扉は付けず、入口付近を少し絞って奥まった印象をつくっている。上部は吹抜けており、上階の気配が感じられる

「たまらん坂の家」

メインフロアより70cm落とし込まれたワークスペース。床をくり抜き、残った四周の床が机上面や本棚となっており、床下には引出し家具や本棚が置かれ、座ったまま手に届く範囲に必要なものが揃う。床を落とし込むことによりメインフロアのダイニング・キッチンの視界から外れるため、適度な距離感が生まれる

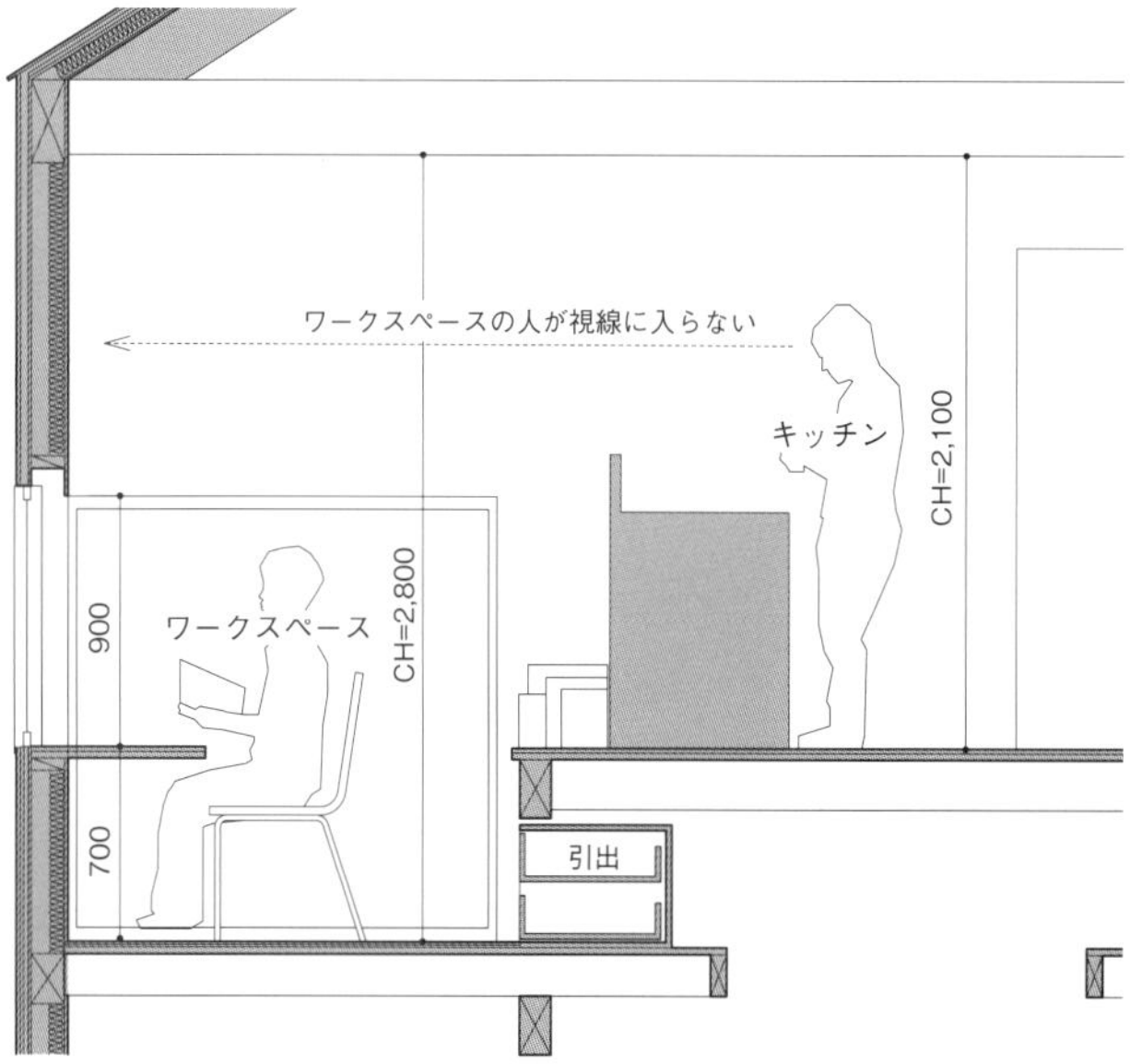

ワークスペースの人が視線に入らない
キッチン
CH=2,100
900
ワークスペース
CH=2,800
700
引出

「たまらん坂の家」断面パース（S＝1:50）

「西谷の家」

階段吹抜けにロフトの床を伸ばし、書斎空間に。ロフトの抑えられた天井高さとの対比が感じられる

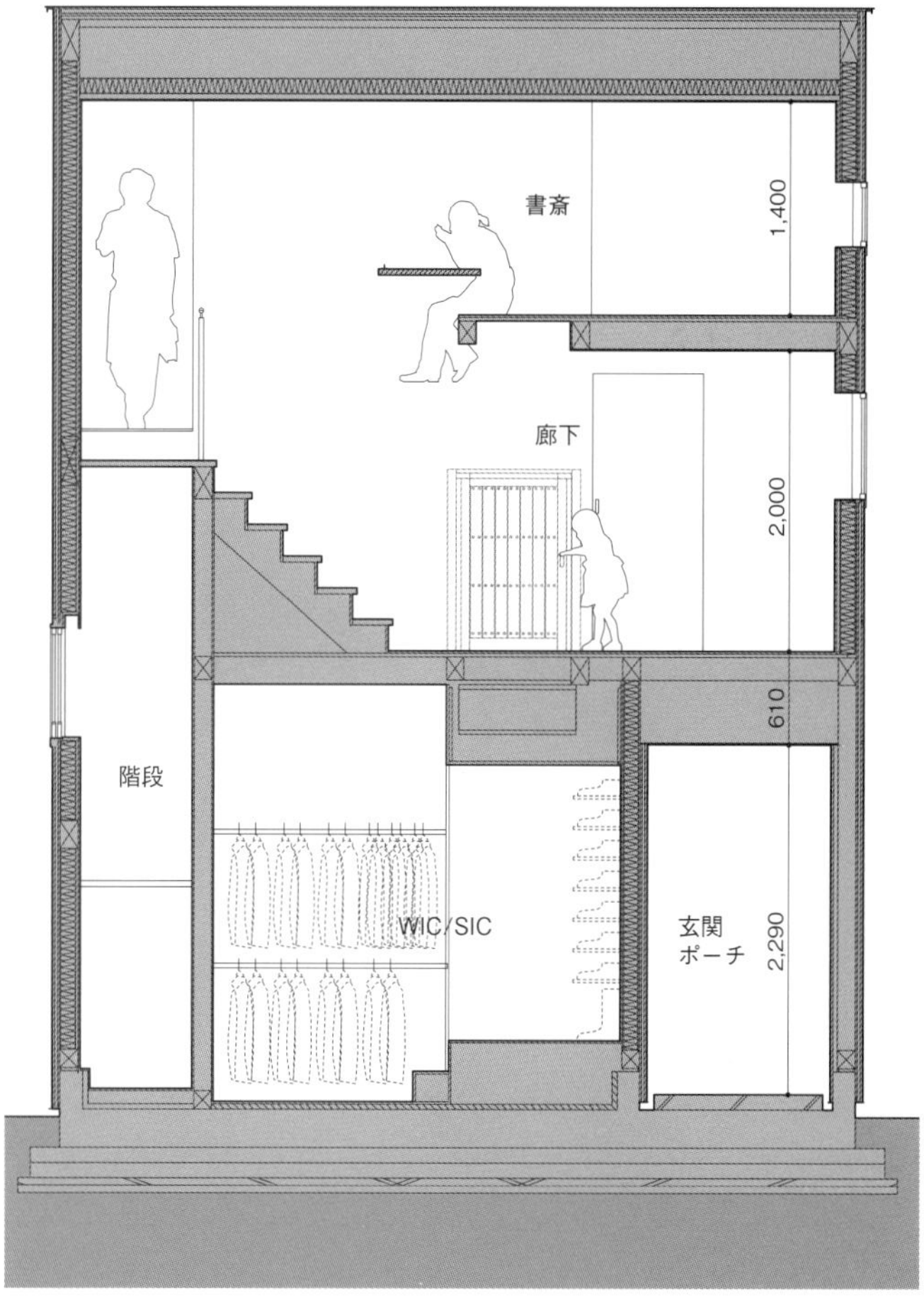

書斎
1,400
廊下
2,000
610
階段
WIC/SIC
玄関
ポーチ
2,290

「西谷の家」断面パース（S＝1:70）

にじいろガーデン
てらさふ
波風
モンフォーコンの鼠
どろぼうのどろぼん
不自由な絆
フェイバリット・ワン
かなたの

8.2 Ascending and descending and more
階段は上下移動のみにあらず

「階段」は上下移動するための手段ではありますが、ただ移動するだけの場所にしておくのはもったいないものです。通過するだけでなく滞在する「何か」がある。家の中を歩き回る中、ささやかな小空間が暮らしを豊かにします。

「神楽坂の家」　必ず通る階段に沿って本を収納しつつ、家族それぞれにとって大切な本を飾る設えとしている

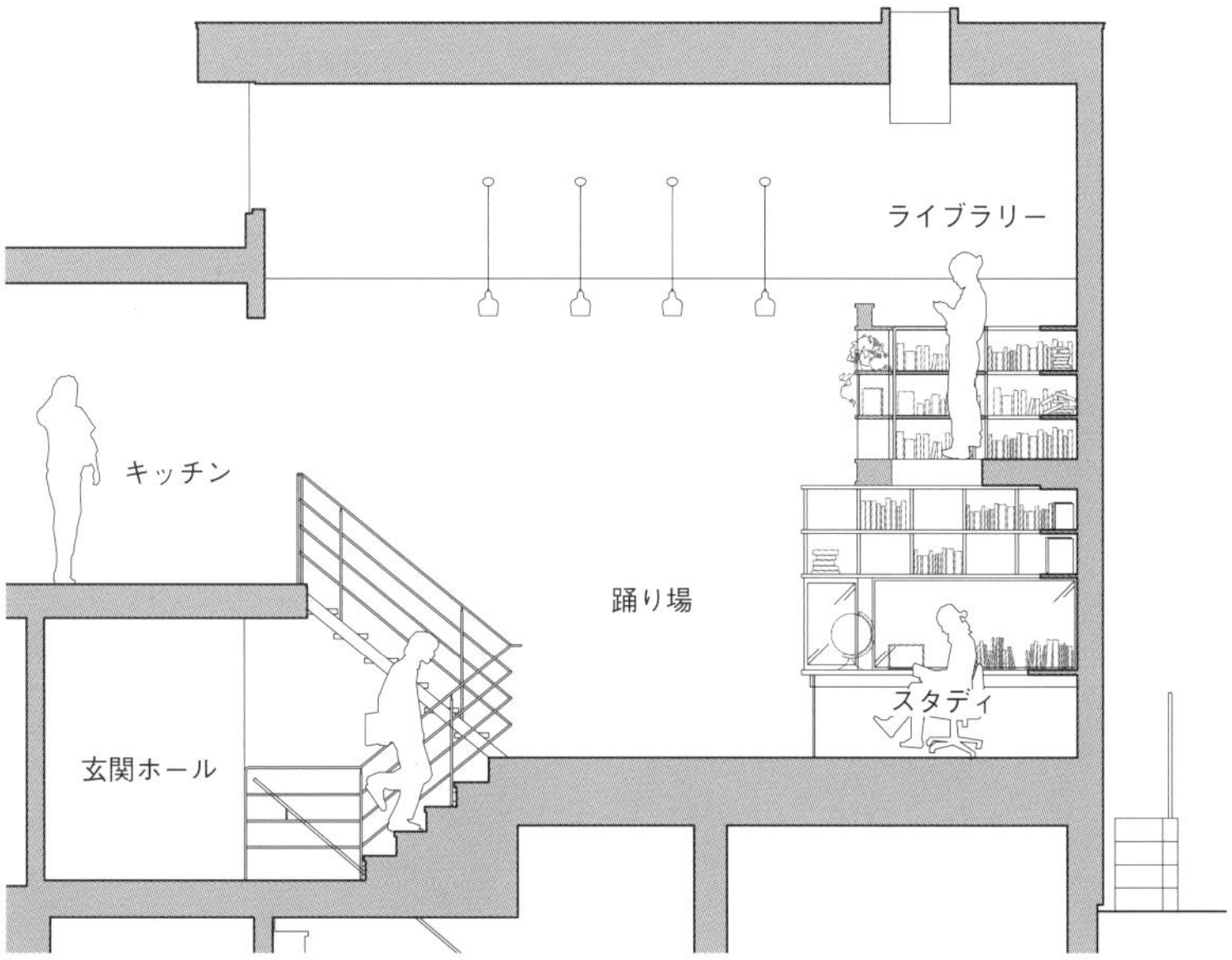
ライブラリー
キッチン
踊り場
スタディ
玄関ホール

「東山の家」断面パース（S=1：100）

上下階からアプローチしやすい階段の踊り場をスタディ、その上部吹抜には床を架けてロフトライブラリーをつくっている

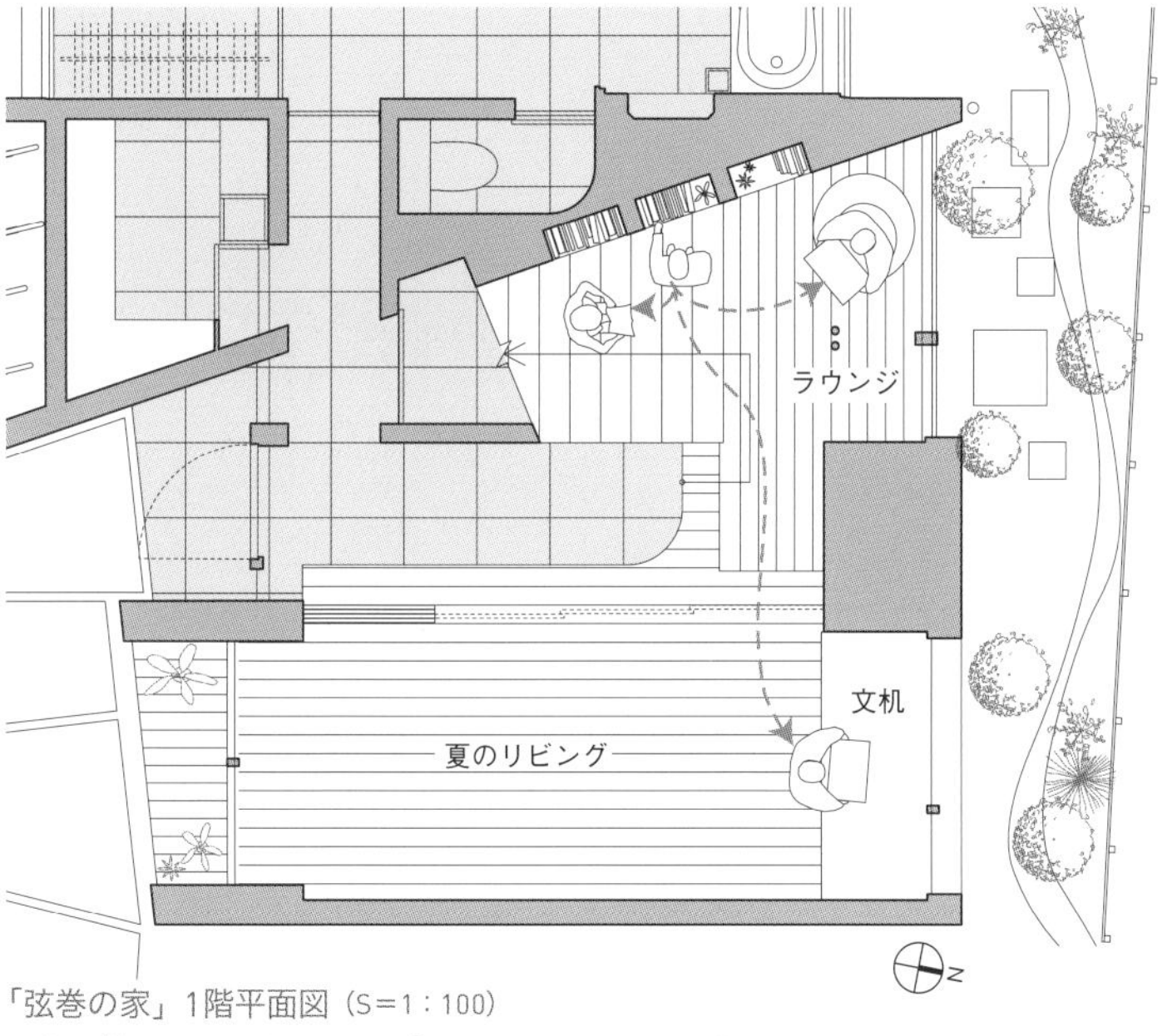
ラウンジ
文机
夏のリビング

「弦巻の家」1階平面図（S=1：100）

上階の「冬のリビング」と下階の「夏のリビング」をつなぐ階段は、その幅に変化を持たせ座り込んで本を読むスペースや、途中の一段を広くとって庭を眺めるラウンジをつくっている

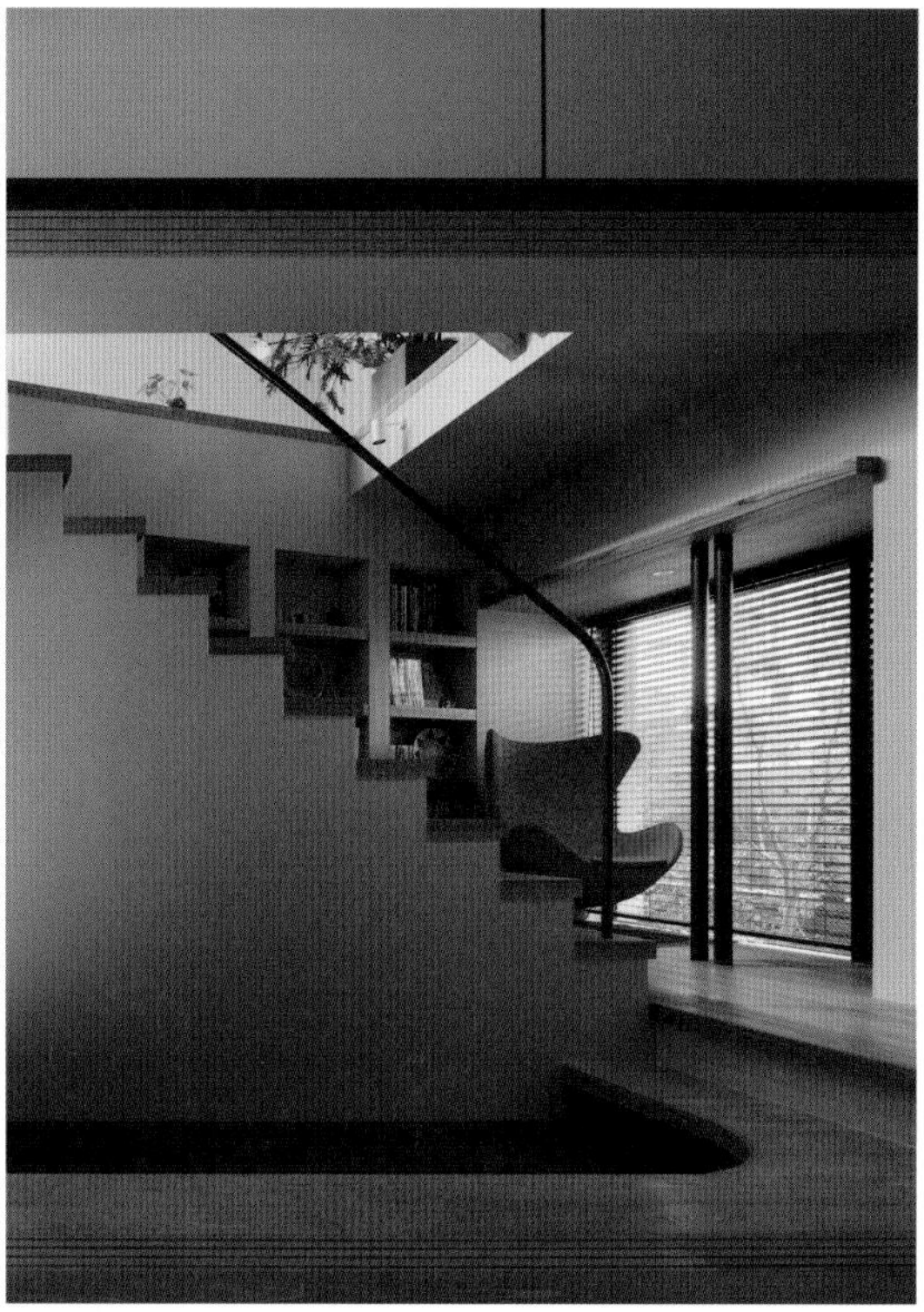

8.3 Outdoor living room

アウトドア・リビング

屋外にソファとテーブルを置いた「アウトドア・リビング」、今ではよく見られます。

リビングを地下に配した「目白の家」では、採光・通風をとるためにドライエリア（地下の外部空間）をその両サイドに設けています。その壁で囲まれたプライベートな外部空間とリビングを境のないデザインにすることで、室内にいながら外にいるような感覚を得られる「アウトドア・リビング」となっています。

ガーデン2からリビングを介してガーデン1を見る。ベンチを連続させることで一体感のある内外に

8.4 Configuration around bedroom

心地よい眠りを誘うしつらえ

寝室は家のなかにおいてプライベート性の高い空間になりますが、第2のリビングのようにくつろぐ場でもあります。リビングとは違う癒しの空間として共用空間との距離をどう取るかによっても、その雰囲気は多様になります。

「岡崎の家」
寝室は中庭に面した開放的な空間で、さんさんと朝日が差し込むなかで目を覚ます。LDKとは中庭を挟んでほどよく距離がとられ、「離れ」のような雰囲気をつくり出している。夜は中庭も含めた照明効果により、日中とはまた違う「離れ」感となり、眠る前の安らぎが感じられる

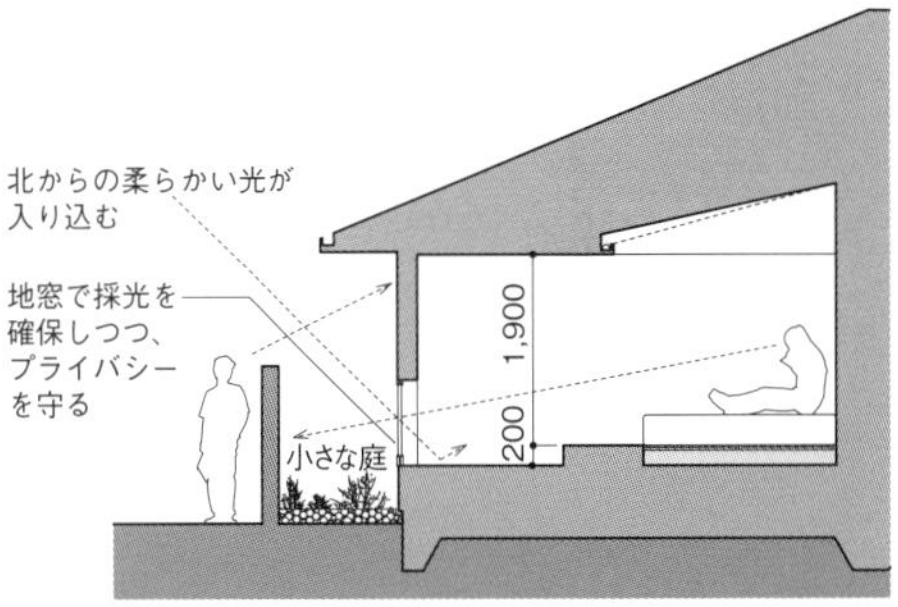
北からの柔らかい光が入り込む
地窓で採光を確保しつつ、プライバシーを守る
1,900
200
小さな庭

「赤塚の家」主寝室断面図（S＝1：150）

「赤塚の家」
完全に独立した寝室となっており、窓を低く抑え、洋室でありながら日本旅館の客室のような落ち着いた和の雰囲気をつくり出している。地窓の向こうの外部空間に小さな庭をつくることで、床の延長として広がりが感じられ、朝はその瑞々しさを、夜はあかりを灯すことで幻想的な雰囲気が醸し出される

低く抑えた地窓から北側の柔らかい光が入り込む。小さな庭をつくることで、床の延長として広がりが感じられる。マットレス下はスノコ敷き。夜は折り上げ天井の間接照明が落ち着いた空間を演出する

8.5 "Chill spot"

外にも寛ぎの場所を

家の外にも、縁側のような庭を眺めたり近所の人と話をしたりするくつろげる場所があるのはよいものです。ご両親が育てる広大なキャベツ畑の片隅に建つ「キャベツ畑と家」では、畑仕事の合間にちょっと休憩してもらえるようにベンチをつくりました。学校から帰ってくる孫との会話が、ここでの日課になっています。

8.6 Multi-functional space under eaves
軒下のよりどりみどりな使い方

屋内ではやりにくいけれど、屋根のあるところで作業したいという場面があります。それは自転車やバイクいじりであったり、日曜大工であったり、ガーデニングであったり。屋内に土間空間を設けるのもよいですが、風を感じながら思いっきり没頭できる軒下空間もお勧めです。

「八ヶ岳の山荘」では、家庭菜園が高じて本格的な畑仕事をしています。エントランスの軒下空間を思い切って大きくとり、畑でとれた野菜や果物を広げて選別したり、洗って一時的に保管したり、畑仕事の合間に一休みしたり、とその活用範囲は多岐にわたっています。建物の手前側が野菜畑、奥が果物畑になっており、この軒下空間を通って互いを行き来できるようになっています。

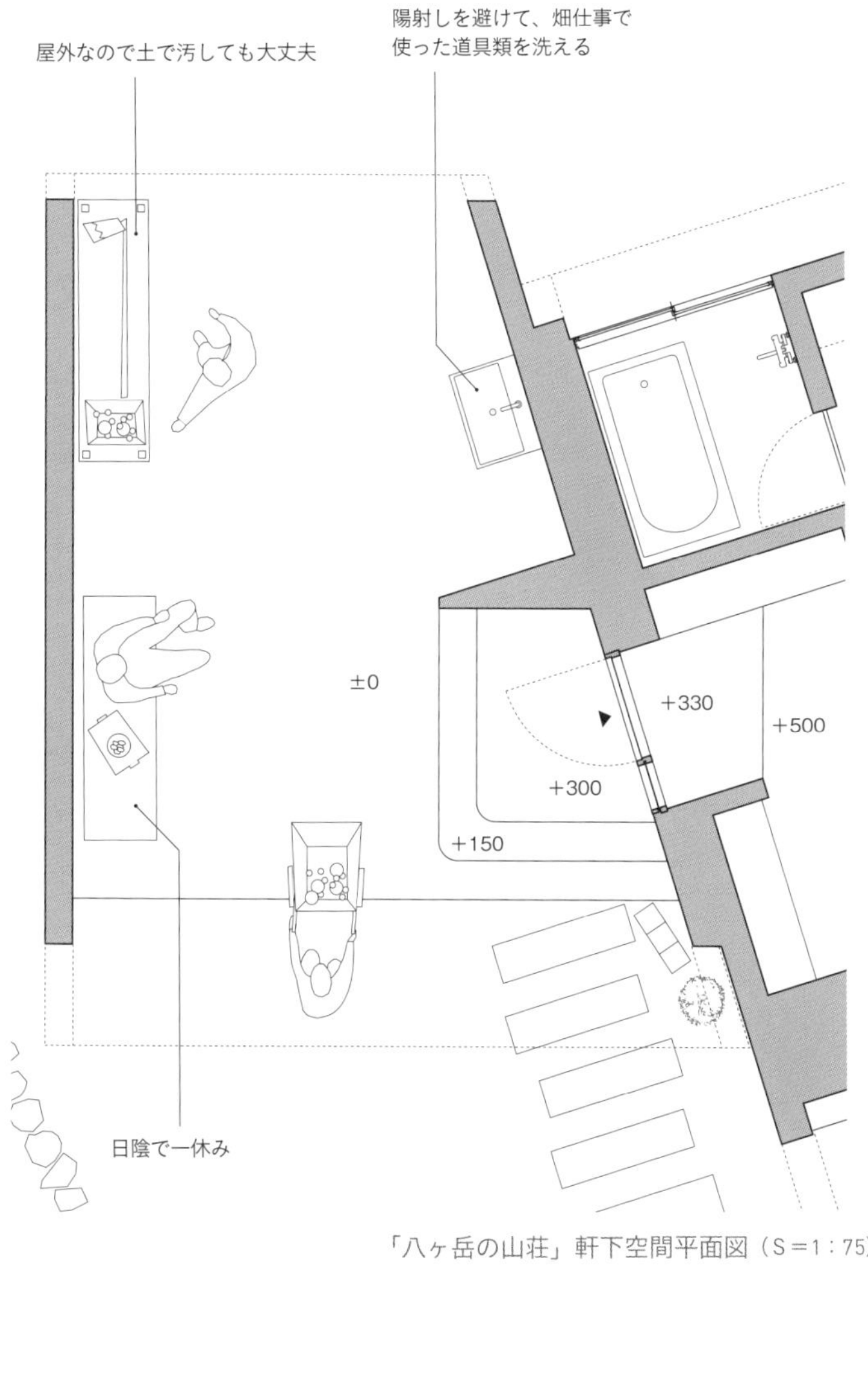
屋外なので土で汚しても大丈夫
陽射しを避けて、畑仕事で
使った道具類を洗える
±0
+330
+500
+300
+150
日陰で一休み

「八ヶ岳の山荘」軒下空間平面図（S＝1：75）

玄関から広い軒下空間を見る。雨や陽射しを防いでくれるため、休憩場所としても使える

広い軒下空間。裏の畑のアプローチにもなっている

8.7 Storage that mediates between spaces

空間をつなげる収納

置き家具で住む人の個性豊かな空間にするのもよいですが、造り付け家具をうまく取り入れることで空間に統一感を与えることもできます。

「鷺沼の家」ではスキップフロアで構成された空間に、連続感を意識させる要素として、壁面収納を各空間に共通して設置しています。収納量の確保はもちろんですが、室内を移動するなかで展開するさまざまなシーンに共通した壁面収納が登場することで、統一感と伸びやかさが生まれています。

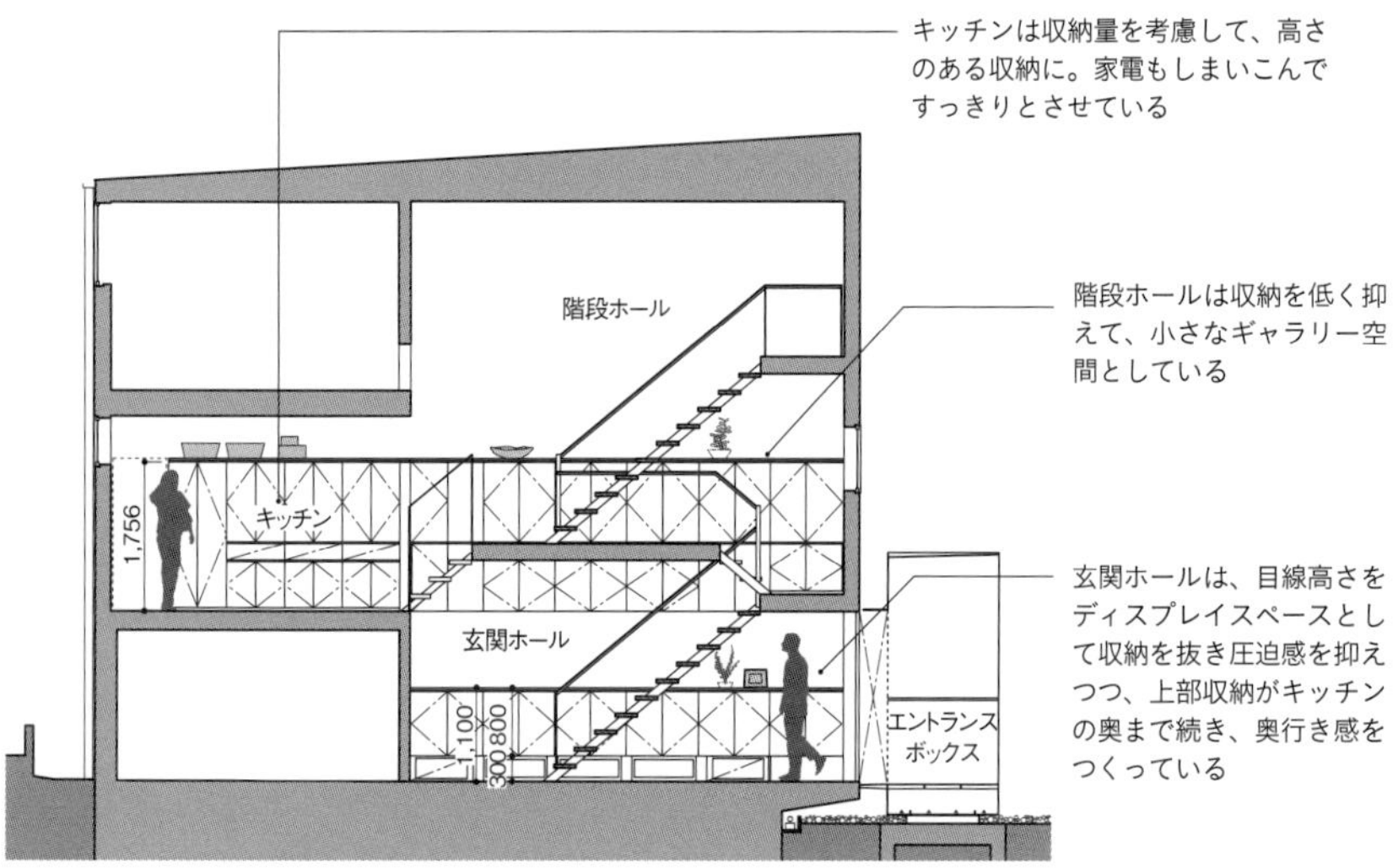
キッチンは収納量を考慮して、高さのある収納に。家電もしまいこんですっきりとさせている
階段ホール
階段ホールは収納を低く抑えて、小さなギャラリー空間としている
キッチン
1,756
玄関ホール
玄関ホールは、目線高さをディスプレイスペースとして収納を抜き圧迫感を抑えつつ、上部収納がキッチンの奥まで続き、奥行き感をつくっている
1,100
300
800
エントランスボックス

「鷺沼の家」断面図（S＝1：150）

キッチンから階段ホール、下部に玄関ホールを見る。壁一面の大容量の収納は、飾るスペースを組み込みながら、空間をつなげるようにつくっている

8.8 Focused, not walled off

壁に見立てる

扉がリズミカルに、あるいは象徴的もしくは意図的に並んでいる様子は美しいものです。しかし、いろいろな事情で美しく扉が並ばないことも多く、何も考えずただ機能的に取り付けると、雑然とした印象になってしまいます。そのような場合は、扉を壁に同化させてしまうデザインですっきりとした空間にするのも解決策の1つです。

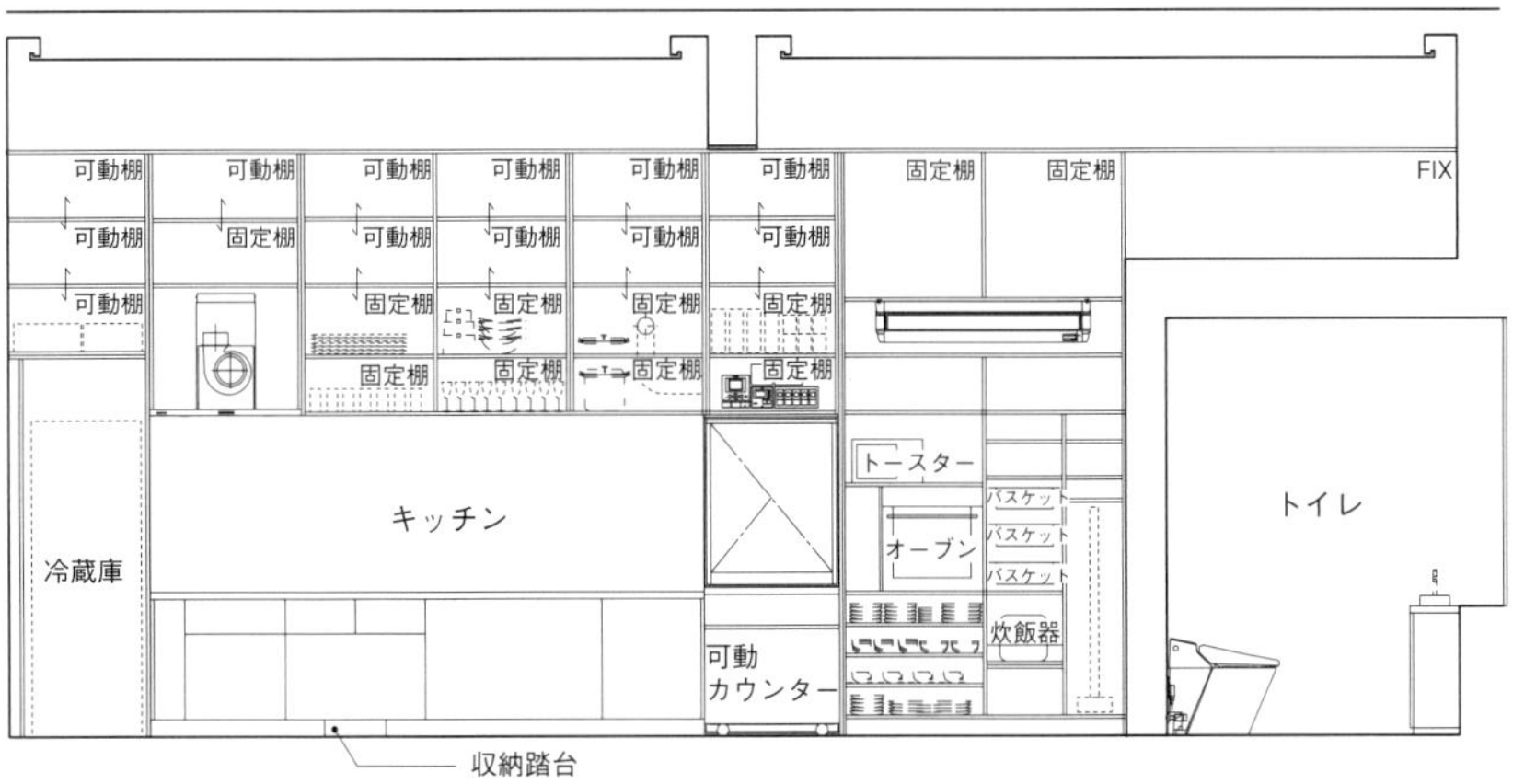

可動棚
固定棚
FIX
キッチン
冷蔵庫
トースター
オーブン
バスケット
炊飯器
可動
カウンター
トイレ
収納踏台

「富津岬の別荘」1階平面図（S=1：80）

壁のような家具の中にはキッチン用品や食器、キッチン家電だけでなく、トイレも一緒に収納されている。また、キッチンの足元には上部の収納物をとるための踏台も収納されている

キッチンの並びに様々な機能を連ねているが、仕上げを揃え目地を整理しているため、雑多な印象にならない

8.9 A sense of nature in basement

自然を感じる地下室

住宅で部屋を地下に配置する場合、少しでも自然光や自然通風を得られるよう断面構成に工夫をします。そうすることで地下空間でありながら環境面はもちろん、心理的にも安心感が得られます。ドライエリアをつくって採光・通風を確保する場合もありますが、コストがかる上にドライエリアに降った雨の処理を機械に頼らざるを得ず、ランニングコストや故障時の対応が必要となってしまいます。

「ポジャギの家」では、地下階のエントランスホールの突き当りに吹抜けを設け、吹抜け上部の窓から隣家の壁の反射を利用して自然光を採り込んでいます。玄関扉と窓を開けると風が通り抜ける、気持ちの良い地下空間をつくり出しています。

「ポジャギの家」では、エントランスホールの突き当たりが明るいことで、奥へと人を招き入れる雰囲気をつくり出している

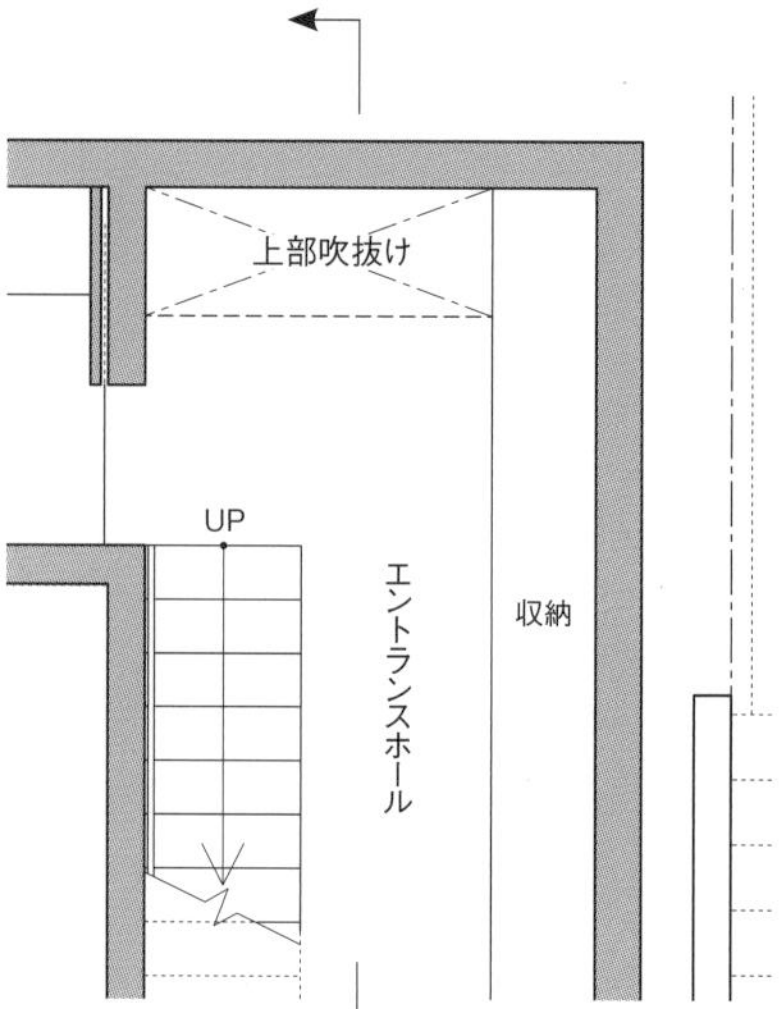
上部吹抜け
UP
エントランスホール
収納

「ポジャギの家」部分平面図
（S＝1：70）

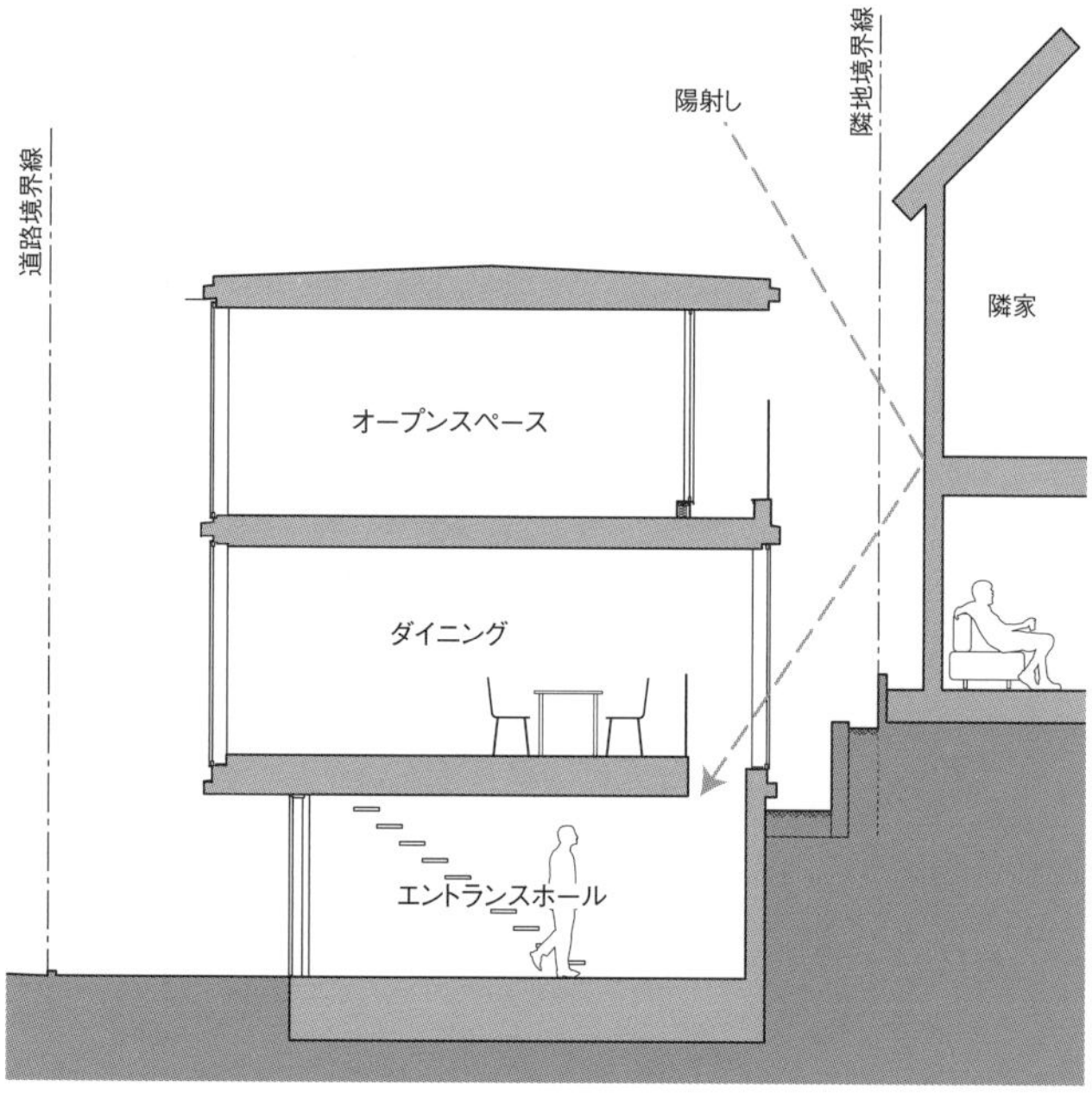
陽射し
隣地境界線
道路境界線
隣家
オープンスペース
ダイニング
エントランスホール

「ポジャギの家」断面図
（S＝1：150）

隣家の壁の反射を利用して、太陽光を廊下の突き当たりに採り入れている。突き当たりに光があることで、明るい印象のエントランスホールとなる

8.10 Places for human and places for objects
「モノ」の居場所は間取りの要

家のなかは大きく人の居場所とモノの居場所の2つに分けられ、その2つをうまく整理することで新たな発想が生まれます。

「ポジャギの家」では収納を思い切って部屋の中央に配置し、天井高さ1.4mのロフトとしています。中央に配置しているため四方から使えるうえに通気性の高い収納となっており、ロフトにすることで上下階を緩やかにつなぐ独特な断面構成になっています。

ダイニングが1.5層吹き抜けることで、上下階につながりが生まれる。ダイニング上部はロフト

ロフトOPEN
どこからでも使える家族共有のロフト。折れ戸を開けるとダイニングと同じ広さの収納スペースとなっている。服やおもちゃ、布団もしまえ、オープンスペースを広々と使える

四周から使えるロフト。風通しがよいので、収納するものを選ばない

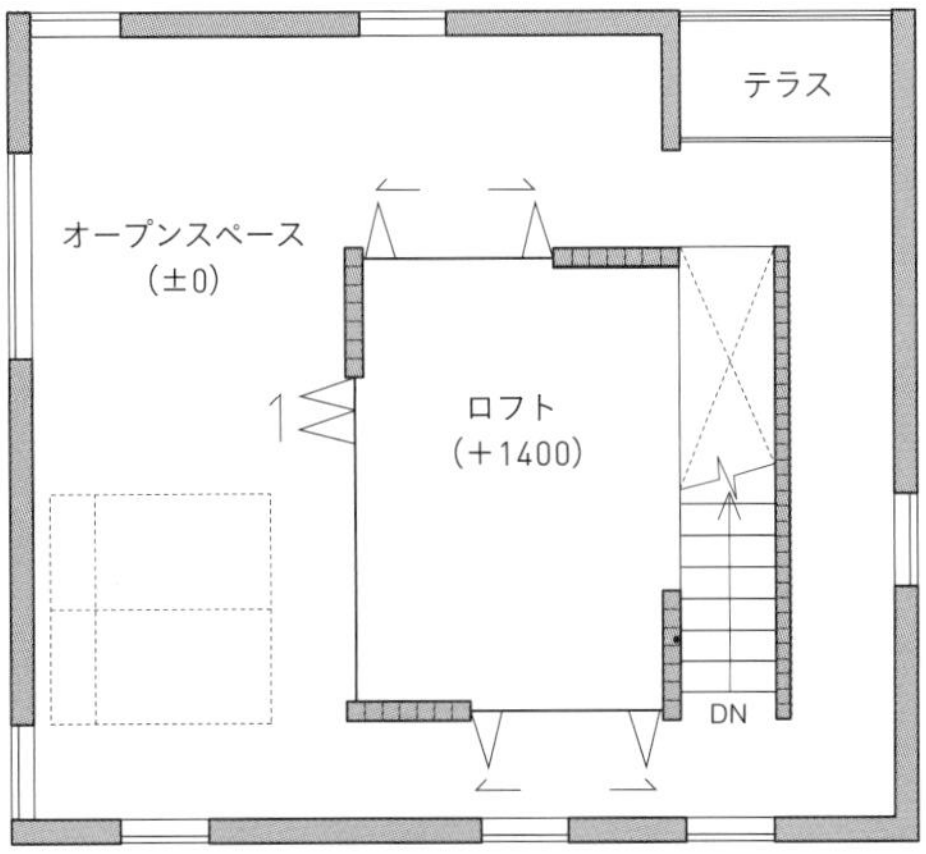
テラス
オープンスペース
(±0)
ロフト
(+1400)
DN

「ポジャギの家」2階平面図（S＝1：120）

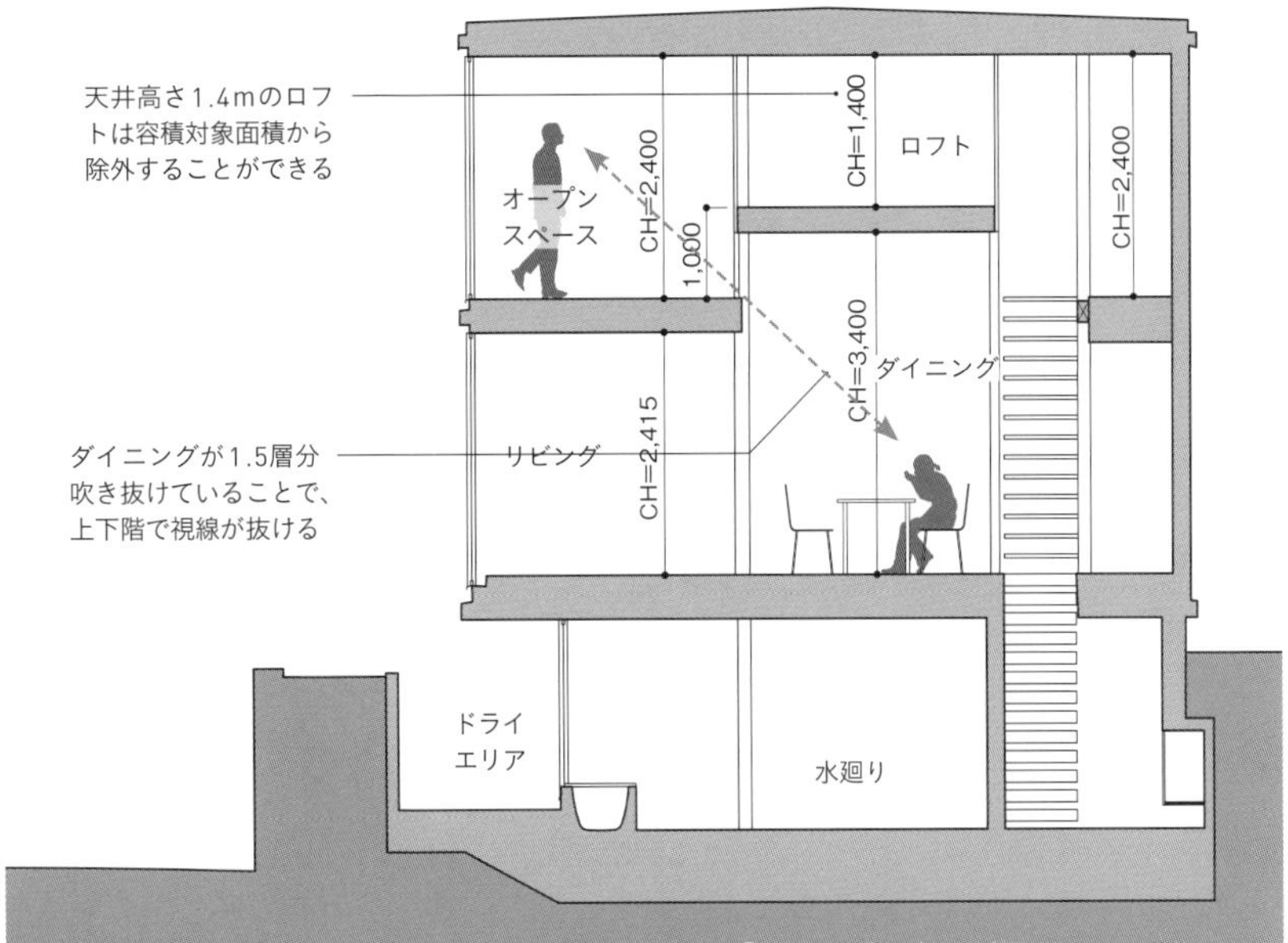
天井高さ1.4mのロフトは容積対象面積から除外することができる
ダイニングが1.5層分吹き抜けていることで、上下階で視線が抜ける
CH=2,400
CH=1,400
CH=2,400
1,000
オープンスペース
ロフト
CH=3,400
ダイニング
CH=2,415
リビング
ドライエリア
水廻り

「ポジャギの家」断面図（S＝1：120）

chapter

9

上質な住まいに隠された「細部」

Secret seasoning of elegant space

近代建築の巨匠・ミース・ファン・デル・ローエの言葉に、「God is in the details／神は細部に宿る」というものがあります。美しさと機能の追求はディテールの追求であるという解釈になりますが、細部までこだわり抜いた空間に実際に身をおくと、濃密で引き締まった空気を感じます。

ミースが言いたかった正確なところはさておき、建築家はコンセプトにもとづく意匠だけでなく、住み手のさまざまな住まい方を想像して、「安全性」「快適さ」「使いやすさ」などにも気を配りつつ、いかに美しくしつらえるかを考え詳細を詰めていきます。落下防止という目的1つとっても、機能を満たしながらも機能を感じさせない、さりげない手すりをデザインするなどはよい例です。何気なく感じる空間であっても、そこには実にたくさんの凝縮された工夫があるのです。細部まで緻密に考えながらも、それを感じさせないデザイン。そこではじめて上質な空間が得られるのです。

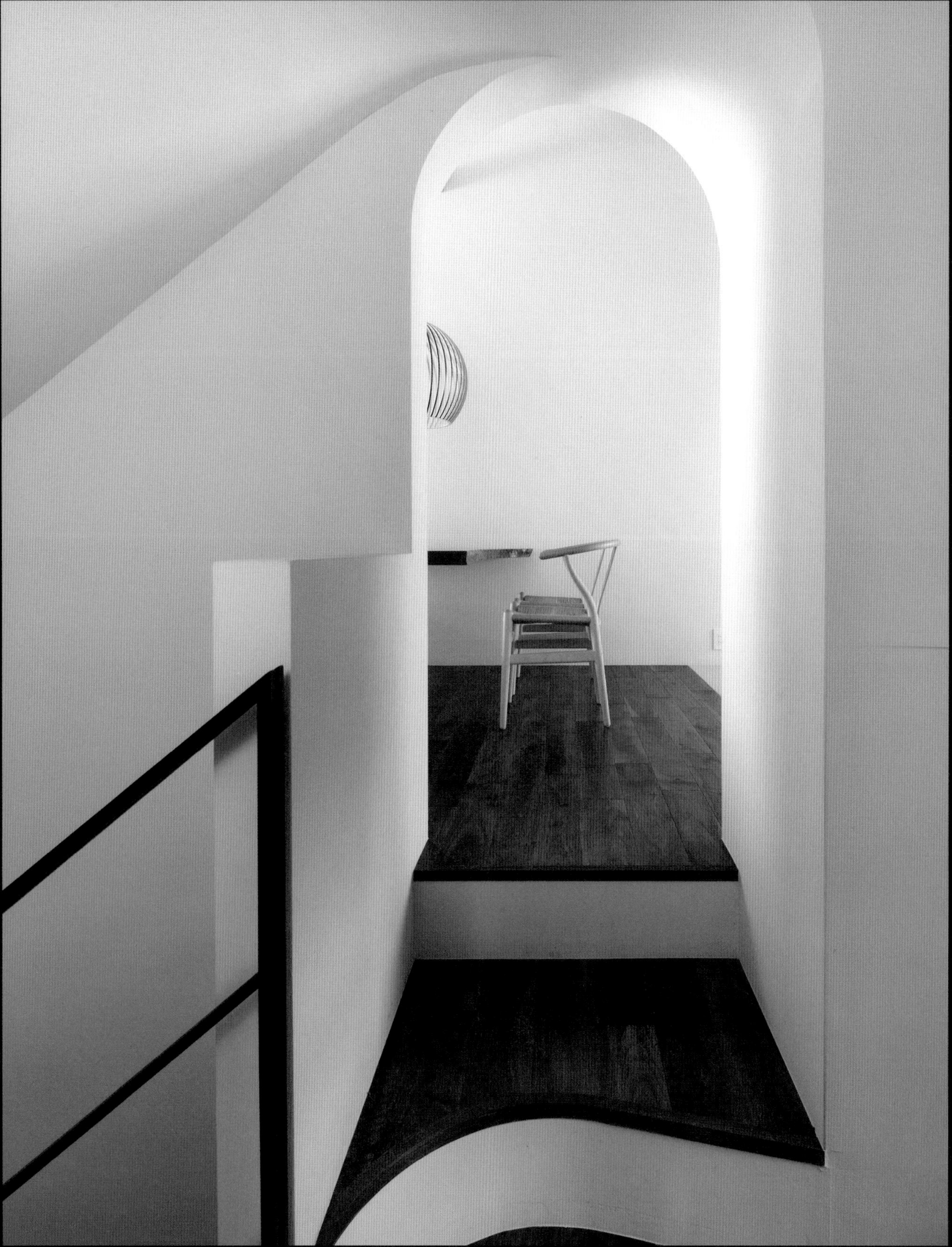

9.1 Stairs that spice up a room

「階段」というスパイス

空間を引き立てる階段

階段は上下方向の移動手段に留まらない、空間構成の要となります。そのデザインは、どのような空間に置くか、どこからどう魅せるかによって変わります。

ここでは重量感のあるコンクリート打放しの吹抜け空間において、その空間に負けない存在感を放つ厚みある段板が躯体から跳ね出すだけの魅せる階段をつくっています。段板を主役に、手すりはそぎ落としたデザインとしています。

キャンティレバー（片持ち）の軽やかな階段

コンクリートの躯体から段板のみが跳ね出す階段。大きな吹抜け空間において、その空間に負けない存在感を放つように、スギの無垢材68mmとやや厚みをもたせたデザインとしている。段板を際立たせるために手すりはシンプルなデザインとしている

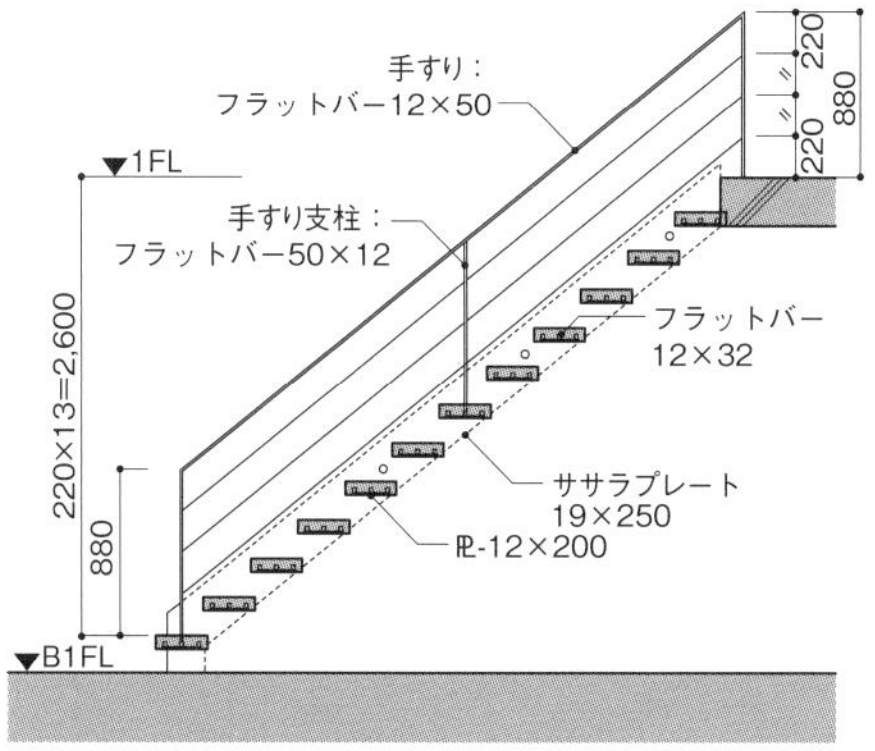
手すり：
フラットバー12×50
▼1FL
手すり支柱：
フラットバー50×12
220×13=2,600
フラットバー
12×32
ササラプレート
19×250
PL-12×200
880
▼B1FL
220
220
880
「目白の家」階段詳細図（S＝1：80）

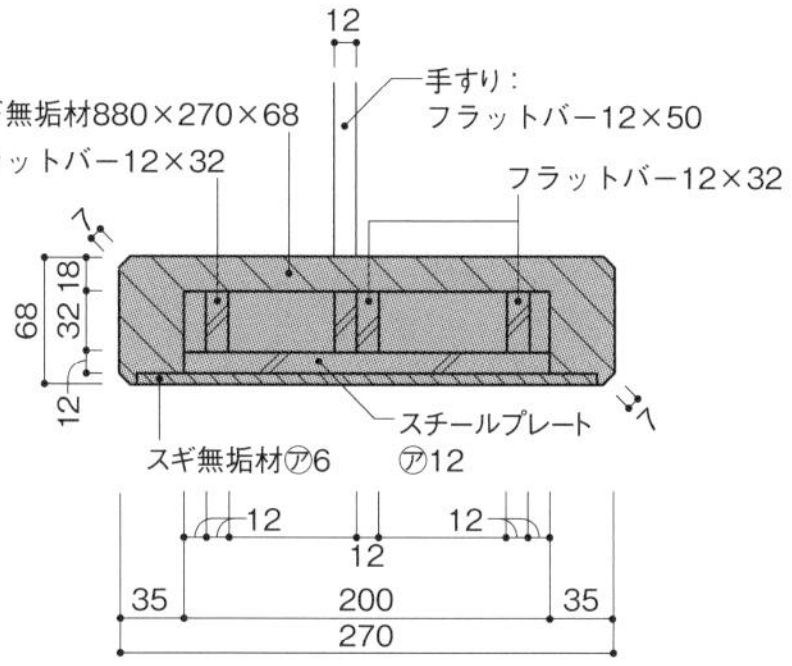
12
手すり：
フラットバー12×50
スギ無垢材880×270×68
フラットバー12×32
フラットバー12×32
68
32
18
12
スチールプレート
㋐12
スギ無垢材㋐6
12
12
12
35
200
35
270
階段踏み板断面詳細図（S＝1：8）

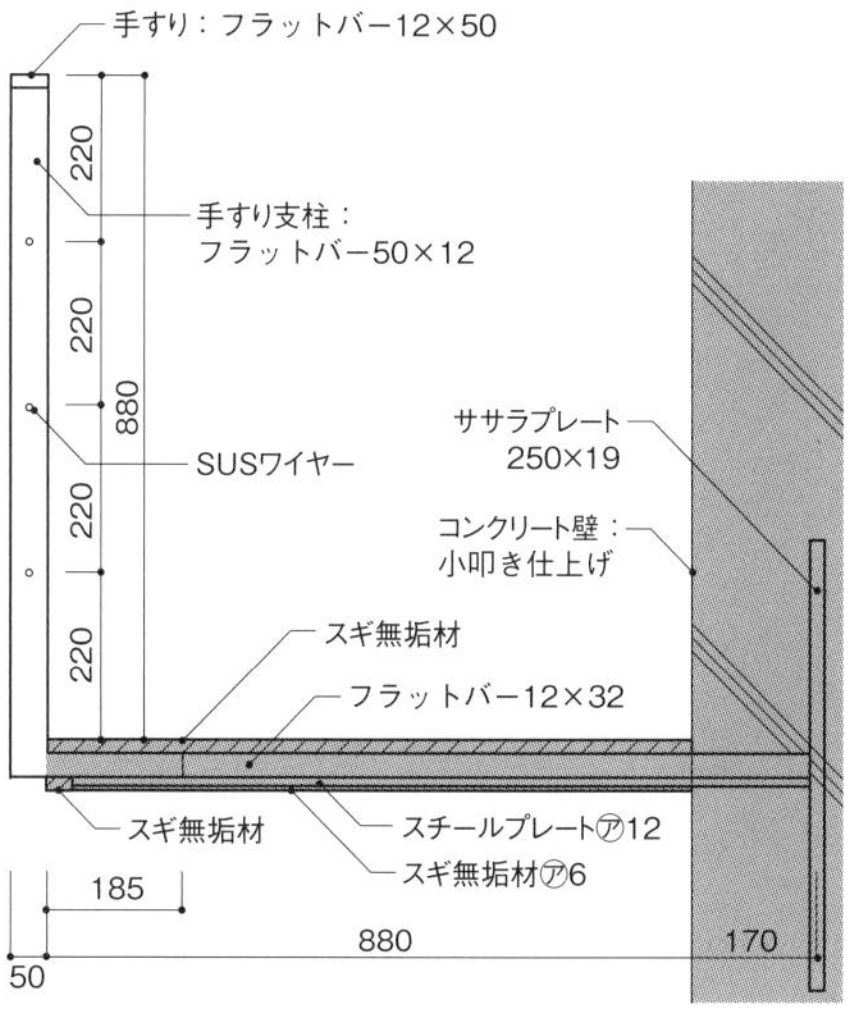
手すり：フラットバー12×50
220
手すり支柱：
フラットバー50×12
220
880
SUSワイヤー
ササラプレート
250×19
コンクリート壁：
小叩き仕上げ
220
220
スギ無垢材
フラットバー12×32
スギ無垢材
スチールプレート㋐12
スギ無垢材㋐6
185
880
170
50
階段踏み板・手すり断面詳細図（S＝1：20）

重量感のある段板をあえて
片持ちで跳ね出すことで、
存在感を高めている

9.1 Stairs that spice up a room

階をわたる本棚を背景に貫く階段。スケルトン階段で本を魅せながら、階段も主役としている。薄いスチールを組み合わせた軽やかかつシャープな力桁に、厚みのある木の段板を載せ、無機質になりがちなコンクリート造の空間に温かみのある印象をつくっています。

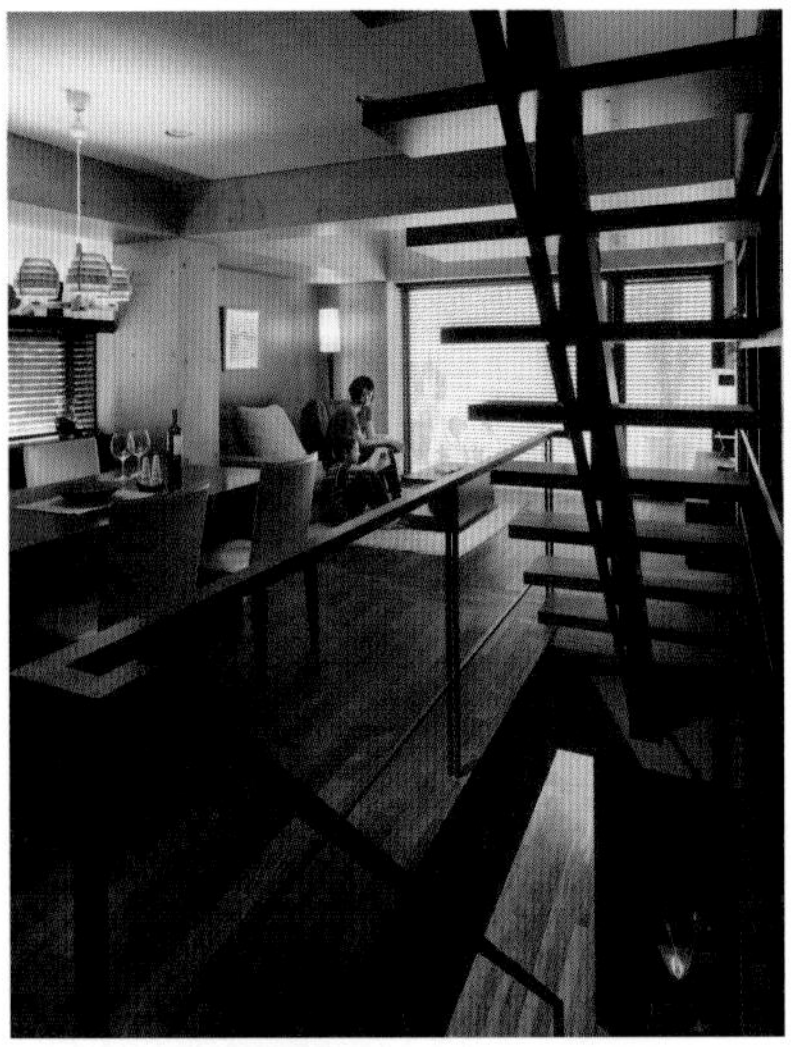

木とスチールのハイブリッドでつくられた階段は、ほどよい存在感を放っている

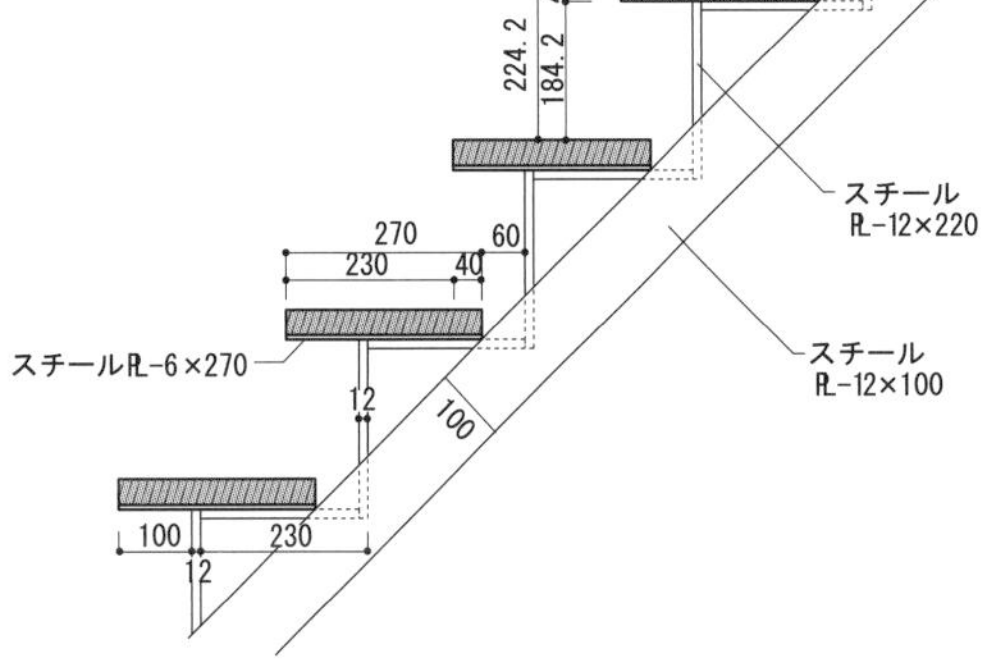

224.2
184.2
40
270
230
40
60
スチール
PL-12×220
スチールPL-6×270
スチール
PL-12×100
12
100
100
230
12

「神楽坂の家」断面詳細図（S＝1：20）

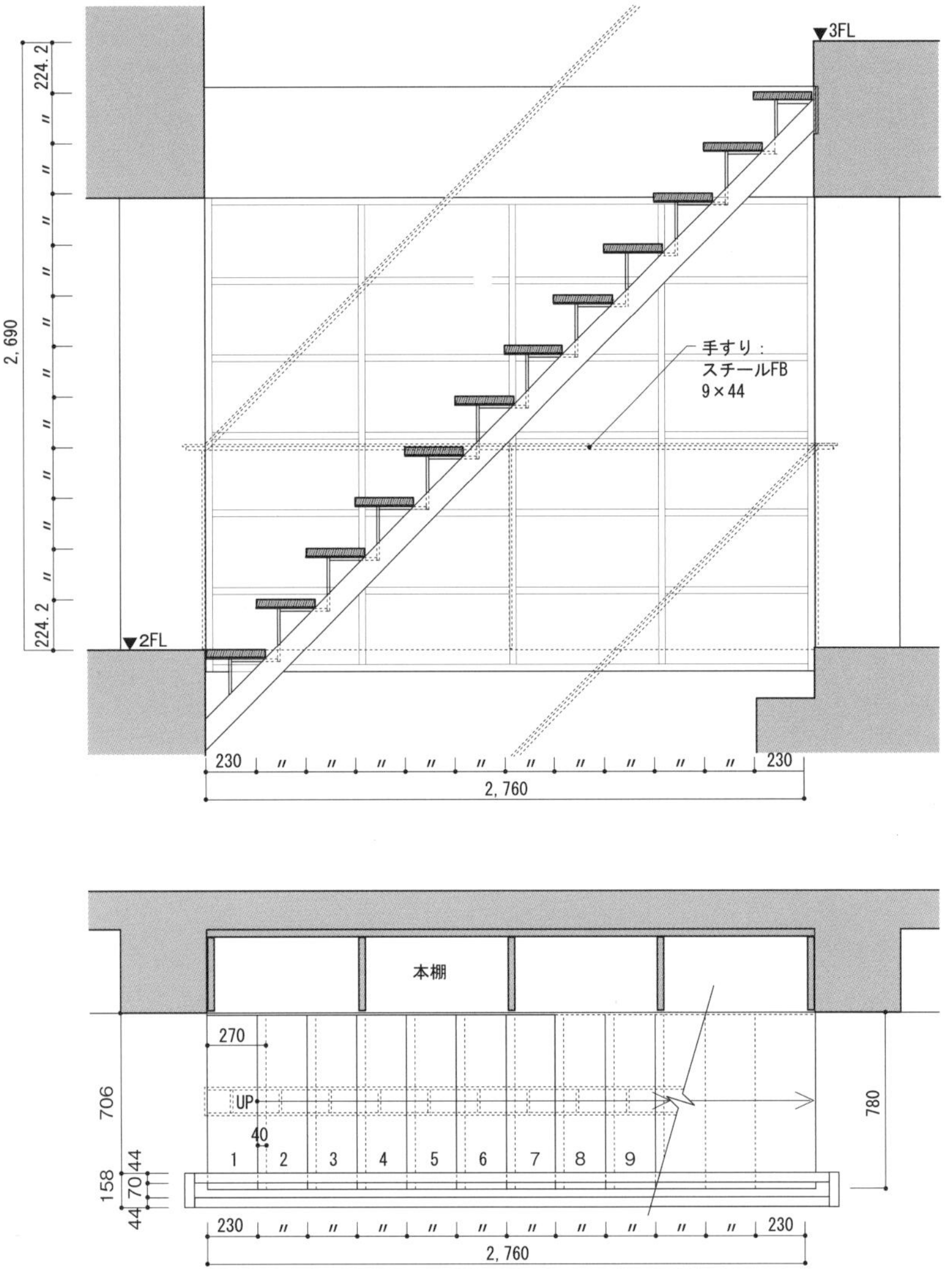

3FL
2FL
224.2
2,690
手すり：
スチールFB
9×44
230
230
2,760
本棚
270
UP
706
40
1 2 3 4 5 6 7 8 9
780
158
44
70
44

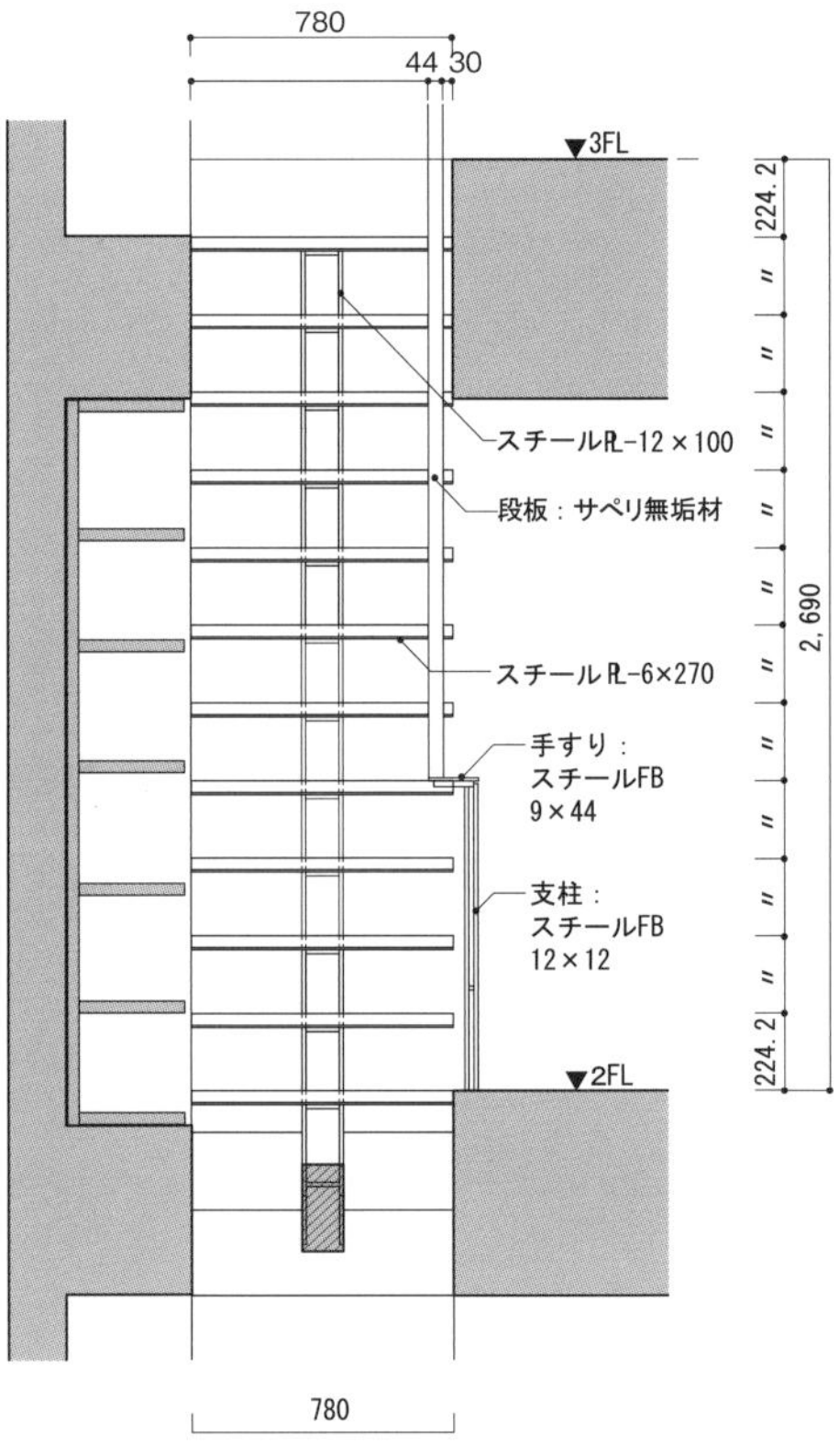

780
44 30
3FL
2FL
224.2
2,690
スチールPL-12×100
段板：サペリ無垢材
スチールPL-6×270
手すり：
スチールFB
9×44
支柱：
スチールFB
12×12
780

「神楽坂の家」階段廻り平・立面図（S＝1：40）

段板は、床のフローリング材と同じ樹種のサペリの無垢材とし、統一感を出している

9.2 Stairwells as transitional ambience

「階段」というスパイス

異空間にいざなう階段室

建物の中央を垂直に貫く階段。その階段を取り囲むように部屋を配置し、階段を螺旋状に上下して各部屋へたどり着きます。階段は壁で囲った階段室とし、あえてダークトーンな空間に。周囲の自然光に満ちた部屋から、その余韻のような光が階段室に滲み入り、静かな落ち着いた空間をつくりだしています。

異次元な雰囲気の階段室。中央に吊られた球体アートがさらに神秘さを高める

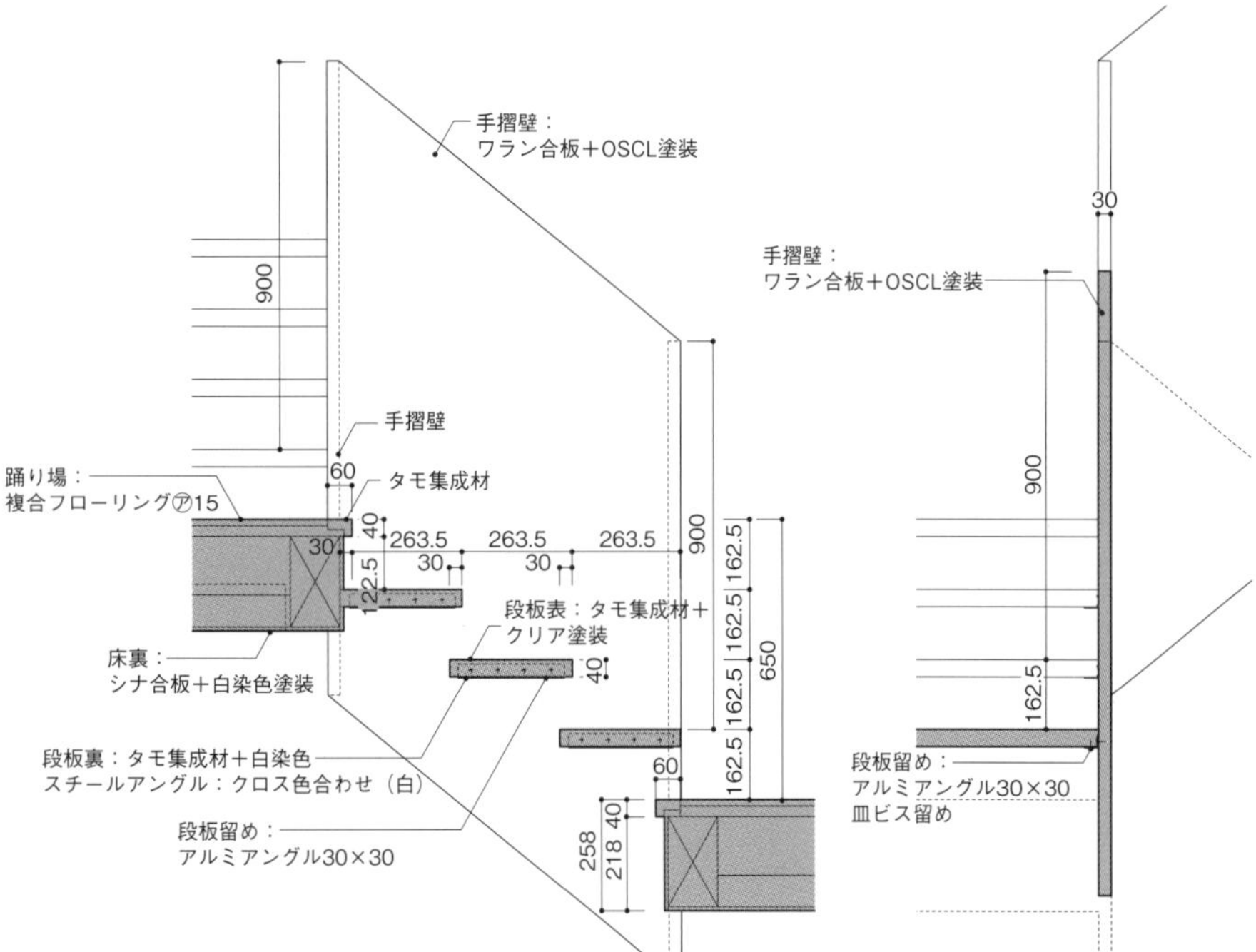

手摺壁：
ワラン合板＋OSCL塗装
900
手摺壁
60
タモ集成材
踊り場：
複合フローリング㋐15
30
40
263.5
263.5
263.5
30
30
12.5
900
162.5
162.5
650
162.5
162.5
段板表：タモ集成材＋
クリア塗装
40
床裏：
シナ合板＋白染色塗装
段板裏：タモ集成材＋白染色
スチールアングル：クロス色合わせ（白）
60
段板留め：
アルミアングル30×30
258
218
40
30
手摺壁：
ワラン合板＋OSCL塗装
900
162.5
段板留め：
アルミアングル30×30
皿ビス留め

「秋田の家」階段図（S＝1：25）

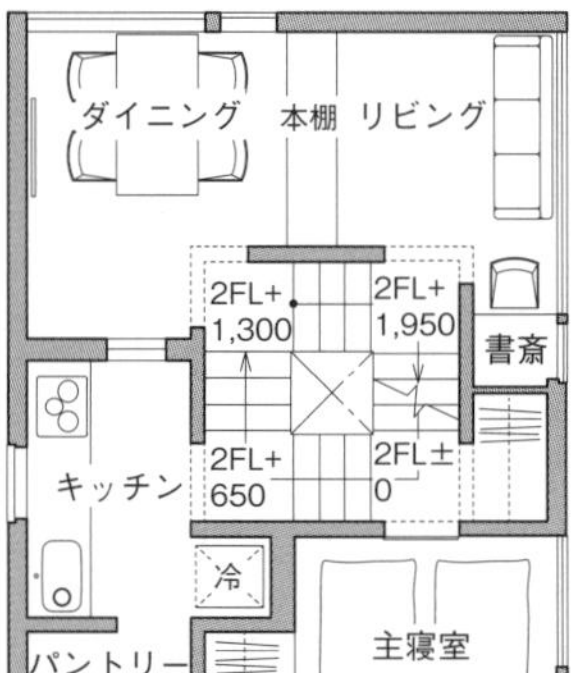

ダイニング
本棚
リビング
2FL＋
1,300
2FL＋
1,950
書斎
キッチン
2FL＋
650
2FL±
0
冷
主寝室
パントリー

「秋田の家」2階平面図（S＝1：150）

9.3 Stairwells like gardens

「階段」というスパイス

「庭」のような階段室

部屋から部屋へ、一度外に出てから別の部屋へ。そんな感覚にさせてくれる空間が家の中にあったら……。ここでは3つの建物をつなぐように階段を配置し、ガラスだけで囲われた開放的な空間をつくっています。家の中に「庭」が挿入されたような佇まい。部屋から部屋をこの「庭」越しに眺めたり、時にこの「庭」で寛いだり。使い方は住み手によって千差万別です。

庭やテラスに抜ける屋外のような階段。階段に面して外壁が回り込んでいる

ダイニングから階段を見る。この屋外のような階段を介して諸室へ移動

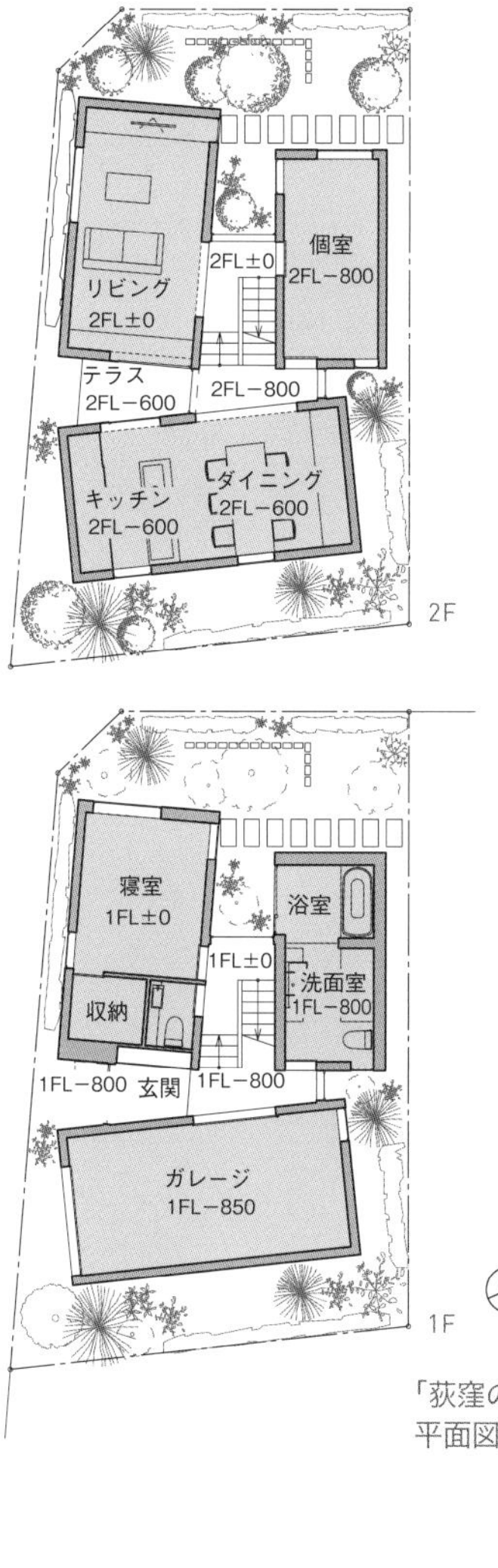

個室
2FL−800
2FL±0
リビング
2FL±0
テラス
2FL−600
2FL−800
キッチン
2FL−600
ダイニング
2FL−600
2F
寝室
1FL±0
浴室
1FL±0
洗面室
1FL−800
収納
1FL−800
玄関
1FL−800
ガレージ
1FL−850
1F
N

「荻窪の家」
平面図（S=1：250）

9.4 Stairs as dividers

「階段」というスパイス

仕切る階段

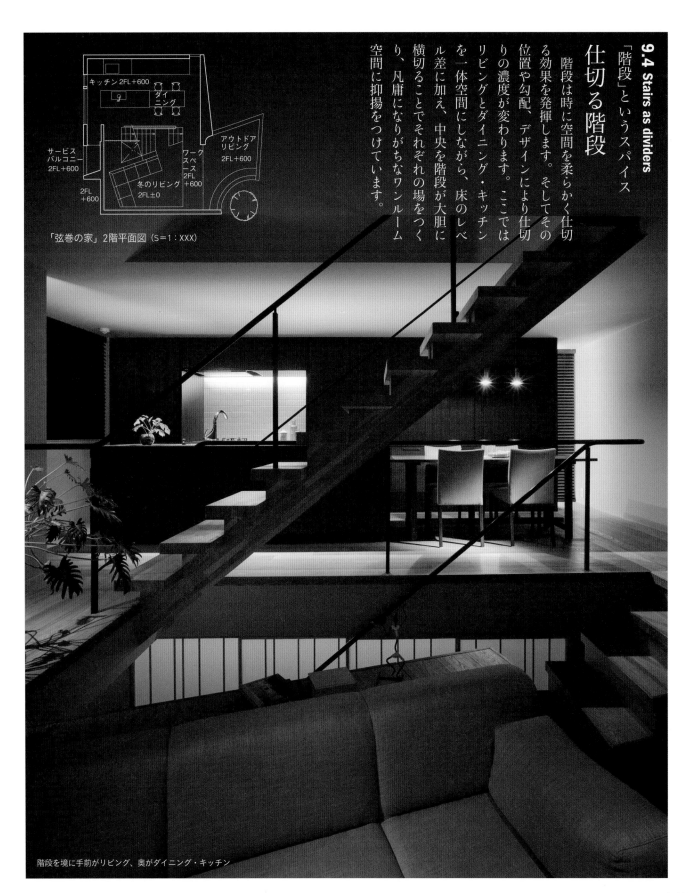

階段は時に空間を柔らかく仕切る効果を発揮します。そしてその位置や勾配、デザインにより仕切りの濃度が変わります。ここではリビングとダイニング・キッチンを一体空間にしながら、床のレベル差に加え、中央を階段が大胆に横切ることでそれぞれの場をつくり、凡庸になりがちなワンルーム空間に抑揚をつけています。

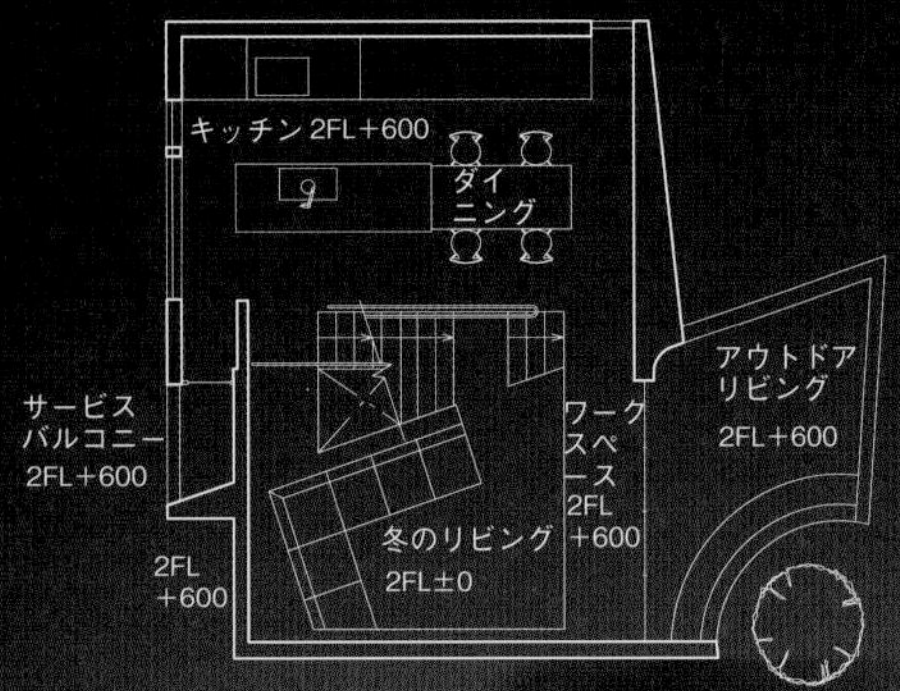

キッチン 2FL＋600
ダイニング
アウトドアリビング
2FL＋600
サービスバルコニー
2FL＋600
ワークスペース
2FL＋600
冬のリビング
2FL±0
2FL
＋600

「弦巻の家」2階平面図（S＝1：XXX）

階段を境に手前がリビング、奥がダイニング・キッチン

9.5 Staircases with storage

「階段」というスパイス

収納を兼ねる箱階段

階段下を塞いでマッシブな階段型の箱でつくる、重量感や存在感の出る魅せ方です。仕上げ方によっては軽やかに魅せることもできます。このようなオブジェのように魅せるデザインにおいては、階段下の利用は避けたいところですが、収納量という観点でその活用を考えることもあります。その場合は、そのデザインを壊さない中で、なるべく生活感の出ない仕上げ方を考えます。

「隅」 玄関ホールに面した箱階段

「隅」 階段のマッシブな印象をそのままに、側面から階段下を有効活用できるようになっている

9.6 Great supporting actor: Handrails

手摺は名脇役

手すりは落下防止をはじめ、階段を昇り降りするための手掛かりであったり、空間の仕切りを兼用するものであったりと、目的はひとつに留まりません。手すりはその目的を果たすことに加え、空間コンセプトや階段のデザインを引き立てる、あるいはその妨げにならない在り方でデザインが決まり、時に空間を引き締める主要な要素となるほどの力強さをもっています。

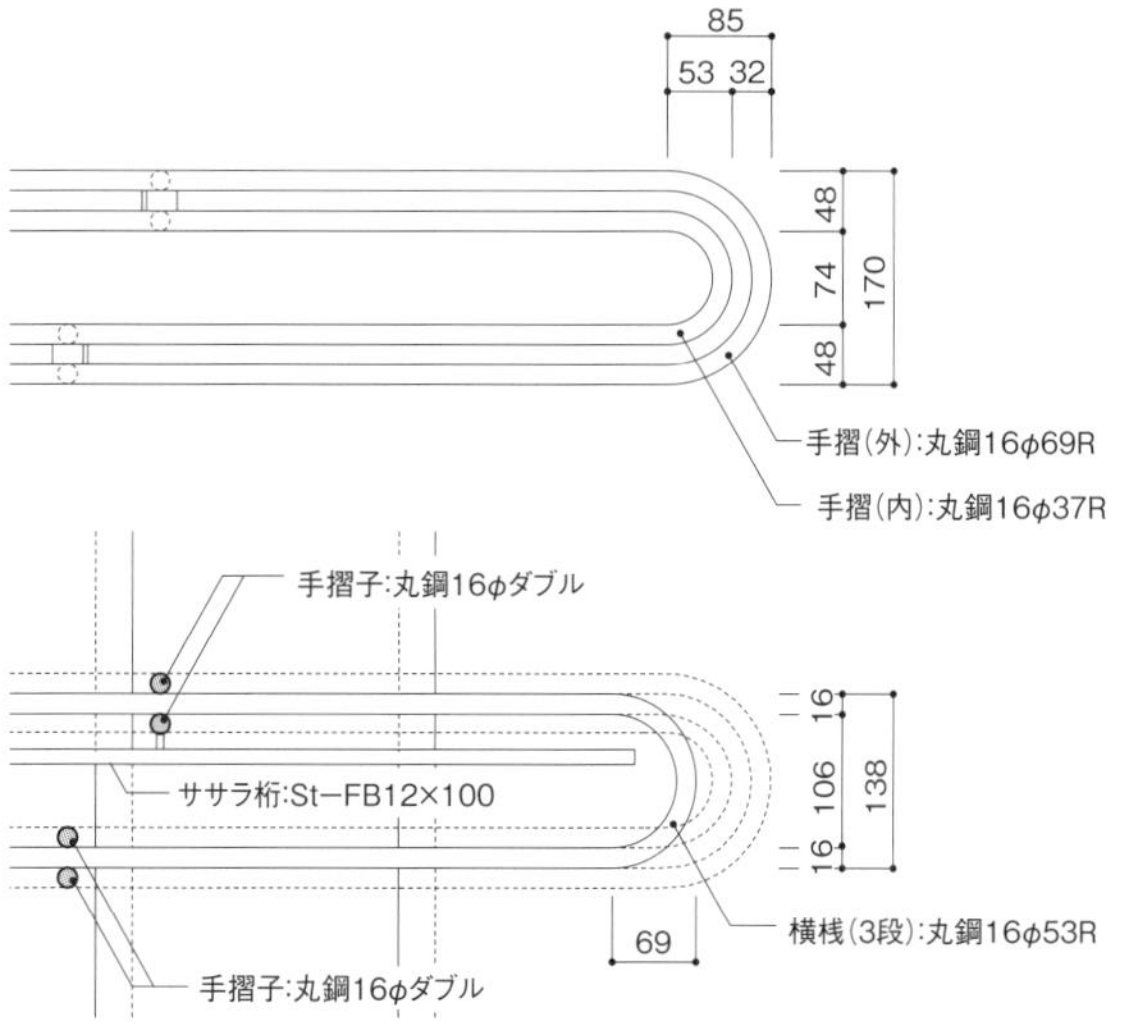

85
53 32
48
74
170
48
手摺(外):丸鋼16φ69R
手摺(内):丸鋼16φ37R
手摺子:丸鋼16φダブル
16
106
138
16
ササラ桁:St-FB12×100
69
横桟(3段):丸鋼16φ53R
手摺子:丸鋼16φダブル

「東山の家」階段詳細図（S=1：8）

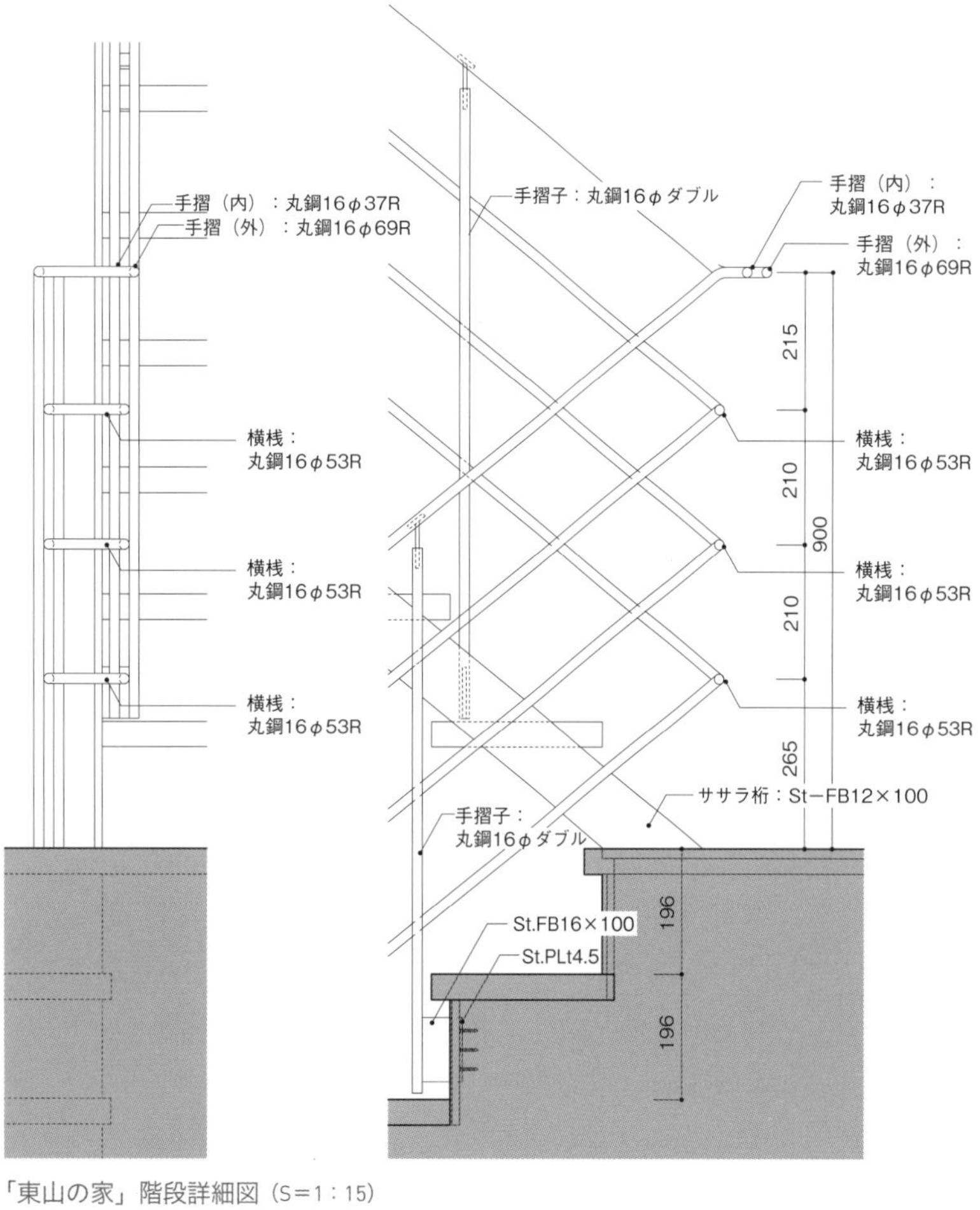

手摺（内）：丸鋼16φ37R
手摺（外）：丸鋼16φ69R
横桟：丸鋼16φ53R
横桟：丸鋼16φ53R
横桟：丸鋼16φ53R
手摺子：丸鋼16φダブル
手摺（内）：丸鋼16φ37R
手摺（外）：丸鋼16φ69R
215
210
900
210
265
横桟：丸鋼16φ53R
横桟：丸鋼16φ53R
横桟：丸鋼16φ53R
ササラ桁：St-FB12×100
手摺子：丸鋼16φダブル
St.FB16×100
St.PLt4.5
196
196

「東山の家」階段詳細図（S=1：15）

踊り場から玄関ホールを見下ろす。手すりの細い部材が柔らかな曲線を描く

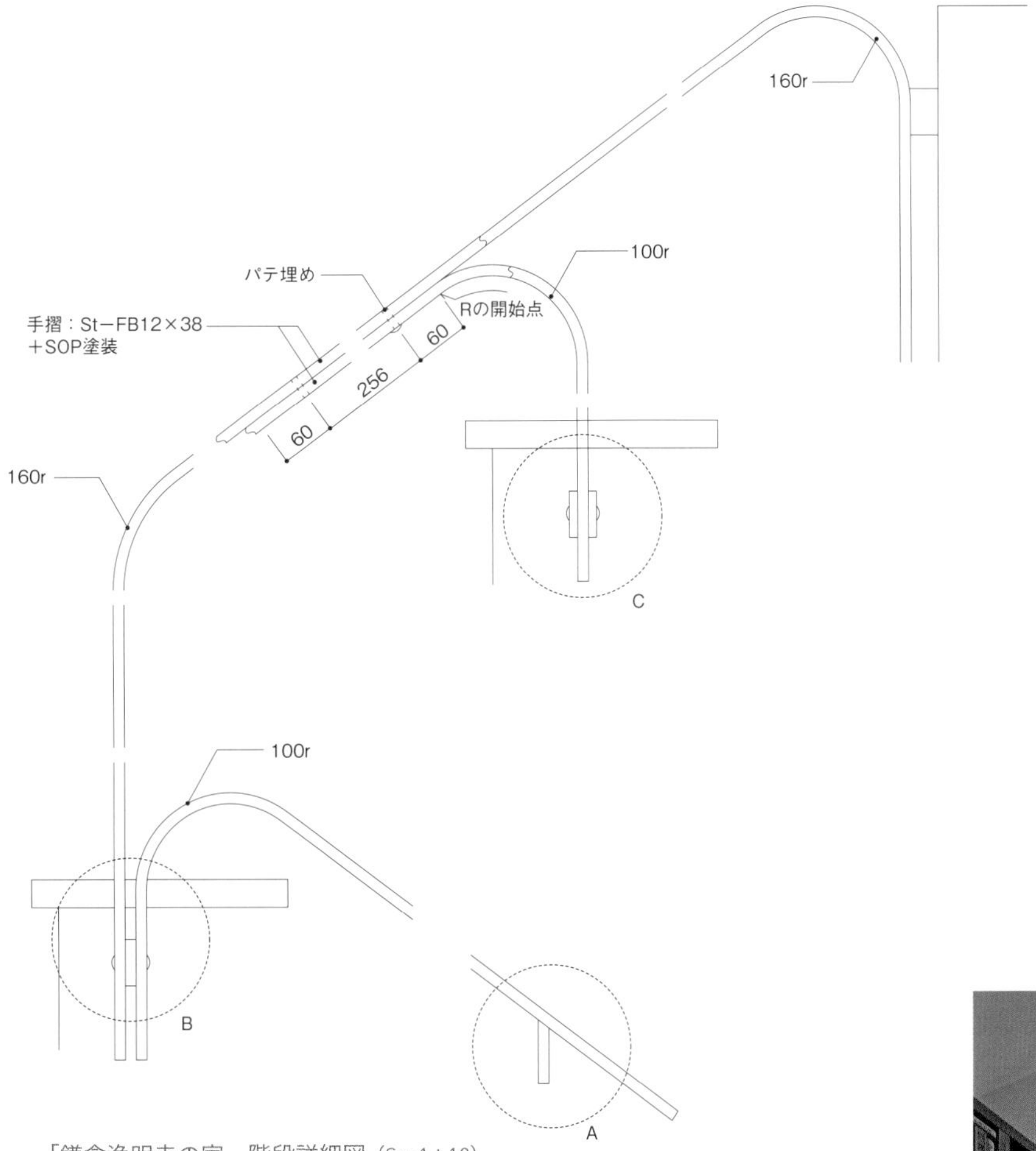

160r
パテ埋め
100r
手摺：St−FB12×38
＋SOP塗装
Rの開始点
60
256
60
160r
C
100r
B
A

「鎌倉浄明寺の家」階段詳細図（S=1：10）

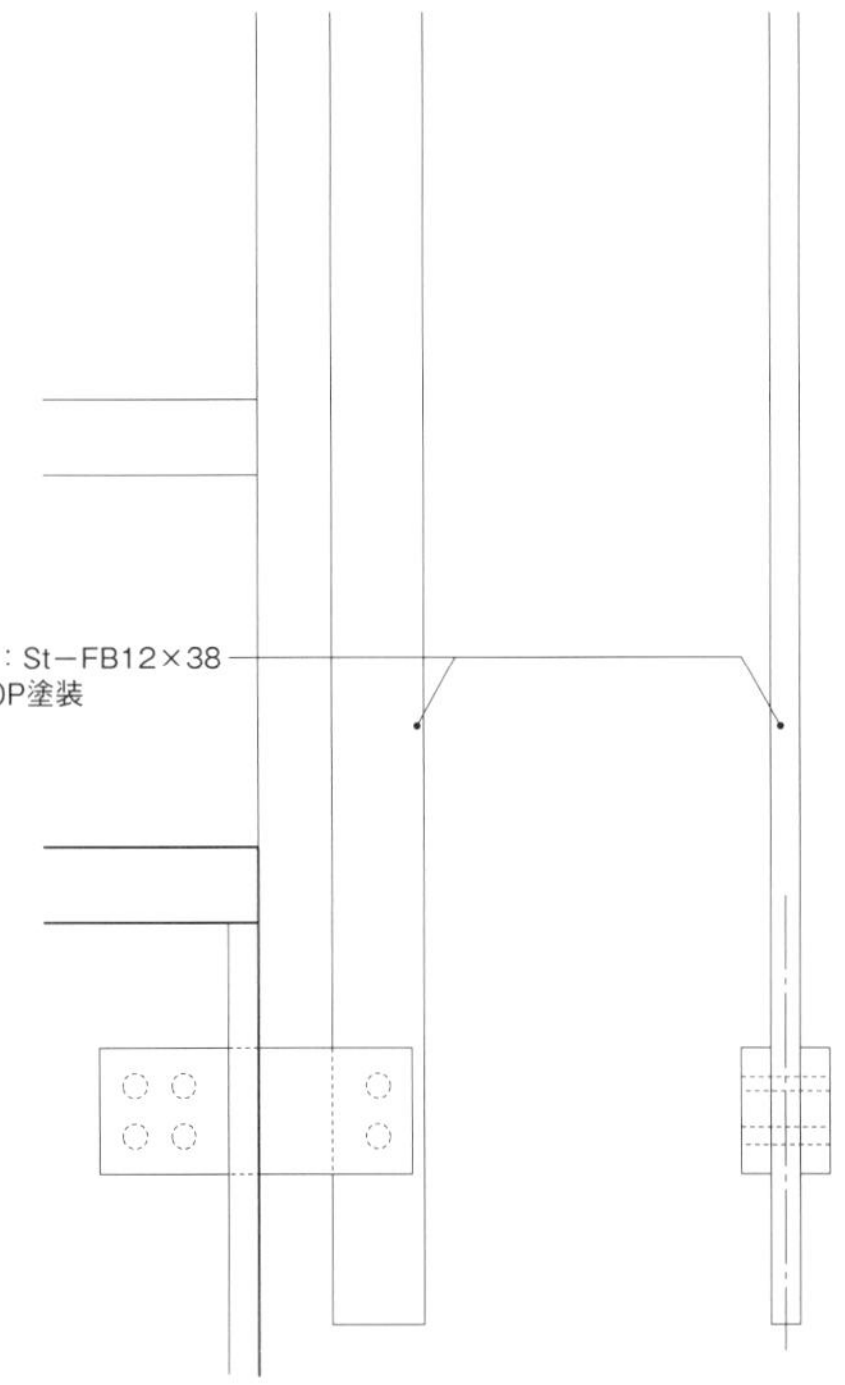

手摺：St−FB12×38
＋SOP塗装

C部分詳細図（S=1：6）

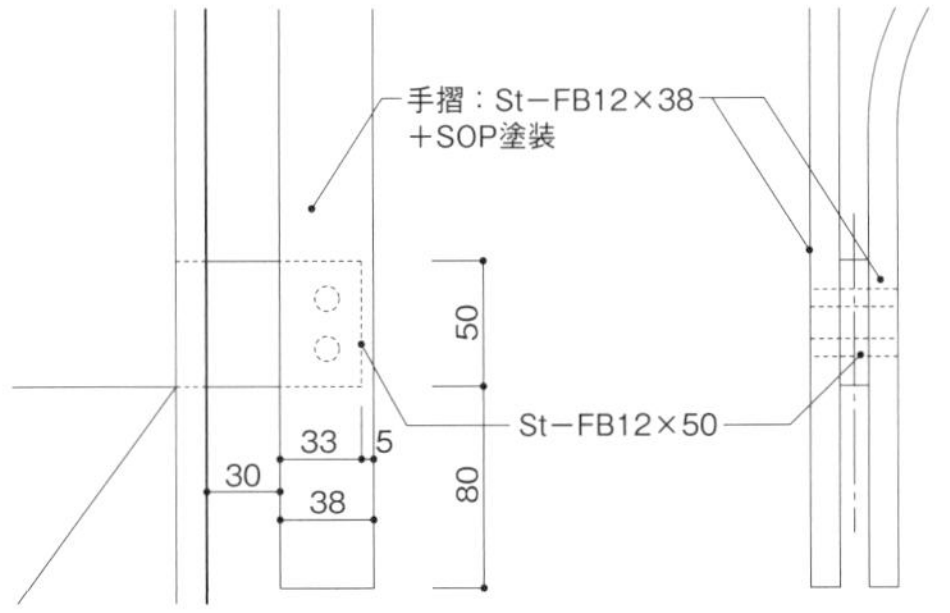

手摺：St−FB12×38
＋SOP塗装
50
St−FB12×50
33
5
30
38
80

B部分詳細図（S=1：6）

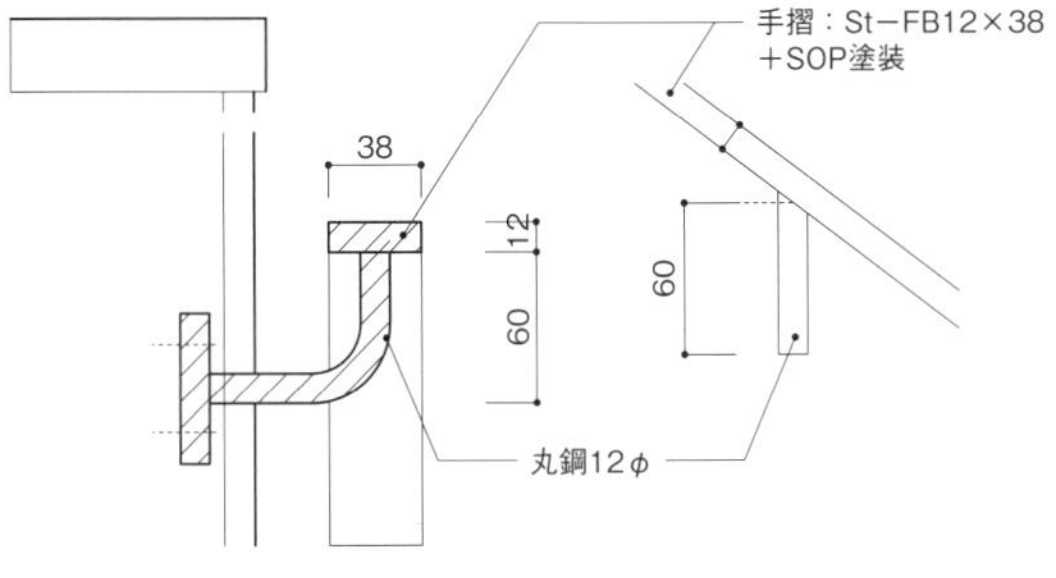

手摺：St−FB12×38
＋SOP塗装
38
12
60
60
丸鋼12φ

A部分詳細図（S=1：6）

ススキの穂のように弧を描く手すりが、控えめに個性を光らせている

9.7 家につく門扉 Gateway "on" the house

敷地を塀で囲うことについては、人によっていろいろな考えがあります。敷地境界を明確にしておきたい、防犯対策あるいは防犯上の抑止力にしたい、精神的に安心感を得られるなどの理由が挙げられ、コストや物理的な条件をもとに、効果的で美観を損なわず、かつ閉鎖的になりすぎない塀や門扉を設けるエ夫をしたいものです。

「代々木上原の家」は、家の前に車がぎりぎり駐車できるような状況で、塀や門扉で囲うのが難しい敷地です。車を駐車しているときの玄関の出入りをスムーズにするために、玄関扉は建物をニッチ状にくぼませた奥に取り付けていますが、防犯対策としてニッチ部分の外側に、建物の外観に合わせて鍵付きの格子引き戸を設置しています。そうすることで玄関扉の前を完全に囲うかたちとなるため、この格子引き戸が門扉に替わってセキュリティを守る役割を果たします。

門扉に代わる粗い縦格子の木製引き戸。この引き戸の奥左手に玄関扉がある

外観

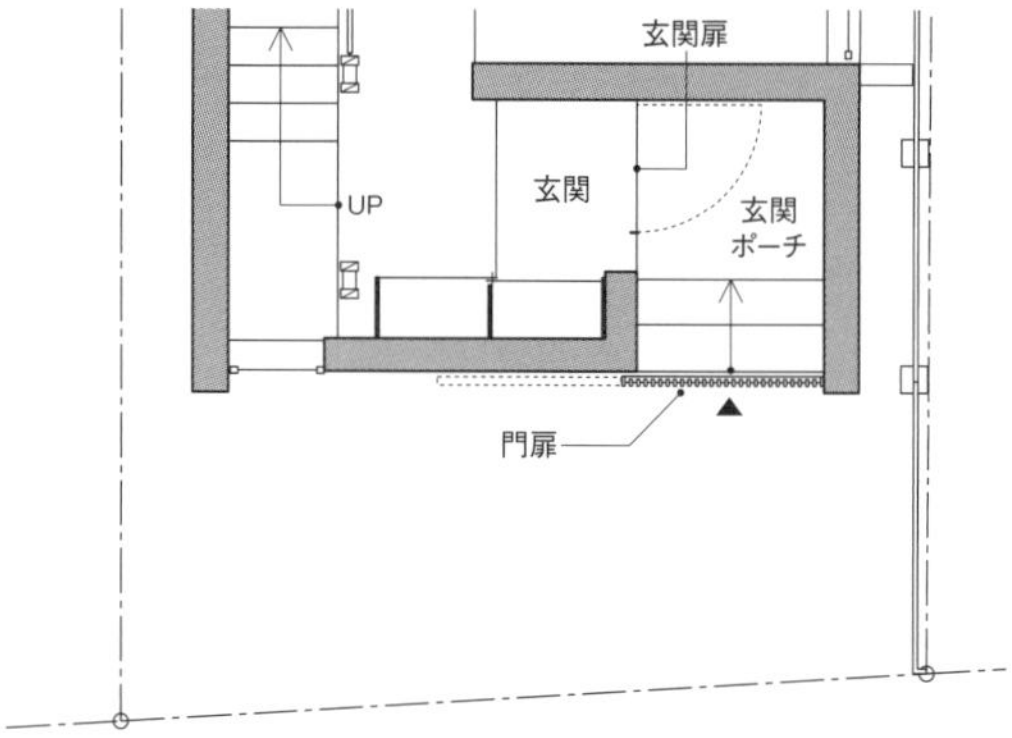
玄関扉
UP
玄関
玄関ポーチ
門扉

「代々木上原の家」玄関部分平面図
（S＝1：100）

玄関ポーチに門扉に代わる引き戸を設置することで、狭いスペースでも一時的な駐車ができるようにしている

9.8 Kill two birds with one "book shelf"

一席二眺の本棚机

夏は涼しい日陰で、冬は陽だまりでひなたぼっこをしながら本を読む。ワークスペースも季節や気分にあわせて場所を変えたいところですが、家のあちこちにつくることができなくても、同じ場所で気分を変えられる工夫をしたいものです。

「成瀬の家」ではダイニングと個室を仕切る壁を両側から使える本棚でつくり、その一部をワークスペースにしています。ワークスペースも両側から使えるため、そのときの気分によりダイニング側に座って個室越しに窓の外を眺めたり、個室側に座って家族の気配を感じながら机に向かったりと、座る向きを変えるだけで景色が変わり、同じところにいながら幾通りもの空間を体感することができます。

個室側から見たワークスペース。奥にダイニングテーブルが見える

普段は個室とダイニングの間で互いに様子が伺える間仕切りが、ワークスペースとして、ダイニング、個室の双方から使えるようになっている。状況に応じて子どもと向き合って勉強をみてあげることもできる。また、棚の造作を変えることで、成長に合わせて使い方を変えられる

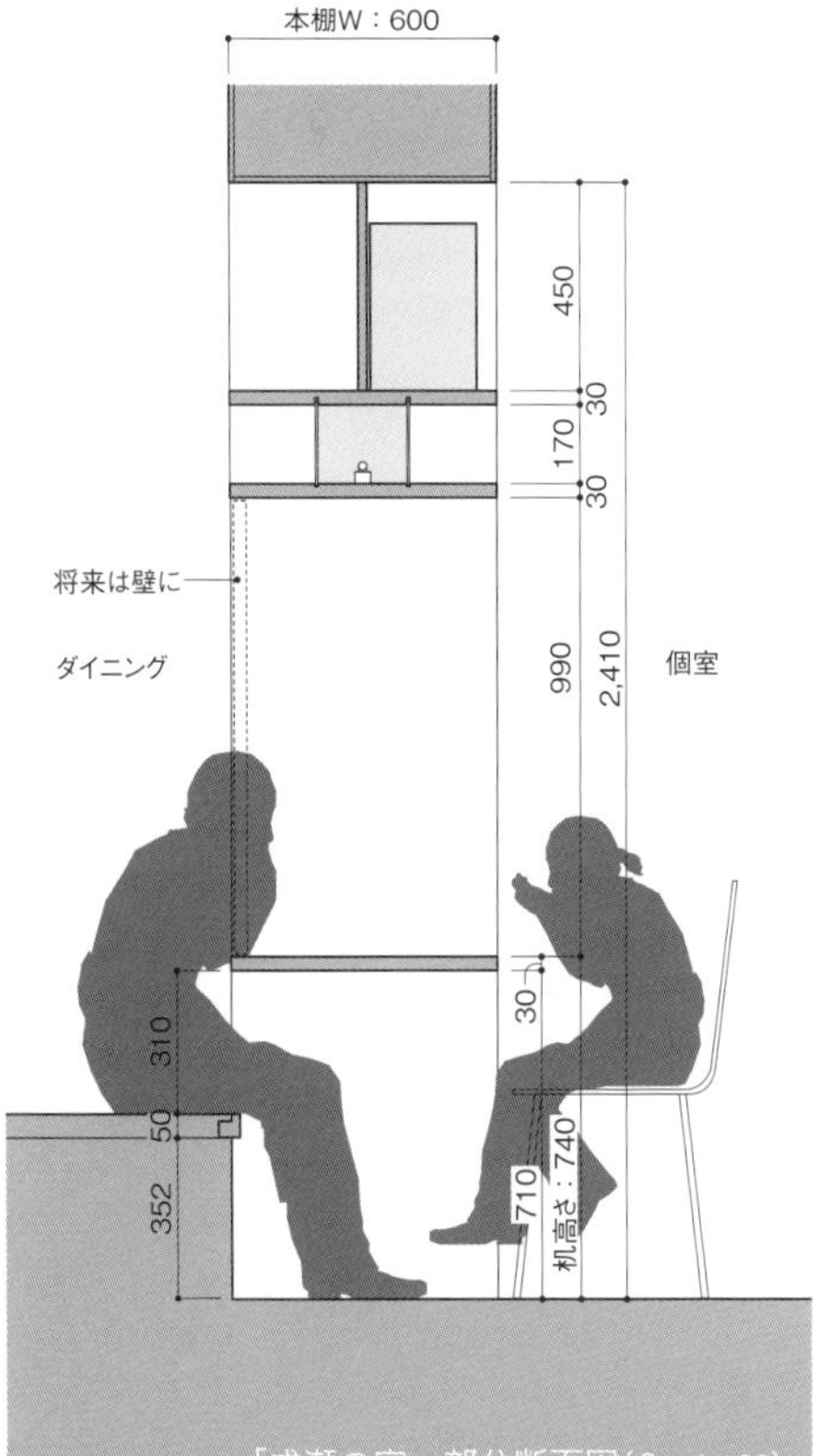
本棚W：600
450
30
170
30
将来は壁に
ダイニング
990
2,410
個室
310
50
352
30
710
机高さ：740

「成瀬の家」部分断面図（S＝1：30）

9.9 The chameleon kitchen

カメレオンキッチン

オープンなキッチンの場合、機能を満足させつつ空間全体の雰囲気を壊さないようにしなければなりません。機能面を重視するがために扉が原因で雑多な印象になりがちな収納ですが、「東山の家」のキッチン収納は壁のようにフラットな意匠で納めることで、重厚感のあるリビングに対して邪魔にならないデザインとなっています。

右/壁一面の収納。フラットに見せつつ、使い勝手を考慮してスライド式に
左/アイランドのキッチンは、手元を隠し、背面には木製のタイルを張り、重厚感のある家具のようにつくっている

冷蔵庫をはじめすべての調理家電を収納できる。扉は収納式やスライド式で、開いたままでも作業しやすいよう配慮している

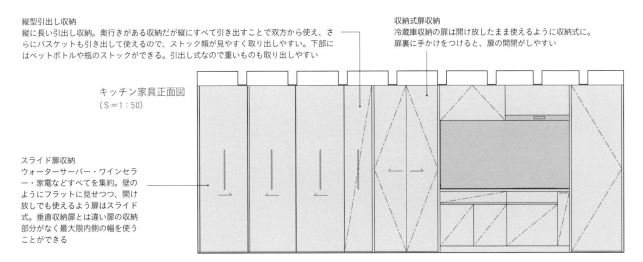

縦型引出し収納
縦に長い引出し収納。奥行きがある収納だが縦にすべて引き出すことで双方から使え、さらにバスケットも引き出して使えるので、ストック類が見やすく取り出しやすい。下部にはペットボトルや瓶のストックができる。引出し式なので重いものも取り出しやすい

収納式扉収納
冷蔵庫収納の扉は開け放したまま使えるように収納式に。扉裏に手かけをつけると、扉の開閉がしやすい

キッチン家具正面図
（S＝1：50）

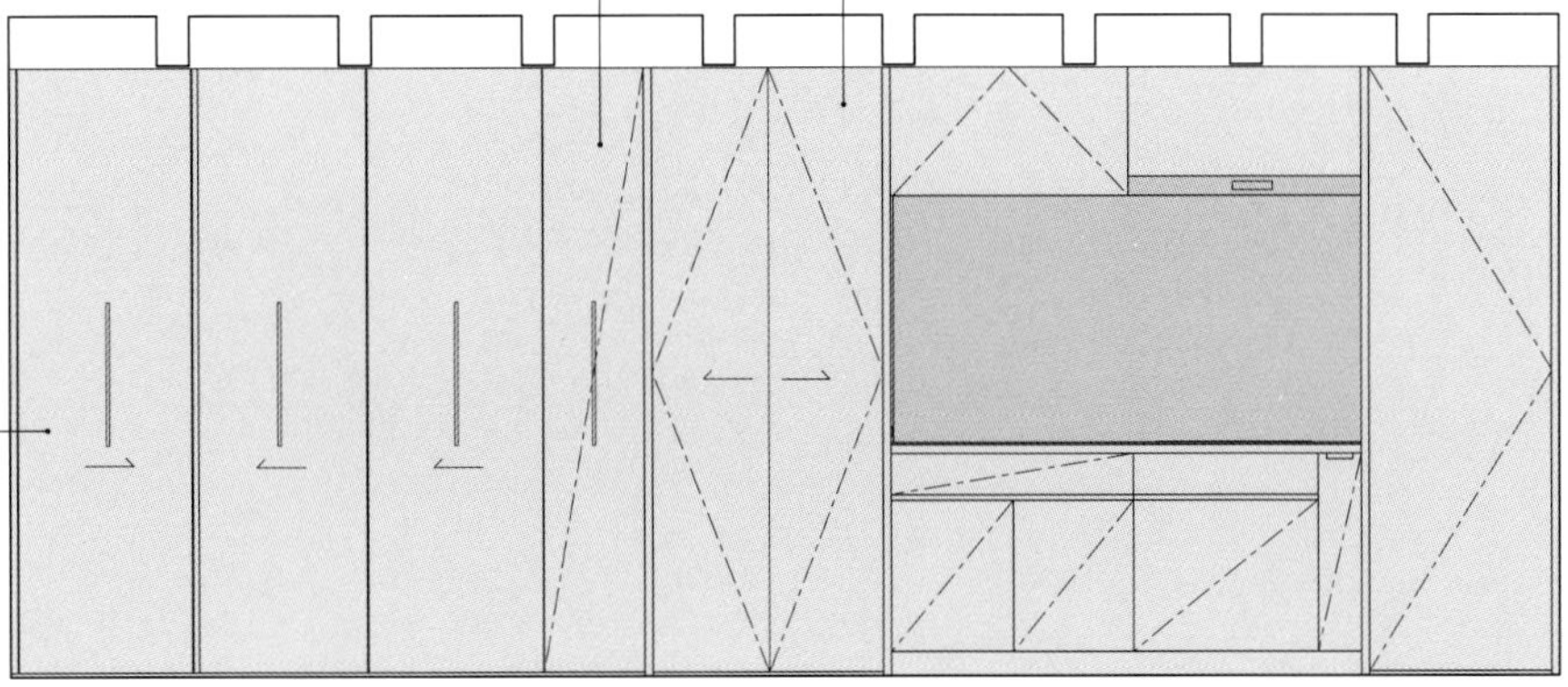

スライド扉収納
ウォーターサーバー・ワインセラー・家電などすべてを集約。壁のようにフラットに見せつつ、開け放しでも使えるよう扉はスライド式。垂直収納扉とは違い扉の収納部分がなく最大限内側の幅を使うことができる

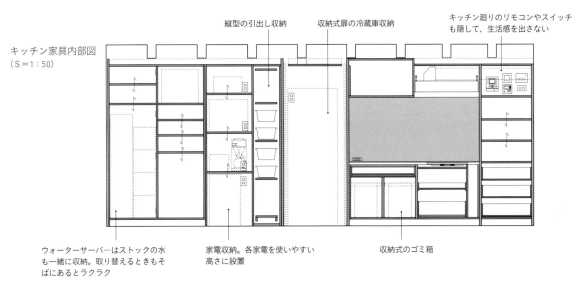

縦型の引出し収納

収納式扉の冷蔵庫収納

キッチン廻りのリモコンやスイッチも隠して、生活感を出さない

キッチン家具内部図
（S＝1：50）

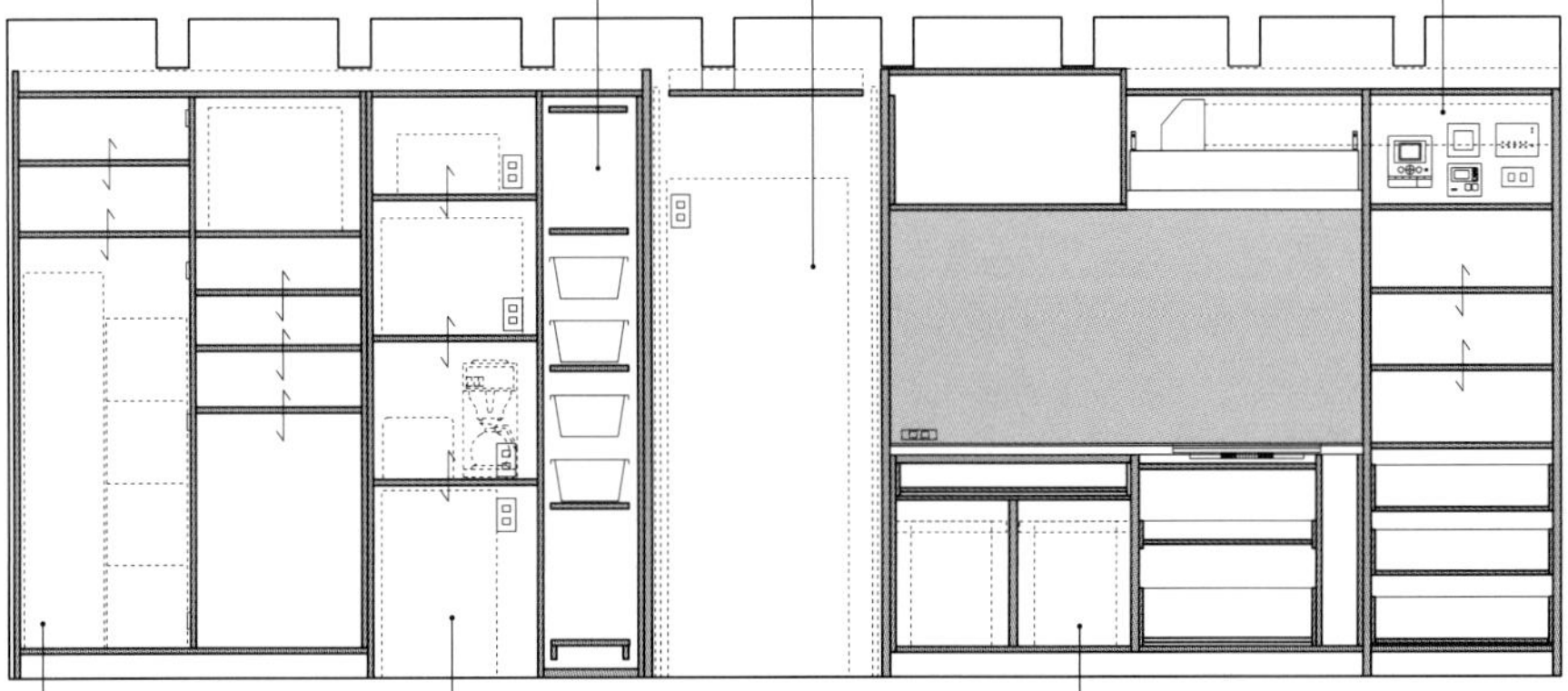

ウォーターサーバーはストックの水も一緒に収納。取り替えるときもそばにあるとラクラク

家電収納。各家電を使いやすい高さに設置

収納式のゴミ箱

2階ダイニングキッチン平面図
（S＝1：50）

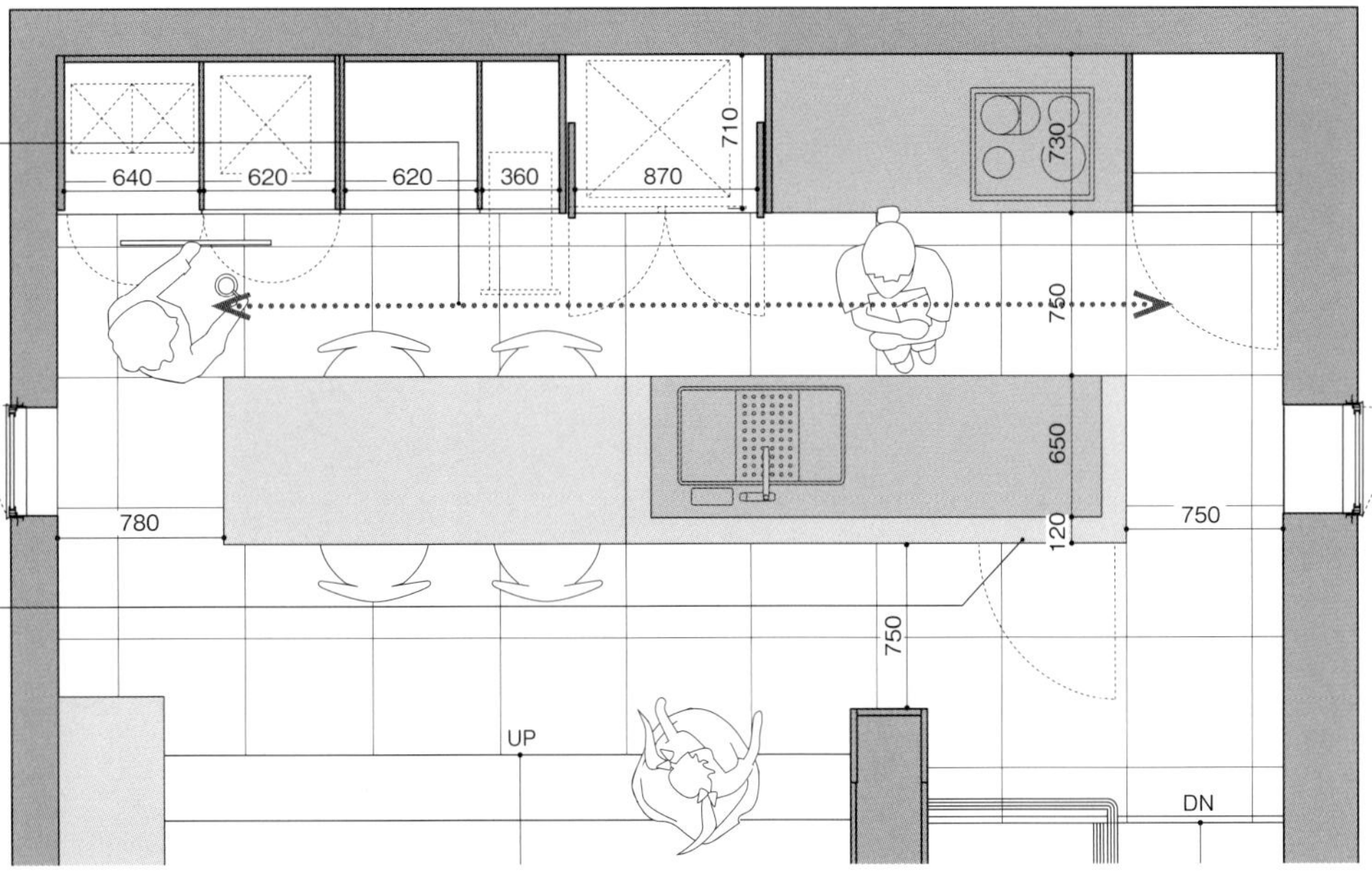
640
620
620
360
870
710
730
750
650
120
780
750
750
UP
DN

移動が少ない一直線の家事動線

どこからでも見えるアイランドキッチンの背面は木製タイル仕上げで手元を隠す

9.10 Cleverly use of depth

奥行きをかしこく使う

吹抜け空間は天井の低い空間と隣接させ、対比させることで互いの魅力を引き出します。吹抜け廻りは手すり代わりに奥行きのある家具とすることで、高さを抑えながらも恐怖感のない開放的な空間となり、双方の気配が感じられるようになっています。

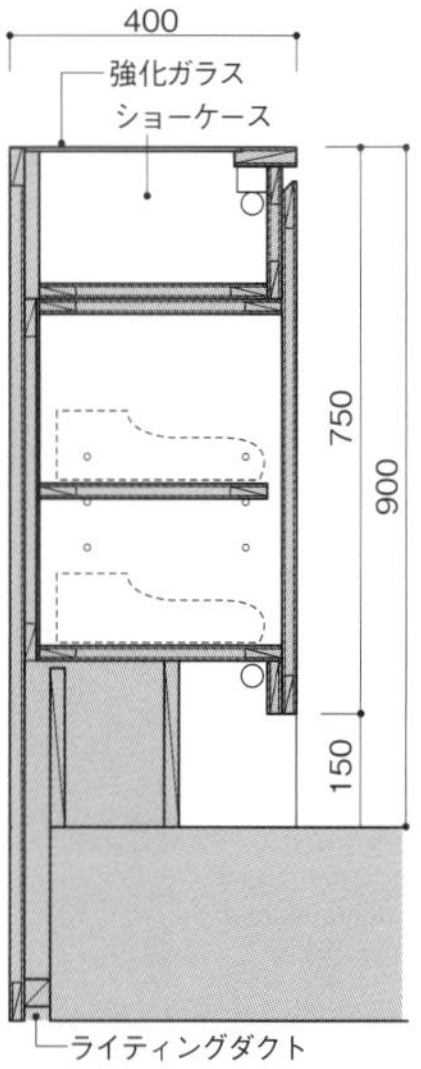

400
強化ガラス
ショーケース
750
900
150
ライティングダクト

靴収納断面図（S＝1：20）

靴収納内に照明器具を隠す。家具そのものが照明になる

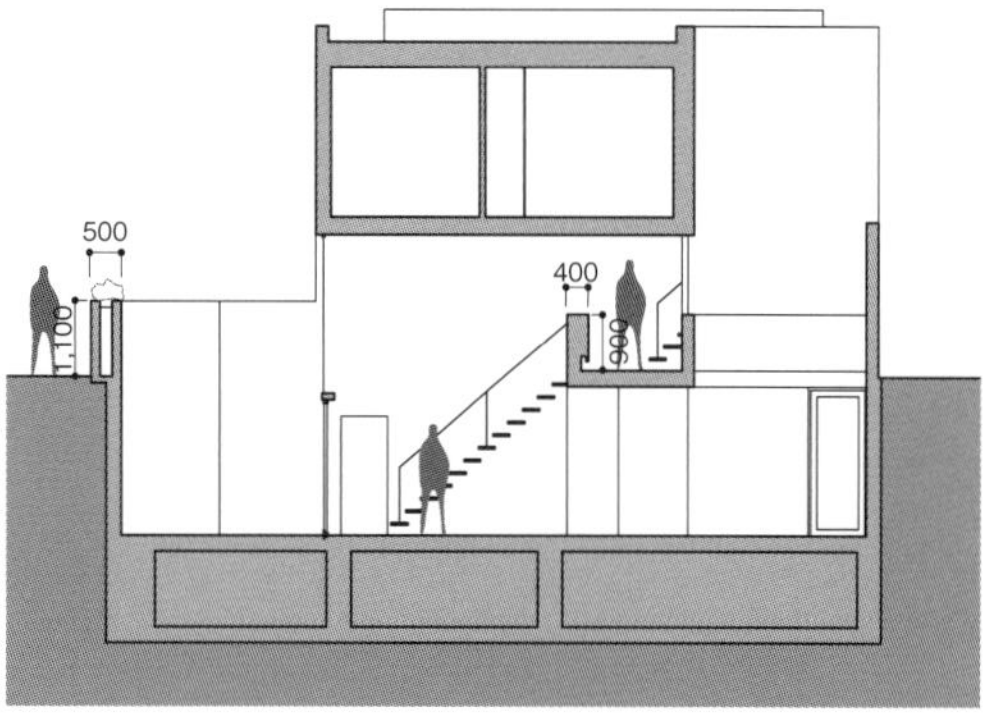

500
400

「目白の家」断面図（S＝1：XXXXX）

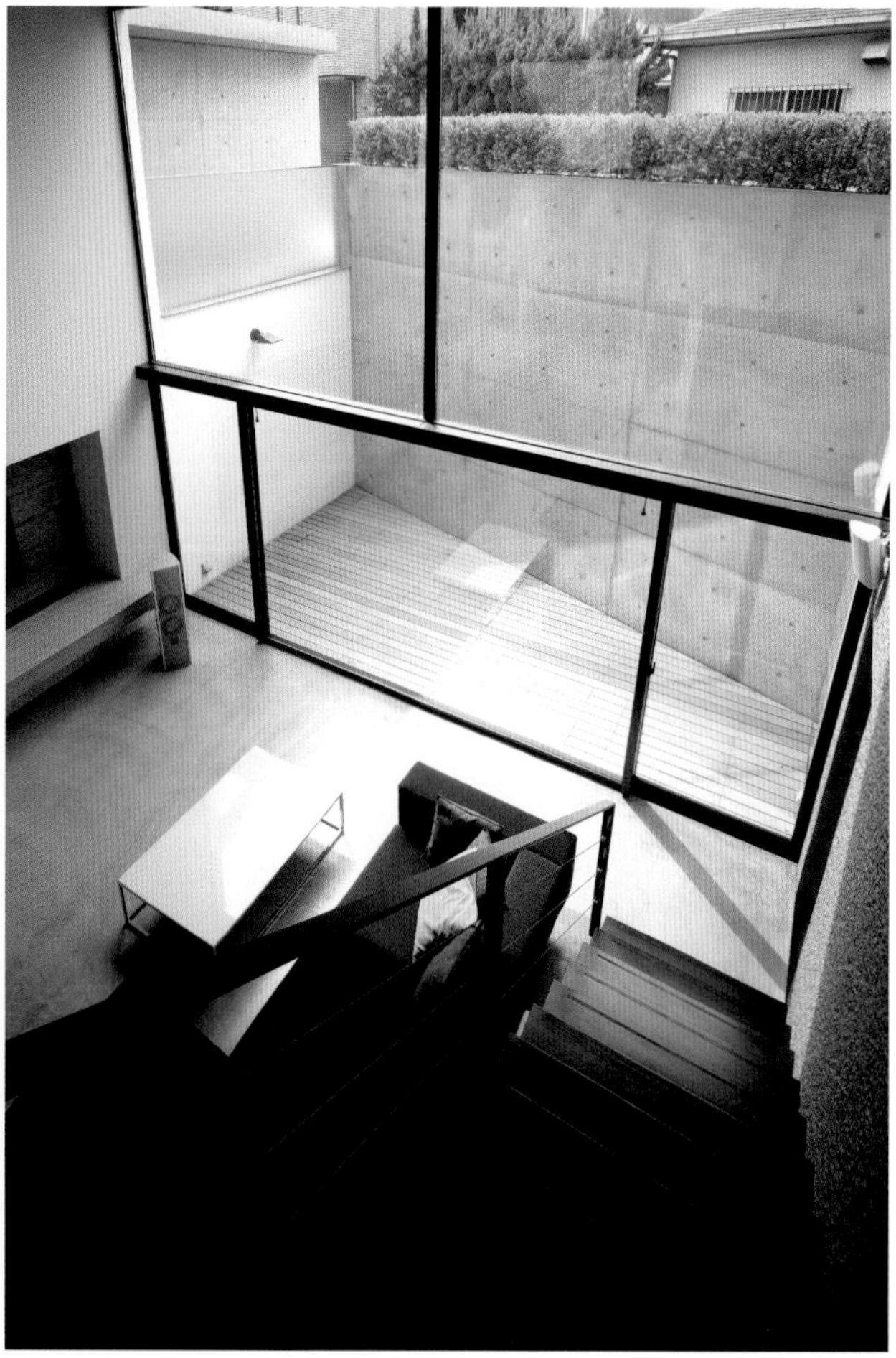

圧迫感を軽減しつつ、恐怖感を与えない

吹抜け空間であるリビングへは、その伸びやかさを効果的に感じられるよう、天井高さを抑えたギャラリーから入るプランとなっている。ギャラリー部分には、手すりを兼用した収納家具が設けられているが、通常の手すりより低くなっており、吹抜け空間とのつながりを重視した見通しのよい空間構成となっている。一方、安全面においては、収納という奥行きのある形状とすることで落下に対する恐怖感を軽減している

9.11 背中合わせのちょうどいい関係 Granting two wishes at once

テレビが壁面を占める割合は年々大きくなりつつあります。そしてＤＶＤ等の録画・再生機器類も必ずと言っていいほど付随してきて、テレビとともにそれらを美しく納め、メンテナンスを容易にすることを考えなければなりません。テレビとＤＶＤ機器類の配線が見えないよう納めるのは常ですが、テレビもＤＶＤ機器類も将来買い替えが生じることを考えて、配線のつなぎ替えをなるべく容易にしておく必要があります。

「赤塚の家」では、テレビやＤＶＤ機器類の背面に隣接する玄関ホールの収納を設置し、収納側から配線できるようにしています。

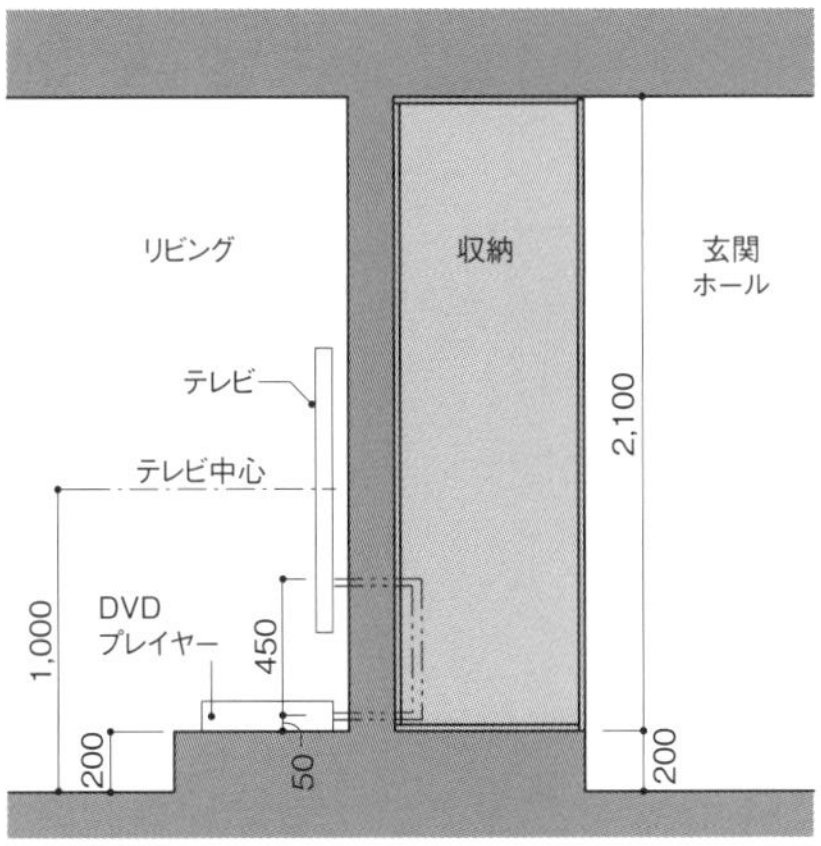

リビング
収納
玄関
ホール
テレビ
テレビ中心
2,100
DVD
プレイヤー
1,000
450
200
50
200

テレビ配線廻り断面図（S＝1：50）

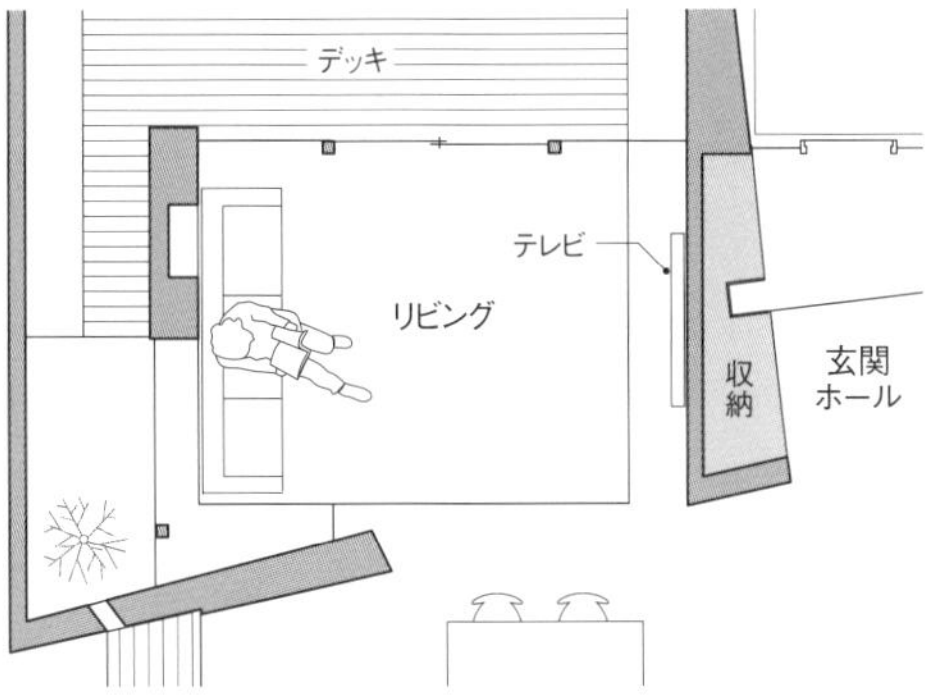

デッキ
テレビ
リビング
収納
玄関
ホール

「赤塚の家」部分平面図（S＝1：150）

一石二鳥の間仕切り壁

玄関とリビングを仕切るように配置した収納。リビング側からはテレビ配線スペースに、玄関側からはコート掛けや収納に使い、一石二鳥の間仕切り壁となっている

9.12 New uses for old materials

古いモノの記憶を継承する

格子戸、木戸、欄間、柱や梁といった昔の建物で使われていたモノには、一朝一夕ではつくられない、年月を経たからこその深みと風格があります。また、今ではつくることができない職人技のモノや入手困難なモノもあり、そういったものを大事に引き継いで活用していきたいものです。

「八ヶ岳の山荘」では、筬欄間（おさらんま）を本来とは違った使い方ではありますが、部屋の重要な要素として扱い、空間に品格を与えています。

もともとは古い民家で使われていた欄間をベッドスペースの衝立てとして再利用

筬欄間（おさらんま）の衝立て

ベッドスペースと通路を欄間による衝立てで仕切っている

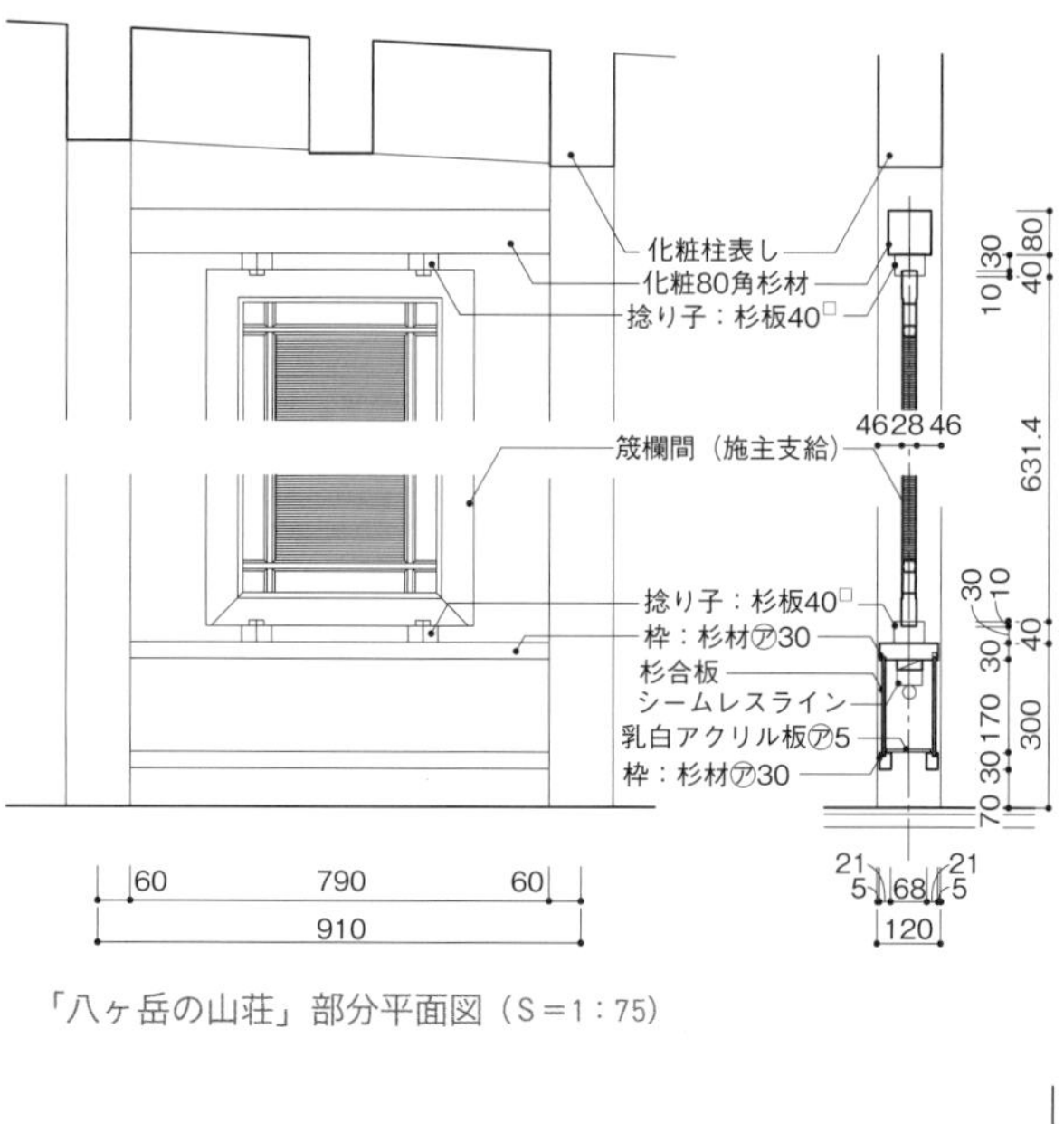
化粧柱表し
化粧80角杉材
捻り子：杉板40□
筬欄間（施主支給）
捻り子：杉板40□
枠：杉材㋐30
杉合板
シームレスライン
乳白アクリル板㋐5
枠：杉材㋐30
60
790
60
910
46 28 46
631.4
21
5
68
21
5
120
300
30
170
30
70
10
40
30
80

「八ヶ岳の山荘」部分平面図（S＝1：75）

「西谷の家」では、古いお屋敷で使われていた木扉を再活用しています。木扉にはその素材に馴染むようナラの無垢材で新たに建具枠をつくり、周囲とのバランスも考慮しながら重厚感のある木扉を蘇らせています。

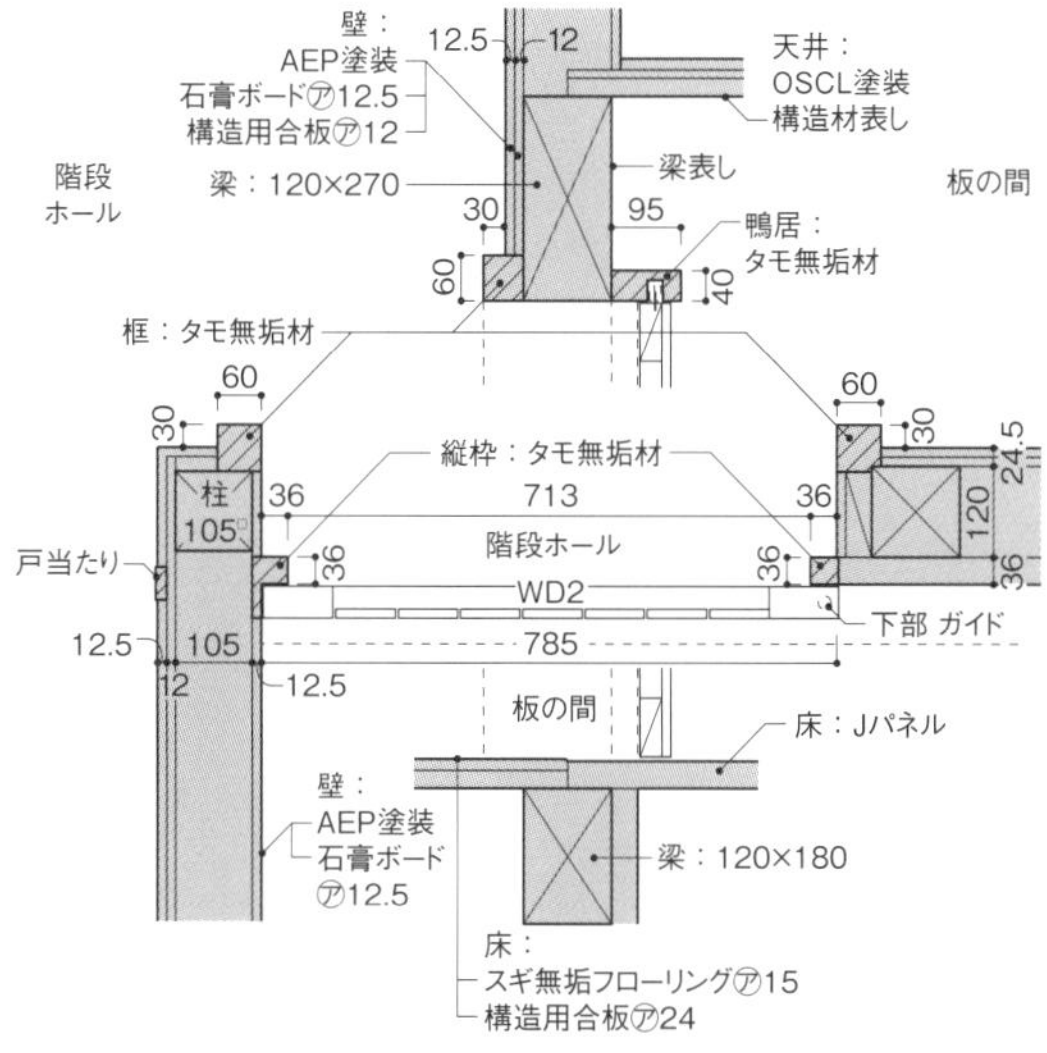
壁：
AEP塗装
石膏ボード㋐12.5
構造用合板㋐12
12.5
12
天井：
OSCL塗装
構造材表し
階段
ホール
梁：120×270
梁表し
板の間
30
95
鴨居：
タモ無垢材
60
40
框：タモ無垢材
60
60
30
30
縦枠：タモ無垢材
柱
36
713
36
24.5
105
120
階段ホール
戸当たり
36
36
36
WD2
12.5
105
785
下部 ガイド
12
12.5
板の間
床：Jパネル
壁：
AEP塗装
石膏ボード
㋐12.5
梁：120×180
床：
スギ無垢フローリング㋐15
構造用合板㋐24

「西谷の家」建具詳細図（S＝1：20）

古材の木扉が別世界へ誘う

古材の木扉にナラの無垢材で建具枠をつくり、新たに息を吹き込む

9.13 Learning from the past
温故知新

昔ながらの材料を使った旧来の事例には、デザインのヒントが隠されています。新しいデザインは突然生まれることもあると思いますが、多くは昔のものの延長線上にあるのではないでしょうか。現代においても瓦や左官といった昔から使われている材料を使った、あるいはそこから進化した新しいデザインや空間をもつ素晴らしい建物は少なくありません。「故きを温ねて新しきを知る」ことは新たなデザインを生み出す可能性を秘めています。

「岡崎の家」
軒をしっかり出し、基礎を高くすることで、外壁の焼スギ材を雨や湿気から守っている。スギ板型枠を使ったコンクリート壁にもスギの木目が写り込んでいる。外壁の焼スギに合わせたデザイン

「岡崎の家」
焼スギを用いた外壁は和のテイスト。母屋の日本庭園の背景になっている（**1.7**参照）

「成瀬の家」　外壁の焼杉材を守る大屋根がそのまま内部まで続き、伸びやかな印象をつくっている

9.14 Architecture brings out the charm of furniture

建築は家具を引き立てる

大切にしている家具はそれ単体でも十分魅力的ですが、人に居場所をつくるように家具にも家具のための場所をつくると、その魅力は一層引き立てられ、家具のためにつくられた背景である空間も相乗効果で彩りのある空間に様変わりします。家具の置き場所を後から考えるのではなく、並行して考えておきたいものです。家具は暮らしの空間の画竜点睛と言っても過言ではないかもしれません。

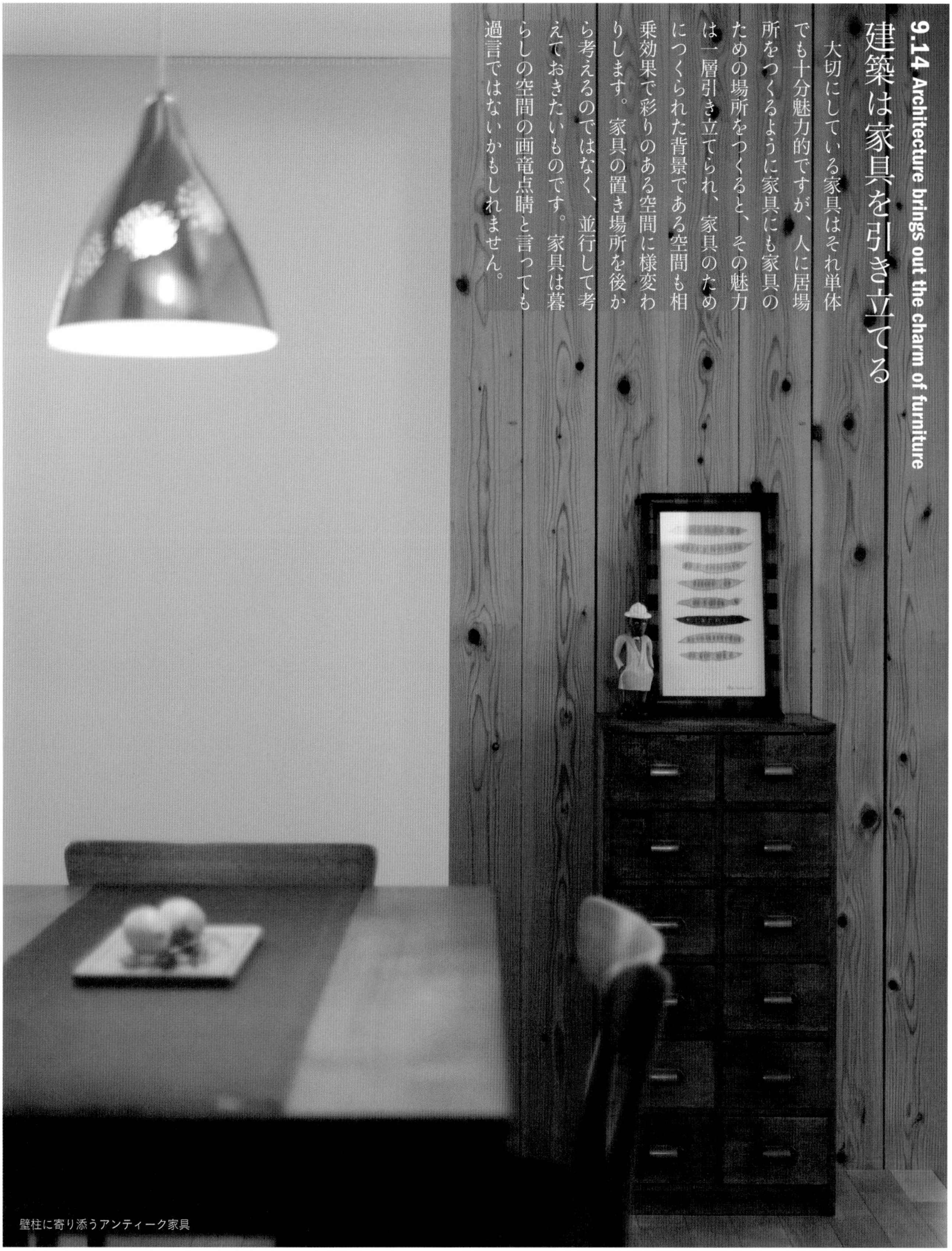

壁柱に寄り添うアンティーク家具

Appendix
付章

50,000㎡から50㎡へ

From 50,000㎡ to 50㎡

家具デザイナーとして有名なチャールズ&レイ・イームズ。そのイームズ夫妻のショートムービー「Powers of Ten」を、一度はどこかで観たことがあるのではないでしょうか。のどかな湖のほとりで昼寝をする男性を真上から捉えている映像から始まり、どんどん上空に遠ざかって1億光年という壮大な宇宙の果てまで行き、そこから今度はどんどん近づいて元の映像を通り越し、男性の体内まで入り込んで素粒子レベルまで拡大されるというもの。マクロの世界とミクロの世界がひとつながりに映し出される様子はとても興味深いところです。私たちに見えている風景にはマクロとミクロのどちらの方向にも未知なる世界が無限に広がっているという視点は、建築設計においても同様と言えるでしょう。

「建築は住宅に始まり住宅に終わる」と言われますが、私たちが設計事務所を立ち上げて初めてのプロジェクトは、住宅ではなくオフィスビルでした。独立前は商業施設や生産施設といった規模の大きい建物の設計が多かったため、当時の私たちにとって床面積が１０００㎡ほどのそのオフィスビルはとても小さいものでしたが、意匠、構造、環境そして街並みに配慮し総合的に考えたこのオフィスビルは、ゼネコン設計部から独立する上での卒業設計のようなものであり、私たちの設計事務所としての原点と言えるものでもあります。不思議なもので、住宅をメインに設計活動をしている今では、その１０００㎡のオフィスビルが大きく感じます。

５００００㎡の商業施設と50㎡の小住宅ではどちらの設計が難しいのか、という比較は無意味なことで、どちらもまったく違ったスキルと考え方が必要です。建築家の仕事の範囲は実に広く、都市計画、まちづくり、超高層建築から住宅、そして家具のデザインまでさまざまです。そのすべてを一貫して1人の建築家が設計することは現実には難しいことですが、どんな規模の建物を設計する場合でも、あらゆる視点、あらゆるスケールでのスタディが必要になってきます。

大規模施設と住宅。その規模も用途も極端に違う建物の設計に携わった経験によって、私たちのマクロとミクロの両方の視点が磨かれたと思っています。そして１０００㎡の処女作「王子木材工業本社ビル」が、その2つの視点の分岐点となっているように思います。

設計事務所を立ち上げて初めてのプロジェクト「王子木材工業本社ビル」。東京における木の街・新木場の駅前に建つ木材会社のオフィスビルです。クライアントが商品として扱うさまざまな種類の木でつくったスクリーンを幾層にも重ねることで、空間を生むような構成を考えました。

　前面道路の喧噪から打合せ空間、執務空間と奥に行くに従い静かな空間へと移り変わります。ファサードのガラス越しに見える木パネルによるスクリーンは、まさに「木のサンプル帳」です。この「木のサンプル帳」は夏と冬の季節に合わせてレイアウトが変わり、ガラス面の放熱による室温の変化を緩和します。

　また、中庭に面した木ブラインドは太陽光の角度により1日のなかでその開閉角度を変化させ、打合せコーナーの可動扉は利用者の使用スタイルによりその位置が変化します。

多種多様な木を積層させることによりつくり出される「木のサンプル帳」のようなファサードは、木の街のランドマークになっている

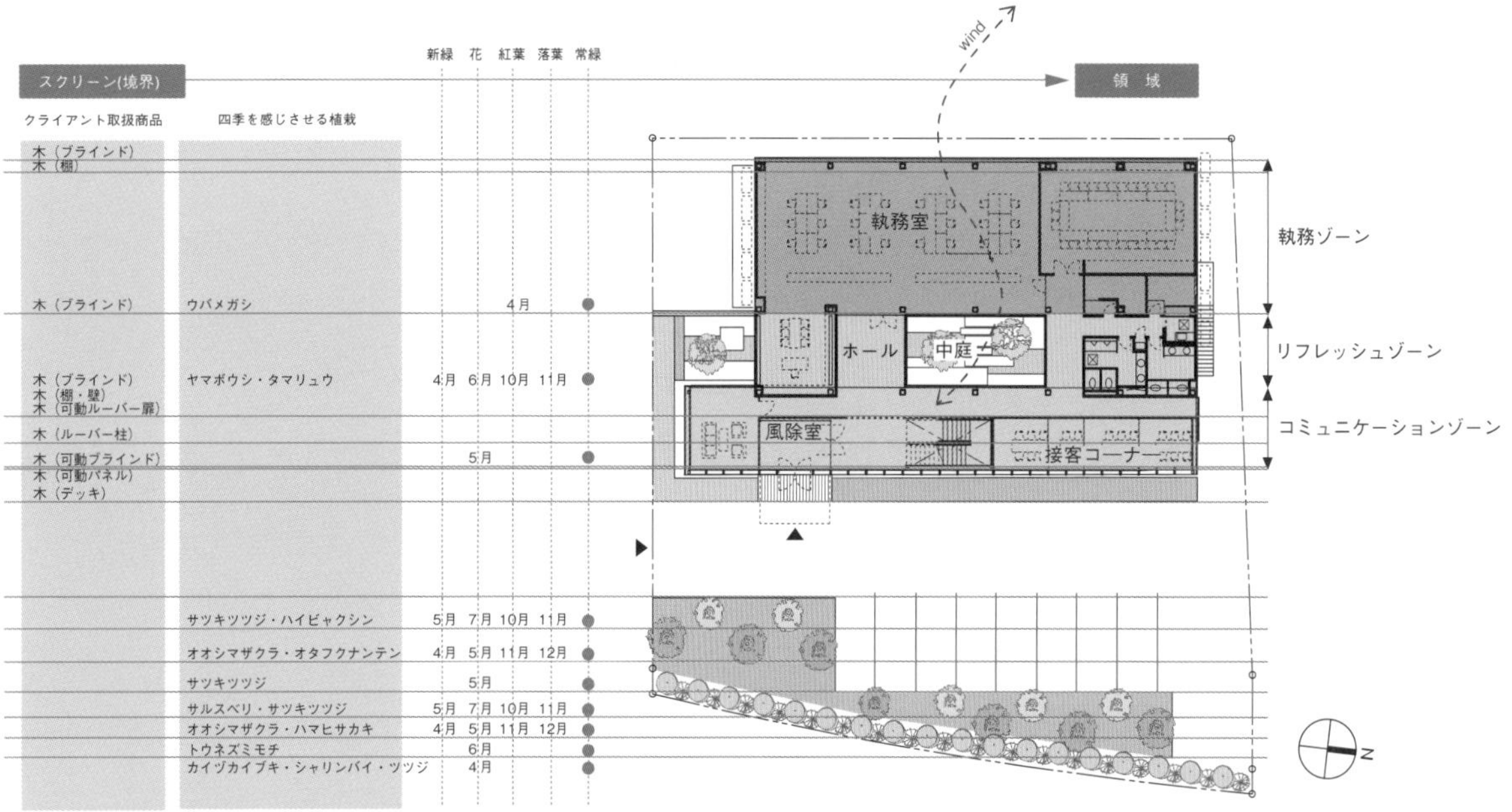
新緑　花　紅葉　落葉　常緑
スクリーン(境界)
領域
wind
クライアント取扱商品
四季を感じさせる植栽
木（ブラインド）
木（棚）
木（ブラインド）
ウバメガシ
4月
木（ブラインド）
木（棚・壁）
木（可動ルーバー扉）
ヤマボウシ・タマリュウ
4月 6月 10月 11月
木（ルーバー柱）
木（可動ブラインド）
5月
木（可動パネル）
木（デッキ）
サツキツツジ・ハイビャクシン
5月 7月 10月 11月
オオシマザクラ・オタフクナンテン
4月 5月 11月 12月
サツキツツジ
5月
サルスベリ・サツキツツジ
5月 7月 10月 11月
オオシマザクラ・ハマヒサカキ
4月 5月 11月 12月
トウネズミモチ
6月
カイヅカイブキ・シャリンバイ・ツツジ
4月
執務室
ホール
中庭
風除室
接客コーナー
執務ゾーン
リフレッシュゾーン
コミュニケーションゾーン
N

前庭と建物に挿入した中庭の植栽スクリーンがレイヤー感を強め、商品としての木と植栽としての木の織りなす風景がつくり出されている

上/中庭を挟んで右手が打合せ空間、左手が執務空間。中庭は各空間から直接アプローチ可能で、内部空間と一体利用ができる。配線ダクトの回路は細かくゾーニングされているため、必要な場所のみ照明を点灯することができる。光の色身は3,000K以下の色温度に統一されている
左下/四季を通じて中庭の緑を楽しむことができ、中間期に開放することで風の通り抜ける気持ちのよい空間が生まれる
中下/建物に挿入されたテラスは内部に光や風を取り込むと同時に、開放することでテラスを囲うそれぞれの空間の用途以上にフレキシブルな利用が可能となる
右下/可動扉の位置を変えることや、時間の変化によって光の模様が変化する

太陽の光はこれらの幾層もの木のスクリーンを透過し、時々刻々と変化しながら不可思議な光と影の模様をつくり出す。打合せコーナーは可動扉とロールスクリーンにより自由なレイアウトを可能にしたフレキシブルな空間となっている

上/夏の打合せスペース　下/冬の打合せスペース

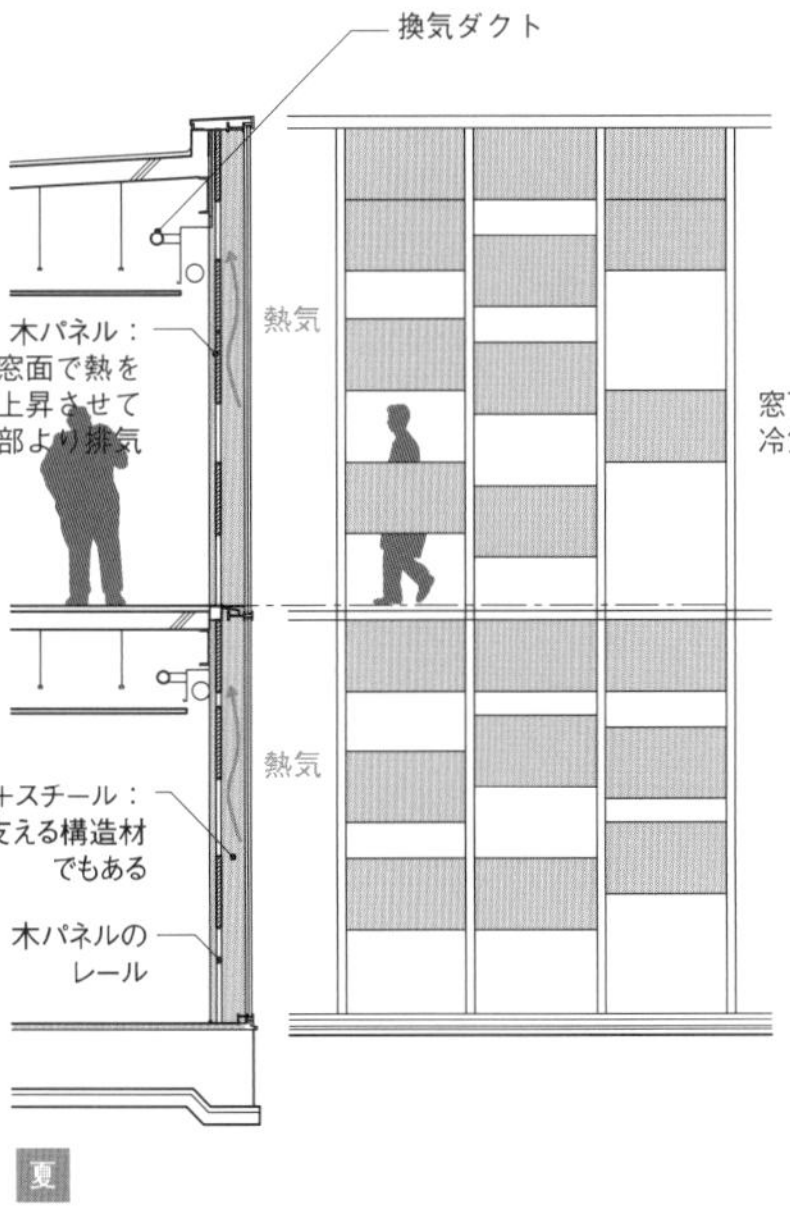

換気ダクト
木パネル：
窓面で熱を
上昇させて
上部より排気
熱気
熱気
木+スチール：
床を支える構造材
でもある
木パネルの
レール
夏

分散した木パネルにより室内への窓面の熱気の侵入を防ぎ、窓面で熱を上昇させて上部の換気ダクトから排気。

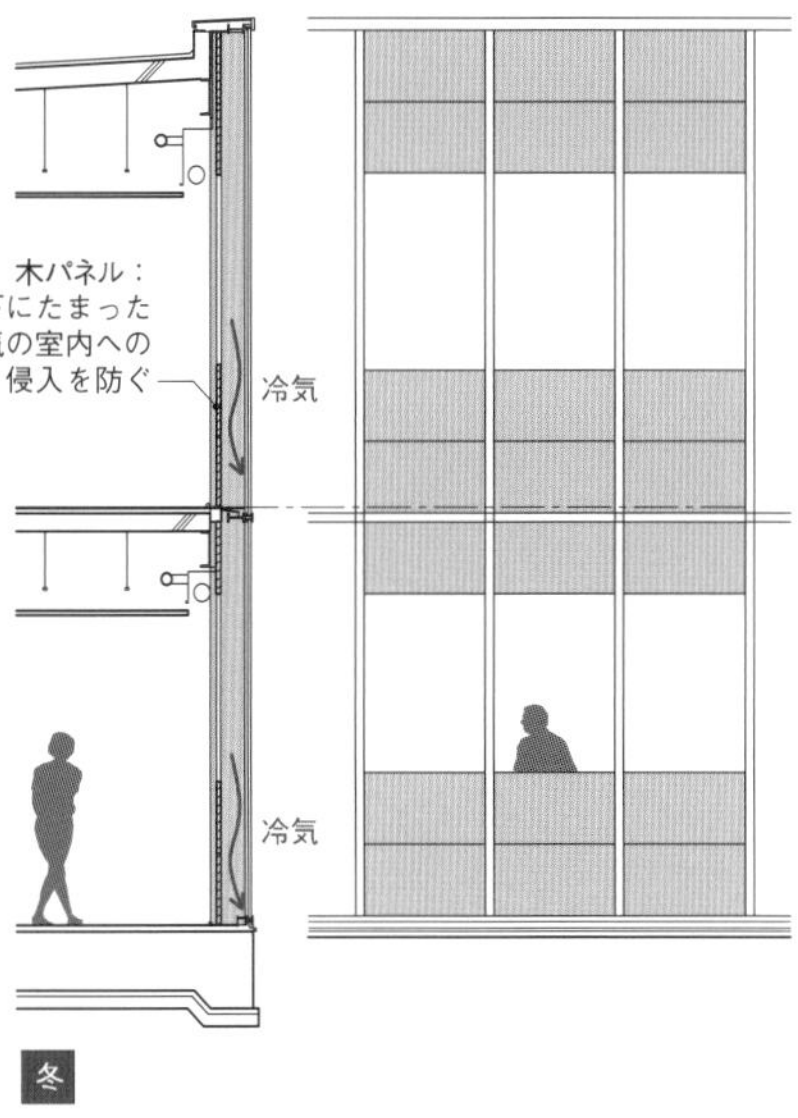

木パネル：
窓下にたまった
冷気の室内への
侵入を防ぐ
冷気
冷気
冬

下部に集めた木パネルにより、コールドドラフトを防ぐ

Index
インデックス
［竣工年順］

21 白金の家［2013年］
p52〜53、124、134

22 東山の家［2013年］
p86〜87、181、200、204〜205

23 赤塚の家［2013年］
p16、72、104〜105、125、126、134〜135、183、207

24 西谷の家［2014年］
p154〜155、173、179、209

25 キャベツ畑と家［2014年］
p44、146、184

26 神楽坂の家［2014年］
p51、74〜75、180、194〜195

27 富津岬の別荘［2014年］
p187

28 弦巻の家［2015年］
p17、21、177、181、198

29 秋田の家［2015年］
p112〜113、161、196

30 つつじヶ丘の家［2015年］
p162〜163、175

31 掬光庵［2015年］
p26〜27、80〜81、111、114〜115、123、131

32 桜と家［2016年］
p67、79、96〜97

Credit
写真クレジット

阿野太一	213〜217
石井雅義	94、95、138、151、179（上）
上田　宏	50、73
大槻　茂	39（左、協力：『住まいの設計』扶桑社）
奥村浩司	17、21、25、41、45、51、52、74、75、77、82、83、86、101、112、113、124、129、130、134、144、145、154、155、159、162、163、169（下）、173、175、177、179（下）、180、181、183（上）、187、194、195、196、198、204、210（左上、左下）
傍島利浩	34（協力」『住まいの設計』扶桑社）
田中昌彦	46（右上、左）、172
中村　絵	170（上、下右）、189（上、中）
西川公朗	1、13、20、22、23、27、44、48、54、55、57、60、67、70、71、76、79（左）、80、81、91、92、93（上、下左）、96、97、102、111、114（中右）、115、117、123（下）、131（下右、下左）、133、136、137、146、153、156、157（右、　左）、166、168、169（上）、184、191、199、203、210（左）
藤井浩司	9、31、32、59、62、63、84、98、99、108、109、127、164、165、178、201
矢野紀行	10、11、14、16、30、36、37、42、43、65（左）、68、69、72、78、89、104、107、120（右上）、122（下）、125、126、131上、141、142、147、148、149、150（上）、160、176、182、183（下左）、185、186、188、192、193、197、202、206、207、208、209
山口幸一	158
山本育憲	200（協力：『モダンリビング』No.220、ハースト婦人画報社）
川端博哉	170（下左）
シリウスライティングオフィス	183（下右）
ハッタユキコ	122上

※クレジット記載のないものはMDSにて撮影

あとがき

初版は2015年に出版され、この分野としては記録的にとても多くの人に手に取っていただくことができ、外国語にも翻訳されました。大きな構成は初版と同様ですが、新たに17作を加え、約7割を差し替えました。序章では「イマ」の「ニッポン」に建てるという全章に波及する「考えの根底」に流れているものについて、1章で「敷地の外」、2章で「敷地の内」、3章で「建物の境界」、そして4章で「建物の中」と、広く外から始まり内に入っていきます。5章では魅せ方、6章の照明を挟んで、7章から9章にかけては使い勝手のよい間取りからディテールへと、後半にいくほどさらにスケールを小さくしていっています。

私たちには、クライアントである建て主から依頼される建物の「設計」に携わる一方で、大学の「設計」の授業において学生たちと接する日常がります。建て主と学生の「設計」へのアプローチは少し異なりますが、その両者には建築設計に興味を持ち、その入口に立っているという共通点があります。この本を特に手に取っていただきたいのは、そのような建築の勉強を始めたばかりの学生と、建築に興味を持たれ、これから住宅を建てようとされている建て主の方々です。本書の前半は学生に、後半はこれから住宅を建てる建て主の方に参考になることが多いと思いますが、この一冊を通して建築家がいかに広範囲かつ様々なことを考えて設計しているかが垣間見られると思います。

大学の設計の授業において、学生の多くは自分のつくりたい空間や形を表現することに没頭し、街並みとの関係や使い勝手というものをあまり意識していません。一方で、建て主は、使い勝手や内部の仕上げ材などに興味を持たれますが、外に対しては関心が無いという方もおられます。土地と建物は建て主のものであるため、基本的には建て主の自由につくる権利はあるのですが、建物の外側については社会的責任が存在していると思います。

建築家の仕事は、街並みや自然環境を考慮した建ち方から家具のディテールまで、様々なことを総合的に考えて「空間」をつくることだと思っています。住宅は財産となるものですから、断熱や防水といった性能、品質もとても重要ですが、そのようなテクニカルなところは他の専門書に譲り、それ以外の住宅設計の基本をほぼこの一冊で押さえられるように整理しました。この本をきっかけに、住宅設計の極意に興味を持っていただければ幸いです。

最後になりましたが、私たちが建築家として今あるのは、設計を依頼してくださったクライアントの方々や、その建物をともにつくり上げてきた工務店や協力事務所など、大勢の方々との出会いがあったからこそです。皆様にはこの場をお借りし、深くお礼申し上げます。そして、この本の執筆の機会を与えて下さったエクスナレッジの三輪浩之さん、改訂版では斎藤優佳さんをはじめ、関係者の方々、そしてMDS元スタッフの加藤大作君、清水純一君、荻野谷和秀君、改訂版では現役スタッフの長瀬ゆいさん、大稔真由さんなど、ご協力いただきましたすべての方々に感謝の意を表します。

MDS 一級建築士事務所

〒107-0062　東京都港区南青山 5-4-35 #907

Phone : 03-5468-0825　Fax : 03-5468-0826

URL : http://www.mds-arch.com

Mail : info@mds-arch.com

森 清敏

1992　東京理科大学理工学部建築学科卒業
1994　同大学院修士課程修了
1994　大成建設株式会社設計部
2003-　MDS一級建築士事務所共同主宰
2006-　日本大学非常勤講師
2009-　東京理科大学非常勤講師

川村奈津子

1994　京都工芸繊維大学工芸学部造形工学科卒業
1994　大成建設株式会社設計部
2002-　MDS一級建築士事務所設立
2014-　東洋大学非常勤講師

暮らしの空間デザイン手帖 改訂版

2021年12月22日　初版第1刷発行

著者　森清敏＋川村奈津子

発行者　澤井聖一

発行所　株式会社エクスナレッジ
〒106-0032
東京都港区六本木 7-2-26
https://www.xknowledge.co.jp/

問合せ先　編集　Tel : 03-3403-1381
Fax : 03-3403-1345
info@xknowledge.co.jp
販売　Tel : 03-3403-1321
Fax : 03-3403-1829